Einführung in die Technik selbsttätiger Regelungen

von

Dr.-Ing. Werner zur Megede

3., überarbeitete und erweiterte Auflage

Mit 111 Bildern

Sammlung Göschen Band 714/714a/714b

Walter de Gruyter & Co. · Berlin 1968

vormals G. J. Göschen'sche Verlagshandlung · J. Guttentag, Verlagsbuchhandlung · Georg Reimer · Karl J. Trübner · Veit & Comp.

Satz und Druck: Mercedes-Druck, Berlin. — Printed in Germany

Vorbemerkung

Die 3. Auflage erscheint in erweiterter Form, um der gesteigerten Bedeutung der Regelungstechnik, eines der jüngsten Zweige unserer modernen Technik, und ihrer raschen Entwicklung infolge ihres wachsenden Anwendungsbereiches Rechnung zu tragen. Außer notwendigen Ergänzungen wurden ausführlichere Darstellungen hinsichtlich elektronischer Schaltungen gegeben und die Grundlagen der Frequenzgangmethode, die sich heute allgemein eingeführt hat, sowie deren verschiedenartige Anwendungen weiter ausgebaut. Das Ziel, dem Praktiker und dem Lernenden zu dienen, erfordert es, weiterhin zunächst einfache mechanische Elemente mittels Differentialgleichungen zu beschreiben. Im Hinblick auf den beschränkten Raum wurde gelegentlich gleichzeitig zur Frequenzgangmethode gegriffen, da diese das Geschehen im Regelkreis am übersichtlichsten darstellt. Gewiß kann dieses Vorgehen etwas unvermittelt erscheinen. Doch wird sich der eilige Leser in erster Linie auf die Ergebnisse und Folgerungen konzentrieren. Der mathematisch interessierte Leser wird mit Hilfe der die Frequenzgangmethode speziell behandelnden § 15 und § 22 den Darstellungen ohne Schwierigkeiten folgen können.

DIN 19226 „Regelungstechnik, Benennungen, Begriffe“ sowie ihr neuer Entwurf (vom Mai 1962), der allerdings noch nicht zu einer endgültigen Festlegung geführt hat, sind weitgehend berücksichtigt worden.

Inhaltsverzeichnis

Anhang

Verzeichnis der Formelzeichen

A	= Anlaufwert
D	= Dämpfungsgrad, auch D-Einfluß z. B. PD-Regler
$F(j\omega)$	= oder kürzer F = Frequenzgang
F_0	= dito des offenen Regelkreises
F_R	= dito des Reglers
F_r	= dito des Rückführgliedes
F_S	= dito der Regelstrecke
F_V	= dito des Vorwärtsgliedes eines Regelverstärkers
F_w	= dito des geschlossenen Regelkreises in bezug auf Sollwertänderungen
F_z	= dito des geschlossenen Regelkreises in bezug auf Last- bzw. Störgrößenänderungen
I	= Integraleinfluß z. B. I-, PI-Regler
K_D	= Übertragungsbeiwert des D-Gliedes
K_I	= dito des I-Gliedes, bzw. -Reglers
K_P	= dito des P-Gliedes
K_R	= dito des P-Reglers (= Verstärkung V_P)
K_S	= dito der P-Regelstrecke (= Verstärker V_S)
P	= proportional z. B. P-Regler
P_k	= kritischer Punkt (Prüfpunkt)
p	= $j\omega$
q	= Ausgleichswert, auch Ausgleichsgrad
r	= Rückführgröße
T	= Zeitkonstante, z. B. auch in PT-Glied
T_a	= Anlaufzeit der Regelstrecke
T_{aus}	= Ausregelzeit
T_i	= Integrierzeit z. B. des I-Reglers
$T_{\mathfrak{J}}$	= Stellzeit
T_n	= Nachstellzeit
T_r	= Anlaufzeit des P-Reglers, der mit Trägheit behaftet ist
T_S	= Zeitkonstante der Regelstrecke
T_t	= Totzeit der Regelstrecke
T_v	= Vorhaltezeit
T_y	= Stellzeit bei größtmöglicher Stellgeschwindigkeit
T_α	= Anregelzeit
v	= Verstärkung des Regelverstärkers ohne Rückführung
$V_0 = V_S V_P = K_S K_R$	= Kreisverstärkung
V_P	= Verstärkungsfaktor des Reglers

V_S = Verstärkungsfaktor der Regelstrecke
W = Führungsgröße
W_0 = Bezugswert der Führungsgröße
w = Führungsgrößenverstellung
X = Istwert der Regelgröße
X_0 = Bezugswert der Regelgröße
X_h = Laufbereich
X_K = Sollwert der Regelgröße
X_P = Proportionalbereich
x = Abweichung des Istwertes vom Bezugswert
x_m = Überschwingweite
x_w = Abweichung des Istwertes vom Sollwert
Y = Stellgröße
Y_0 = Bezugswert der Stellgröße
Y_h = Stellhub
y = Stellgrößenänderung
Y/Y_h = Stellgrad
Z = Störgröße, auch Störgrößenaufschaltung, z. B. PZ-Regler
Z_0 = Bezugswert der Störgröße
Z_h = Störgrößenbereich
Z/Z_h = Störgrad
z = Störgrößenänderung
δ = Abkling- bzw. Aufklingkonstante
ν = komplexe Kreisfrequenz
τ_0, τ_1 = Rückführzeitkonstanten des Regelverstärkers
τ_i = Integrierzeit des Regelvestärkers = T_i
ω = $2\pi f$ = Kreisfrequenz

Einleitung

Die Gründe für die schnelle Ausbreitung der Regelungstechnik liegen in der rapiden Verfeinerung der technischen Anlagen und Aufgaben. Unsere Baustoffe haben sich verbessert und lassen wesentlich engere Toleranzen zu, deren Einhaltung besondere Maßnahmen erfordern. Unsere Produktionstechnik arbeitet zunehmend mit komplizierten Methoden, bei denen viele Arbeitsgänge aufeinander folgen oder gar ineinander geschachtelt sind, so daß eine Überwachung immer schwieriger wird. Viele Güter werden in Massenproduktion hergestellt mit dem Ergebnis einer Erhöhung der Produktionsgeschwindigkeit. Das menschliche Auge und die Hände sind nicht mehr imstande, die geforderten Werte mit der notwendigen Konstanz einzuhalten oder der Schnelligkeit des Ablaufs eines technischen Vorganges auf allen möglichen Gebieten zu folgen. Oder der Mensch will sich außerhalb von Gefahrenzonen begeben können oder andererseits entlastet sein, um seine Arbeitskraft neuen Aufgaben zu widmen. Hier wird die moderne *Regelungstechnik* unentbehrlich. Wenn gesagt wurde, daß sie ein Mittel sei, dem Menschen das Denken abzunehmen, so ist das nur bedingt richtig. Der Mensch muß vielmehr in anderer Form denken, muß die Regelungsmethoden erfinden, einrichten, überwachen und auf breiter Basis übersehen und verstehen. Die Regelungstechnik geht nicht nur den entwickelnden und den projektierenden Ingenieur und Techniker an, sondern ebensosehr auch den Betriebsmann, der das Verhalten seiner Anlagen kennen muß.

In der Technik selbsttätiger Regelungen gewinnen die dynamischen Vorgänge besondere Bedeutung. Wenn die Technik bisher vielfach nur *statisches Denken* verlangte, so fordert sie fortan zumindest auf regeltechnischem Gebiet auch *dynamisches Denken*, um den zeitlichen Ablauf von Zuständen, die einer Veränderung unterworfen sind, verfolgen zu können. Zur Beschreibung des Zeitverhaltens stehen verschiedene mathematische Mittel zur Verfügung. Daß es *für eine Einführung* genügt, sich ihrer nur in beschränktem Maße und in Anwendung auf einfache Aufgaben zu bedienen, bedarf keiner Worte. Zur Entlastung für den eiligen Leser sind wichtige mathematische Zusammenhänge in einem Anhang zusammengefaßt worden. Um Hinweise auf andere Textstellen auf das Notwendigste zu beschränken, wurde das Sachverzeichnis sehr ausführlich verfaßt. Durch Aufsuchen der jeweiligen Stichworte in diesem lassen sich ergänzende Ausführungen an anderen Stellen schnell finden. Der beschränkte Raum schreibt vor, auf Abbildungen ausgeführter Regler und Regelanlagen zu verzichten zu Gunsten von prinzipiellen Schaltbildern und Kurven, die das Verständnis der physikalischen und technischen Zusammenhänge besser fördern. Die Mannigfaltigkeit der Aufgaben und der technischen Ausführungen von Regelgeräten verbietet ein Eingehen auf Spezialfragen. Jedoch wurden verschiedentlich Angaben gemacht, die zwar aus speziellen Beispielen stammen, aber doch den Zweck verfolgen, auch quantitative Vorstellungen zu vermitteln.

§ 1. Was ist eine Regelung?

Dem Wunsche, daß ein Zustand — eine physikalische Größe — auch bei Änderung anderer ihn beeinflussenden Größen konstant bleiben möge, kann in verschiedener Weise entsprochen werden. Zunächst kann uns die Natur selbst entgegenkommen. Das siedende Wasser z. B. hat auch bei veränderlicher Umgebungstemperatur eine immer gleiche Siedetemperatur von 100° C bei Normalluftdruck. Benötigt man eine Temperatur von 100° C und ist eine Toleranz von etwa $\pm$ 1° C (Auswirkung der wetterbedingten Luftdruckschwankungen) zulässig, würde man eine Kammer, die von siedendem Wasser umgeben ist, benutzen können. Muß man den Standort wechseln und gelegentlich in höhere Höhen verlegen, ist das Gerät bei unveränderter Toleranzgrenze nicht mehr verwendbar, da z. B. in etwa 3000 m Höhe (Zugspitze) der Siedepunkt des Wassers bereits bei 90° C liegt. Ein anderes Beispiel, das uns die Elektrotechnik bietet, ist die Stabilisierröhre für die Spannungskonstanthaltung. Sie liefert in Einfachschaltung dank ihrer „Charakteristik" eine sehr kleine Schwankung der Brennspannung von wenigen Promille, wenn die Speisespannung der üblichen Schaltung um 20% schwankt und nur geringe Nutzströme entnommen werden. Es ist aber ein Temperaturgang von $^1/_3$ ‰/10° C und eine Alterungswirkung von etwa 10‰ in mehreren 1000 Betriebsstunden in Kauf zu nehmen, abgesehen davon, daß hinsichtlich der maximalen Schwankung der Betriebsspannung bestimmte Grenzen gezogen sind. Es gibt auch Schaltungsmaßnahmen, die entsprechende „Charakteristiken" erreichen lassen, was einer Kompensation der Wirkung einer bestimmten „Störgröße" gleichkommt. Andere „Störgrößen" werden hierdurch nicht erfaßt.

Man kann die Auswirkung störender Einflüsse auch dadurch beseitigen, daß man durch zusätzliche Anordnungen entgegengesetzte Wirkungen ausüben läßt. Auch dies ist keine Regelung in unserem Sinne. Ein Beispiel: Man denke sich einen Raum, der eine bestimmte Temperatur haben soll. Sich selbst überlassen nimmt er — mit gewissen zeitlichen Verzögerungen — eine Temperatur an, die von der Außentemperatur abhängig ist. Man kann dies verhindern, wenn man die Raumheizung in Abhängigkeit der Außentemperatur „steuern" läßt, wobei jedem Wert der Außentemperatur eine bestimmte Größe der Heizleistung zugeordnet ist. Die Außentemperatur beeinflußt über die Heizleistung die Raumtemperatur. Hier endet jedoch die Wirkung. Die Raumtemperatur selbst nimmt auf die Anordnung keinen Einfluß. Man spricht von einer *offenen Wirkungskette.* Dies wird so lange brauchbar sein, wie nur die Außentemperatur veränderlich ist, genügt aber nicht mehr, wenn im Außenraum zusätzlich Wind verschiedener Stärke auftritt, wenn Lüftungsklappen geöffnet oder geschlossen werden und wenn die Daten der Heizenergiequelle schwankende Werte aufweisen. Man könnte natürlich auch von diesen Einflußgrößen über dieselbe Heizvorrichtung oder über zusätzliche Heizvorrichtungen entsprechende Heizwirkungen ausgehen lassen. Doch erfordert dies beträchtlichen Aufwand bzw. infolge des Ineinandergreifens der verschiedenen Gesetzmäßigkeiten technische Schwierigkeiten.

Als „*selbsttätige Regelung*“ bezeichnet man eine Anordnung, die in unserem Beispiel nur von der Raumtemperatur, die konstant zu halten ist, als *Regelgröße* ausgeht und sich um die störenden Einflußgrößen nicht kümmert, sondern *auf Grund dauernder Messung* der Raumtemperatur eine Verstellung am Ventil der Heizvorrichtung bei Eintritt einer Temperaturänderung vornimmt. Hierbei muß die Verstellung des Ventils so erfolgen, daß sie eine Änderung der Raumtemperatur im Sinne einer Wiederherstellung des gewünschten Temperaturwertes bewirkt. Da die Änderung des Temperaturwertes von neuem auf den Regler wirkt usw., liegt ein „*geschlossener Wirkungskreis*“ vor, in dem fortlaufend *eine Wirkung umläuft*. Wesentlich ist, daß die zu regelnde Größe — evtl. eine Ersatzgröße — *meßbar* ist. Was man nicht messen kann, kann man nicht regeln. Ferner ist wesentlich, daß das Ventil im entgegenwirkenden Sinne, im relativ negativen Sinne, arbeitet. Mitunter läßt sich eine Ersatzmeßgröße finden, die man als Ersatzregelgröße regeln kann, mit dem Ergebnis, daß die Aufgabengröße hiervon so beeinflußt wird, als ob sie in mehr oder minder großer Annäherung geregelt würde.

Bild 1 veranschaulicht dies: Ein Haus ist veränderlichen Einflußgrößen, den *Störgrößen* (Z_A = Außentemperatur, Z_W = Wind, Z_L = Öffnung der Lüftungsklappen, wie aber auch Z_H = Heizenergiequelle, deren Intensität Schwankungen unterworfen sein kann), ausgesetzt. An einem Punkt wird die Temperatur gemessen, der „*Istwert*“ der Regelgröße X. Vielfach muß die Regelgröße im Regler oder in einem besonderen Glied in eine andere Energieform umgewandelt werden, z. B. in eine mechanische Kraft, in eine elektrische Spannung oder dergleichen. Der umgewandelte Meßwert wird beispielsweise im *Regler R* mit einem vorgegebenen, fest eingestellten Vergleichswert verglichen, dessen Größe den „*Sollwert*“ bestimmt, also den Wert, auf den die Temperatur geregelt werden soll und der auch verstellbar sein kann, wenn wechselnde Werte gefordert werden. Der Vergleich ergibt die *Regelabweichung* des gemessenen Istwertes gegenüber dem Sollwert, sie wirkt auf die Stellung des „*Stellgliedes*“, das einen Eingriff in das Heizsystem bewerkstelligt, und beeinflußt den Wert der *Stellgröße* Y. Das Heizventil ist der Eingang der zu regelnden Anlage, der „*Regelstrecke*", und der *Meßort* der Regelgröße X ihr Ausgang. Die Regelstrecke umfaßt also die Heizanlage, den Heizkörper und den Luftraum samt den mehr oder weniger intensiv wärmeableitenden Außenwänden.

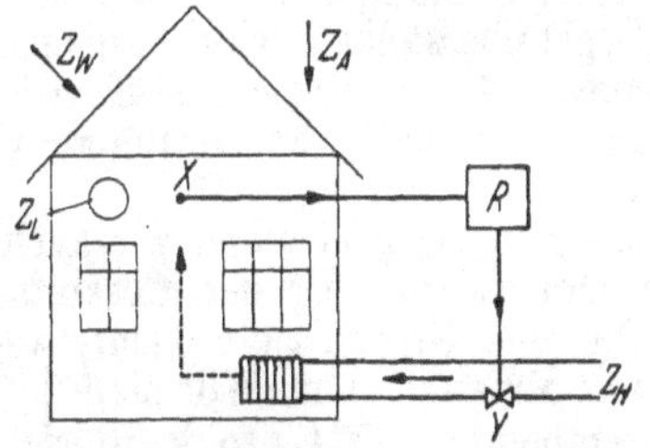

Bild 1. Beispiel eines geschlossenen Regelkreises
X = Regelgröße „Raumtemperatur"
Y = Stellgröße (Steuerventil der Heizung)
R = Regler (einschl. Sollwertgeber)
Z_A = Störgröße „Außentemperatur"
Z_W = Störgröße „Wind"
Z_L = Störgröße „Lüftungsklappen"
Z_H = Störgröße „Heizenergiequelle"

Anderseits ist der Meßort von X gleichzeitig der Eingang des Reglers und das Ventil Y der Ausgang. Da der Bau des Ventils von der Art der Anlage, hier des Heizsystems, abhängig ist, wird die Ausgestaltung des Ausgangs des Reglers von der Art des Stellgliedes beeinflußt. Der Regler enthält ferner wichtige Teile, die seine *funktionellen Eigenschaften* bestimmen und die nach der jeweiligen Aufgabe zu wählen sind. Die Regelstrecke kann in mehrere Teile zerfallen. Schon in unserem Beispiel kann man das Ventil, die Heizenergiequelle, das Rohrsystem. den Heizkörper, den Luftraum, die Wände als Teile auffassen, die aneinander gereiht sind. Sämtliche Teile des Reglers und der Regelstrecke, die „*Regelkreisglieder*", bestimmen in ihrer Gesamtheit das Verhalten des „*Regelkreises*".

Die Unterteilung und Gegenüberstellung der beiden Begriffe „Regelstrecke" und „Regler" ist etwas willkürlich. In Fällen, in denen das Stellglied zu seiner Betätigung einen ins

Gewicht fallenden Energieaufwand erfordert, kann ein zusätzliches Glied notwendig werden, das die Energie hierzu liefert und das Ventil nach Maßgabe des Kommandos betätigt, das ihm vom eigentlichen Regler erteilt wird. Man könnte darüber streiten, ob es zum Regler oder zur Regelstrecke gehört. Dies kann durch Vereinbarung festgelegt werden. Die Gegenüberstellung eines Anlagenteiles „Regelstrecke" und eines anderen „Regler" ist in vielen Fällen nutzbringend. In anderen Fällen können andere Vereinbarungen getroffen werden.

Bereits an unserem Beispiel sehen wir auch die Grenzen, die durch die Dimensionierung der Gesamtanlage gezogen sein können. Die eine Grenze ist erreicht, wenn das Ventil die Heizung ganz abgestellt hat. Will man 20° C halten und ist die Außentemperatur 30° C, so kann sich das erhoffte Ergebnis nicht einstellen. Andere Grenzen sind gegeben, wenn für − 30° C Außentemperatur die Heizenergie nicht ausreicht oder bei vorhandener Heizenergie ein anderer Anlageteil zu arbeiten aufhört. Der *Hubbereich* jedes Anlageteiles muß grundsätzlich den äußerst anzunehmenden Verhältnissen angepaßt sein, wenn die Anlage nicht ihre *Regelfähigkeit* verlieren soll. Wir wählten aus Gründen der Anschaulichkeit dieses Beispiel einer Raumheizung. Es ist nicht das einfachste, da der Wärmeübergang vom Heizkörper in den Raum, von diesem nach außen und die Vorgänge im Heizungssystem mit Trägheiten behaftet sind.

Die Beschreibung des an der Temperaturregelung gemäß *Bild 1* geschilderten Vorganges wollen wir wegen seiner grundlegenden Bedeutung noch mit anderen Worten vertiefen, um das der Regelungstechnik oftmals anhaftende Geheimnisvolle schnell aufzulösen. Es wird verglichen: die Meßgröße „Istwert der Temperatur" mit einer Größe, die dem „Sollwert" der Temperatur entspricht. Die *Differenz* beider Größen wird auf die Heizmittelzufuhr wirksam und verändert diese *im korrigierenden Sinne*: bei zu hohem Temperaturwert (gleichbedeutend mit zu hoher Heizmittelzufuhr) wird letztere gedrosselt, bei zu niedrigen wird sie erhöht. Die Regelgröße Temperatur wirkt also über den Vergleich auf das Ventil zurück *(Rück-*

kopplung), gibt ihm gewissermaßen „Nachricht“, daß etwas im Sinne der Aufgabenstellung nicht in Ordnung ist. Die Auslegung der Apparatur besorgt die Richtigstellung mit dem Ziel, die Temperatur auf den Sollwert zu führen und, wenn dies nicht ideal möglich ist, sie diesem möglichst eng *anzugleichen* und diesen Zustand *aufrecht zu erhalten.*

Neben der selbsttätigen Regelung, die uns ausschließlich beschäftigen wird, steht die handbetätigte Regelung. Beide werden von der „Steuerung“ unterschieden, die sich offener Ketten bedient, da bei ihr nur in Zeitabständen Verstellungen erfolgen und in den Zwischenräumen keine gesicherte Beobachtung stattfindet, der Wirkungskreis unterbrochen, d. h. offen ist. Die deutsche Terminologie benutzt das Wort „Regeln“ nur noch im Sinne des geschlossenen Regelkreises, während die Angelsachsen das Wort „control“ sowohl in „closed loop control“ als auch in „open loop control“ einsetzen. Der Schiffssteuermann „regelt“ den Kurs seines Schiffes, auch wenn er sein Steuer von Hand betätigt, weil er dies auf Grund einer ununterbrochenen Messung mittels seiner Augen in ständig korrigierender Weise tut und seine dauernd eingeschalteten Sinnesorgane Teil eines geschlossenen Wirkungskreises sind. In bezug hierauf hat N. Wiener 1948 den sich stürmisch entwickelnden Wissenschaftszweig der selbsttätigen Regelung „*cybernetics*“ genannt, ein Wort, das bereits A. M. Ampère in der französischen Form „cybernétique“ zur Kennzeichnung der Verwaltungslehre geprägt hatte. Es ist das griechische *κυβερνήτης* = Pilot, übertragen Staatsoberhaupt (hiervon abgeleitet das lateinische „gubernator“ und das französische „gouverneur“).

Der festgelegte deutsche Sprachgebrauch „*Regelung*“ deckt sich mit der angelsächsischen Ausdrucksweise „*control*“ nicht. Letztere ist umfassender und kann einerseits den *geschlossenen Regelkreis* bedeuten, wobei nicht immer „closed loop“ dem Wort „control“ vorangestellt wird, und kann anderseits die *offene Steuerkette*, die Steuerung, meinen, ohne ausdrücklich „open loop control“ zu sagen. Jüngst wurde auch schon im Deutschen das Wort „Regelung“ in einem beide Begriffe umfassenden Sinne gebraucht (s. „Regelungstechnik“, Jahrgang 1966,

S. 258). Das im deutschen „amtlichen“ Begriff „Regelung“ eingebaute Besondere ist die Anordnung, die die obengenannte Rückkopplung auf das Stellglied enthält. Man könnte an sich auch ohne obige Sprachfestlegung von „Rückkopplungsregelung“ oder „Rückkopplungssteuerung“ sprechen, wie es oft auch im Englischen üblich ist (feedback control). Wir schließen uns indessen der amtlichen DIN 19226, also dem festgelegten deutschen Sprachgebrauch, an.

Auch in der Biologie und Medizin ist das Problem der *selbsttätigen Regelung*, angeregt von den Erfolgen in der Technik und aufbauend auf dem Begriff des geschlossenen Regelkreises, fruchtbar geworden. Sicher sind biologische Vorgänge viel komplizierter. Der Gesamtmechanismus besteht aus einer Anzahl ineinandergreifender Regelprozesse, und die biologischen Sollwerte dürften je nach den Nebenbedingungen veränderlich sein und auch von den Regelvorgängen selbst beeinflußt werden. Viele Untersuchungen haben Gesetzmäßigkeiten erkennen lassen, die den in der Technik beobachteten entsprechen. So bewirkt z. B. eine plötzlich erhöhte und dann konstant gehaltene Kochsalzzufuhr *(Sprungfunktion)* eine praktisch exponentiell ansteigende Chlorid-Ausscheidung mit einer Zeitkonstante von etwa 3 Tagen. Eine stoßförmig, d. h. rasch in die Vene injizierte Traubenzuckerbelastung *(Nadelfunktion)* führt zu einer dynamischen Blutzuckerbewegung, die in etwa 180 Minuten abklingt und je nach Fall periodisch bis überaperiodisch gedämpft ist.

Wenn N. Wiener den neuen Begriff „cybernetics“ prägte, so hat er von vornherein nicht nur den technischen Zweig der selbsttätigen Regelung ansprechen, sondern vor allem das Gemeinsame zusammenfassen wollen, das in technischen Anordnungen, in lebenden Organismen wie auch in der Soziologie beobachtet und festgelegt wurde. Biologische Rückkopplungen finden über physikalische und chemische Reize statt, wobei nervliche Impulse und Hormonwirkungen beteiligt sind. Daher werden von der Kybernetik auch die jeweiligen Übertragungsprobleme erfaßt, so daß auch die Nachrichtentheorie und Informationstheorie sowie die Speicherung von Informationen zu ihr gehören. *Eine* der Stützen des heutigen fast interfakultären

Wissenschaftsgebietes *Kybernetik* ist die selbsttätige Regelung und mit ihr die Rückkopplung. In anderer Hinsicht ist man dazu übergegangen, zwischen energetischen und kybernetischen Maschinen zu unterscheiden, wobei erstere unsere herkömmlichen Maschinen zur Energieerzeugung, -umwandlung, -bereitstellung u. ä. sind, während unter letzteren Wirkungsanordnungen z. B. im Sinne der Nachrichtenübermittlung, Wirkungsauslösung und Regelung verstanden werden, wozu allerdings auch ein gewisser, wenn auch meist sehr kleiner Energieaufwand nötig ist, dieser aber nicht als Aufgabe an sich besteht.

§ 2. Regelkreis und Regelkreisglieder

a) Allgemeines

Als Arbeitsunterlage verwendet man keine aufwendige Zeichnung, wie sie z. B. in *Bild 1* hinsichtlich der „Regelstrecke" in Form eines Hauses gezeichnet wurde. Vielmehr stellt man jeden Anlagenteil durch einen rechteckförmigen Block dar, in den man die Eigenschaften des betreffenden Gliedes einschreibt, wobei man jede technische Apparatur, so weit möglich und zweckmäßig, unterteilt. Sie besteht dann aus mehreren Blöcken, von denen jeder eine möglichst einfache Eigenschaft aufweist und denen sich Wirkungslinien mit Pfeilen, die die Wirkungsrichtung angeben (Signalfluß, *Signalflußplan*), anschließen. Durch Aneinanderreihung aller Blöcke des gesamten *Regelkreises*, in die ihre Eigenschaften meist in Form ihrer Übergangsfunktion oder ihres Frequenzganges (s. § 2b) eingeschrieben sind, entsteht so der *Blockschaltplan des Regelkreises*. Man verschafft sich auf diese Weise ein symbolisches Schaubild, das die Übersicht sehr erleichtert. In den späteren Ausführungen mußte aus Raumgründen darauf verzichtet werden, den jeweils behandelten Aufgaben stets die Blockschaltpläne beizufügen. Dem Leser sei empfohlen, dies für sich zu tun. Es besteht keine Einheitlichkeit im Gebrauch der symbolischen Zeichen. In *Bild 2a* ist ein Beispiel für eine Regelstrecke gegeben, die aus der Hintereinanderschaltung von zwei Proportionalgliedern mit je einfacher Verzögerung besteht. Die Stellgröße ist Y, die Regelgröße X. Würde es sich um ein strömendes Medium handeln, so würde ein schwankender Vordruck Z_1 eine Störgröße sein, ein unterschiedlicher Stromverbrauch Z_2 eine zweite Störgröße. Der Ausgang X wird auf das Kästchen geschaltet, das den Regler darstellt. Die eingezeichnete Übergangsfunktion zeigt an, daß es sich um einen P-Regler handelt. Ebenfalls auf den Eingang des Reglers ist

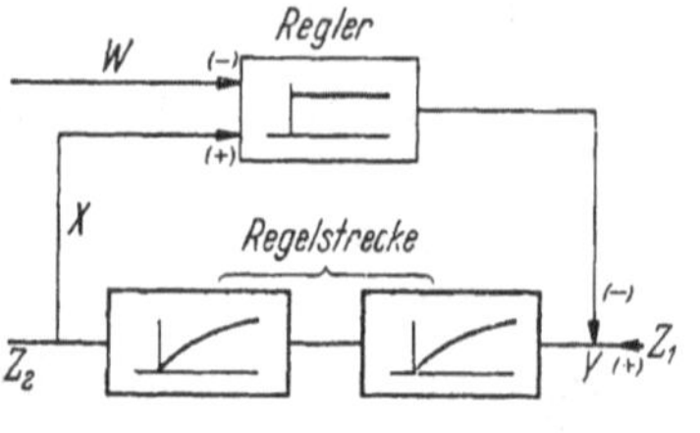

Bild 2a. Prinzip eines Blockschaltplanes

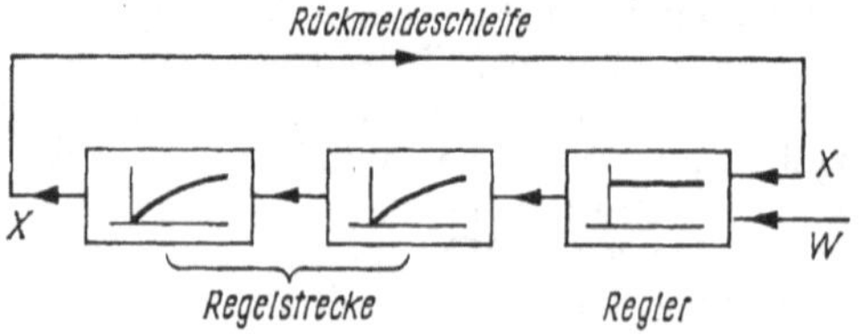

Bild 2b. Vereinfachter Blockschaltplan

die Führungsgröße W geschaltet. Die Differenz beider wirkt auf den Reglerausgang. Die Pfeile von X und W deuten an, daß eine Wirkung nur in Richtung auf den Regler stattfindet, nicht umgekehrt. Der Ausgang des Reglers wirkt in Richtung auf das Stellglied Y, jedoch so, daß das Stellglied im Sinne der Beseitigung einer erfolgten Regelgrößenänderung verstellt wird: *Vorzeichenumkehr* gemäß (4.1). Wenn man will, kann man dies im Bild durch ein beigefügtes Minuszeichen festhalten. Die Differenz von Regelgröße X und Führungsgröße W ergibt die *Regelabweichung* x_w. Im allgemeinen wird sie *positiv* gerechnet, wenn der Istwert der Regelgröße größer als der Sollwert ist. In *Bild 2b* ist derselbe Blockschaltplan in vereinfachter Ausführung gezeichnet. Die Blöcke sind in eine Linie nebeneinander gelegt, das zuströmende bzw. abfließende Medium Z_1 und Z_2 ist nicht mehr angedeutet, die Vorzeichen sind nicht mehr angeschrieben. Es gilt dem Fachmann als selbstverständlich, daß der Regelstrecke ein Arbeitsmedium zugeführt wird und eine seiner Zustandsgrößen die Regelgröße ist, wie auch anderseits das Vorzeichen der Einflußnahme einer Größe dem Fachmann nicht mehr fraglich ist. Die Verbindung von X zum Regler wird vielfach als *Rückmeldeschleife* bezeichnet, da sie der Nachrichtenweg von X zum Regler ist.

Bild 3 zeigt die symbolische Darstellung eines *PD*-Reglers, der aus einem Verstärker mit sehr großer Verstärkung und einer verzögerten Rückführung besteht. Hier sind in die Kästchen die in §§ 15 und 22 verwendeten Frequenzgänge V_∞ und $V_r/(1 + p\,T_v)$ anstatt der Übergangsfunktionen eingetragen. Es ist zu beachten, daß der Eingang der Rückführung von einer Stelle abgenommen ist, an der der Regler noch keine Vorzeichenumkehr für das richtige Arbeiten des Stellgliedes vorgenommen hat, und daß die Rückführgröße der Regelgröße entgegengeschaltet ist. Ferner wurde hier entsprechend vielfachem Brauch die Addition bzw. Subtraktion (je nach den beigeschriebenen Vorzeichen) von Werten durch einen kleinen Kreis mit einem liegenden Kreuz symbolisiert — Mischstelle, Mixer —, während ein Punkt eine Abzweigstelle andeutet.

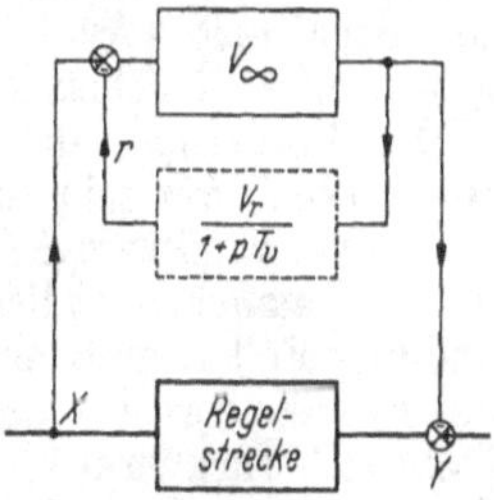

Bild 3.
Blockschaltplan mit Rückführung

Die Pfeile an den Blockschaltplänen geben wie gesagt die Wirkungsrichtung der „Nachrichten- oder Signalübertragung" an, die der Anlaß zur Aktion des folgenden Gliedes ist. Das „Signal" kann als die Wirkung charakterisiert werden, die die Änderung einer Größe (z. B. der Ausgangsgröße eines Regelkreiselementes) auf eine andere Größe (z. B. die Eingangsgröße des folgenden Elementes) ausübt. Oft tritt in den

Bildern der Führungswert W bzw. ein Vergleichswert nicht auf, weil stillschweigend sein Vorhandensein als selbstverständliche Notwendigkeit zur Bildung der Regelabweichung vorausgesetzt wird. Man kann auch die beiden Glieder der Regelstrecke von *Bild 2* zu einem Glied zusammenziehen und als ein Kästchen zeichnen, in das dann die Übergangsfunktion eines Proportionalgliedes mit *Verzögerung 2. Ordnung* einzuzeichnen wäre. Allgemein ist anzunehmen, daß zwei aufeinanderfolgende Kästchen zwei untereinander rückwirkungsfreie Glieder symbolisieren, z. B. wirkt der Regler auf das Stellglied ein, dieses aber nicht auf den Regler zurück. In einem Bauelement mit mehreren Speichern, unter denen rückwirkende Einflüsse stattfinden, läßt sich eine Trennung nicht durchführen. Sie können nur durch die ihnen eigene spezielle Übergangsfunktion charakterisiert werden. Durch Rückführungen finden rückwirkende Einflüsse statt, die durch die Schaltung gewollt hervorgerufen werden. Beispiel: das gestrichelte Kästchen in *Bild 3.*

Die Forderung, daß die Regelkreisglieder *untereinander rückwirkungsfrei* sein sollen, bedarf wegen ihrer Wichtigkeit noch einer Ergänzung. Rückwirkungsfreiheit liegt nicht immer vor. In manchen Fällen ist sie nur annähernd gegeben, in anderen Fällen muß man zur charakteristischen Darstellung des Regelkreises sich anders behelfen. Ein Potentiometer z. B. kann sich rückwirkend nicht verstellen. Wärmewirkungen in den verstellten Stromkreisen können aber die durch die mechanische Verstellung erfolgte Spannungsteilung verändern, meist sehr unbedeutend, so daß praktische Rückwirkungsfreiheit besteht. Anders bei der Steuerung eines Motors. Bei sprungförmiger Änderung der Ankerspannung erfolgt eine Änderung des Ankerstromes nach Maßgabe der Ankerkreiszeitkonstante. Nach Erreichen des Strombeharrungswertes würde sich die Drehzahl in einem integralen Verhalten verändern, wenn nicht folgende Rückwirkung einträte. Durch die Änderung der Drehzahl wird eine Änderung der Gegen-EMK hervorgerufen, die der Ankerspannung entgegenwirkt. Der Gesamtvorgang geht anstelle eines integralen Verhaltens in einen Zeitkonstantenvorgang über. Es ist dies ein innerer Vorgang dieses maschinellen Gliedes. Man kann dies berücksichtigen, indem man einen Block mit der dem Gesamtvorgang entsprechenden Übergangsfunktion darstellt, oder aber, indem man zwei Blöcke mit hierfür zutreffenden Übergangsfunktionen zeichnet, die zur Berücksichtigung der Rückwirkung in geeigneter Weise mit einer Rückmeldeschleife verbunden sind.

An Hand von *Bild 2b* wollen wir noch die *Steuerkette* demonstrieren. Wenn man die Rückmeldeschleife auftrennt oder noch besser ganz wegläßt, entsteht ein *offener* Wirkungsweg von W bis X, wobei anstatt des Reglers ein anderes Übertragungsglied wirksam sei. Wir haben es dann mit einer „Steuerung" zu tun, indem die Führungsgröße W die am Ausgang der „Steuerstrecke" liegende Größe X „steuert", ohne daß eine korrigierende Wirkung durch eine auf einen Regler arbeitende Rückmeldeschleife stattfindet. Es ist aber auch ersichtlich, daß sich sowohl beim Steuern wie auch beim Regeln in jedem einzelnen Glied Vorgänge des Steuerns abspielen und auch beim Steuern die zeitlichen Vorgänge in einem Glied in gewissem Sinne eine Rolle spielen. Hinsichtlich letzterem werden vielfach die Bauglieder der Steuerkette und des Regelkreises zusammenfassend behandelt. Die korrigierende Wirkung kann natürlich nur durch die Bildung eines Regel*kreises* erzielt werden. Übrigens kommt es auch vor, daß ein Regelkreis als Schaltungsteil in einer Steuerkette liegt und dem Steuerziel untergeordnet ist, wenn es notwendig sein sollte, Eingangs- und Ausgangsgröße *dieses* Teiles einander mit großer Genauigkeit anzugleichen. Der Regelkreis läßt sich dann in seiner rechnerischen Zusammenfassung als eigenes Übertragungsglied mit dem Sollwert als Eingangs-, der Regelgröße als Ausgangsgröße auffassen, freilich als Glied mit einer komplizierteren inneren Struktur.

b) Das zeitliche Verhalten der Regelkreisglieder

Der Umlauf der Wirkungen, der als Folge einer Änderung der Regelgröße ausgelöst wird, unterliegt den Gesetzen, die durch die Übertragungseigenschaften jedes einzelnen Gliedes des Regelkreises bestimmt sind. Die Fortpflanzungsgeschwindigkeit und Speicherfähigkeit innerhalb des einzelnen Regelkreisgliedes schreibt das zeitliche Verhalten vor, das zwischen seinen Ausgangs- und Eingangsgrößen zu beobachten ist. Daher steht eine Klassifizierung der Regelkreisglieder im Hinblick auf ihr zeitliches Verhalten im Vordergrund. Hierbei ist jedes einzelne Glied am Gesamtverhalten des ganzen Regelkreises gleichberechtigt beteiligt.

Unsere grundsätzliche Frage wird immer die sein: Welcher zeitliche Vorgang ist am Ausgang irgendeines Bauelementes als Wirkung gegeben, wenn am Eingang ein ursächlicher Vorgang dazu Veranlassung gibt? Es handelt sich stets um die Aufgabe, die Antwort des Ausgangs auf ein Geschehen am Eingang festzustellen. Experimentell oder rechnerisch ist eine Änderung der interessierenden Größe X_e am Eingang vorzunehmen (z. B. durch Verstellung eines Ventils einer Gasleitung um einige mm) und die als Antwort erfolgende Änderung festzustellen, die am Ausgang des Bauelementes hinsichtlich der dort interessierenden Größe X_a zu beobachten ist, die durchaus anderer physikalischer Natur sein kann (wie z. B. ein Gasdruck).

Zur Feststellung des zeitlichen Verhaltens eines Regelkreisgliedes werden zwei Verfahren bevorzugt. Bei dem ersten wird die Eingangsgröße von ihrem Wert X_{e0} zur Zeit $t = 0$ sprunghaft um einen bestimmten Betrag auf einen neuen Wert X_{e1} verändert, der fortan gehalten wird. Es wird gleichzeitig beobachtet, wie die Ausgangsgröße von ihrem bisherigen Beharrungswert X_{a0} auf einen neuen Beharrungswert X_{a1} übergeht. Der zeitliche Verlauf der Ausgangsgröße ist die „Übergangsfunktion zum Eingangssprung", weniger genau als „*Übergangsfunktion*" schlechthin bezeichnet. Der Sprung wird zu einem sogenannten *Einheitssprung*, wenn die Eingangsgröße um eine Einheit verändert wird.[1])

Bei dem zweiten Verfahren werden sinusförmige Änderungen der Eingangsgröße vorgenommen, d. h. eine Über-

---

[1]) Wir bevorzugen die Bezeichnung „Sprung" bzw. Einheitssprung für den hier gemeinten Vorgang, bei dem für $t < t_0$ die Eingangsgröße den Wert X_{e0} und für $t > t_0$ den Wert X_{e1} hat, gegenüber der Bezeichnung „Stoß", unter dem meist ein Vorgang verstanden wird, bei dem z. B. einem positiven Sprung zur Zeit t_0 etwas später (zur Zeit t_1) ein negativer Sprung gleicher Größe folgt, so daß ein Rechteckimpuls (Rechteckstoß) — bei sehr kleinem $(t_1 - t_0)$ „Nadelimpuls" — vorliegt.

lagerung einer Schwingung konstanter Amplitude und konstanter Frequenz über einen bestimmten festen Arbeitspunkt. Die überlagerte Sinusschwingung der Ausgangsgröße (im eingeschwungenen Zustande) wird mit derjenigen der Eingangsgröße verglichen. Es handelt sich um Versuchsreihen, bei denen jeder Einzelversuch mit einer anderen Frequenz durchgeführt werden muß. Die hier vorausgesetzte Linearität bewirkt, daß der Ausgang ebenfalls harmonische Schwingungen gleicher Frequenz zeigt. Festzustellen sind Amplitudenverhältnis und Phasendifferenz zwischen der Ausgangs- und Eingangsschwingung. Die in Abhängigkeit der Frequenz erhaltenen Ergebnisse, die auch in Form von Kurven aufgetragen werden, heißen *Frequenzgänge*: Frequenzgang des Amplitudenverhältnisses, kürzer *Amplitudengang*, und Frequenzgang der Phasendifferenz, kürzer *Phasengang*. Die Verbindung beider für je frequenzgleiche Werte in komplexer Schreibweise ergibt die sogenannte *Ortskurve des Frequenzgangs*. In der Zeichnung ist ihr eine Skala zugeordnet, die über die Frequenzzugehörigkeit jedes Punktes Auskunft gibt. Das Verfahren mittels Übergangsfunktion beschreibt die Vorgänge im Zeitbereich, das Frequenzgangverfahren im Frequenzbereich. Bestimmte Fragen lassen sich besser im Zeitbereich, andere Fragen besser im Frequenzbereich übersehen. In der modernen Regelungstechnik ist das Frequenzgangverfahren, von der Nachrichtentechnik stammend, unentbehrlich geworden.

Beide Verfahren stehen in engen mathematischen Beziehungen (s. § 22k). Bei beiden Verfahren ist das Vorliegen *linearer Verhältnisse* erforderlich, damit das Superpositionsgesetz gilt (weil sonst schwierige oder unlösbare rechnerische Verhältnisse gegeben sind). Falls bei größeren Änderungen der Eingangsgröße keine Linearität mehr anzunehmen ist, wird die Betrachtung genügend kleiner Änderungen notwendig. Vielfach werden Änderungen des Sollwertes zur Auslösung eines Regelvorganges bevorzugt behandelt, da dies für die Regelung die schärfste Bedingung bedeutet. Bei Sollwertänderungen stehen momentan Regelgröße und Sollwert nicht mehr in Übereinstimmung, während Störgrößenänderungen sich infolge von Trägheiten, die zwischen dem Ort der Störgröße und dem Ort der Regelgröße liegen können, entsprechend träge auf die Regelgröße auswirken.

Zur Frage des Vorliegens linearer Verhältnisse im jeweiligen Fall ist zu beachten, daß die Natur kaum ideal *lineare Systeme* kennt, daß die Unterstellung linearer Verhältnisse irgendwie nicht ganz der Wirklichkeit entspricht. Oftmals sind sie in Annäherung gegeben. Doch muß man untersuchen, welche Annäherung zu wählen ist, um einer Untersuchung für die Praxis genügende Sicherheit zu geben. Man wird die Annäherung verwenden, die die ungünstigeren Bedingungen für den Entwurf einer Regeleinrichtung in sich birgt. Das Untersuchungsergebnis ist dann für den übrigen Teil der möglichen Betriebszustände mit einem gewissen Sicherheitsfaktor behaftet. Die Unterstellung idealer Systeme ist streng genommen irreal.

Aber für grundlegende Überlegungen erhält man mit ihrer Hilfe ein einfacheres oder wenigstens leichter zu überschauendes Ergebnis. Die Theorie der Regelung linearer Systeme ist weitgehend erforscht. Mit ihr haben wir es in dieser Arbeit im wesentlichen zu tun. Sie bietet die fundamentalen Erkenntnisse der Vorgänge im Regelkreis.

In der Praxis spielen Grenzen der Aussteuerbarkeit eines Gliedes (z. B. auch Anschläge) eine die Theorie einengende Rolle. Die Aussteuerbarkeit, so z. B. auch der Bereich zwischen Anschlägen, kann und muß so groß sein, daß jedem möglichen Beharrungszustand von jedem Regelkreisglied Genüge geleistet wird. Im dynamischen Verhalten kann es aber sein, daß die Grenzen nicht ausreichen. So können bei Eintritt eines besonders großen Störsprunges vorübergehend besonders große Aussteuerwerte notwendig sein, um den gesetzmäßig erforderlichen Regelvorgang ablaufen zu lassen, die aber infolge Grenzen der technisch-wirtschaftlichen Auslegung von der Anlage nicht bereitgestellt werden können. Dann findet vorübergehend ein sich mit den maximal möglichen Aussteuerwerten abwickelndes „Steuern“ der Anlage statt, das ebenfalls auf eine Beseitigung der Störung hinzielt, jedoch nicht mit dem schnellen der vorgesehenen Regelung entsprechenden Verlauf, bis die Störung so weit gemindert ist, daß nun die

Gesetzmäßigkeiten der vorgesehenen Regelung wieder zur Geltung kommen und die Anlage schnell zur endgültigen Beherrschung der Störung bringt.

Nichtlineare Regelkreisglieder werden wir insofern berücksichtigen, als wir in § 14 unstetige Regler behandeln, die in manchen Ausführungen seit langem mit Nutzen zur Anwendung kommen. Zur Behandlung anderer Nichtlinearitäten weisen wir in § 15h auf die für viele Aufgaben mit Erfolg verwendbare Beschreibungsfunktion hin.

Hinsichtlich des zeitlichen Verhaltens spezieller Regelstrecken unterscheidet man verschiedene Grundtypen. Zuvor jedoch eine allgemeine Bemerkung: Bei stillschweigender Vernachlässigung *vergleichsweise* kleiner Werte, wie dies in der Regeltechnik oft der Fall ist, muß man Vorsicht walten lassen; denn bei einer Änderung der Vorbedingungen können plötzlich auch kleine Werte Bedeutung erhalten, z. B. kleine Zeiten irgendwo in der Gesamtanlage bei zu schneller Stellgliedverstellung, kleine Massen bei großer Beschleunigung usw.

Proportionalglieder ohne Verzögerung. Es liegen einfachste Verhältnisse vor, bei denen die Speicherfähigkeit eines Baugliedes in Anbetracht der zeitlichen Vorgänge in anderen Teilen des Regelkreises vernachlässigt werden kann. Die Ausgangsgröße folgt dann der erregenden Eingangsgröße praktisch unverzögert. Man spricht auch von einem „*verzögerungsarmen*" Element.[1]) Dabei kann ein Verstärkungs- bzw. Schwächungsfaktor (>1 Verstärkung, <1 Schwächung) wirksam sein. Für jeden Augenblick besteht Proportionalität zwischen Ausgangs- und Eingangswert. Beispiele: Druckregelstrecke einer Flüssigkeitsleitung (ohne Gaspuffer), Spannungsregelstrecke rein Ohmschen Charakters.

---

[1]) „Verzögerungsarm" soll also hier im Sinne von „praktisch verzögerungsfrei" gemeint sein. Demgegenüber wird z. B. in manchen Veröffentlichungen der Ver-Verfahrenstechnik unter „verzögerungssarm" eine Regelstrecke mit nicht allzu großer Verzögerung verstanden, die mit einem I-Regler geregelt wird, wobei gedämpfte Schwingungen entstehen und der Dämpfungsgrad für die Güte der Regelung zur Debatte steht. Diesen „verzögerungsarmen" Regelstrecken werden Regelstrecken mit größerer Anlaufzeit gegenübergestellt, für die P-Regler (in Form von integralen Verstärkern mit starrer Rückführung, z. B. Bild 54) empfohlen werden, da hier I-Regler zu lange Stellzeiten bewirken würden.

Proportionalglieder mit Verzögerung liegen vor, wenn die Speicherfähigkeit eines Baugliedes nicht vernachlässigt werden kann. Die Ausgangsgröße folgt der Eingangsgröße nur zögernd, da die Auf- bzw. Entladung der zwischen ihnen liegenden Speicher Zeit erfordert. Bei nur einem Speicher verläuft die Ausgangsgröße bei sprunghafter Veränderung der Eingangsgröße exponentiell, mündet also nach zunächst zeitlich veränderlichem Verhalten schließlich in einen Beharrungswert ein, der zum ursächlichen Eingangswert in proportionaler Beziehung steht. Mit dem Beharrungswert sind die Verhältnisse wieder zu einem Gleichgewicht gekommen, zu einem „Ausgleich", so daß man auch von *Regelstrecken mit Ausgleich* spricht. Beispiele: die Druckregelstrecke mit Speicherfähigkeit, die Spannungsregelstrecke bei nicht vernachlässigbarer Selbstinduktion oder Kapazität.

Integrale Regelstrecken. Im Gegensatz hierzu gibt es Regelstrecken, die nicht zu einem Ausgleich kommen oder zumindest erst so spät, daß der Ausgleich im Hinblick auf die übrigen zeitlichen Vorgänge im Regelkreis keine Bedeutung hat. Man spricht auch von *Regelstrecken ohne Ausgleich.* Beispiel: die Flüssigkeitsstandregelstrecke mit einer Dosierpumpe als Abnehmer.

Bei *Totzeitgliedern* beginnt die Ausgangsgröße sich erst nach einer gewissen Zeit zu ändern, es liegt zwischen diesem Beginn und dem Zeitpunkt der ursächlichen sprunghaften Änderung der Eingangsgröße eine „Totzeit". Beispiel: das Förderband, bei dem entsprechend seiner Geschwindigkeit eine Zeit vergeht, bis sich eine Änderung der Beschickung an seinem Anfang am Bandende bemerkbar macht.

Den Ausführungen der nächsten Paragraphen liegen idealisierte *stetige Regler* zugrunde, die die Regelgröße stetig messen und das Stellglied stetig stellen und leichter einen Überblick über das Verhalten von Regler und Regelstrecke im Regelablauf ermöglichen. Ein Regler gibt nach Feststellung der Regelabweichung ein gemäß seinem speziellen funktionellen Verhalten geartetes Ausgangskommando an die Verstelleinrichtung der Regelstrecke (s. auch § 9a, 2. Absatz). Folgende

Reglertypen bzw. Typen von Regeleinrichtungen sind zu unterscheiden:

Der *P-Regler*, dessen Ausgangskommando eine Stellgrößenänderung bewirkt, die unverzögert proportional der Regelabweichung ist (P = Abkürzung von „proportional wirkend").[1])

Der *I-Regler*, der eine Stellgliedverstellung so veranlaßt, daß die Änderungs*geschwindigkeit* der Stellgröße proportional der Regelabweichung ist.[2]) Die Stellgrößenänderung ist proportional dem Zeitintegral der Regelabweichung (*I* = Abkürzung von „integral wirkend"): *integraler Regler*.

Der *PI-Regler* verstellt die Stellgröße *additiv* proportional der Regelabweichung und proportional dem Zeitintegral der Regelabweichung.[3])

Regler mit *D-Einfluß* (Regler mit *Vorhalt*) sind Regler, die die Stellgröße additiv auch noch proportional der Änderungsgeschwindigkeit der Regelabweichung verstellen (*D* = Abkürzung von differenzierend wirkend), z. B. *PD*- und *PID*-Regler.

Bezüglich der Schreibweise des funktionellen Verhaltens eines Reglers wird aus logischen Gründen von manchen Autoren vorgezogen, *I*-, *IP*-, *IPD*-Regler zu schreiben.

In anderer Hinsicht unterscheidet man Regler *ohne Hilfskraft* und *mit Hilfskraft*[4]), je nachdem ob der Regler mit Energie aus der Regelstrecke allein oder mit von außen zur Betätigung des Stellgliedes zugeführter Energie arbeitet, die er mittels eines Elementes steuert, das auch *Kraftschalter* genannt wird. Schließlich werden Regler nach der Regelaufgabe bezeichnet, z. B. Druck-, Spannungsregler usw., ohne daß man aus dieser Bezeichnung etwas über ihr funktionelles Verhalten entnehmen kann.

Von ebenso großer Bedeutung ist das Zeitverhalten von

---

[1]) Früher *statischer* Regler, Regler *mit Stellungszuordnung*.
[2]) Früher *astatischer* Regler, Regler *mit Stellgeschwindigkeitszuordnung*.
[3]) Früher Regler mit *vorübergehender Statik*, *Isodromregler*.
[4]) Früher direkte und indirekte bzw. unmittelbare und mittelbare Regler.

Fühlern[1]) und *Meßumformern*, die eine energetische bzw. quantitative Umformung der Regelgröße zur Anpassung an den Eingang des Reglers besorgen, sowie der Glieder, die eine entsprechende Umformung des Ausgangs des Reglers zur Anpassung an den Energiebedarf zur Verstellung des Stellgliedes zur Aufgabe haben. Oft haben sie ein Zeitverhalten, welches das des gesamten Regelkreises ebenso maßgebend beeinflußt wie Regelstrecke und Regler, da durch sie die Ordnung der Differentialgleichung erhöht wird und für das Stabilitätskriterium weitere Einengungen hinsichtlich der frei wählbaren Parameter entstehen. Das Bemühen zur Erzielung einer guten Regelung wird daher sein, die Anzahl der Regelkreisglieder möglichst zu vermindern und die Eigenschaften der notwendigen Elemente möglichst günstig zu gestalten. Oft ist die Länge von Druckleitungen, die einen Druck auf den Eingang des Reglers oder zu einem Stellglied übertragen, zu begrenzen. Träge Fühler (z. B. mit Massenträgheit behaftete Fühler oder träge thermoelektrische Meßvorrichtungen) sind in Anlagen mit großen Zeitkonstanten weniger bedenklich, wie hier auch *Eigenverzögerungen des Reglers* vernachlässigbar sein können.

Liegen beim Regler nicht vernachlässigbare Eigenverzögerungen vor, so kann man diese oft dadurch berücksichtigen, daß man den Regler im Blockschaltplan in zwei Glieder unterteilt, von denen das erste durch einen Block mit den Eigenschaften des idealen Reglers und das zweite durch einen Block mit den Eigenschaften eines Verzögerungsgliedes dargestellt wird. Letzteres bleibt dadurch für den gesamten Regelkreis als zusätzliche Verzögerungen erhalten, während wir es beim ersten mit der klaren Struktur eines idealen Reglers zu tun haben. Infolgedessen können wir uns in unseren weiteren Dar-

[1]) Beispiele: Zur Drehzahlmessung die Zentrifugalkraft von Gewichten, die an der Welle befestigt sind und eine Muffe entgegen einer Federkraft verstellen, oder eine Tachodynamo; Rollentaster zur Dicken- und Durchhangmessung; zur Abstandsmessung pneumatische Düsen, deren Austrittswiderstand vom Abstand eines Materials abhängt; zur Durchflußmessung Venturirohre oder Blenden, bei denen der Druckunterschied zwischen zwei Stellen *(Wirkdruck)* proportional der Durchflußmenge ist, so daß die Regelaufgabe eine Druckregelung wird; zur Temperaturmessung Widerstandsthermometer, Gasdruckthermometer, Quecksilberthermometer, Thermoelemente usw.

legungen im allgemeinen auf Regler ohne Eigenverzögerungen beschränken, abgesehen davon, daß eine alternative Besprechung von Reglern mit Eigenverzögerungen aus Raumgründen nicht möglich wäre.

Das Zeitverhalten der Regelkreisglieder ist nicht zuletzt für die Wahl des Reglers und seine Anpassung an den jeweiligen Regelkreis bestimmend. Anderseits ist auch eine Anpassung der Regelstrecke an den Regler, wenn sie neu ausgelegt wird oder eine alte Regelstrecke in ihrer Auslegung abgeändert werden *kann*, eine entsprechende Aufgabe. Denn es gibt aus technischen Gründen keine Regler mit beliebigen Eigenschaften. Es haben sich, wie schon oben geschildert, bestimmte Reglertypen herausgebildet. Es ist dann notwendig, hierauf bei der Auslegung der Regelstrecke Rücksicht zu nehmen, um beste Regelergebnisse zu gewinnen. So wird man bei der Regelstrecke – wie auch beim Regler – *vermeidbare* Verzögerungen und Totzeiten auszuschalten suchen.

Das Zeitverhalten des Regelkreises hat auch zur Unterteilung in Hauptgruppen von Anwendungsgebieten geführt. Es werden vielfach *Verfahrensregelungen* (Regelungen chem. techn. Prozesse) und *industrielle Regelungen* (Regelungen industrieller Antriebe) unterschieden, die sich jedoch stark überschneiden. Unter ersteren sind vornehmlich Regelungsaufgaben wie in der Chemischen Industrie vorherrschend, unter letzteren insbesondere antriebstechnische Regelaufgaben zu verstehen. Die ersteren sind durch große Zeitkonstanten und Zeiten charakterisiert (in der Größenordnung von Minuten bis zur Stunde: Öfen, Kessel, Destillationskolonnen, Absorber, Raumheizungen usw.), die letzteren durch wesentlich kleinere Zeiten (in der Größenordnung der Sekunde: Regelungen der Drehzahl, von Zug, von Stellungen, von Spannungen usw.). Das unterschiedliche Zeitverhalten mit verschiedenartigen Anlagenteilen war der Anlaß dafür, daß die Regelfachleute ursprünglich getrennt marschierten und daß sich teilweise uneinheitliche Begriffe und Ausdrucksweisen ausbildeten. Durch die Normungsarbeiten konnte dieser Zustand beseitigt werden, zumal *die regeltheoretischen Gesetze für alle Aufgaben gelten.* Als drittes Hauptgebiet kann man Fernstellregelungen ansehen, die im angelsächsischen Sprachraum *servomechanisms* genannt werden. Sie sind etwa durch die Aufgabe charakterisiert, in mehr oder weniger großer Entfernung von einem „Kommandogerät" den Winkel einer Welle mit großer Genauigkeit und Schnelligkeit zu verstellen (Geschütze, Radargeräte usw.). Die Betätigung des Kommandogerätes bewirkt die Verstellung des Sollwertes eines Reglers. Ähnliche Aufgaben finden sich aber auch auf industriellem Gebiet (Nachlaufregelungen). Oft liegen extreme Geschwindigkeitsforderungen vor, die auch minimale Regelabweichungen während der Sollwertverstellung vorschreiben können. Während bei Servomechanismen hohe Regelgeschwindigkeiten gefordert sein können, ist häufig in der Verfahrenstechnik bei kontinuierlichen Prozessen eine langsame Regelung notwendig, weil eine möglichst gleichmäßige Strömungsgeschwindigkeit des Prozesses erwünscht ist. Hier ist dann auch die Verwendung einfacherer Regler Brauch.

Bei *servomechanisms*, bei denen der Sollwert ständig verstellt wird, ist es vielfach üblich, diesen (bzw. die Ausgangsgröße der Sollwerteinrichtung) als Eingang des ganzen Regelkreises aufzufassen (input quantity). Dann ist die Regelgröße die Ausgangsgröße des Regelkreises (output quantity). Der Befehl des Kommandogerätes wird eingeführt, die Regelgröße ist die Ausführung des Befehls, dem durch das Wirken des Regelkreises mit hoher Genauigkeit entsprochen wird. Im Zusammenhang mit dieser Vorstellung wird der Verbindungsweg von der Regelgröße zum Eingang des Reglers auch als Rückkopplung der Regelgröße bezeichnet – amerikanisch: primary feedback; britisch: monitoring feedback, um in mehrmaschigen Systemen gegen andere Rückkopplungen bzw. Rückführungen (feedback schlechthin) abzugrenzen –.

§ 3. Proportionalglieder ohne Verzögerung (*P*-Glieder nullter Ordnung)

a) Beispiel einer Gasdruckregelstrecke

Als Beispiel einer verzögerungsfreien Regelstrecke wählen wir Verhältnisse, die etwa einer einfachen Kleinanlage aus dem Gasfach entsprechen. Hier wie auch in späteren Beispielen nehmen wir Vereinfachungen vor, um zu Gunsten einer übersichtlichen Theorie die Grundgesetze leichter zu übersehen. Es stehe also die spezielle Ausführung der einzelnen Teile

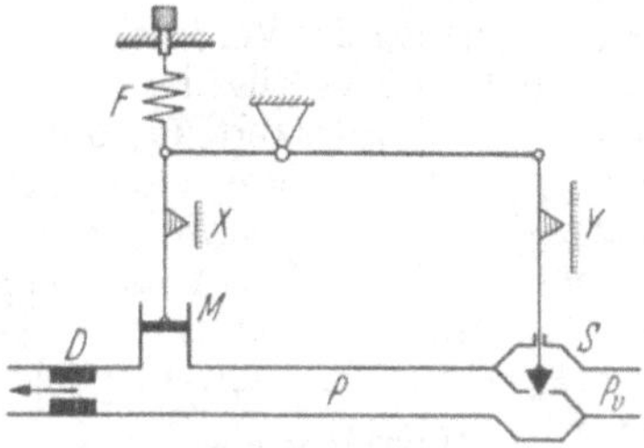

Bild 4. Regelung einer Gasheizung

weniger im Vordergrund. *Bild 4* zeigt ein Gasrohrstück, das ein Teil einer Zuleitung zu einem Gasbadeofen sein möge. Für diesen ist nur ein einziger Betriebsfall gegeben, nämlich der, daß der Ofen angestellt ist und geheizt wird. Der hierfür notwendige Sollwert entspricht dem Gasdruck P, für den er gebaut ist, d. h. für den eine wirtschaftliche Beheizung ohne Überbeanspruchung des Materials sichergestellt ist, und der daher durch Regelung konstant gehalten werden soll. Der Gasvordruck P_v treibt einen Gasstrom durch das Ventil S und das kurze Rohrstück zwischen Ventil und einer Drosselstelle D, die den Austrittswiderstand in räumlich konzentrierter Form darstellen möge. Wir denken uns die obere Hebelverbindung zwischen X und Y zunächst abmontiert. Mittels des Kolbens M und der Feder F wird der im Raum zwischen S und D herrschende Druck P gemessen: der Kolben gibt bei steigendem Druck entsprechend der Federkonstanten nach. Die vom Kolben hierbei zurückgelegte Weglänge ist ein Maß für die Druckänderung. Das Zusammenwirken des Ventilwiderstandes und des festen Widerstandes der Drosselstelle D bestimmt den Druck P. Das Rohrstück sei so kurz, daß sein Rauminhalt wie auch seine inneren Widerstände vernachlässigt werden können und idealisierte verzögerungsfreie Verhältnisse vorliegen. Unser Beispiel drängt den Vergleich mit einer „Strecke" auf, die von S bis D reicht.

Wenn sich am Eingang der Regelstrecke der Druck sprunghaft ändert[1]), so ist es ganz offensichtlich, daß sich der Druck am Meßgerät, am Ausgang der Regelstrecke, unmittelbar ändert. Die am Eingang auftretende Druckänderung kann sowohl von einer Änderung des Vordruckes als auch von einer Änderung der Stellung des Ventils, der Stellgröße, herrühren. Gehen wir von einem Bezugswert P_{v0} des Vordruckes und einem Bezugswert Y_0 der Stellgröße aus, durch den sich bei P_{v0} die Bezugsregelgröße X_0 ergibt, so erfolgt bei einer Vordruckänderung $z = P_{v1} - P_{v0}$, die als Störgrößenänderung $Z_1 - Z_0$ aufzufassen ist, und einer gleichzeitigen Stellgrößenänderung $y = Y_1 - Y_0$ eine unverzügliche Regelgrößenänderung $x = X_1 - X_0$:

$$x = V_S(y + z) \equiv K_S\,(y + z)\,, \tag{3.1}$$

worin der Proportionalitätsfaktor V_S — daher *Proportionalglied* — auch die in anderen Regelstrecken gegebene Verstärkung bzw. Schwächung berücksichtigt (s. auch § 19). V_S wird auch mit der Bezeichnung K_S als Übertragungsbeiwert der Regelstrecke mit P-Verhalten bezeichnet:

$$\textit{Übertragungsbeiwert}\ K_S \equiv V_S. \tag{3.1a}$$

b) Die Hintereinanderschaltung von Proportionalgliedern ohne Verzögerung

Wir überlegen den Fall der Hintereinanderschaltung mehrerer gleichartiger rückwirkungsfreier Regelstreckenglieder. Nur für das erste Glied möge eine von außen eintretende Störgröße Z vorliegen. Die Ausgangsgrößenänderung des ersten Gliedes, die wir mit y_{1a} bezeichnen, ist gleichzeitig die Eingangsgrößenänderung y_{2e} des zweiten Gliedes usw. Wir erhalten:

$$y_{1a} = v_1(y + z);\quad y_{2a} = v_2 y_{2e};\quad \ldots;\quad x = v_n y_{ne},$$

wobei die Ausgangsgrößenänderung des letzten n-ten Gliedes gleich der Regelgrößenänderung x ist. Mit $y_{2e} \equiv y_{1a}$ usw. erhalten wir die Beziehung:

$$x = v_1 \cdot v_2 \ldots v_n \cdot (y + z) = V_S(y + z), \tag{3.2}$$

mit dem Verstärkungsfaktor V_S der gesamten Regelstrecke.

---

[1]) um einen kleinen Betrag zur Gewinnung linearer Verhältnisse.

c) Sollwert, Regelabweichung, Führungsgröße

Wir verweisen hier insbesondere auf die Benennungen und Begriffe des Deutschen Normenausschusses (DIN 19226):

Der *Istwert* X ist der im Zeitaugenblick auftretende Wert der Regelgröße, der durch Messung festgestellt werden kann.

Der *Aufgabenwert* ist der Wert der Regelgröße, der durch die Aufgabenstellung vorgeschrieben ist.

Als *Sollwert* X_K wird der Wert der Regelgröße angesehen, der auf der Skala des Sollwerteinstellers eingestellt ist (die natürlich im Einklang mit dem Regelvorhaben entworfen wird). Um bei einer P-Abweichung gemäß (4.4) für den Beharrungszustand den *Aufgabenwert* zu erhalten, kann ein um die P-Abweichung abweichender Sollwert eingestellt werden. Ferner kann bei der Einstellung auch eine etwaige Eichungenauigkeit berücksichtigt werden.

Die *Regelabweichung* x_w ist die Abweichung $X - X_K$ des Istwertes vom Sollwert. *Bleibende* Regelabweichungen sind die im Beharrungszustand vorhandenen Abweichungen. *Vorübergehende* (dynamische) Regelabweichungen sind die während des Ablaufs eines Regelvorganges vorübergehend auftretenden Abweichungen, deren maximaler Wert als *Überschwingweite* x_m bezeichnet wird.

Die Regelabweichung wird oft, aber nicht immer, durch Vergleich mit einer konstanten Größe gebildet, z. B. einer Batteriespannung. Wesentlich ist, daß der Wert der Regelabweichung stets eindeutig ist und nicht anderweitig beeinflußt wird. In dem mechanischen Beispiel von *Bild 4* ist die Regelgröße gegen eine Federkraft geschaltet, die infolge des Proportionalverhaltens der Anordnung je nach der Größe der ungeregelten Abweichung veränderlich ist. Hier sind die Lage des oberen Endpunktes der Feder und die Federkonstante die Größen, deren Konstanz eindeutige Verhältnisse schaffen. Der Pfeil in *Bild 2*, der die Führungsgröße W darstellt, zeigt diese Eindeutigkeit symbolisch an. Es ist nicht gesagt, daß sie durch einen Vergleichswert von der gleichen physikalischen Größe wie die Regelgröße hervorgerufen wird.

Der *Bezugswert* X_0 ist der Wert der Regelgröße, auf den bei Verwendung von bezogenen Größen bezogen wird, z. B. X/X_0, x_w/X_0 usw. Die *Abweichung* vom Bezugswert ist $x = X - X_0$. Bei Festwertregelungen wird vielfach der festliegende Sollwert X_K als Bezugswert gewählt, so daß dann $x = x_w$ ist und einfacher x geschrieben werden kann.

Ein *Sollwertbereich* liegt vor, wenn der Sollwerteinsteller für einen vorgeschriebenen Regelbereich eine willkürliche Einstellbarkeit des Sollwertes gestattet. In Anlehnung an obiges Beispiel könnte z. B. für einen Backofen der Hausfrau die Notwendigkeit vorliegen, den Sollwert bis zum halben Gasdruck herunterzusetzen.

Die *Führungsgröße* W ist die Größe, die von außen eingreifend den augenblicklichen Wert des Sollwertes bestimmt, und wird durch die Regelung nicht beeinflußt. Beispielsweise ist bei Nachlaufregelungen die Drehzahl einer Welle die Führungsgröße, die den Sollwert einer anderen nachlaufenden Welle bestimmt und ändert, so daß die Drehzahl letzterer ständig mit der der führenden Welle übereinstimmt oder zu ihr in einem vorgeschriebenen Verhältnis steht. Da im übrigen fast immer eine Sollwertverstellung (zumindest in kleinen Grenzen) verlangt bzw. notwendig ist, ist der Begriff der Führungsgröße von allgemeiner Bedeutung.

Die *Führungsgrößenverstellung* w ist die Verstellung $W - W_0$ gegenüber einer Bezugsführungsgröße W_0.

Um einfache Verhältnisse zu schaffen, werden wir in unseren Ausführungen im allgemeinen annehmen, daß sich in *dem* Beharrungszustand, *der der Ausgang einer Betrachtung ist,* Sollwert X_K, Bezugswert X_0 (bei Bezugsführungsgröße W_0) und der zu diesem Zustande gehörige Beharrungs-Istwert decken. Dann tritt bei einer Störgrößenänderung z oder einer

Sollwert- (bzw. Führungsgrößen-) verstellung w die Regelabweichung x als Folge auf, die von uns zu untersuchen ist.

d) Die Störgröße

Störgrößen sind alle Einflußgrößen, die durch ihre Änderungen einen bestehenden Beharrungszustand des Regelkreises stören, wobei aber eine Rückbeeinflussung der Störgröße durch den entstehenden Regelvorgang nicht stattfindet. Das für die Regeltechnik Wichtige ist nicht die Störgröße Z selbst, sondern ihre Änderung z — die „Störgrößenänderung", wozu man auch kürzer „Störung" sagt —, die den Anlaß gibt, daß die Regelanlage von einem Beharrungszustand auf einen anderen übergeht[1]). Auch der Energiestrom, der Verbrauchergeräten zugeführt wird und der Zweck der Anlage ist, ist im Sinne der Regelungstechnik eine „Störgröße". Seine Änderung, etwa durch Abschalten eines der von der Regelgröße belieferten Geräte, „stört" das Gleichgewicht des bisherigen Beharrungszustandes und leitet eine Regelung ein, die zur Konstanthaltung der Regelgröße notwendig ist. Bei Regelstrecken, die aus mehreren Gliedern bestehen, unterliegen die Störgrößen den Verstärkungsfaktoren der Glieder, die zwischen der Eintrittsstelle und dem Ort der Regelgröße liegen. Dann besteht beispielsweise die wohl ohne weiteres verständliche Beziehung:

$$x = v_1 v_2 (y + z_I) + v_2 z_{II}. \tag{3.3}$$

Der Störgrößenbereich Z_h kennzeichnet die Grenzen der möglichen Störgrößenwerte (nach unten oft $Z = 0$) und gibt damit Unterlagen, aus denen zu entnehmen ist, wie die Teile des Regelkreises bemessen sein müssen, damit eine Regelung den äußersten statischen Anforderungen gerecht werden kann. In dynamischer Hinsicht ist es wertvoll, den größten möglichen Störgrößensprung zu kennen, um damit den maximal möglichen dynamischen Regelvorgang übersehen zu können. Ist der maximale Störungsfall nur sehr selten zu erwarten, kann u. U. dessen Nichtberücksichtigung vertretbar sein. Dann würde bei

[1]) Bei Verwendung von bezogenen Größen wird auf den maximal auftretenden Störgrößenbereich Z_h bezogen, z. B. Z/Z_h, z/Z_h, wobei man auch vom *Störgrad* spricht.

seinem Auftreten die Anlage im „gesteuerten“ Zustande – und zwar durch die Grenzwerte der Auslegung der Regelkreisglieder gesteuert – arbeiten, bis durch letztere die Anlage in den Bereich der Regelbarkeit geführt ist und nun der dynamisch normale Regelablauf den neuen Beharrungszustand herstellt. Das Verhältnis der Regelgröße (als Ausgang der Regelstrecke) zur Störgröße (als Eingang der Regelstrecke bei Änderungen der Störgröße) liefert die *Störübergangsfunktion* (bei sprungförmiger Änderung) bzw. den *Störfrequenzgang* (bei periodischen Änderungen).

§ 4. Der mittels *P*-Regler geschlossene Regelkreis

a) Der *P*-Regler

Bild 4 enthält in seinem oberen Teil einen *P*-Regler ohne Hilfskraft. Bei abgeschalteter Regelstrecke können wir auf den Meßkolben *M* von Hand oder von einer fremden Druckquelle einen mehr oder weniger starken Druck wirken lassen. Bei Vernachlässigung von Massen und Reibungskräften bewegt sich dann der Kolben verzögerungsfrei gegen den Druck der Feder und nimmt eine Lage ein, in der Kolbendruck und Federdruck im Gleichgewicht sind. Es wird der Regel-Istwert mit dem Federdruck als Vergleichswert verglichen, der den Sollwert bestimmt (s. hierzu § 3c „Regelabweichung“). Gleichzeitig wird mit Hilfe der Hebelübertragung das Ventil verstellt, um so erheblicher, je weiter der Drehpunkt des Hebels nach links gerückt ist. Das Verhältnis der Hebelarme bestimmt den *Verstärkungsfaktor* V_P, der in der Übersetzung der Meßkolbenverstellung in die Ventilverstellung wirksam ist, wobei wir zunächst nur die Verstellungen in mm betrachten und hierauf in Ziff. d zurückkommen werden. Die Proportionalität zwischen Kolben- und Ventilweg hat dem „proportionalwirkenden Regler“, *dem P-Regler*, seinen Namen gegeben. Zwischen Regelgrößenänderung x und Stellgrößenänderung y besteht unter Beachtung der *Vorzeichenumkehr*, der „Schließbedingung für das Zusammenschalten der Regelkreisglieder zu einem geschlossenen Kreise mit Regelungswirkung“, die Beziehung:

$$y = -V_P x. \qquad (4.1)$$

Das negative Vorzeichen, die Vorzeichenumkehr, berücksichtigt, daß infolge der Konstruktion des Reglers (oder in anderen Fällen als Folge einer vorgenommenen Schaltung) die Stellgrößenänderung sich in der Regelstrecke korrigierend auf die Regelgrößenänderung auswirkt und damit dem „Regelsinn" entspricht, daß z. B. bei einer Erhöhung der Regelgröße eine Verkleinerung der Stellgröße erfolgt, die im Sinne einer Verkleinerung der Regelgröße wirkt. Diese Wirkung ist um so größer, je größer der Verstärkungsfaktor V_P ist. Gemäß (.1) ist jedem Wert der Regelabweichung ein bestimmter Wert der Stellgröße zugeordnet. Auch eine Sollwertverstellung w, z. B. mittels einer Verschiebung des oberen Befestigungspunktes der Feder F oder durch Einsetzen einer Feder anderer Härte, hat eine Verstellung der Stellgröße zur Folge. Eine Erhöhung der Regelgröße um x bewirkt eine *Schließ*bewegung des Ventils, eine Verstellung des Sollwerts um w auf einen höheren Wert eine *Öffnungs*bewegung des Ventils. Bei Gleichzeitigkeit beider Ursachen findet eine Stellgrößenänderung y statt, die proportional der Differenz $(x - w)$ ist. Wir haben anstatt (.1) anzuschreiben:

$$y = - V_P(x - w). \tag{4.2}$$

Anstelle des Verstärkungsfaktors V_P, der auch *Übertragungsfaktor* genannt wird[1]), wird vielfach der *Proportionalbereich (P-Bereich)* X_P[2]) benutzt. Er ist der Bereich der Regelgröße, der beim P-Regler eine Verstellung der Stellgröße um den ganzen *Stellbereich* Y_h bewirkt. Bei linearem Verlauf der Kennlinien ist dann der *Verstärkungsfaktor*:

$$V_p = \frac{Y_h}{X_P} \equiv K_R, \tag{4.2a}$$

wobei K_R der *Übertragungsbeiwert* der P-Regeleinrichtung genannt wird (gemäß der neueren Nomenklatur).

Werden hierbei bezogene Größen verwandt, indem auf den Stellbereich Y_h und den Sollwert X_K bezogen wird, ist x_p der

---

[1]) Wie man auch entsprechend vom Übertragungsfaktor V_S der Regelstrecke spricht.

[2]) Früher *Ungleichförmigkeit* und Ungleichförmigkeitsgrad.

bezogene P-Bereich, und man erhält den dimensionslosen Verstärkungsfaktor (die *Empfindlichkeit des Reglers*):

$$V_p = 1/x_p. \tag{4.2b}$$

Bemerkung: Es ist zu beachten, daß der hier als Beispiel behandelte P-Regler ein idealer P-Regler ohne Hilfskraft ist. Ein aus einem integral-wirkenden Verstärker mit starrer Rückführung entstandener P-Regler, der mitunter auch schlechthin als „P-Regler" bezeichnet wird, s. die Beispiele gemäß (5.7) und (13.3), ist infolge der Stellzeit des Stellmotors, der ein Bauelement mit integral-wirkenden Eigenschaften ist, ein „mit Verzögerung behafteter P-Regler". Er bewirkt z. B. beim Arbeiten auf eine Regelstrecke mit Verzögerung 1. Ordnung auf Grund seiner endlichen Stellgeschwindigkeit Schwingungsneigung. Die Dämpfung wird jedoch mit Erhöhung der Stellgeschwindigkeit besser, während sie bei einem I-Regler mit Erhöhung der Stellgeschwindigkeit schlechter wird, s. (6.12).

b) Die Regelwirkung des geschlossenen Kreises

Das Zusammenwirken von Regelstrecke und Regler ist aus der Verknüpfung ihrer beiden Gleichungen (3.1) und (4.2) zu entnehmen, indem wir aus ihnen y eliminieren:

$$x = \frac{V_S z + V_S V_P w}{1 + V_S V_P}. \tag{4.3}$$

Bei Störgrößenänderung z (in unserem Beispiel Änderung des Gasvordrucks) allein ergibt sich:

$$x = \frac{1}{1 + V_S V_P} V_S z \tag{4.3a}$$

und bei *Sollwert-* bzw. *Führungsgrößenverstellung w* allein:

$$x = \frac{1}{1 + 1/(V_S V_P)} \cdot w. \tag{4.3b}$$

Eine *Störgrößenänderung z* bewirkt *ohne Regler* gemäß (3.1) eine Änderung der Regelgröße $x = V_S z$, dagegen *mit Regler* eine Regelabweichung x, die entsprechend dem Bruch in (.3a) kleiner ist. Diese bleibende Regelabweichung x heißt *P-Abweichung*, auch *statische* Abweichung. Die Definition gilt in Verbindung mit einem fehlerfrei gedachten P-Regler. Bei dauernd schwankenden Störgrößen ergeben sich dauernd schwankende P-Abweichungen, deren Größe entsprechend den Werten der Störgrößenänderung zu- bzw. abnimmt, so daß die Regelgröße sich in den Grenzen dieser Abweichungen dauernd bewegt. Der Bruch in (.3a) wird als

$$\text{\textit{Regelfaktor}}\quad R = \frac{1}{1 + V_0}\,{}^{1)} \tag{4.4}$$

mit $V_0 = V_S V_P$ = Kreis- oder Rundumverstärkung des Regelkreises (s. auch (S. 17) u. § 14d Abs. 3) bezeichnet. Je größer V_0 wird (z. B. bei – meist – gegebenem V_S durch Vergrößerung des Verstärkungsfaktors V_P des Reglers, d. h. durch Verkleinerung seines Proportionalbereiches $X_P = Y_h/V_P$), desto kleiner wird die P-Abweichung, desto genauer wird die Regelgröße konstant gehalten. Für $V_0 = \infty$ müßte die Konstanz der Regelgröße ideal gut werden. Es sind jedoch leider technische Grenzen gesetzt. In unserem Beispiel ist ab einer bestimmten Größe von V_P die Massenwirkung der mechanischen Teile nicht mehr vernachlässigbar. Reibungskräfte, die nichtlineare Verhältnisse zur Folge haben, werden von Bedeutung. Ein „Flattern" des Reglers kann einsetzen. Andererseits ergibt ein zu kleiner Kolbenweg ein ungenügendes Arbeitsvermögen zur Verstellung des Stellgliedes. Aus Stabilitätsgründen – in Auswirkung von Energiespeichern usw., wovon noch eingehend zu sprechen sein wird – darf die Kreisverstärkung einen mehr oder weniger hohen Betrag nicht überschreiten. Evtl. muß der Verstärkungsfaktor eines geeigneten Regelkreisgliedes verringert oder gar ein Glied mit einem Schwächungsfaktor hinzugefügt werden.

Bemerkung: Leistungsverstärker, beispielsweise zur Verstärkung der kleinen Ausgangsleistung eines Reglers auf die hohe Leistung eines großen Stellmotors, können hohe *Lei-*

---

[1]) In der Schreibweise mit Übertragungsbeiwerten:

$$R = \frac{1}{1 + V_0} = \frac{1}{1 + K_R K_S}$$

*stungs*verstärkungsziffern zeigen, während sie zur Kreisverstärkung V_0 im Sinne von (.4) nichts oder nur wenig beizutragen brauchen. So kann ein elektrischer Leistungsverstärker eine Eingangsspannung haben, die gleich der Ausgangsspannung ist (entsprechend einem Spannungs-Verstärkungsfaktor 1), trotz sehr hoher Leistungsverstärkungsziffer. Man darf sich also durch die oft außerordentlich hohen Leistungsverstärkungsziffern nicht täuschen lassen. Man denke beispielsweise an die hohe Leistungsverstärkung von 10^{14} beim Schrittregler. Leistungsverstärker sind *aktive* Verstärkersysteme, in denen Energiequellen gesteuert werden, so daß durch kleine Steuerleistungen große Ausgangsleistungen ausgelöst werden können. Demgegenüber gehört der *P*-Regler gemäß *Bild 4* zu den *passiven* Systemen, die nur eine einzige Größe vergrößern können, aber niemals das Produkt zweier Größen, wie es zur Leistungsverstärkung notwendig ist.

Als Zahlenbeispiel überlegen wir die Auswirkung einer Störgrößenänderung von $z = 10\%$. Der Regler soll zwar eine Stellgrößenänderung ausgleichender Größe einstellen, damit sich beide Wirkungen möglichst aufheben, schafft es aber nicht ganz. Bei $V_S = 1$ und $V_P = 9$ stellt sich eine bleibende Regelabweichung von $x = \frac{1}{1+9} \cdot 10\% = 1\%$ ein. Die Auswirkung der Störgrößenänderung ist entsprechend dem Regelfaktor auf $^1/_{10}$ reduziert worden, *die Regelgröße selbst zeigt aber nur eine Abweichung von* $^1/_{100}$.

Im allgemeinen Fall können Änderungen mehrerer Störgrößen vorliegen, deren Summenwirkung die Größe der Regelabweichung bestimmt. Beim *P*-Regler ist die bleibende Regelabweichung notwendig, um dem Stellglied bleibend die notwendige Verstellung zu geben, d. h. um in unserem Beispiel den Hebel die notwendige Lage entgegen der Federkraft einnehmen zu lassen. Wenn die Spanne zwischen höchsten und niedrigsten Werten der Störgrößen einen kleinen Wert hat, z.B. auch die Störgröße „Last“ infolge eines für längere Zeit festliegenden Lastfalles nur kleinen Schwankungen unterworfen ist, werden die Schwankungen der *P*-Abweichung entsprechend gering, so daß hier reine P-Regelungen befriedigende Resultate zeigen. *Bild 5* zeigt den Verlauf der Regelgröße x und der Stellgröße y infolge der Störgrößenänderung z im Zeitmoment $t = t_0$.

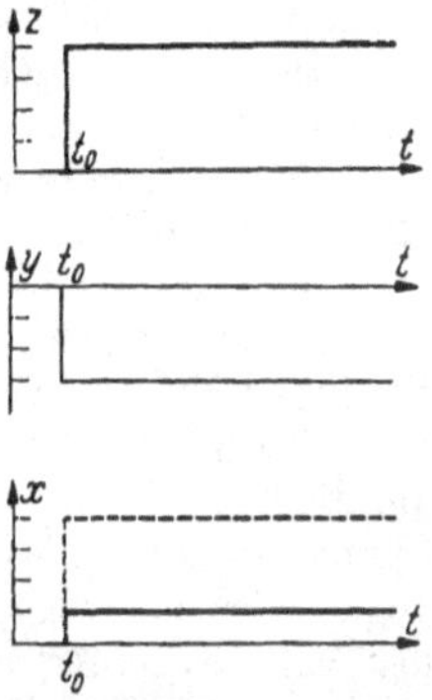

Bild 5. Regelvorgang einer verzögerungsfreien Regelstrecke mit einem P-Regler

Bei *Sollwertverstellung* w soll die Regelabweichung x (gegenüber der Bezugsgröße X_0!) möglichst den Wert w erreichen, d. h. der Bruch in (.3b) den Wert 1 annehmen. Der Fehler gegenüber der Sollwertverstellung ist $w - x$, mit (.3b) und (.4) gleich wR. Der Regelfaktor R bestimmt auch den bei Sollwertverstellung auftretenden Fehler.

Schließlich ist auf die *Frage der Regelbarkeit* einer zu regelnden Anlage hinzuweisen. In unserem Beispiel verliert das Regelsystem von einem Mindestwert des Verbrauchergasstromes ab seine Regelfähigkeit. Man betrachte als Grenzfall z. B. den Leerlauf: Gasstrom $g_a = 0$. Bei Übergang von Last auf Leerlauf kann zwar der Regler zur Haltung des Sollwertes das Ventil ganz schließen (gegen den wesentlich höheren Vordruck P_v). Jedoch ist bei darauf folgendem Steigen der Regelgröße (z. B. infolge Erwärmung, deren Wirkung bei Berücksichtigung der Speicherfähigkeit *(Bild 7)* erst verständlich wird) der Regler außerstande, dem entgegenzuwirken, es sei denn, daß das Ventil einen Weg ins Freie öffnen kann.

Unser Beispiel betraf eine *Zuflußregelung*, weil das Stellglied zwischen Meßort und Zufluß liegt. Auch die *Abflußregelung*, bei der das Stellglied zwischen Meßort und Abfluß, andererseits die feste Drosselstelle D zwischen Vordruckrohr und Meßort liegen (also umgekehrt zu *Bild 4*), ist eine echte Regelung mit geschlossenem Wirkungskreis. Die Wirkungsrichtung ist hier in der Regelstrecke entgegengesetzt der Strömungsrichtung des Mediums, dessen eine physikalische Größe die Regelgröße ist. Das Stellglied am Abfluß bedeutet einen veränderlichen Abflußwiderstand. Eine derartige Einrichtung arbeitet z. B. mit Luft, um den am Meßort konstant gehaltenen Luftdruck auf eine hier angeschlossene Anordnung einwirken zu lassen.

Früher (teilweise auch heute noch) wurde die selbsttätige Regelung auch als *Rückwärtsregelung* bezeichnet, weil man meist den Aufbau der Zuflußregelung im Auge hat, bei dem die abgegriffene Größe, die Regelgröße, nach rückwärts zum Stellglied hin zur Wirkung gebracht wird. Gleichzeitig nannte man den offenen Steuerkreis, bei dem die abgegriffene Größe auf die in Richtung zum Verbraucher hin (nach vorn) liegende Steuereinrichtung wirkt (jedoch ohne Rückbeeinflussung der abgegriffenen Größe), auch *Vorwärtsregelung*. Wir sehen an der Abflußregelung, daß auch bei ihr eine Wirkung der abgegriffenen Größe nach vorn stattfindet, wobei jedoch infolge der festen Drosselstelle D eine Rückwirkung stattfindet.

c) Ein elektrisches Beispiel

Bild 6 zeigt eine idealisierte Spannungsregelung eines leerlaufenden Generators G, wobei alle Trägheiten vernachlässigt sein mögen. Zunächst sei der Generator unerregt, weil die

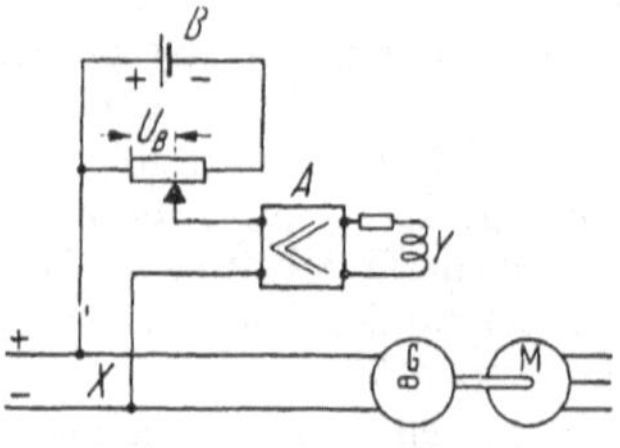

Bild 6. Elektrisches Beispiel

Vergleichsspannung U_B auf Null eingestellt sei. Verstellen wir die Führungsgröße von $W_0 = 0$ auf $W = U_B$, so stellt sich eine Ankerspannung X gemäß (.3b) ein:

$$x = X - X_0 = \frac{V_1 V_2}{1 + V_1 V_2}\, w = \frac{V_1 V_2}{1 + V_1 V_2}\,(W - W_0). \qquad (4.5)$$

Mit den Werten des unerregten Generators als Bezugszustand, $X_0 = 0$ und $W_0 = 0$, ergibt sich bei $V_1 = 10$ (des Verstärkers

A) und $V_2 = 2$ (= Ankerspannung : Erregerspannung, ungesättigt) für eine Sollspannung $X = X_K = 100$ V eine *Führungsgröße* $W = 105$ V $= U_B$. Sie hat einen um 5 *V* höheren Wert als der Sollwert. Die Differenz ist notwendig, um den Generator zu erregen, und müßte bei Öffnung des Regelkreises zur Erzielung eines ungeregelten Betriebes auf andere Weise zugeführt werden. — Bei Überbrückung des Verstärkers wird $V_1 = 1$ und der Regelfaktor (.4) gleich $^1/_3$: es ergibt sich eine allein durch die Schaltung bewirkte Regelung, mit einer Führungsgröße von $W = 200\,V = U_B$. Von einem Bauteil, der als „Regler" anzusprechen wäre, ist nichts mehr zu sehen.

d) Die Kenngrößen

Vielfach werden Ausgang und Eingang eines Regelkreisgliedes von verschiedenen Dimensionen angegeben sein. Damit erhält man als Verstärkungsfaktor einen *dimensionsbehafteten* Wert, z. B. wie im *Bild 4* bei der Verstellung eines Gasventils um einige mm und der Druckänderung am Meßort um *x* atü einen Verstärkungsfaktor mit der Dimension atü/mm, dem man seine zahlenmäßige Verstärkungswirkung schwerer ansehen kann. Der Verstärkungsfaktor des Reglers hat dann entsprechend die Dimensionen mm/atü. Die Dimensionen heben sich in der Produktbildung $V_S V_P$ auf, so daß erst mit dem Produkt die zahlenmäßige Verstärkungswirkung im Regelkreis greifbar vorliegt. In elektrischen Schaltungen ist meist die Betrachtung entweder auf Spannungen oder auf Ströme abgestellt. Damit erhält man für jedes Glied dimensionslose Verstärkungsfaktoren, die die Beurteilung ihres Beitrages am Gesamtverstärkungsfaktor erleichtern. Ferner siehe das zu *Bild 8* Gesagte, sowie § 23 betr. den bei Verwendung bezogener Größen entstehenden dimensionslosen Verstärkungsfaktoren.

§ 5. Proportionalglieder mit Verzögerung

Sie werden auch *PT*-Glieder genannt: *P* = proportional, *T* = Zeitkonstante *T*. Entsprechend werden dann Serienschaltungen solcher Glieder (s. Ziff. c) als PT^2-, PT^3-Glieder usw. bezeichnet.

a) Die Speicherfähigkeit von Regelstrecken

In *Bild 7* ist der Gasrohrstrecke zwischen Ventil und Drosselstelle ein Behälter K hinzugefügt, um eine Speicherfähigkeit anzudeuten. Wir betrachten die Verhältnisse zunächst wieder ohne Regelung. Bei sprunghafter Änderung des Vordruckes steigt der Druck an der Meßstelle nicht mehr sprunghaft an. Zwar setzt auch jetzt sofort eine Druckänderung ein, jedoch nur allmählich ansteigend, bis schließlich ein Endwert erreicht wird. Der Grund hierfür liegt in der Kompressibilität des

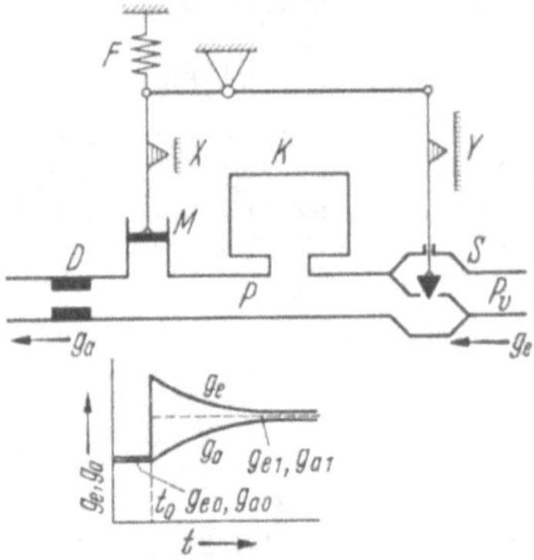

Bild 7. Gasdruckregelstrecke mit Speicherraum

Gases. In dem Behälterraum wird zusätzlich Materie aufgespeichert. Das Gleichgewicht der Drücke beendet die Auffüllung. Der Speicherraum braucht kein besonderer Behälter zu sein; auch mehr oder weniger lange bzw. verzweigte Rohrsysteme, die zwischen Ventil und Drosselstelle liegen, haben Speicherfähigkeit. Bei einer Flüssigkeit ist die Speicherfähigkeit wegen der geringen Kompressibilität (rd. $5 \cdot 10^{-5}$/atü für Wasser) vernachlässigbar, es sei denn, daß die Wände nachgebend sind.

Der zeitliche Verlauf der Druckänderungen wird durch eine e-Funktion beschrieben (s. § 19 und *Bild 98*). In *Bild 7* ist unten der zeitliche Verlauf von Gaszustrom g_e und Gasabfluß g_a bei einer Erhöhung des Gasvordruckes dargestellt. Im Zeitmoment t_0, bis zu dem der Beharrungszustand mit $g_{e0} = g_{a0}$ besteht und in dem der Vordruck erhöht werde, ist über dem Ventilwiderstand die gesamte Druckerhöhung sofort wirksam, während am Abfluß noch das alte Druckgefälle gegeben ist. Der Gasabfluß g_a behält zunächst den alten Wert, während sich der Gaszustrom g_e sprunghaft erhöht. g_e beginnt sofort wieder zu sinken, während g_a steigt, bis sich nach einiger Zeit die neuen Beharrungswerte $g_{e1} = g_{a1}$ eingestellt haben.

Das zeitliche Verhalten des Proportionalgliedes mit Verzögerung als Regelstrecke wird durch folgende Differentialgleichung beschrieben, vgl. (19.16) sowie auch (6.5):

$$T_a \dot{x} + qx = y + z \tag{5.1a}$$

oder

$$T_S \dot{x} + x = V_S(y + z) \tag{5.1b}$$

$$\left.\begin{aligned} &\text{mit } T_S = T_a/q = V_S\, T_a \\ &V_S = 1/q \\ &(\text{für } q = 1 \text{ wird } V_S = 1,\ T_S = T_a). \end{aligned}\right\} \tag{5.1c}$$

V_S ist wieder der Verstärkungsfaktor (Übertragungsfaktor) der Regelstrecke und sein Kehrwert q der sogenannte *Ausgleichswert*. Das Wort „Ausgleich" ist mit dem Begriff verbunden, daß die Regelgröße bei Änderung der Stellgröße oder der Störgröße auch im ungeregelten Fall wieder zu einem Ausgleich kommt, asymptotisch in einen Wert einläuft, in dem wieder Gleichgewicht besteht, wie dies bei der Übergangsfunktion mit exponentiellem Verhalten (*Bild 98*) der Fall ist. Der Ausgleichswert wird als „bezogene" Größe *Ausgleichsgrad* genannt, dessen Wert durch Multiplikation mit X_0/Y_h bzw. X_K/Y_h entsteht (hierin Y_h = *Stellhub*), und oft ebenfalls mit q bezeichnet[1]).

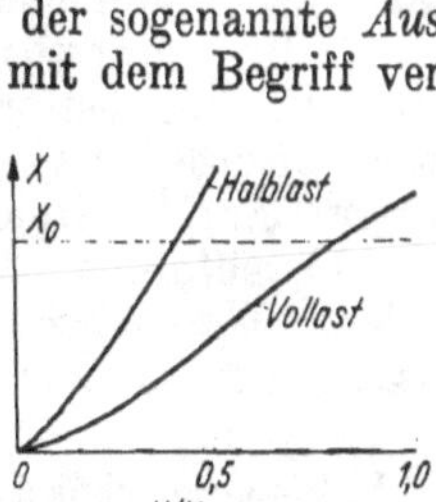

Bild 8.
X/Y-Kurven einer Regelstrecke (nach G. Wünsch)

[1]) Es ist $q \dfrac{X_0}{Y_h} = \dfrac{1}{V_S} \cdot \dfrac{X_0}{Y_h} = \dfrac{(Y_2 - Y_1)/Y_h}{(X_2 - X_1)/X_0}$.

In *Bild 8* ist für Vollast und Halblast eines Beispiels[1]) die Abhängigkeit der Regelgröße von der Ventilstellung gezeigt. Als Abszisse ist der *Stellgrad*[2]) Y/Y_h aufgetragen. Bei kleinerer Last wird eine bestimmte Regelgröße X_0 durch eine kleinere Ventilöffnung erreicht. Der Ausgleichswert bzw. -grad q ist die Neigung der Tangente gegen die Ordinate im jeweiligen Punkt, gibt also die notwendige Verstellung des Stellgliedes zur Erzielung einer bestimmten kleinen Änderung der Regelgröße an. Er hat in *Bild 8* für X_0 bei Vollast den Wert $q \approx 1$ und besagt hiermit, daß das Stellglied um 1% verstellt werden muß, damit sich die Regelgröße um 1% ändert. Mit fallender Last wird der Ausgleichswert kleiner, sein Kehrwert, der Verstärkungsfaktor, größer (s. auch § 19). Es ist bekannt, daß bestimmte Regelanlagen bei großer Last infolge des kleineren Verstärkungsfaktors weniger zur Instabilität neigen können als bei niedriger Last.

Anordnungen mit exponentiellemZeitverhalten liegen häufig vor. Für eine große Gruppe gilt die dynamische Grundgleichung der Mechanik: der Überschuß einer konstanten Kraft über eine proportional mit der Geschwindigkeit wachsende Widerstandskraft ergibt eine exponentiell ansteigende Geschwindigkeit[3]). Bei elektrodynamischen Problemen bewirken die elektrische Speicherfähigkeit einer Kapazität sowie die magnetische Speicherfähigkeit einer Induktivität analoge Erscheinungen. Auch Wärmevorgänge können im einfachsten Fall den Verhältnissen eines Einspeichersystems entsprechen. Andere Wärmeregelstrecken entsprechen komplizierteren Ersatzschaltbildern (s. § 10).

b) Proportionalglied mit Verzögerung (*P*-Glied 1. Ordnung) und *P*-Regler

Wir schalten die Gasregelstrecke (mit einem Speicher wie in *Bild 7*, so daß ihr zeitliches Verhalten durch Gleichung (.1b) beschrieben wird) mit einem *P*-Regler, dessen Gleichung

[1]) G. Wünsch, Askaniawarte Nr. 46, S. 8.
[2]) Früher auch *Lastfaktor* genannt.
[3]) Z. B. Sammlung Göschen, Bd. 827, A. Schwaiger, Elektromotorische Antriebe (bzw. Bd. 827/827a/827b, W. Meyer).

(4.2) ist, zusammen. Durch Elimination von y erhalten wir für den Regelvorgang die Differentialgleichung:

$$\frac{T_S}{1+V_S V_P}\,\dot{x}+x=\frac{V_S V_P w+V_S z}{1+V_S V_P} \tag{5.2}$$

und deren Lösung analog (19.17) bei $w=0$, also bei Vorliegen einer Störgrößenänderung z:

$$\frac{x}{z}=\frac{V_S}{1+V_S V_P}\left(1-e^{-\frac{1+V_S V_P}{T_S}t}\right), \tag{5.3}$$

sowie bei $z=0$, d. h. bei Vorliegen einer Sollwertverstellung w:

$$\frac{x}{w}=\frac{V_S V_P}{1+V_S V_P}\left(1-e^{-\frac{1+V_S V_P}{T_S}t}\right). \tag{5.4}$$

Im ersten Fall, dem Vorliegen einer *Störung* z, ist der Vergleich mit der *ungeregelten* Regelstrecke zu ziehen, d. h. mit der Lösung der Differentialgleichung (.1b), in der $y=0$ gesetzt ist:

$$\frac{x}{z}=V_S\left(1-e^{-t/T_S}\right). \tag{5.5}$$

Ohne Regelung ergibt sich gemäß (.5) eine Regelgrößenänderung $x=V_S z$, die exponentiell nach der Zeitkonstante T_S entsteht. *Mit Regelung* hat die anfallende Regelabweichung gemäß (.3) den kleineren Wert $x=\frac{V_S\cdot z}{1+V_S V_P}$. Sie bildet sich sehr viel schneller nach Maßgabe der kleineren Zeitkonstante $\frac{T_S}{1+V_S V_P}$ aus. In beiden Fällen (s. *Bild 9*) hat der Tangens des Steigungswinkels für den Moment des Anfangs, d. h. des Winkels der Tangenten im Punkt $t=0$, den Wert $z\cdot V_S/T_S$. Im Falle der Regelung wächst demnach die Regelgrößenänderung zu Anfang genau so stark an, läuft aber entsprechend der kleineren Zeitkonstante schneller in eine niedriger liegende Asymptote ein.

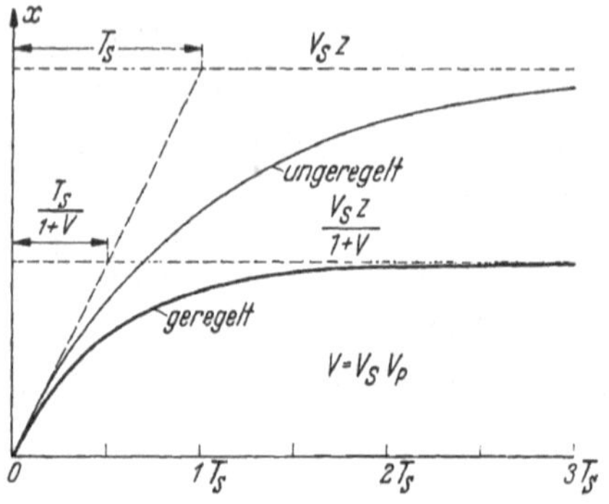

Bild 9. Regelvorgang einer Regelstrecke mit Verzögerung mittels eines P-Reglers

Im zweiten Fall der *Sollwertverstellung* w wollen wir prüfen, wie die Regelgröße der Verstellung folgt. Der Fehler gegenüber w hat mit (.4) den Wert:

$$w - x = w\left[1 - \frac{V_S V_P}{1 + V_S V_P}\left(1 - e^{-\frac{1 + V_S V_P}{T_S} t}\right)\right], \quad (5.6)$$

was für den Moment der Verstellung ($t = 0$) den Wert w ergibt, der sich exponentiell nach der Zeitkonstante $\frac{T_S}{1 + V_S V_P}$ auf den Restbetrag $\frac{1}{1 + V_S V_P} w$ erniedrigt.

Bei der Sollwertverstellung werden Sollwert und Regelgröße momentan aus der Übereinstimmung gebracht, so daß der Regler zu einem sofortigen vollen Eingreifen veranlaßt wird. Demgegenüber ist bei Anfall der oben behandelten Störung z, die im gewählten Beispiel am Eingang der Regelstrecke infolge einer sprunghaft angenommenen Änderung des Vordruckes P_v anfällt, die Regelabweichung zur Zeit $t = 0$ noch Null und der Regler spricht nur allmählich nach Maßgabe der infolge der Verzögerung in der Regelstrecke langsam auftretenden Abweichung an. Liegt jedoch eine Störung vor, indem die Regelgröße sich sprunghaft ändert, so ist auch hier die Übereinstimmung von Sollwert und Regelgröße momentan gestört. Der Regler spricht sofort wie bei der Sollwertverstellung voll an und regelt auf den konstant gebliebenen Sollwert hin. Wir hatten schon früher vermerkt, daß Sollwertänderungen für die Regelung die schärfste Bedingung bedeuten und daher oft mit Vorzug betrachtet werden.

Ein technischer Regler besitzt oft merkbare *Eigenzeitkonstanten.* Wir betrachten in *Bild 10* einen üblichen Geräteregler, einen Membrangasregler ohne Hilfskraft, unter Berücksichtigung seiner Eigenverzögerung[1]). Der Druck P wird mittels einer Membranvorrichtung gemessen, deren Auflagescheibe sich gegen eine Feder bewegt. Die Membran hat die Aufgabe, den Gasraum gegen außen abzuschließen, jedoch der aufliegenden Scheibe freie Beweglichkeit zu geben, wobei der Raum über der Membran bis auf eine kleine Atmungsöffnung verschlossen ist[2]). Da uns nur die dynamischen Verhältnisse interessieren, schreiben wir die homogene Differentialgleichung für den „P-Regler mit Verzögerung" an:

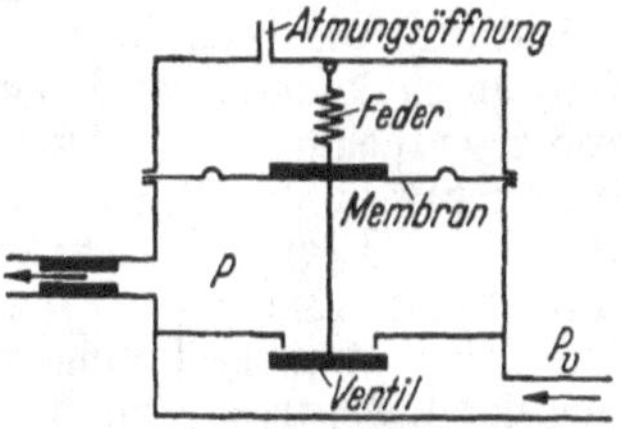

Bild 10.
P-Regler mit Verzögerung ohne Hilfskraft

$$V_P T_r \dot{y} + y = - V_p x, \tag{5.7}$$

mit T_r = Reglerverzögerungszeit analog zu (.1a), und ebenso für die Regelstrecke unter Berücksichtigung ihres Speichervolumens gemäß (.1a):

$$T_a \dot{x} + q x = y. \tag{5.8}$$

[1]) J. Lorenz, GWF 1951, S. 79.

[2]) Diese Maßnahmen sind aus Sicherheitsgründen für den Fall schadhafter Membranen erforderlich. Dies ist gleichzeitig ein einfaches Beispiel für *Nebenbedingungen,* die bei Regelaufgaben oft eine wichtige Rolle spielen und erschwerende Verhältnisse bedeuten können.

Nach Differenzieren von (.8) erhalten wir durch Eliminieren von y die Gleichung:

$$T_a T_r \ddot{x} + \left(T_r q + \frac{T_a}{V_P}\right) \dot{x} + \left(1 + \frac{q}{V_P}\right) x = 0. \qquad (5.9)$$

Der Dämpfungsgrad ist gemäß (20.4c):

$$D = \frac{1}{2\sqrt{1 + q/V_P}} \left(q \sqrt{T_r/T_a} + \frac{1}{V_P} \sqrt{T_a/T_r}\right). \quad (5.10)$$

Da q/V_P klein ist, können wir den ersten Faktor annäherungsweise gleich $^1/_2$ setzen. Ebenso hat der zweite Summand in der Klammer wegen des meist großen Wertes von V_P geringere Bedeutung. Die Dämpfungsänderungen bei Abänderung der Konstanten können wir daher dem ersten Summanden im großen entnehmen: Die Dämpfung steigt mit wachsendem Ausgleichswert der Regelstrecke, wachsender Verzögerungszeit T_r des Reglers und sinkender Verzögerungszeit T_a der Regelstrecke. Eine lange Verzögerung des Reglers wird durch eine kleine Atmungsöffnung erzielt und eine kleine Verzögerung der Regelstrecke durch einen möglichst geringen Rauminhalt des Gasraumes zwischen Ventil und Abflußdrosselstelle. Dieser Fall ist bei genügend großem Ausgleichswert gegeben. Es liegen dann bei diesem statischen Regler und dem in § 6 behandelten astatischen Regler etwa die gleichen Verhältnisse vor. Wenn aber der Ausgleichswert zu klein ist – er kann bei Reglern für Anlagen, deren Abfluß auf variable Stärke verstellbar ist, bei kleiner Belastung ziemlich klein werden – oder aus Dimensionierungsgründen eine lange Membranlaufzeit gegeben ist, gewinnt der zweite Summand Bedeutung. Er wächst gegenüber dem zu niedrig gewordenen ersten Summanden mit Verkleinerung der Membranlaufzeit T_r (Erweiterung der Atmungsöffnung), mit Vergrößerung der Verzögerung T_a der Regelstrecke (großer Rauminhalt) und schließlich mit Verkleinerung von V_P (härtere Feder). Letzteres bedeutet eine größere P-Abweichung, macht die Regelung also ungenauer. Hier ist jedoch der mit P-Wirkung arbeitende Geräteregler gegenüber dem in § 6 behandelten integral wirkenden Regler gegebenenfalls aus Stabilitätsgründen im Vorteil.

Die Massenbeschleunigung ist nicht berücksichtigt worden. Beim Regler ohne Hilfskraft spielt sie meist eine nicht zu vernachlässigende Rolle, während beim Regler mit Hilfskraft oft praktisch masselose Verhältnisse zu erzielen sind. Im vorliegenden Beispiel jedoch hat das Membransystem nur geringe Massen. Bei Berücksichtigung der Massenbeschleunigung würde zusätzlich ein Glied mit dem zweiten Differentialquotienten auftreten. Die Zusammenschaltung mit der Regelstrecke führt dann zu einer Differentialgleichung 3. Ordnung: Stabilitätskriterium s. (11.4).

c) Zwei Proportionalglieder mit Verzögerung in Reihenschaltung (*P*-Glied 2. Ordnung)

Wir schalten zwei rückwirkungsfreie Proportionalglieder mit Verzögerung in Reihe (man spricht auch von *Verzögerung 2. Ordnung*):

$$\text{Glied 1:}\quad T_1\dot{x} + x = V_1\xi \tag{5.11}$$

$$\text{Glied 2:}\quad T_2\xi^{\cdot} + \xi = V_2(y + z). \tag{5.12}$$

Nach Differenzieren von (.11) erhält man durch Einsetzen von ξ und $\xi^{\cdot}$ in (.12):

$$T_1 T_2\ddot{x} + (T_1 + T_2)\dot{x} + x = V_S(y + z), \tag{5.13}$$

wobei $V_1 V_2 = V_S$ gesetzt ist. Die Lösung dieser Gleichung ist in § 20 entwickelt. Der Kurvenverlauf der Übergangsfunktion ist gemäß (20.6) als aperiodischer Verlauf gegeben (s. *Bild 99*). Im Spezialfall $T_1 = T_2$ ergibt sich der aperiodische Grenzfall mit dem Dämpfungsmaß $D = 1$ gemäß (20.4c):

$$D = \frac{T_1 + T_2}{2\sqrt{T_1 T_2}} = 1. \tag{5.14}$$

Die Zusammenschaltung dieser Regelstrecke mit einem *P*-Regler gemäß (4.2) ergibt als Gleichung des geschlossenen Regelkreises:

$$T_1 T_2\ddot{x} + (T_1 + T_2)\dot{x} + (1 + V_S V_P)x = V_S V_P w + V_S z. \tag{5.15}$$

Die statische Regelabweichung ist nach langer Zeit, wenn die Differentialquotienten den Wert Null angenommen haben:

$$x = \frac{V_S V_P w + V_S z}{1 + V_S V_P}. \tag{5.16}$$

Der Dämpfungsgrad beträgt:

$$D = \frac{T_1 + T_2}{2\sqrt{T_1 T_2 (1 + V_S V_P)}}. \tag{5.17}$$

Wir sehen den *entdämpfenden Einfluß der Kreisverstärkung* $V_S V_P$, wenn wir mit (.14) vergleichen. Der Dämpfungsgrad D kann kleiner als 1 werden. Die maximale vorübergehende (dynamische) Regelabweichung ist die Überschwingweite x_m (s. *Bild 99* in § 20). Die Schaltung mit Regler im geschlossenen Regelkreis ist eine *rückwirkungsbehaftete Anordnung* gegenüber der Regelstrecke ohne Regler.

§ 6. *I*-Regler und integrale Regelstrecken

a) Der *I*-Regler

Bild 11 zeigt ein Beispiel eines *I*-Reglers (integral wirkenden Reglers) mit hydraulischer Hilfskraft und einer Druckmeßdose als Fühler zur Feststellung der Abweichung x der Regelgröße. Die Bewegung der Membran des Fühlers wird über ein Gestänge zu einem Zweikolben-Steuerschieber *St* (dem Kraftschalter für die ölhydraulische Hilfskraft) übertragen, der entsprechend dem Membranweg aus der neutralen Lage herausgelenkt wird, in der er die beiden zum Stellmotor *M* führenden Rohre verschließt.[1]) Wenn wir annehmen, daß der Schieber nach oben ausgelenkt wird, fließt unter Druck stehendes Öl durch das obere Rohr vom Ölzufluß in den oberen Raum des Stellmotors und drückt den Motorkolben, der das Stellglied verstellt, nach unten. Der untere Kolben des Steuerschiebers öffnet das untere Rohr, so daß aus dem unteren Raum des Stellmotors Öl abfließen kann. Im Bild sind die Kolben des Steuerschiebers sowie die Rohre zum Stellmotor mit

---

[1]) In älterer Bezeichnungsart wird der Stellmotor auch *Servomotor* genannt.

großen Maßen gezeichnet, um zu verdeutlichen, daß eine Wirkung eintritt, die *proportional dem Ausschlag* des Steuerschiebers ist. Hierdurch ist *die Geschwindigkeit des Kolbens des Stellmotors proportional der Regelabweichung* (innerhalb bestimmter Grenzen).

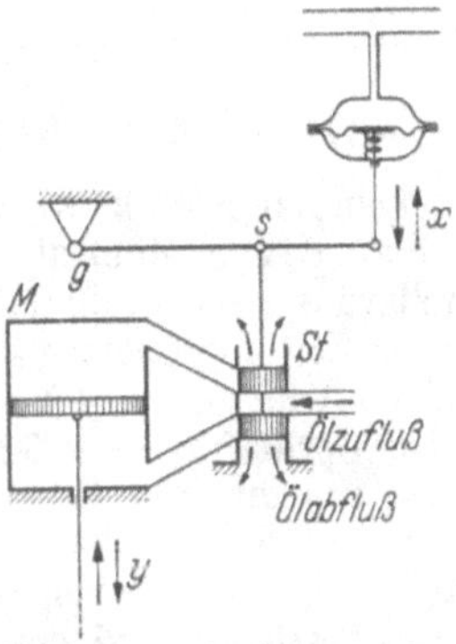

Bild 11. *I*-Regler mit hydraulischer Hilfskraft

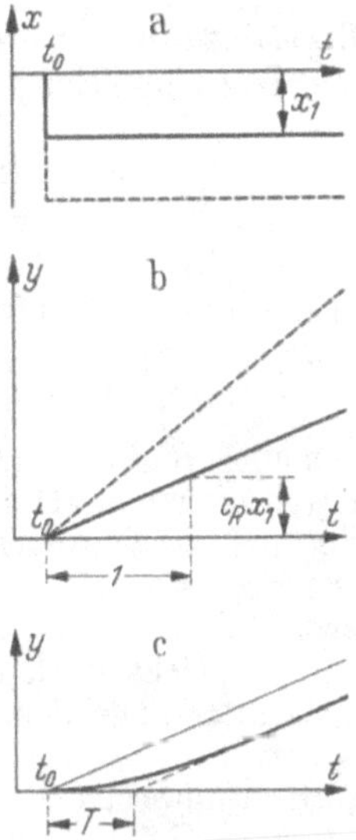

Bild 12. Übergangsfunktionen des *I*-Reglers, c_R s. (.3)

Bild 12 zeigt die Übergangsfunktion des *I*-Reglers. Bei der sprunghaften Regelabweichung x_1, die in *Bild 12a* ausgezogen gezeichnet ist, verstellt der Regler die Stellgröße y in einem Zeitverhalten gemäß der ansteigenden ausgezogen gezeichneten Linie in *Bild 12b*. Im Zeitmoment t_0 *beginnt* der Stellmotor zu verstellen. Die Verstellung des Stellgliedes erfolgt zwar momentan, jedoch nur träge, indem der Regler im Gegensatz zum *P*-Regler erst im Laufe der Zeit das Stellglied verstellt. Die gestrichelten Linien in *Bild 12a* und *b* geben das Verhalten bei doppelt großem Sprung der Regelgröße an. Die Verstellung des Stellgliedes erfolgt mit doppelt großer Geschwindigkeit.

Bei festgehaltener Regelabweichung x ist die Verstellung des Stellgliedes linear mit der Zeit anwachsend — mit (.3) —:

$$y = -c_R\, xt = -xt/T_{\mathfrak{J}}. \tag{6.1}$$

Im Regelablauf ist der Stellweg y proportional dem Zeitintegral der Regelabweichung:

$$y = -c_R \int x\, dt = -\frac{1}{T_{\mathfrak{J}}} \int x\, dt \equiv -K_I \int x\, dt, \tag{6.1a}$$

mit K_I = *Übertragungsbeiwert*, wie er in den Gleichungen für ideale, lineare Glieder auftritt, s. auch (.3), und nach Differentitation:

$$\dot{y} = -c_R x = -x/T_{\mathfrak{J}}, \text{ bzw.} = -c_R(x - w). \tag{6.2}$$

Wenn man in *Bild 12a* und *b* zusammengehörige Kurven, z. B. die dicken Linien, betrachtet, so sieht man, daß im Moment t_0 des Sprunges x_1 die Änderung der Stellgröße y noch null ist, daß sie aber sogleich mit zunehmender Zeit t proportional ansteigt, so daß der Wert von y proportional der immer größer werdenden Fläche wird, die durch den Sprung x_1 und der wachsenden Zeit t gebildet wird, daß also eine integrale Beziehung besteht.

Der Regelabweichung x ist eine Stellgeschwindigkeit zugeordnet, deren Größe durch den Faktor c_R bestimmt wird, dessen Dimension in (.3) gegeben ist. Aus *Bild 11* erkennen wir weiter, daß der Steuerschieber erst dann wieder beide Ölrohre zum Stellmotor verschließt, wenn er seine alte Lage wieder eingenommen hat, was nur sein kann, wenn die Regelgröße wieder den Sollwert erreicht hat. Der Regler stellt eine Stellgröße ein, die einer vollständigen Wiederherstellung der Regelgröße entspricht. Im idealen Falle! Wenn Reibung oder andere Ansprechgrenzen eine Rolle spielen, erreicht das Stellglied die ideale Stellgröße nicht, sondern kommt vorher zum Stillstand. Es entsteht dann ein bleibender Regelfehler nach Maßgabe der jeweiligen Größe der Ansprechempfindlichkeit, die durch konstruktive Maßnahmen klein gehalten wird.

Die Größe der Stellgeschwindigkeit hat eine *praktische Grenze*. Die praktisch größtmögliche Änderungsgeschwindigkeit der Stellgröße $\dot{Y}_{max}$:

$$\dot{Y}_{max}\left[\frac{\text{Dim. } Y}{\text{s}}\right] = \dot{Y}\, X_h/\Delta X \qquad (6.2\text{a})$$

(wobei $\dot{Y}$ der Wert bei Verstellung der Regelgröße um ΔX ist) entspricht der praktisch kleinstmöglichen *Stellzeit* T_y, in der der Stellmotor den vollen Hub Y_h der Stellgröße verstellt:

$$T_y = \frac{Y_h}{\dot{Y}_{max}}\,[\text{s}] = \frac{1}{c_R \cdot X_h/Y_h}\,. \qquad (6.2\text{b})$$

Diese Geschwindigkeit wird bei der Regelabweichung X_h, dem *Laufbereich*, erreicht *(Bild 13)*. Der Laufbereich X_h ist also die Hälfte des Bereiches der Regelgröße, den sie durchlaufen muß, damit die Stellgeschwindigkeit ihren größten Wert in der einen oder anderen Stellrichtung erhält. In der Mitte dieses Bereiches liegt die Stellgeschwindigkeit Null. Bei Sollwert X_K kann jede Stellgröße Y des Stellbereiches Y_h eingestellt sein (horizontaler Teil der Kurve von *Bild 13*). Bei festgehaltenen Abweichungen $x = X - X_K$ läuft der Stellmotor mit einer der Abweichung proportionalen Geschwindigkeit bis zur Hubgrenze, an der die maximale bzw. minimale Stellgröße erreicht wird (entsprechend den senkrechten Teilen der Kurve).

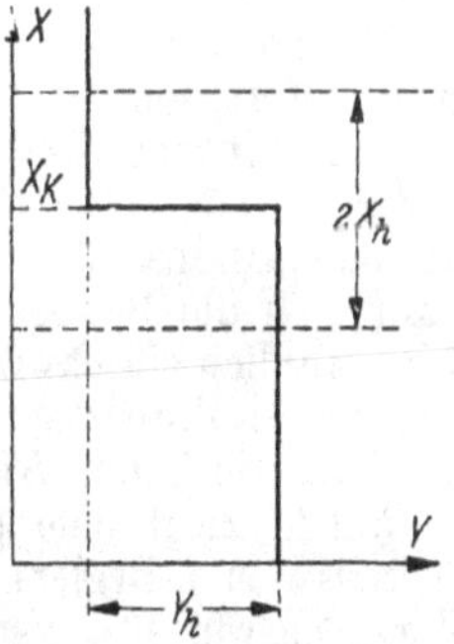

Bild 13. Laufbereich X_h und Stellbereich Y_h des I-Reglers

Die in (.1) auftretende Konstante c_R ist:

$$c_R = \frac{\dot{Y}}{\Delta X}\left[1/s \cdot \frac{\text{Dim. } Y}{\text{Dim. } X}\right] = \frac{1}{T_y \cdot X_h/Y_h} \equiv K_I. \qquad (6.3)$$

Sie ist die Stellgeschwindigkeit für eine Änderung der Regelgröße *um eine Einheit*, wenn $\dot{Y}$ der Verstellung der Regelgröße um ΔX zugeordnet ist. So ergibt sich z. B. bei einem Druckregler die Konstante c_R als die Änderung der Stellgröße Y in mm/s bei der Änderung des Druckes X um die Einheit, z. B. um 1 atü. Man spricht auch von dem *Integrationsfaktor* c_R bzw. K_I.

Der Kehrwert ist eine zusätzlich mit den Dimensionen von X und Y behaftete Zeit: die *dimensionsbehaftete Stellzeit*

$$T_{\mathfrak{J}}\left[\mathrm{s}\cdot\frac{\text{Dim. }X}{\text{Dim. }Y}\right] = T_y \cdot X_h/Y_h = 1/c_R \equiv 1/K_I. \quad (6.3\,\mathrm{a})$$

Sie wird zu einer reinen Zeit, wenn X und Y dieselbe Dimension haben, der

$$\textit{Integrierzeit}\ T_i[\mathrm{s}], \quad (6.3\mathrm{b})$$

z. B. (9.30), ferner betr. der Integrierzeit in normierten Gleichungen s. § 23.

Bild 12c zeigt die Verstellung des Stellgliedes, wenn sie nicht sofort, sondern verzögert beginnt, der schließlich lineare Verlauf mit einer *Verzugszeit* T nachschleppt. Dies kann z. B. der Fall sein, wenn die Massen des Stellmotors nicht mehr vernachlässigbar klein sind. Bei einer Verzögerung 2. Ordnung kann sich die Bewegung des Stellgliedes in die aufsteigende Linie ähnlich einschwingen, wie es hinsichtlich des Einschwingens eines Proportionalgliedes mit Verzögerung 2. Ordnung der Fall sein kann *(Bild 99)*.

Bild 14 zeigt eine prinzipiell mögliche Ausführung eines elektrischen I-Reglers. Die Istspannung U_M wird mit einem Vergleichswert U_v verglichen, der den Sollwert bestimmt.

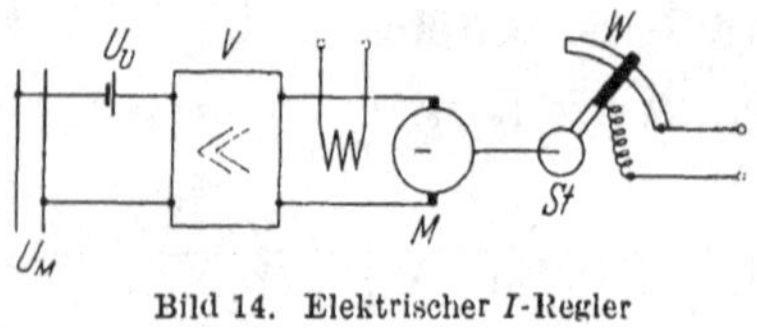

Bild 14. Elektrischer I-Regler

Die Differenzspannung wird von einem Verstärker *V* verstärkt – dessen Ausführungsart hier nicht interessiert – und die (sowohl positive als auch negative) Ausgangsspannung des Verstärkers als Ankerspannung einem Elektromotor *M* zugeführt, der konstant erregt ist. Bei der Differenzspannung Null (also Istwert gleich Sollwert) ist die Ankerspannung gleich Null und der Motor dreht sich nicht. Bei Auftreten einer Regelabweichung entsteht eine Differenzspannung am Eingang des Verstärkers, so daß seine Ausgangsspannung den Motor in Bewegung setzt. Dieser arbeitet auf ein Stellwerk *St*, das über ein Getriebe einen Schleifer bewegt. Auch hier kommt der Motor erst wieder zum Stillstand, wenn der Sollwert der Regelgröße erreicht ist. Der Schleifer schleift über einen Widerstand und schaltet je nach seiner Stellung einen verschieden hohen Widerstandswert in einen Stromkreis ein.

b) Regelstrecken ohne Ausgleich (integrale Regelstrecken)

Regelstrecken ohne Ausgleich kommen bei Auftreten einer Störgrößenänderung nicht wieder zu einem neuen Beharrungswert. Beispiel: In *Bild 15* fließt einem Wasserbecken, aus dem ein Verbraucher mit konstantem Mengenverbrauch (etwa mittels einer Dosierpumpe) beliefert wird, über das Stellglied *Y* Wasser so zu, daß Zufluß- und Abflußmenge gleich groß sind und sich die Wasserhöhe *X* nicht ändert, die dem Sollwert X_K entspreche. Nehmen wir eine Verstellung des Stellgliedes *Y* so vor, daß eine größere Wassermenge zufließt, so hebt sich der Wasserstand, ohne daß ein neues Gleichgewicht erreicht wird[1]. Er steigt zunächst etwa linear. Die Geschwindigkeit der Wasserstandsänderung ist proportional der Stellgliedverstellung und umgekehrt proportional der Oberfläche des Wasserspiegels.

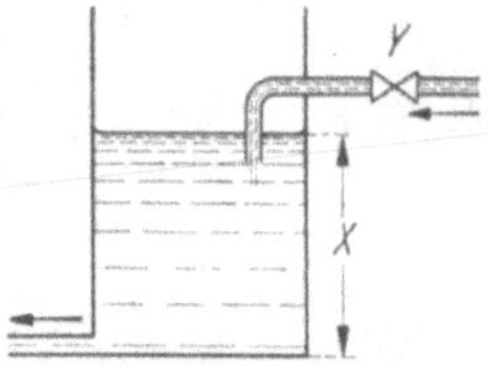

Bild 15. Regelstrecke ohne Ausgleich (integrale Regelstrecke)

[1] Daß das Becken schließlich überläuft, bedeutet kein neues Gleichgewicht sondern ist als eine aus anderen Gründen gegebene Grenze aufzufassen.

Bild 16 zeigt die Übergangsfunktion der integralen Regelstrecke. Die Regelgrößenabweichung x ändert sich mit konstanter Geschwindigkeit bei einer Stellgrößenänderung y_1, mit doppelter Geschwindigkeit bei doppelt großer Stellgrößenänderung. Der Integrationsfaktor

$$c_S \equiv K_{IS} = \frac{\dot{X}}{\Delta Y}\left[\frac{\text{Dim. } X}{\text{Dim. } Y}\cdot\frac{1}{\text{s}}\right] = \frac{1}{A\,Y_h} \qquad (6.4)$$

(letzteres mit (.4b)) — worin $\dot{X}$ die Änderungsgeschwindigkeit der Regelgröße X ist, wenn $\dot{X}$ bei Verstellung des Stellgliedes um den Betrag ΔY gemessen wird — entspricht der Geschwindigkeit der Regelgrößenänderung bei Verstellung des Stellgliedes um eine Einheit. — In Analogie zur dimensionsbehafteten Stellzeit $T_{\mathfrak{J}}$ des Reglers gemäß (.3a) ist dann hier die dimensionsbehaftete Stellzeit $T_{\mathfrak{J}S}$ der Regelstrecke:

$$T_{\mathfrak{J}S} = 1/c_S. \qquad (6.4\text{a})$$

Der *Anlaufwert* A ist der *Kehrwert der größtmöglichen Änderungsgeschwindigkeit*, die bei Verstellung des Stellgliedes um den ganzen Stellbereich Y_h auftritt:

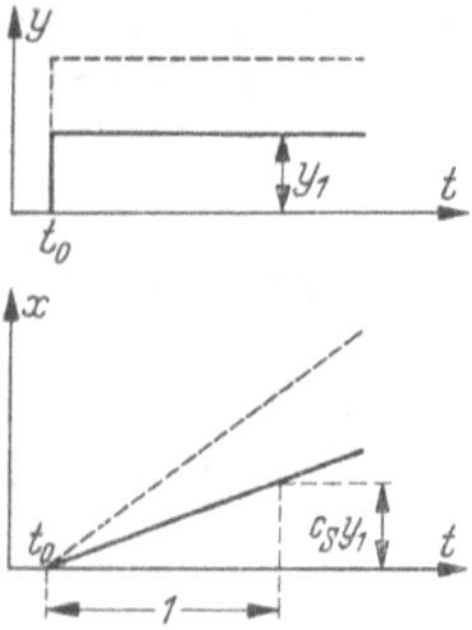

Bild 16. Übergangsfunktion der integralen Regelstrecke

$$A = \frac{1}{\dot{X}_{\max}}\left[\frac{\text{s}}{\text{Dim. } X}\right] = \frac{\Delta Y}{\dot{X}\,Y_h}. \qquad (6.4\text{b})$$

Der Anlaufwert unter Verwendung der auf X_K bezogenen Regelgröße wird als *Anlaufzeit* T_A bezeichnet:

$$T_A[\text{s}] = A X_K = \frac{1}{\left[\dfrac{dX/X_K}{dt}\right]_{\max}}. \qquad (6.4\text{c})$$

Analog zu (.1 und .2) ergibt sich die Gleichung der integralen Regelstrecke:

$$x = c_S \int y\,dt = K_{IS} \int y\,dt \qquad (6.5\text{a})$$

(mit K_{IS} = *Übertragungsbeiwert* des integralen Gliedes), sowie

$$\dot{x} = c_S y, \text{ bzw.} = c_S(y + z). \qquad (6.5\text{b})$$

Auch hier sieht man in *Bild 16* (ganz entsprechend zu *Bild 12a* und *b* betr. der Betrachtung zusammengehöriger Kurven für den I-Regler) den integralen Zusammenhang des augenblicklichen Wertes von x zur Zeit t_1 und der bis t_1 aufgelaufenen Fläche $y_1 \cdot t_1$.

Bei einem Proportionalglied mit Verzögerung 1. Ordnung gemäß § 5 tritt nach Verstellung des Stellgliedes stets anfangs eine größte Änderungsgeschwindigkeit der Regelgröße auf, wonach sich die Geschwindigkeit exponentiell verringert. Für (5.1b) erhält man dann mit (.4b) folgende Schreibweise:

$$A Y_h V_S \dot{x} + x = V_S(y + z), \qquad (6.5\text{c})$$

$$\text{worin } A Y_h V_S = T_S.$$

Als Regelstrecken ohne Ausgleich werden vielfach Proportionalglieder mit Verzögerung angesehen, in deren Gleichung in der Form von (5.1a) der Ausgleichswert q vernachlässigbar klein ist. Bei Drehzahlregelstrecken heißt dies, daß die Beschleunigungsmomente gegenüber den Bremsmomenten dominieren. Besonders schwierige Regelstrecken liegen Fahrzeugkursregelungen zugrunde. Ein Einschlagen der Lenkstange führt zu einer dauernd zunehmenden Kursabweichung, ohne daß Rückstellkräfte wirksam werden. Der Kurswechsel ist infolge des Trägheitsmomentes des Fahrzeuges zusätzlich mit einer Zeitkonstante behaftet.

c) Der I-Regler mit einer P-Strecke ohne Verzögerung

Ein I-Regler arbeite auf eine verzögerungsfreie Strecke:

$$\text{Regelstrecke:} \quad x = V_S(y + z) \qquad (6.6)$$

$$\text{Regler:} \quad T_\mathfrak{J}\, \dot{y} = -(x - w). \qquad (6.7)$$

Zur Untersuchung der Auswirkung eines *Sollwertsprunges* w (d. h. $z = 0$) differenzieren wir (.6) und setzen $\dot{y}$ in (.7) ein:

$$\frac{T_{\mathfrak{J}}}{V_S}\dot{x} + x = w,$$

so daß
$$\frac{x}{w} = 1 - e^{-\frac{V_S}{T_{\mathfrak{J}}}t}. \tag{6.8}$$

Dem Sollwertsprung sucht die Regelgröße nachzukommen. Ihre entstehende Veränderung bedeutet eine entstehende Regelabweichung x gegenüber dem alten Beharrungszustand. Sie erfolgt exponentiell nach Maßgabe der Zeitkonstante $T_{\mathfrak{J}}/V_S$ und läuft nach einiger Zeit, wenn $\dot{x}$ Null geworden ist, in den Wert $x = w$ ein. Die Regelgröße ist der Verstellung w fehlerlos gefolgt. Wenn wir die Zeitkonstante $T_{\mathfrak{J}}/V_S$ vernachlässigbar klein machen könnten, indem wir die Regler-Stellzeit $T_{\mathfrak{J}}$ äußerst klein wählen, würden wir Verhältnisse schaffen, als ob wir mit einem idealen *P*-Regler, der unendlich große Verstärkung besitzt und daher mit der Proportionalabweichung Null arbeitet, regeln würden. Leider läßt sich eine vernachlässigbar kleine Stellzeit nicht erreichen, da bei hohen Geschwindigkeiten die Verzögerungen infolge der Massenwirkungen von Bedeutung werden.

In anderer Betrachtungsweise kann man im Vergleich zum *P*-Regler folgendes sagen: Dieser verstellt das Stellglied y bei einem Lastsprung im Augenblick t_0 momentan, wie *Bild 5* zeigte, und bewirkt bei verzögerungsfreier Regelstrecke eine Korrektur der durch den Störsprung entstandenen Abweichung der Regelgröße, bis auf einen kleinen Wert, der auf Grund des Verstärkungsfaktors V_P des Reglers mittels des Regelfaktors – s. (4.4) – bestimmt ist. Bei Einsatz eines *I*-Reglers wird im Moment t_0 des Störsprungs – wie *Bild 12b* zeigte – die Stellgröße y noch nicht verändert, als ob es sich um einen *P*-Regler handelt, dessen Verstärkung V_P null ist. Dann aber verstellt der *I*-Regler das Stellglied, als ob es sich um einen *P*-Regler handelt, der mit der Zeit merkbare Verstärkung erhält. Und schließlich hat der *I*-Regler das Stellglied auf eine

Größe eingestellt, die eine völlige Beseitigung der entstandenen Regelabweichung bewirkt, als ob der fiktive verstärkungsändernde P-Regler nun die Verstärkung $V_P = \infty$ angenommen hätte. Die Geschwindigkeit, mit der dieser fiktive P-Regler auf $V_P = \infty$ kommt, entspricht der Stellgeschwindigkeit des I-Reglers und ihre Größe würde im Zusammenhang mit Verzögerungen der Regelstrecke genau so akut sein, wie die Größe der Stellgeschwindigkeit des I-Reglers.

Für die Untersuchung eines *Lastsprunges* z (d. h. $w = 0$) eliminieren wir x aus (.6) und (.7) und erhalten als Lösung der hierdurch gegebenen Differentialgleichung:

$$\frac{y}{z} = e^{-\frac{V_S t}{T_{\mathfrak{J}}}} - 1, \tag{6.9}$$

die den zeitlichen Verlauf der Stellgröße nach einem Lastsprung angibt. Nach Differenzieren dieser Gleichung und Einsetzen in (.7) ergibt sich:

$$\frac{x}{z} = V_S\, e^{-\frac{V_S t}{T_{\mathfrak{J}}}}. \tag{6.10}$$

Im Moment des Lastsprunges ($t = 0$) tritt die Regelabweichung $x = V_S\, z$ auf, die nach Maßgabe der Zeitkonstante schließlich auf den Wert $x = 0$ ausgeregelt wird.

d) Der I-Regler mit P-Strecke mit Verzögerung (s. auch § 15b)

Wir betrachten in Anlehnung an *Bild 10* den Geräteregler *Bild 17*, der entsprechend aufgebaut, jedoch als I-Regler ausgebildet ist. Es ist kein Federsystem im Sinne des Reglers *Bild 10* wirksam. Vielmehr ist die Membran gewichtsbelastet, d. h. sie trägt eine Scheibe, die merkbares Gewicht hat. Die Bewegung der Membran ist proportional der Differenz aus Druck P und Gewicht, ihre Laufgeschwindigkeit von der Dimensionierung des Raumes über ihr und der Atmungsöffnung abhängig. Bei geeigneter Dimensionierung kann man laminare Strömung in der Öffnung annehmen, so daß zwischen Membrangeschwindigkeit und bremsender Kraft Proportionalität besteht. Bei Vernachlässigung der Massenbeschleunigung ist für diesen Regler ein Verhalten gemäß (.2) gegeben. Mit der Gleichung der Regelstrecke gemäß (5.1a), die wir

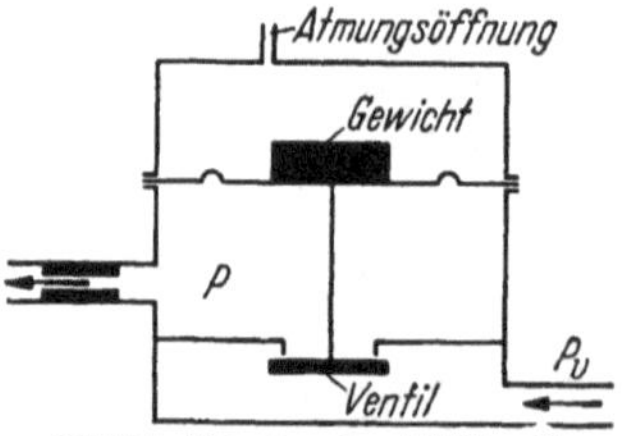

Bild 17. *I*-Regler ohne Hilfskraft

differenzieren, erhalten wir durch Eliminieren von $\dot{y}$ die homogene Differentialgleichung:

$$T_{\mathfrak{J}} T_a \ddot{x} + T_{\mathfrak{J}} \; q \dot{x} + x = 0, \qquad (6.11)$$

aus der wir den Dämpfungsgrad D gemäß (20.4c) berechnen:

$$D = \frac{q}{2}\sqrt{\frac{T_{\mathfrak{J}}}{T_a}} = \sqrt{\frac{T_{\mathfrak{J}}}{4 V_S T_S}} \qquad (6.12)$$

$$\left.\begin{aligned} q &= 1/V_S \\ T_a &= T_S/V_S \end{aligned}\right\} \text{ gemäß (5.1c).}$$

Die Dämpfung sinkt mit Verringerung des Wertes der Stellzeit $T_{\mathfrak{J}}$ des Reglers und mit Vergrößerung der Trägheit der Regelstrecke. Für $T_{\mathfrak{J}} = 4 V_S T_S$ ist $D = 1$. Der Regler besitzt infolge seiner astatischen Wirkung größere Regelgenauigkeit als der in *Bild 10* behandelte *P*-Regler. Bei Berücksichtigung der Massenbeschleunigung tritt zusätzlich in der Reglergleichung ein Glied mit dem 2. Differentialquotienten auf.

e) Die *I*-Regelung integraler Regelstrecken

Die Unmöglichkeit der Regelung einer integralen Strecke durch einen *I*-Regler läßt sich schnell übersehen. Aus den beiden Differentialgleichungen:

$$\dot{x} = c_S y \qquad \text{gemäß (.5 b)}$$

$$\dot{y} = -\, c_R x \qquad \text{gemäß (.2)}$$

ergibt sich nach Differenzieren der ersten Gleichung und Einsetzen in die zweite:

$$\ddot{x}/(c_S c_R) + x = 0. \tag{6.13}$$

Da in dieser Differentialgleichung das Glied mit dem ersten Differentialquotienten fehlt, handelt es sich um die Gleichung einer harmonischen Schwingung. Die Regelgröße führt ungedämpfte Schwingungen aus, mit einer Schwingungsdauer von $T_0 = 2\pi \sqrt{1/(c_S c_R)}$ gemäß (20.4b), und kommt nie auf einen Beharrungswert.

Die Regelung einer integralen Regelstrecke durch einen P-Regler ergibt sich ganz ähnlich wie mit (.6) und (.7), wenn man umgekehrt die Regelstrecke als integrales Glied und den Regler als P-Glied ansetzt. Man erhält entsprechend einen exponentiellen Regelvorgang. Handelt es sich um einen P-Regler mit Eigenverzögerung, so sind gedämpfte Schwingungen wie in Abschnitt d) gegeben.

f) Regelung bei integralem Meßwerk

Es liegen häufig, insbesondere in der chemischen Industrie, Aufgaben vor, die mittels eines integralen Meßwerks gelöst werden. Es handle sich um eine Durchflußregelung mit Hilfe eines Differentialgetriebes *(Bild 18)*. Das eine Sonnenrad des Differentialgetriebes werde von einem Mengenzähler mit der Winkelgeschwindigkeit ω_1 angetrieben, die der Durchfluß-

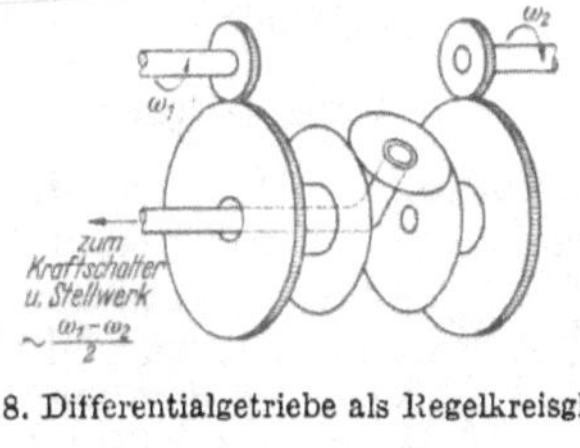

Bild 18. Differentialgetriebe als Regelkreisglied

stärke (Menge/sec) proportional ist. ω_1 wird mit der Winkelgeschwindigkeit ω_2 des anderen Sonnenrades verglichen, auf das ein Leitgerät (Synchronmotor oder Uhrwerk) arbeitet.

Bei ungleicher Drehzahl bewegt sich die Planetenradachse proportional der Winkelgeschwindigkeit $(\omega_1 - \omega_2)/2$ und verstellt einen Kraftschalter und ein Stellwerk mit *P*-Eigenschaften, bis eine neue Ruhestellung erreicht wird, wenn die Drehzahlen wieder übereinstimmen. Dann ist die Durchflußstärke wieder genau dem Sollwert; die Durchflußstärke (Menge/sec) als Regelgröße hat gegenüber dem Sollwert die Abweichung Null. Dagegen zeigt das Durchflußmengenintegral eine Abweichung, für die der Winkelweg der Planetenradachse ein Maß ist. Das Stellwerk wird durch die Abweichung des Durchflußintegrals gesteuert. Bei stillstehender Planetenradachse bezeichnet deren Stellung auch die Phasenverschiebung der sich synchron drehenden Sonnenradachsen. Die Abweichung erhält mit zunehmender Zeit hinsichtlich der Durchflußmenge ein immer kleineres Gewicht, da nur während der Regelvorgänge kleine Fehllieferungen an Mengeneinheiten auflaufen. In Bezug auf die Durchflußstärke (Menge/sec) verhält sich die Anordnung wie eine *I*-Regelung. Im Falle einer Gemischregelung ist anstelle des Leitgerätes ebenfalls ein Mengenzähler wirksam, der die jeweilige Durchflußstärke eines auf ihn wirkenden Mengenstromes als Sollwert vorschreibt, während der andere Mengenzähler den Istwert der auf ihn wirkenden Menge angibt. Es läßt sich erreichen, daß das Verhältnis beider Durchflüsse konstant ist. Es liegt hiermit eine *Folgeregelung* vor. Es sei bemerkt, daß in diesen Fällen die Regelstrecke meist totzeit- und verzögerungsarm ist.

§ 7. Der *PI*-Regler

Im proportional-integral wirkenden Regler (*PI*-Regler) ist das funktionelle Verhalten des *P*- und des *I*-Reglers vereinigt. Bei einer sprunghaften Änderung der Regelgröße entsteht infolge des *P*-Anteils eine sprunghafte Änderung der Stellgröße, während gleichzeitig der *I*-Anteil beginnt, das Stellglied weiter zu verstellen, so daß die Stellgröße der Summenwirkung von *P*- und *I*-Anteil ausgesetzt ist. Auch beim *PI*-Regler regelt der *I*-Anteil so lange, bis die Regelabweichung auf den Wert Null zurückgegangen ist. *Bild 19* zeigt die Übergangsfunktion des *PI*-Reglers. Sie ist für den Sprung X_1 der Regelgröße ausgezogen aufgetragen, für einen doppelt großen Sprung X_2 gestrichelt gezeichnet. Die integrale Wirkung verläuft auch hier bei doppelt großem Sprung mit einer doppelt hohen Steilheit. Die Zeit T_n, die notwendig ist, um das Stellglied allein vermöge der *I*-Wirkung auf die Verstellung $Y = V_P X$ zu bringen, heißt die *Nachstellzeit* des *PI*-Reglers[1]). Die Gleichung des Reglers entsteht durch Addition der *P*- und *I*-Wirkung:

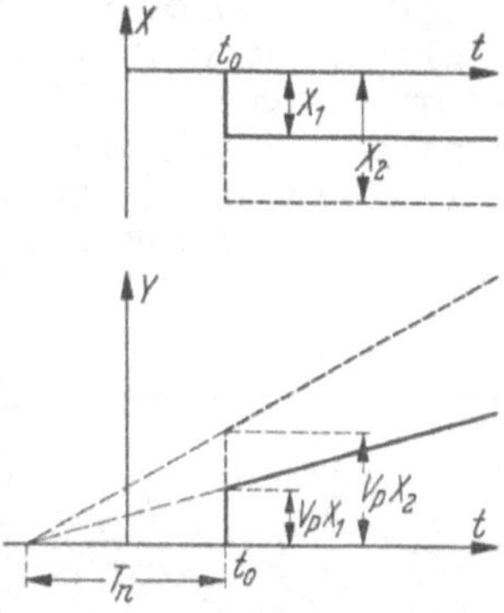

Bild 19.
Übergangsfunktion des *PI*-Reglers

$$y = -V_P\left[(x - w) + \frac{1}{T_n}\int (x - w)\,dt\right]. \qquad (7.1)$$

In anderer Schreibweise schreiben wir:

$$y = -\left[K_P(x - w) + K_I \int (x - w)\,dt\right] \qquad (7.1\text{a})$$

mit $K_P = V_P$ = *Übertragungsbeiwert* bzw. Einflußgröße des *P-Anteils*, $K_I = \dfrac{1}{T_n/V_P} = 1/T_{\mathfrak{J}}$ = *Übertragungsbeiwert* bzw. Einflußgröße des *I-Anteils* des *PI*-Reglers.

(7.1a) ist so zu deuten, daß in Parallelschaltung ein *P*- und ein *I*-Regler von der Regelabweichung gleichmäßig beeinflußt werden und ihre Ausgangsgrößen addiert auf die Stellgröße wirken.

Der *P*-Anteil bedeutet ein *sofortiges* Eingreifen des Reglers, der *I*-Anteil ein darauf folgendes, in seiner Schnelligkeit auf die Eigenschaften der Regelstrecke einzustellendes (s. § 16) mehr oder weniger langsames *Nachregeln*, bis die bleibende *P*-Abweichung beseitigt ist.

[1]) Früher Isodrom- oder Rückführzeit.

Bild 20 zeigt eine schematische Darstellung der Summenwirkung von P- und I-Anteil auf ein Stellglied Y. Bei einer plötzlichen Regelabweichung x werde beispielsweise das obere Gestänge I gesenkt. Damit senkt sich auch die linke Seite des unteren Gestänges II, so daß das Stellglied Y sofort entsprechend dem P-Anteil verstellt wird. Die rechte Seite des Gestänges II bewahrt im Augenblick des Sprunges seine alte Lage, weil der Stellmotor M keine plötzliche Bewegung ausführen kann. Die rechte Seite des Gestänges I hat ebenfalls plötzlich entsprechend der Größe von x den Steuerschieber verstellt. Seine Verschiebung bewirkt jedoch erst allmählich eine Verstellung des Kolbens des Stellmotors M, dessen Stellgeschwindigkeit durch die Einstellung des I-Anteils bestimmt ist. Im Ablauf des Regelvorganges wird der Sollwert schließlich ohne bleibenden Fehler wiederhergestellt. Im neuen Beharrungszustand steht das Gestänge I wieder in seiner alten Lage und damit hat auch die linke Seite des Gestänges II die alte Lage wieder erreicht, während die rechte Seite so weit gesenkt ist, daß das Stellglied Y gerade die Öffnung eingestellt hat, die zur vollkommenen Wiederherstellung des Sollwertes erforderlich ist.

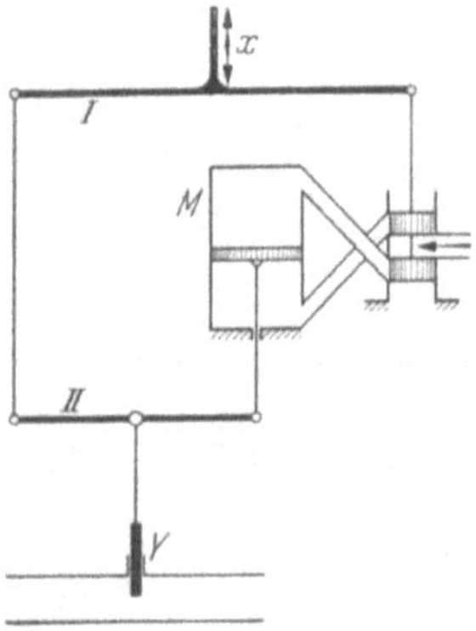

Bild 20. *PI*-Regler

Die Wirksamkeit des PI-Reglers läßt sich besonders klar an seinem Zusammenarbeiten mit einer reinen integralen Regelstrecke zeigen, die gemäß (6.13) mit einem rein integralen Regler nicht regelbar ist, da wegen Fehlens einer Dämpfung harmonische Schwingungen entstehen. Bei Änderung der Regelabweichung x gilt für

die Regelstrecke: $x = c_S \int y\,dt$

den PI-Regler: $y = -V_P x - \frac{1}{T_{\mathfrak{J}}} \int x\,dt.$

Nach Differenzieren und Einsetzen erhält man die Differentialgleichung:

$$\ddot{x} T_{\mathfrak{Z}}/c_S + V_P T_{\mathfrak{Z}} \dot{x} + x = 0, \tag{7.2}$$

eine Gleichung, die nunmehr gegenüber (6.13) ein Dämpfungsglied enthält, so daß abklingende Schwingungen gegeben sind, die in einen Beharrungszustand einmünden.

Als weiteres anschauliches Beispiel wählen wir die Drehzahlregelung zweier Wellen, wobei wir von den Übergangsvorgängen infolge Verzögerungen absehen wollen, also nur die Beharrungszustände betrachten, im übrigen auch die Ausführungstechnik nicht berühren werden. Zwei Wellen sollen mit gleicher Drehzahl laufen. Die erste Welle möge dem Regler für die zweite Welle den Sollwert liefern. Bei Leerlauf mögen die beiden völlig gleich dimensionierten Anlagen praktisch gleiche Drehzahl zeigen, die zweite Welle möge durch einen *P*-Regler geregelt werden. Nach Änderung des Sollwertes, d. h. nach Änderung der Drehzahl der ersten Welle (oder aber nach einer Belastung einer der beiden Wellen, bzw. nach Eintritt eines Belastungsunterschiedes beider Wellen) ist nicht mehr Drehzahlgleichheit gegeben, da der *P*-Regler nur unter Inkaufnahme einer kleinen *P*-Abweichung regeln kann. Würde man die beiden Wellen mit einem Differentialgetriebe verbinden können, bewegt sich die Planetenradachse (s. *Bild 18*) infolge des Drehzahlunterschiedes mit konstanter Winkelgeschwindigkeit. Der *Winkelunterschied* $\alpha_1 - \alpha_2$ beider Wellen wird proportional der Zeit immer größer und man kann ihn am momentanen Winkel, den die Planetenradachse zurückgelegt hat, ablesen. Die Größe dieses Winkels ist proportional dem Zeitintegral der Regelabweichung, also des Winkelunterschiedes beider Wellen. Benutzt man diesen, indem man die Planetenradachse auf eine Verstellvorrichtung arbeiten läßt, die an den Regler eine zur Regelgröße additiv und proportional zum Winkelunterschied bemessene Größe liefert, so wird dem Regler ein integraler Einfluß zugeführt. Es ist dann ein Regler mit *P*- und *I*-Anteil. Nach Erreichen des Beharrungszustandes ist wieder genaue Drehzahlgleichheit hergestellt. Das bedeutet, daß sich die Planetenradachse nicht mehr dreht. Sie hat aber eine andere Winkelstellung als vorher. Der entstandene und bleibende Winkelunterschied, der dem Lageunterschied der Winkel der Wellen proportional ist, entspricht dem Zeitintegral der Regelabweichung zwischen Anfangs- und Endbeharrungszustand. Ferner: (13.7), (15.16), (15.23) und betr. Optimierung einer *PI*-Regelung § 16c.

Es sei am Rande bemerkt, daß die Regelung auf *winkeltreuen* Gleichlauf beider Wellen eine andere Aufgabe ist. In obigem Beispiel müßte von Beharrungszustand zu Beharrungszustand die Planetenradachse keinen Winkelunterschied zeigen. Es müßte auf konstanten Wert ihres Winkels geregelt werden, dieser also die Regelgröße sein.

§ 8. Der Vorhalt (*D*-Einfluß)

Der proportional wirkende Regler greift schnell ein, läßt jedoch eine bleibende Regelabweichung bestehen. Sie kann groß werden, wenn aus Stabilitätsgründen ein großer Proportionalbereich erforderlich ist. Der integral wirkende Regler zeigt zwar keine bleibenden Regelabweichungen und wäre demnach in statischer Hinsicht der ideale Regler. Seine Stellzeit ist aber auf das Zeitverhalten der Regelstrecke abzustimmen, so daß unter Umständen untragbar große Stellzeiten in Kauf genommen werden müssen. Auch bei der Kombination beider Reglerarten, dem *PI*-Regler, ist bei ungünstigen Regelstrecken mit großen Überschwingweiten und langen Regelzeiten zu rechnen, wenn auch der *I*-Anteil dafür sorgt, daß die Regelabweichung schließlich auf Null zurückgeht.

Es gibt nun außer der Beeinflussung des Regelkreises durch die Regelgröße und ihr Zeitintegral eine dritte Möglichkeit, nämlich die Hinzunahme des zeitlichen Differentialquotienten. Er bringt eine Regelwirkung, noch bevor eine merkbare Regelabweichung vorliegt. Die Stellgröße kommt durch die Wirkung des Differentialquotienten in einen *Vorhalt.* Es ist so, als ob ein Steuermann, der die Eigenart seines Schiffes — die Übergangsfunktion seiner Regelstrecke „Schiff" — gut kennt, die Änderungsgeschwindigkeit des Schiffskurses (ohne daß bereits eine wesentliche Kursabweichung zu verzeichnen wäre) feinfühlend zur Notiz nimmt und gleichzeitig (gewissermaßen prophylaktisch) mit einer Drehbewegung des Stellrades reagiert, dies aber in weiser Voraussicht nur vorübergehend tut.

Während der *I*-Anteil einer Regeleinrichtung in Form eines *allmählichen Nachstellens* nach dem sofort wirkenden *P*-Anteil wirkt, kommt die Wirkung des *D*-Anteils derjenigen des *P*-Anteils *zuvor*. Die *P*-Wirkung kann erst zur merkbaren Einflußnahme kommen, wenn die Regelabweichung zu einer faßbaren Größe geworden ist. Jedoch ist die *entstehende* Abweichung, der Differentialquotient, früher meßbar. Und dieser Meßwert wird bei einer Regeleinrichtung mit *D*-Anteil zur Wirksamkeit gebracht, um bereits dem Entstehen einer Regelabweichung entgegenzuwirken. Die Stärke des *D*-Einflusses ist auf die Eigenschaften der Regelstrecke abzustimmen (§ 16).

Bild 21. $\dot{x}$ bei konstantem Anstieg von x

Dem Verständnis der Wirkung des Differentialquotienten kommen wir leichter näher, wenn wir eine Regelgröße betrachten, die sich nicht sprunghaft, sondern nach einer Anstiegfunktion ändert. In *Bild 21* oben steigt die Regelgröße nach einer Anstiegfunktion mit konstantem Anstieg an und fällt plötzlich mit gleicher Steilheit wieder ab. Darunter ist der Verlauf des dazugehörigen Differentialquotienten $\dot{x}$ gezeichnet, der wegen des konstanten Anstieges einen konstanten positiven Betrag hat, während er in der Abstiegzeit einen negativen Betrag zeigt. Ein doppelt steiler Anstieg der Regelgröße ist gestrichelt eingezeichnet, der dazugehörige Differentialquotient hat einen doppelt großen Betrag. In *Bild 22* ist der Anstieg der Regelgröße auf ein und denselben Wert x_1 in verschieden langer Zeit, d. h. mit verschieden großer Steilheit, sowie der Verlauf des Differentialquotienten

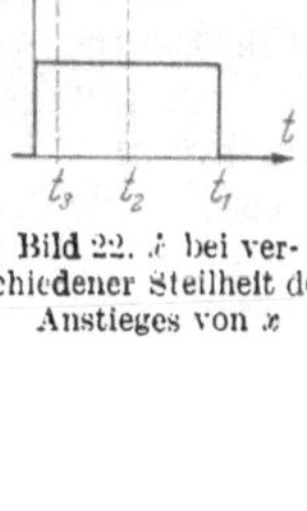

Bild 22. $\dot{x}$ bei verschiedener Steilheit des Anstieges von x

aufgetragen. Er zeigt für die halb große Zeit t_2 (gegenüber t_1) doppelte Höhe. Es ist wesentlich, daß die durch die Zeitgrenze und Betragshöhe gegebene Impulsfläche einen konstanten Wert behält. Für einen noch schnelleren Anstieg in der Zeit t_3 wird die Impulsfläche sehr schmal und sehr hoch, so hoch, daß die obere Grenze der Impulsfläche nicht mehr eingezeichnet werden kann. Gehen wir zu einem unendlich schnellen Anstieg über, wie z. B. bei der senkrechten Flanke der Sprungfunktion, so wird der Differenzierimpuls unendlich schmal und unendlich hoch. Dennoch bleibt sein Flächeninhalt konstant. Bei einem Sprung auf einen doppelt großen Wert ist auch der Flächeninhalt dieser unendlich schmalen und unendlich hohen Fläche doppelt groß.

Bild 23 zeigt die Übergangsfunktion des *P*-Reglers mit *D*-Einfluß (*PD-Regler*). Bei sprunghafter Änderung der Regelgröße verstellt sich das Stellglied infolge der *P*-Wirkung sofort um einen entsprechenden Betrag. Gleichzeitig aber wird im Augenblick des Sprunges infolge der Wirkung des Differentialquotienten ein vorübergehender Verstellimpuls auf das Stellglied gegeben, der entsprechend dem oben Gesagten unendlich kurz und unendlich hoch ist, jedoch bei doppelt starker Änderung der Regelgröße eine doppelt große Impulsfläche besitzt. *Bild 24* zeigt die Übergangsfunktion für den *PI*-Regler mit *D*-Einfluß (*PID-Regler*). Hier tritt das integrale Verhalten hinzu, das durch die Nachstellzeit T_n gekennzeichnet ist. Den *Bildern 23 und 24* liegen ideale Verhältnisse zugrunde, die für das Verständnis des *D*-Einflusses zunächst einmal unterstellt werden müssen. Ausgeführte technische Regler können jedoch keine Stellgliedverstellungen hervorbringen, die unendlich groß sind. Andererseits lassen sich Differentiatoren, die eine mathematisch reine Differentiation der Regelgröße besorgen, nicht verwirklichen. Es liegen daher in der Praxis oft Übergangsfunktionen vor, wie sie in *Bild 25* für einen *PID*-

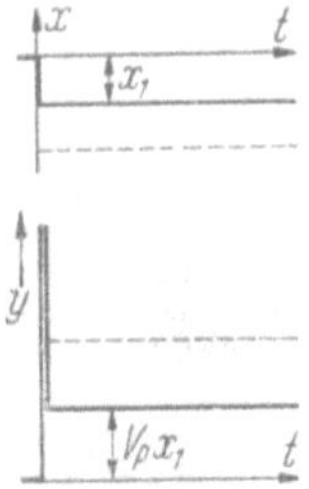

Bild 23. Übergangsfunktion eines *PD*-Reglers

Regler gezeigt sind. Im Moment des Sprunges der Regelgröße springt die Stellgröße auf einen endlichen Wert, der dem endlichen Verstärkungsvermögen des Reglers entspricht, klingt aber sofort etwa nach einer e-Funktion auf einen Wert ab, der dem P-Verhalten entspricht, um anschließend entsprechend

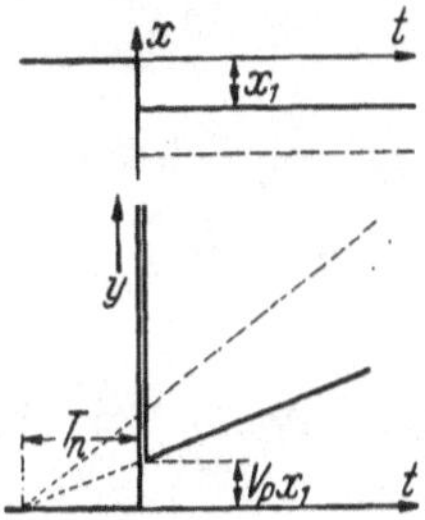

Bild 24.
Übergangsfunktion eines *PID*-Reglers

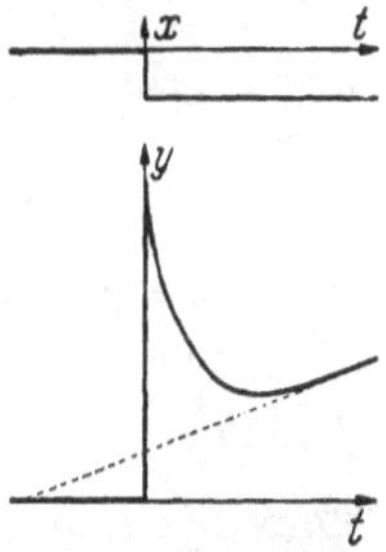

Bild 25.
Übergangsfunktion eines *PID*-Reglers (endliche Verstärkung und Rückführungen)

seinem integralen Verhalten wieder anzusteigen. Die exponentiell abfallende Anfangsspitze hat einen Flächeninhalt, der den Differenzierimpuls ausmacht, so daß ein solcher Regler dem erwünschten Verhalten eines PID-Reglers recht nahe kommt. Hinsichtlich eines solchen Differenzierimpulses s. auch (9.39).

Die Differentialgleichungen solcher Regler lauten für den idealisierten Fall, wenn wir auch noch eine gleichzeitige Sollwertverstellung w berücksichtigen:

für den PD-Regler:

$$y = -V_P\left[(x - w) + T_v \frac{d(x - w)}{dt}\right] \tag{8.1}$$

und in anderer Schreibweise

$$y = -\left[K_P(x - w) + K_D \frac{d(x - w)}{dt}\right] \tag{8.1a}$$

mit $K_P = V_P =$ *Übertragungsbeiwert* bzw. Einflußgröße des *P-Anteils*, mit $K_D = T_v V_P$ = *Übertragungsbeiwert* bzw. Einflußgröße des *D-Anteils* des *PD*-Reglers,

für den PID-Regler:

$$y = -V_P\left[(x-w) + \frac{1}{T_n}\int(x-w)\,dt + T_v\,\frac{d(x-w)}{dt}\right] \tag{8.2}$$

und in anderer Schreibweise

$$y = -\left[K_P(x-w) + K_I\int(x-w)\,dt + K_D\,\frac{d(x-w)}{dt}\right] \tag{8.2a}$$

mit $K_P = V_P$ = *Übertragungsbeiwert* bzw. Einflußgröße des *P-Anteils*,

$K_I = \frac{1}{T_n/V_P}$ = *Übertragungsbeiwert* bzw. Einflußgröße des *I-Anteils*,

$K_D = T_v V_P$ = *Übertragungsbeiwert* bzw. Einflußgröße des *D-Anteils* des *PID*-Reglers.

Hierin ist T_v die sogenannte *Vorhaltzeit*, d. h. die Zeit, die das Stellglied von Beginn einer mit konstanter Geschwindigkeit verlaufenden Änderung der Regelabweichung an benötigt, um auf Grund der Proportionalwirkung den Weg zurückzulegen, den es infolge der Vorhaltwirkung sofort zurückgelegt hat[1]). *Bild 26* veranschaulicht dies (*man beachte* die *Anstieg*-funktion der Regelgröße x!). Nach einer Zeit t_1 hat die Regelgrößenänderung einen Wert x_1 erreicht, der eine Stellgliedänderung $y_1 = V_P x_1$ auf Grund der Proportionalwirkung bewirkt, während bei Beginn der Regelgrößenänderung ($t = 0$) die Vorhaltwirkung momentan eine ebenso große Stellgliedverstellung hervorruft.

Die herkömmliche und gebräuchliche Terminologie für diese Regler ist die Bezeichnung „*PD*- und *PID*"-Regler, bei denen der *D*-Einfluß, der Vorhalt, eine Differentiation relativ zum *P*-Einfluß ist. Bei elektronischen Verstärkern mit Rückführungen wird oft der *I*-Einfluß als Basis angesehen und relativ zu diesem der *P*-Einfluß als Vorhalt, der *D*-Einfluß als noch-

---

[1]) Früher *Beschleunigungszeit* genannt.

maliger Vorhalt bezeichnet, s. die Ausführungen im Anschluß an (9.40), die entsprechend auch für (9.45) gelten. Wir werden uns sonst aber an obige gebräuchliche Bezeichnungsweise halten.

Die Hinzufügung eines D-Einflusses zu einem reinen I-Regler bringt eine Kombination (ID-Glied), die bedeutungslos ist (entgegengesetzte Phasenlage der beiden Verhaltensanteile, Instabilitäten).

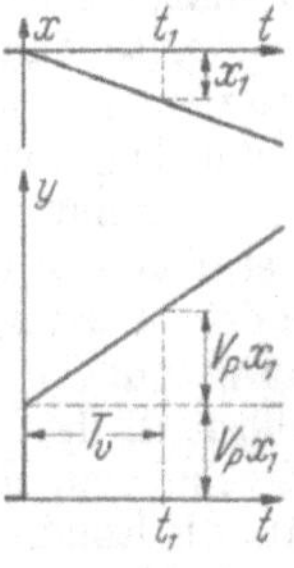

Bild 26. Definition der Vorhaltzeit beim PD-Regler

Die Hinzunahme der Vorhaltwirkung wird insbesondere dann erforderlich, wenn integral wirkende Regler infolge Speicherwirkungen einer Regelstrecke auf zu große Stellzeiten des Stellgliedes führen. Der Proportionalbereich des Reglers läßt sich durch Hinzunahme der Vorhaltwirkung verengen. Der D-Einfluß ist imstande, eine Trägheit der Regelstrecke zu kompensieren. Dies läßt sich durch folgende kleine Rechnung an einem *offenen* Kreise veranschaulichen, der durch Aufschneiden am Stellglied entsteht. Es liege eine Regelstrecke mit einer Verzögerung 1. Ordnung vor:

$$T_S\,\dot{x} + x = V_S z. \tag{8.3}$$

Wir wollen feststellen, welche Verstellung y des Stellgliedes eine auftretende Störung z (am Eingang der offenen Schaltung) hervorruft, wenn die Regelgröße x auf einen PD-Regler wirkt, der die Gleichung:

$$y = -\,V_P(x + T_v\,\dot{x}) \tag{8.4}$$

hat. Wir bemessen $T_v = T_S$, setzen die aus (.4) gewonnene Gleichung:

$$T_S\,\dot{x} + x = -\,\frac{1}{V_P}\,y \tag{8.5}$$

in (.3) ein und erhalten:

$$y = -\,V_S V_P z. \tag{8.6}$$

Es erfolgt eine Veränderung y der Stellgröße, als ob die Regelstrecke keine Verzögerung enthielte. Der Einflußgrad des Differentialquotienten muß also einen ganz bestimmten Wert haben. Bei unzweckmäßiger Bemessung kann der Regelvorgang auch verschlechtert werden.

Durch Heranziehung des *zweiten Differentialquotienten* kann man eine weitere Trägheit der Regelstrecke kompensieren. Allerdings bereitet bei direkter Messung die gerätetechnische Bildung des zweiten Differentialquotienten größere Schwierigkeiten, so daß man sich meist auf den ersten Differentialquotienten beschränkt. Es sei betont, daß auch die Bildung des ersten Differentialquotienten im Moment einer sprunghaften Störung nur mangelhaft erfolgen kann, da ein technisches Gerät keinen unendlich hohen Wert zu liefern imstande ist. Indessen kann ein Differentiator nach Einsetzen der Regelschwingungen befriedigend arbeiten. Nur die Anfangsverhältnisse des Regelvorganges entsprechen dann nicht den Ergebnissen, die man durch eine Rechnung gewonnen hat. Auf die Empfindlichkeit des D-Einflusses gegenüber dem Störpegel sei hingewiesen. Brauchbare Differentiatoren liegen z. B. in Form von Kreiselgeräten vor, deren Präzessionskraft ein Maß für die Winkelgeschwindigkeit bei Kursregelungen ist. Ebenso hat man die Drehbeschleunigung durch Vorhaltkreisel zur Wirkung bringen können. Auch elektrische Glieder geben die Möglichkeit, einen D-Einfluß zu erzielen. Ein weiteres Beispiel für einen Differentiator ist die Tachodynamo, wenn es sich um die Stellungsregelung einer Welle handelt.

Bei Temperaturregelungen kann man einen Vorhalt dadurch gewinnen, daß man in Serie mit dem Temperaturfühler ein Tendenzthermoelement schaltet. Dieses besteht aus zwei entgegengeschalteten Thermoelementen, von denen das eine Element schneller erwärmt wird als das andere. Im Beharrungszustand der Temperatur sind beide Elemente gleich warm, so daß ihre entgegengesetzt wirkenden Thermospannungen sich aufheben. Bei Eintritt einer Temperaturänderung besteht infolge ihrer ungleichen Erwärmungsgeschwindigkeit eine Spannungsdifferenz, deren Größe praktisch proportional der Änderungsgeschwindigkeit der Temperatur (Differentialquotient) ist und auf den Reglereingang als Vorhalt wirkt (s. auch § 12b 3. Absatz).

Bild 27 zeigt die Addition von Differentialquotientenmeßwert und Meßwert der Regelgröße. Es ist angenommen, daß ein hydraulischer Regler vorliegt, der durch die starre Rückführung R auf das linke Ende von H_2 P-Verhalten erhält, s. (13.3). Die Summenbildung geschieht mittels des Hebels H_1, der den Summenwert auf die rechte Seite von H_2 überträgt. Die Stellung des Kolbens des Stellmotors M folgt dann

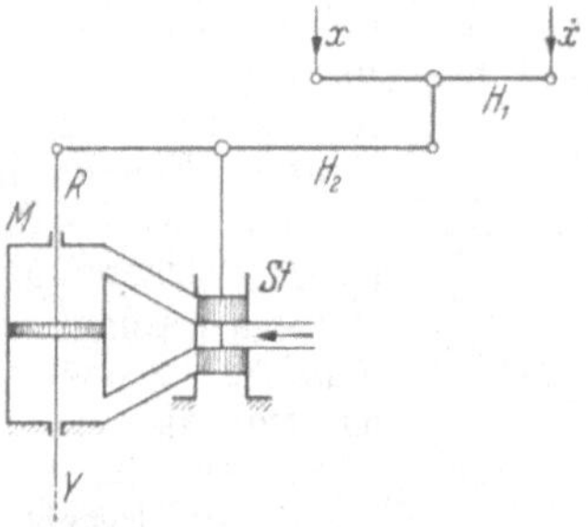

Bild 27. Prinzip eines PD-Reglers

der Gesetzmäßigkeit eines PD-Reglers. Die *Herstellung des D-Einflusses mittels Rückführungen* wird im folgenden Paragraphen behandelt (s. auch § 15d und e).

Der PID-Regler ist der in der Praxis für höchste Ansprüche gebräuchliche Regler. Daß sein D-Anteil sich bei Regelstrecken mit zwei großen und mehreren kleinen Zeitkonstanten am günstigsten auswirkt, geht aus dem Problem der Kompensation von Zeitkonstanten der Regelstrecke durch solche im Regler hervor (s. § 15d, vor allem § 16c). Theoretisch würde man eine ideale Regelung mit einem Regler erhalten, dessen Frequenzgang invers zum Frequenzgang der Regelstrecke wäre. Der Regler müßte entsprechend höhere Ableitungen besitzen. Die Regelgeschwindigkeit wäre extrem hoch. Dies würde entsprechend rapide Verstellungen des Stellgliedes auslösen, denen praktische Gegengründe entgegenstehen. Insbesondere erfordern manche Aufgaben der Verfahrenstechnik langsame Durchflußänderungen. Andererseits ist ein inverser

Frequenzgang des reinen Totzeitgliedes nicht realisierbar. Auf Grund einer Annäherungsformel läßt sich ein D-Einfluß angeben, durch den eine gewisse Wirkung erreichbar ist. In der Praxis sind manche Regelstrecken mit dominierender Totzeit auch mit exponentiellen Zeitkonstanten behaftet, so daß der D-Einfluß des Reglers zumindest auf diese abgestimmt werden kann.

Ist letzteres nicht der Fall, handelt es sich also um Regelstrecken, die in Annäherung nur durch eine Totzeit charakterisiert sind, so ist der Regelvorgang durch einen Vorhalt relativ wenig zu beeinflussen. Denn bei Eintritt einer Störung am Eingang der Regelstrecke entsteht eine Auswirkung auf die Regelgröße erst nach Ablauf der Totzeit. Die dann einsetzende Tätigkeit des Reglers wird aber erst nach einer weiteren Zeit, die gleich der Totzeit ist, für die Regelgröße bemerkbar. Nur auf den unter diesen Verhältnissen meist zeitlich wenig ins Gewicht fallenden Schlußvorgang kann sich der Vorhalt u. U. verkürzend auswirken.

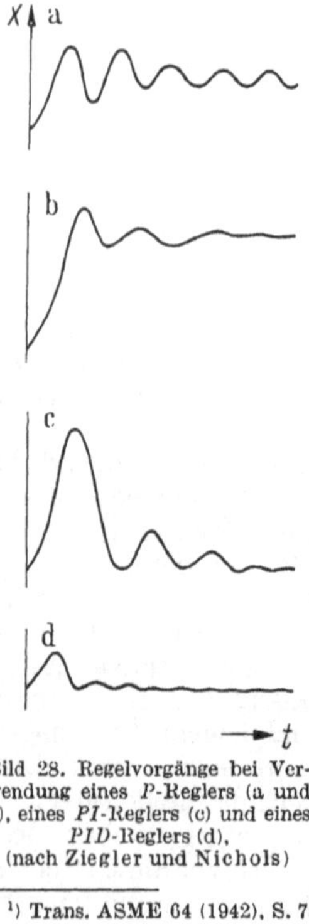

Bild 28. Regelvorgänge bei Verwendung eines P-Reglers (a und b), eines PI-Reglers (c) und eines PID-Reglers (d). (nach Ziegler und Nichols)

Die Wirkung des Vorhalts sei an Hand einiger Schriebe gezeigt, die J. G. Ziegler und N. B. Nichols[1]) in Amerika in empirischem Vorgehen aufnahmen und auf die im Schrifttum wegen ihrer Anschaulichkeit häufig zurückgegriffen wird. Es handelt sich um einen pneumatischen Regler, der auf eine Anlage der Verfahrenstechnik geschaltet ist. Die Übergangsfunktion dieser Regelstrecke

[1]) Trans. ASME 64 (1942), S. 759.

zeigt eine merkbare Totzeit, der sich nach einem steten, aber kurzzeitigen Übergang ein exponentiell ansteigender Verlauf anschließt. *Bild 28a* zeigt einen Schrieb für Verhältnisse, bei denen der Regler nur als P-Regler arbeitete, mit einem P-Bereich, der gerade stationäre Schwingungen ergibt. Die Anlage befindet sich also im Pendeln mit konstanten Amplituden. Den Schrieben liegen Laständerungen zugrunde, die am Ort des Stellgliedes angreifen. Schrieb b zeigt Verhältnisse bei erhöhtem P-Bereich. Er ist so bemessen, daß nur wenige Schwingungen in den neuen Beharrungszustand mit entsprechend großer bleibender Regelabweichung überleiten. In Schrieb c ist die Integralwirkung hinzugekommen. Bei größerer Nachstellzeit kehrt die Regelgröße langsamer zur Abszisse zurück, bei kleinerer finden stärkere und länger anhaltende Einschwingvorgänge statt. Wegen der an sich stabilitätsmindernden Wirkung des Integraleinflusses mußte der P-Bereich gegenüber dem von Schrieb b etwas vergrößert werden. In Schrieb d wurde schließlich zur integralen Wirkung noch der D-Einfluß hinzugenommen. Infolge seiner stabilitätsfördernden Wirkung konnte dabei der Proportionalbereich verringert werden. Das Ergebnis spricht aus dem Vergleich der verschiedenen Schriebe und bedarf keiner weiteren Erläuterung. Die Versuche wurden für je dieselbe Laständerung durchgeführt.

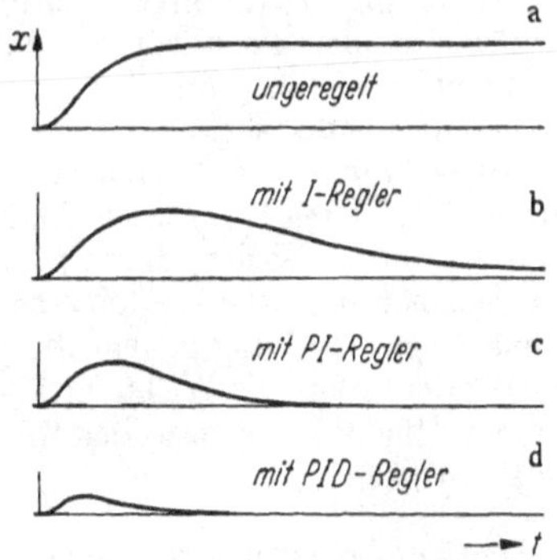

Bild 29. Drehzahlregelung eines Leonardmotors

Bild 29 zeigt die Wirkung der verschiedenen Regelungsarten an Schrieben einer Drehzahlregelung, die mit elektronischen Mitteln an einer Regelstrecke vorgenommen wurde, die durch zwei große Zeitkonstanten und eine Anzahl kleiner Zeitkonstanten charakterisiert ist (s. die Ausführungen in §16c). Schrieb a zeigt den Übergang der Drehzahl infolge einer Störung auf einen anderen Beharrungswert, wenn keine Regelung stattfindet. Schrieb b zeigt den Regelvorgang bei Regelung mit einem I-Regler, der so eingestellt ist, daß kein Überschwingen stattfindet. Schrieb c betrifft die entsprechenden Verhältnisse bei Regelung mit einem PI-Regler. Dem Schrieb d liegt schließlich ein PID-Regler zugrunde.

§ 9. Rückführungen

a) Allgemeines

Stabilisierungseinrichtungen zur Verhinderung von Regelschwingungen können auf verschiedenen Wegen realisiert werden. Zunächst könnte man am Meßort der Regelgröße *durch direkte Messung* nicht nur die Regelabweichung, sondern auch ihr Zeitintegral und die notwendigen Ableitungen messen und der Regeleinrichtung die Summenwirkung zuführen. Dieser Weg lag unseren bisherigen Ausführungen zur vereinfachten Darstellung der Grundgesetze zugrunde. Ein anderer Weg ist die Vorschaltung bestimmter Anordnungen, sogenannter *Seriennetzwerke*, die die allein gemessene Regelabweichung so verarbeiten, daß von ihrem Ausgang auch integrale und differenzierende Wirkungen ausgehen (Beispiel in *Bild 63*). Ein dritter Weg ist die Beschaltung eines ebenfalls nur von der Regelabweichung gespeisten Verstärkers *durch Rückführungen*, d. h. durch Glieder, die vom Verstärkerausgang mit einem geeignet bemessenen Zeitverhalten auf den Reglereingang eine Gegenkopplung geben, die proportionale, integrale und/oder differenzierende Wirkungen hervorruft. Mit diesen sehr wichtigen Rückführungen wollen wir uns in diesem Paragraphen befassen[1]).

[1]) S. hierzu auch E. Grünwald, Entwurf von Reglern und Rückführungen, Regelungstechnik, 3. Jg., 1955, S. 147.

Hinsichtlich der Terminologie sei noch einiges bemerkt. Während man unter einem fabrikatorischen Gerät „Regler" eine zusammengebaute Einrichtung versteht, die die Regelabweichung feststellt und eine Ausgangsgröße abgibt, die eine Stellgrößenänderung in zweckentsprechender Weise veranlaßt, kann die Funktion des Reglers auch von einer Reihe von Einzelgeräten, der sogenannten Regeleinrichtung, übernommen werden[1]). In diesem Paragraphen nehmen wir an, daß die Regelabweichung in einem selbständigen Gerät gebildet und einem anderen selbständigen Gerät zugeführt wird. Dieses Gerät, das in folgendem behandelt wird, besteht aus einem hoch verstärkenden Verstärker und Rückführungen. Da es eigens für den Regelzweck erstellt ist und im jeweiligen Fall auf Grund seines besonderen funktionellen Verhaltens die Güte der Regelung sicherstellt, werden wir es ebenfalls (wie auch in späteren Paragraphen) schlechthin als Regler bezeichnen.

Wir behandeln zuerst das Problem der Gegenkopplung. Dabei benutzen wir die Bezeichnung *Rückkopplung* als übergeordneten Begriff, wobei eine *positive* Rückkopplung die *Mitkopplung* und eine *negative* Rückkopplung die *Gegenkopplung* bezeichnet. Vielfach wird der übergeordnete Begriff fallen gelassen und unter „Rückkopplung" allein die Mitkopplung verstanden sowie dann hinsichtlich der negativen Rückkopplung nur von Gegenkopplung gesprochen.

Es sei schließlich noch kurz darauf hingewiesen, daß auch von einer beliebigen Stelle eines aus einer Anzahl von Gliedern bestehenden Regelkreises ein Einfluß auf den Eingang des Reglers rückgeführt werden kann. Derartige Rückführungen können gegebenenfalls auch die Aufgabe haben, die Statik einer Regelung zu verkleinern oder auch im Gegenteil sie zu schaffen oder zu erhöhen. Hier ist darauf zu achten, ob im jeweiligen Fall das erstere oder das letztere als positive Rückführwirkung bezeichnet wird.

---

[1]) Der neue Entwurf DIN 19226 spricht im allgemeinen Sinne nicht mehr von „Reglern", sondern von „Regeleinrichtungen". Die Mittel der modernen Technik lassen es oft vorteilhafter erscheinen, die verschiedenen Aufgaben des Reglers getrennten Vorrichtungen zuzuweisen, die natürlich gegebenenfalls auch in ein einziges „Gerät" zusammen gelegt sein können. Wir werden aus Gründen der Kürze meist von „Reglern" sprechen.

b) Gegengekoppelte Verstärker

Man spricht von einem gegengekoppelten Verstärker, wenn die Rückführung dem eingeführten Signal entgegenwirkt. Durch *proportionale* Gegenkopplung lassen sich verbesserte Eigenschaften der Verstärkeranordnung erzielen, auf Kosten der Verstärkung der Gesamtanordnung, so daß eine genügend hohe Verstärkung des Verstärkers vorliegen muß. Wir betrachten in *Bild 30* die schematische Darstellung eines Ver-

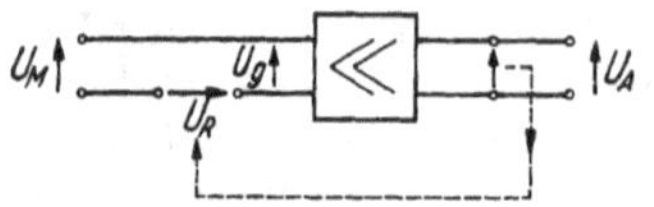

Bild 30. Prinzip eines gegengekoppelten Verstärkers

stärkers mit Gegenkopplung und schreiben die sich ergebenden Beziehungen in elektrischen Spannungen an, wobei unsere Aufmerksamkeit insbesondere den Änderungen der betrachteten Größen gelte, d. h. den dynamischen Vorgängen. Eine Meßspannung U_M wirke auf einen Verstärker mit der Ausgangsspannung U_A, wobei gleichzeitig ein Teil U_R dieser Ausgangsspannung rückgekoppelt wird, so daß die Differenz $U_M - U_R$ die Eingangsspannung U_g des Verstärkers, des sogenannten *Vorwärtsgliedes*, bildet. Der Schaltungsteil, der von U_A gespeist wird und die Größe U_R einblendet, stellt das *Rückwärtsglied* dar. Zunächst finde keine Rückkopplung statt. Es sei also $U_R = 0$. Dann ist der Spannungsverstärkungsfaktor v ohne Rückkopplung:

$$v = \frac{U_A}{U_g} = \frac{U_A}{U_M} \tag{9.1}$$

gleich der Verstärkung des Vorwärtsgliedes, das *ein Bauteil unter Verwendung von elektrischer Hilfskraft* sei (im Bild nicht angedeutet). Bei Verstärkung mit Rückkopplung ist $U_g = U_M - U_R$ und der Spannungsverstärkungsfaktor v_R:

$$v_R = \frac{U_A}{U_M} = \frac{U_A}{U_g\left(1 + \frac{U_R}{U_g}\right)} = \frac{v}{1 + \frac{U_R}{U_g}}, \tag{9.2}$$

wobei $\frac{U_A}{U_g}$ gemäß (.1) gleich dem Verstärkungsfaktor v für Verstärkung ohne Rückkopplung gesetzt wurde. Mit $\frac{U_R}{U_g} = \frac{U_R}{U_A} \cdot \frac{U_A}{U_g} = Kv$, worin $K = \frac{U_R}{U_A}$ den Rückkopplungsfaktor bedeutet, erhält man:

$$v_R = \frac{v}{1 + Kv} = \frac{1}{1/v + K} \,. \tag{9.3}$$

Für $v_R < v$ handelt es sich um eine *Gegenkopplung*, für $v_R > v$ um eine *Mitkopplung*, auf die wir in § 9e zurückkommen. Durch Multiplikation mit K ergibt sich aus (.3):

$$\frac{1}{Kv_R} = 1 + \frac{1}{Kv} \,. \tag{9.4}$$

Nehmen wir an, daß $\frac{1}{Kv} = 0{,}01$ ist, ergibt sich $\frac{1}{Kv_R} = 1{,}01$. Würde die Verstärkung v des Vorwärtsgliedes infolge Spannungsschwankungen der Hilfsenergiequelle beispielsweise um 9% sinken, würde der Wert $\frac{1}{Kv_R}$ nur auf 1,011 steigen, was eine Änderung von v_R um nur 1‰ bedeutet. Wir ersehen hieraus die wesentliche Erhöhung der Konstanz des Verstärkungsfaktors v_R bei Verstärkung mit Rückkopplung. Dies ist einer der Gründe für die Verwendung gegengekoppelter Verstärker. Voraussetzung für die Brauchbarkeit ist dabei allerdings, daß das Rückkopplungsglied, das den Rückkopplungsfaktor K bestimmt, äußerst konstant ausgelegt ist. Denn wenn wir in (.4) den Rückkopplungsfaktor K auf die rechte Seite bringen und dann in Annäherung $\frac{1}{v} \approx 0$

setzen, weil es sich im allgemeinen um eine hohe Verstärkung des Vorwärtsgliedes handeln wird, erhalten wir:

$$\frac{1}{v_R} \approx K \tag{9.5}$$

und entnehmen hieraus, daß sich Schwankungen des Rückkopplungsfaktors K praktisch voll als Schwankungen des Verstärkungsfaktors v_R auswirken.

Die gleichen Überlegungen gelten ebenso für andere Verstärker. So ist bei dem später behandelten pneumatischen Regler *(Bild 60)* entsprechend die dimensionsbehaftete (s. § 4d) Verstärkung ohne Rückführung:

$$v = \frac{p_s}{x} = \frac{p_s}{x_E} \tag{9.6}$$

(letzteres bei gleichen Hebelarmlängen der Prallvorrichtung), worin p_s die Stelldruckänderung und x die Wegänderung der Meßgröße ist. Die von der Gegenkopplungseinrichtung zurückgelegte Wegänderung ist $x_R = B\,p_s$ mit der Federungskonstante B des Rückführbalgens. Die Differenz $x_E = x - x_R$ wirkt als Eingangsgröße des Vorwärtsgliedes, so daß sich als Verstärkungsfaktor v_R mit Rückkopplung ergibt:

$$v_R = \frac{p_s}{x} = \frac{p_s}{x_E + x_R}\,. \tag{9.7}$$

Mit $v = \frac{p_s}{x_E}$, dem Verstärkungsfaktor ohne Rückkopplung, und dem Rückkopplungsfaktor $K = \frac{x_R}{p_s}$ erhalten wir aus (.7) wiederum die Gleichungen (.3) und (.4) mit den gleichen Schlußfolgerungen.

Beim Verstärker ohne Rückkopplung besteht im allgemeinen keine exakte Linearität zwischen Ausgangs- und Eingangsgröße. Die Kennlinie verläuft mehr oder weniger gekrümmt. Die durch Rückkopplung erzielbare *Linearisierung* läßt sich leicht mit Worten beschreiben. Ein mit der Krümmung kleiner werdender Neigungswinkel bedeutet eine kleiner werdende

Verstärkung. Diese bewirkt eine schwächer werdende Gegenkopplung, was dem Sinken der Verstärkung entgegen wirkt. In Gebieten stärker zunehmender Krümmung gilt dies nicht mehr, da z. B. in Sättigungsgebieten $1/v$ gegenüber K Bedeutung erhält und nicht mehr $v_R \approx \frac{1}{K}$ ist, wie es bei großem Wert von v in (.5) der Fall ist. Das Ergebnis ist, daß innerhalb eines größeren Bereiches eine beachtlich bessere Konstanz infolge Rückkopplung vorliegt, als es ohne Rückkopplung der Fall wäre. *Bild 31* zeigt zwei Kennlinien eines pneumatischen Verstärkers ohne und mit Rückführung (mit Kraftvergleich)[1]).

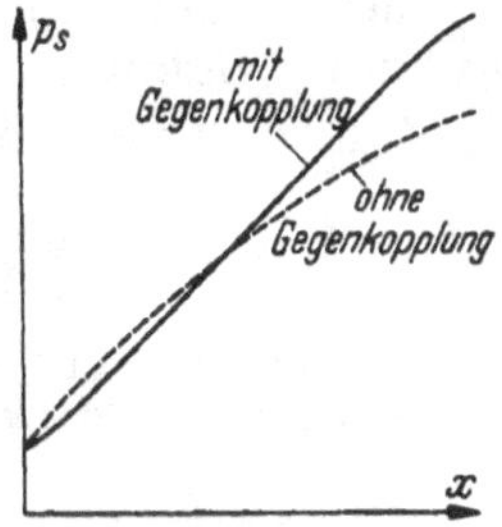

Bild 31. Pneumatischer Verstärker ohne und mit Gegenkopplung (nach E. Samal)

c) Vergleich von Regelkreis und gegengekoppeltem Verstärker

Die Gegenkopplung ist nicht nur in der Technik zu fundamentaler Bedeutung gekommen: man denke z. B. an analoge dynamische Vorgänge in Biologie und Wirtschaft. Das Vorliegen des gleichen Prinzips bei unterschiedlichen Aufgabenstellungen beleuchtet *Bild 32*, in dem *Bild 2a* und *Bild 30*, die Blockschaltbilder eines Regelkreises und eines gegengekoppelten Verstärkers, gegenübergestellt sind, mit einigen einen Vergleich erleichternden Abänderungen.

Der Regelkreis besteht aus P-Regelstrecke und P-Regler. Der Istwert X wird mit der Führungsgröße W, die dem Sollwert X_K entspricht, verglichen, die Regelabweichung $x = X - X_K$ ist im Regler wirksam. Bei einer Änderung z der Störgröße ist das Regelergebnis gemäß (4.3a):

$$x = \frac{V_S}{1 + V_S V_P} z = \frac{1}{V_P + 1/V_S} z . \tag{9.8}$$

[1]) E. Samal, Regelungstechnik, Jg. 1954, S. 62. Die Kurven sind so übereinandergelegt, daß die linearisierende Wirkung auffällig in Erscheinung tritt, mit verschiedenen Maßstäben, da die Verstärkung bei Gegenkopplung kleiner ist.

Der gegengekoppelte Verstärker möge ein Meßverstärker sein. Er wird mit einer kleinen Meßspannung U_M gespeist. Ihr Wert variiert in Abhängigkeit des jeweiligen Meßobjekts. Er wird nach Verstärkung als Wert U_A auf einer Skala in Treue abgebildet. Nach einem etwaigen kurzen Einschwingvorgang bewirkt die Gegenkopplung nach (.3) einen wirksamen Verstärkungsfaktor v_R, so daß der abgebildete Wert

$$U_A = v_R U_M = \frac{v}{1 + Kv} U_M = \frac{1}{K + 1/v} U_M \tag{9.9}$$

ist. Der Aufbau von (.8) und (.9) ist völlig gleich. Der gegengekoppelte Verstärker läßt sich daher als Regelkreis auffassen.

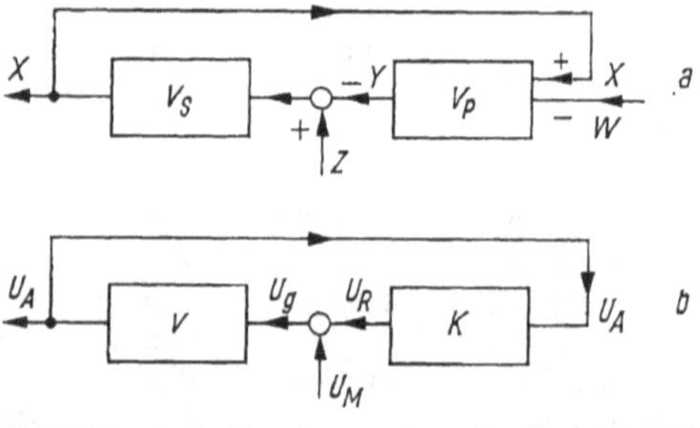

Bild 32. Regelkreis (*a*) und gegengekoppelter Verstärker (*b*).

Unterschiede bestehen in den speziellen Aufgabenstellungen, die je besondere Maßnahmen erfordern. Der Meßverstärker hat als Aufgabe die Treue der Übersetzung von U_M zu U_A. Infolgedessen ist dem Grundverstärker eine so hohe Verstärkung v gegeben, daß gemäß (.5) $U_A = \frac{1}{K} U_M$ wird, und ferner ist mittels präziser Bauteile ein hochkonstantes K sichergestellt. Letzteres ist Bedingung für die Garantie absoluter Treue. Eine sehr hohe Verstärkung v bedeutet eine im Eingang wirksame sehr kleine Steuerspannung $U_g = U_M - U_R$, so daß die Rückkopplungsspannung U_R in der Größenordnung von U_M liegt.

Beim Regelkreis liegt die Verstärkung V_S der Regelstrecke fest und kann nicht willkürlich geändert werden. Sie liegt im allgemeinen vergleichsweise niedrig, so daß $1/V_S$ in (.8) nicht vernachlässigbar klein werden kann. Die spezielle Aufgabe ist hier, daß die Regelgröße X nicht oder wenig von dem vorgegebenen Sollwert X_K abweicht. Das Ergebnis ist, daß der durch die Störung z ungeregelt entstehende Wert $x = V_S z$ gemäß (.8) um den Faktor $\frac{1}{1+V_S V_P}$ verbessert wird. Man ist bestrebt, V_P hoch zu wählen. Doch ist eine Grenze gegeben, da bei zu hohem V_P kleine Trägheiten technischer Anordnungen Bedeutung gewinnen.

Beim gegengekoppelten Verstärker gemäß *Bild 32b* fehlt der Sollwert. Mit anderen Worten bedeutet dies, daß mit einem Sollwert null verglichen wird. In dieser Betrachtungsweise ist dann U_M das Analogon der Störgröße z, die auf den Eingang der Regelstrecke „Grundverstärker (Verstärkung v)" wirkt, während deren Ausgang als Analogon der Regelgröße aufzufassen ist, die von einem P-Regler mit der Verstärkung K (freilich viel kleiner als 1) auf den Sollwert null gebracht werden soll, jedoch die bleibende Abweichung U_A einer P-Regelung zeigt und wegen der hochkonstanten Auslegung des P-Reglers in einem hochkonstanten Verhältnis zu U_M steht. Bei der Auslegung des Regelkreises kommt es zwar auf die Angleichung an den Sollwert an, aber die bleibende Regelabweichung, wenn sie nur klein genug ist, braucht meist nicht von präziser Konstanz zu sein.

Der gegengekoppelte Verstärker wird oft in anderer Betrachtungsweise als Folgeregler aufgefaßt, bei dem U_M als veränderlicher Sollwert, das K-Glied als hochkonstantes Glied zur Herabsetzung der Istspannung U_A und der Grundverstärker als Regler angesehen wird, der einerseits die Differenzbildung $U_M - U_A K$ besorgt, andererseits die Differenz auf das v-fache verstärkt. Von einer Wiedergabe des dazu gehörigen Schaltbildes sehen wir ab, da in ihm die Lokalisierung der Regelstrecke und des Stellgliedes nicht sehr anschaulich ist.

d) Das Zeitverhalten von Reglern mit Rückführung

Um das Verhalten von Reglern zu übersehen, die aus Verstärkern mit Rückführungen vorgegebenen Zeitverhaltens bestehen, stellen wir folgende einfache Überlegung an. Wir wählen einen P-Regler mit der Gleichung:

$$y = V_P\,(x + r)\,. \tag{9.10}$$

Ein bestimmter Teil der Ausgangsgröße y wird mit einem bestimmten Zeitverhalten zurückgeführt und ist die Rückführgröße r, die zusammen mit x auf den Eingang des Verstärkers wirkt. Wir nehmen mit (.8) y gleich hinter dem Verstärker ab, bevor die Vorzeichenumkehr zur Erzielung des Regelsinnes vorgenommen wird, s. Text zu (4.1), und geben der Rückführvorrichtung folgende Funktion:

$$r = -\,T\dot{y}\,. \tag{9.11}$$

Es handelt sich also um einen Gegenkopplungsweg mit differenzierendem Zeitverhalten. (.9) in (.8) eingesetzt ergibt:

$$T\dot{y} + \frac{1}{V_P}\,y = x\,. \tag{9.12}$$

Betrachtet man einen Verstärker mit extrem hoher Verstärkung, d. h. $V_P \to \infty$, erhält man:

$$T\dot{y} = x \text{ oder } y = \frac{1}{T}\int x\,dt\,. \tag{9.13}$$

Das differenzierende Verhalten der Rückführung bewirkt einen Regler, der integrierende Eigenschaften hat. Entsprechend wirkt sich ein integrierendes Verhalten einer Rückführung als differenzierend arbeitender Regler aus.

In *Bild 33* bis *35* sind die Wirkungsweisen der starren, der nachgebenden (elastischen) und der verzögerten Rückführung am Beispiel eines pneumatischen Reglers mit mechanischen Rückführungen beschrieben[1]). Der pneumatische Regler wird an sich erst in § 13 näher behandelt, so daß wir vorgreifen

[1]) Die starre Rückführung hieß früher auch *statische Rückführung*, die nachgebende Rückführung auch *vorübergehend statische* oder *isodrome Rückführung*.

und die Kenntnis des dort Gesagten voraussetzen müssen. *Bild 33* zeigt die *starre Rückführung*. Die Regelgröße X wird gegen eine Feder verglichen. Die Regelabweichung schwenkt einen Hebel H, an dessen freiem Ende sich eine Prallplatte befindet, die bei Bewegung nach rechts (bei Größerwerden der Regelgröße X) die Öffnung der Düse D verkleinert. Dadurch erhöht sich der Stelldruck p_s, so daß das Stellglied Y im schließenden Sinne verstellt wird. Festverbunden mit der Stange zum Schieber ist das Rückführgestänge, das die beweglich angeordnete Düse in einem Sinne verschiebt, der der Wirkung der Hebelverstellung gegenläufig ist. Es besteht eine feste Zuordnung zwischen der Stellung des Stellgliedes

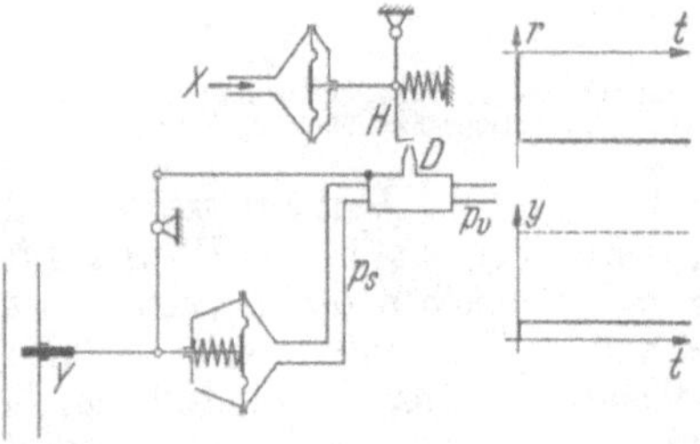

Bild 33. Pneumatischer Regler mit starrer Rückführung

und der Regelabweichung. Wir haben eine starre Rückführung im gegengekoppelten Sinne. Rechts daneben sind die Übergangsfunktionen der Rückführung (oben) und des Reglers (unten) aufgezeichnet. Für letzteren gilt die gestrichelte Linie für den Fall ohne Gegenkopplung, die ausgezogene Kurve für den Fall mit Gegenkopplung, in dem die Gegenkopplung einen beträchtlichen Teil der Verstärkung ohne Gegenkopplung kompensiert. Es ist ein *P-Regler*.

Bild 34 zeigt die *nachgebende (elastische) Rückführung*. Die Rückführung ist nicht mehr starr, sondern infolge der Ölbremse B und der Feder F elastisch. Die Schnelligkeit der Verschiebung wird einerseits durch den Widerstand der Ölausgleichleitung bestimmt, die beide Zylinderseiten verbindet, anderseits durch die Kraft der Feder F. Im ersten Augenblick nach einer sprunghaften Regelabweichung verhält sich die Rückführung so, als ob es sich um eine starre Rückführung handeln würde. Unter der Wirkung der Feder verschiebt sich dann der Kolben so lange, bis sich die Feder entspannt hat. Im entspannten

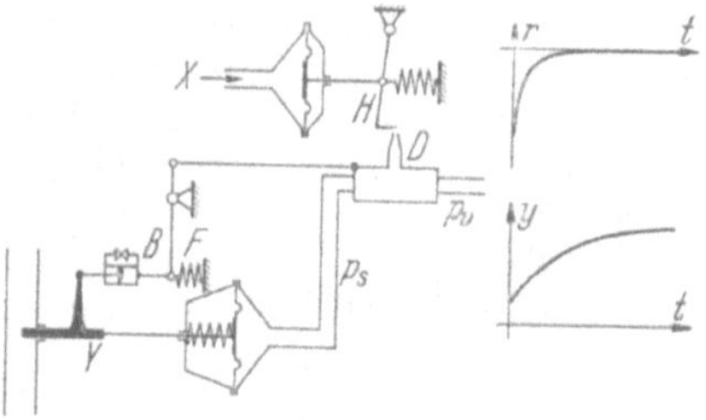

Bild 34. Pneumatischer Regler mit nachgebender (elastischer) Rückführung

Zustand der Feder liegen Verhältnisse vor, als ob keine Rückführung vorhanden wäre. Die Übergangsfunktion der Rückführung rechts daneben (oben) zeigt dieses Verhalten. Entsprechend hat die Übergangsfunktion des Reglers (unten) im ersten Augenblick eine geringe Verstärkung, die allmählich bis zur vollen Verstärkung des Reglers ohne Rückführung ansteigt. Es liegt ein *Regler mit PI-Verhalten* vor.

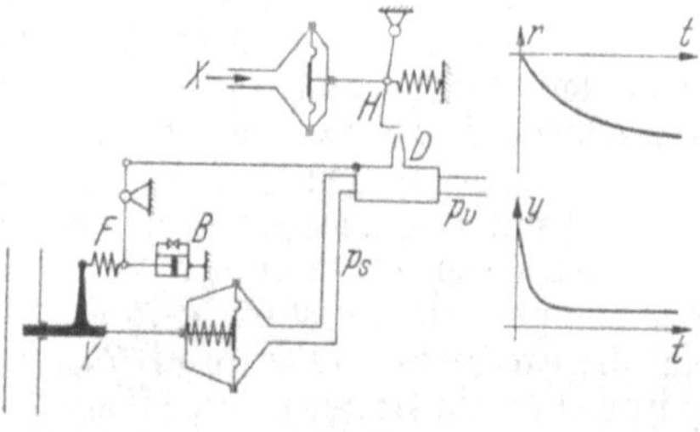

Bild 35. Pneumatischer Regler mit verzögerter Rückführung

Bild 35 zeigt eine Anordnung, bei der die Ölbremse und die Feder gegenüber *Bild 34* die Plätze vertauscht haben. Die Folge ist, daß im ersten Augenblick die Rückführung den Düsenkörper nicht bewegt, daß sich lediglich die Feder spannt. Dann aber beginnt unter dem Druck der Feder die Rückführung wirksam zu werden *(verzögerte Rückführung)*. Die Übergangsfunktionen der Rückführung und des Reglers sind wieder rechts daneben gezeichnet. Wir haben einen *Regler mit PD-Verhalten*. Zur Klärung des Unterschiedes der Zeitkonstanten der Übergangsfunktionen in *Bild 35* (in anderer Art auch in *Bild 34*) siehe § 15c, in dem (15.14) zeigt, daß die Zeitkonstante T_v der Rückführung eine Zeitkonstante $T_v V_P / V_V$ des Reglers bewirkt.

e) Elektronische Regelverstärker mit Rückführungen[1])

Die Technik elektronischer Regelverstärker, deren Rückführungen mittels elektrischer Bauelemente hohe Präzision und Konstanz besitzen, stellt der modernen Regelungstechnik hochwertige Geräte zur Verfügung (s. § 13e und § 14i). Zunächst behandeln wir das Grundsätzliche anhand einer Röhrenreglerschaltung gemäß *Bild 36a*. Die Eingangsspannung U_E ist der Ausgangswert eines vorgeschalteten Gliedes, des Vergleichers, in dem die Differenz von Istwert U und Sollwert U_K gebildet wird: $U_E = U - U_K$.

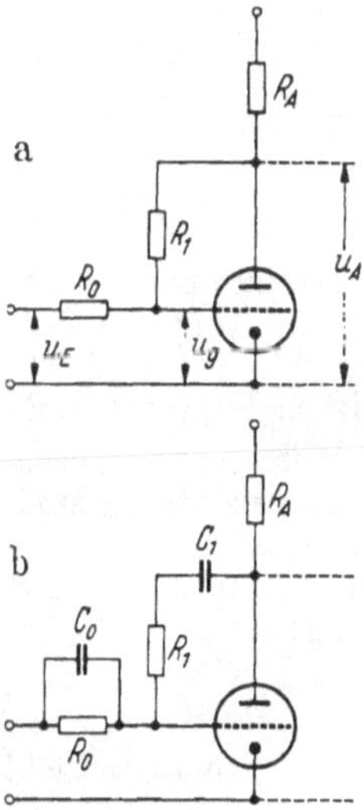

Bild 36. Elektronischer Verstärker mit Rückführung

Ausgehend von einem Bezugszustand mit den Bezugsspannungen U_{E0}, U_{g0} und U_{A0} erfolge eine plötzliche Spannungsänderung u_E, die Spannungsänderungen u_g und u_A bewirkt. Für die in den Ohmschen Widerständen R_0 und R_1 eintretende Stromänderung läßt sich anschreiben:

$$\frac{u_E - u_g}{R_0} = \frac{u_g + u_A}{R_1}. \qquad (9.14)$$

[1]) s. u. a. (Lit. 14).

Es ist die Vorzeichenumkehr zwischen u_E und u_A zu beachten: Erhöhung der Steuerspannung U_g der Röhre bewirkt Erhöhung des Anodenstroms bei gleichzeitiger Verkleinerung des Röhreninnenwiderstandes, so daß die von der – nicht gezeichneten – Anodenspannungsquelle gelieferte konstante Spannung in einem anderen Spannungsteilerverhältnis auf R_A und den Röhreninnenwiderstand aufgeteilt wird. Hiermit ist ein *Sinken* von U_A um u_A verbunden. Die Weiterentwicklung von (.14) führt – wenn wir zunächst nur die Verhältnisse bei Beschaltung mit reellen Widerständen R_0 und R_1 betrachten, die einen P-Regler bewirken – zu der Form:

$$\frac{u_A}{u_E} = V_P = \frac{R_1}{R_0} \frac{1}{1 + \frac{1}{v}\left(1 + \frac{R_1}{R_0}\right)} \tag{9.15}$$

mit $v = u_A/u_g$ = der Verstärkung *ohne* Rückführung,

und $V_P = u_A/u_E$ = der Verstärkung der Gesamtschaltung *mit* Rückführung.

Da nur hohe Verstärkungen zwischen u_g und u_A dem Zweck unserer Aufgaben entsprechen, anderseits endliche Werte von u_A zu fordern sind, ist bei hoher Verstärkung ein entsprechend kleiner Wert von u_g die Folge.

Wenn man idealisierend eine an unendlich herankommende hohe Verstärkung annimmt, um für theoretische Überlegungen besonders einfache und übersichtliche Formeln zu gewinnen, ist $u_g \approx 0$ zu setzen. So erhält man für extrem hohe Verstärkung:

$$v = u_A/u_g \approx \infty, \tag{9.16}$$

so daß sich anstatt (.15) folgende Beziehung ergibt:

$$u_A/u_E \approx R_1/R_0 = V_P. \tag{9.17}$$

Die Rückführung schreibt demnach den Proportionalwert eines P-Reglers vor, wenn die Widerstände R_0 und R_1 reell sind. Dabei ist in dieser Schaltung folgendes zu beachten: Dem zurückgeführten Bruchteil der Ausgangsspannung u_A, der gleich dem Verhältnis $R_0/(R_0 + R_1)$ ist, überlagert sich der Spannungsabfall über R_0, der durch das Fließen eines von der Eingangsspannung u_E bewirkten Stromes über R_0 und R_1 und zurück über den Lastwiderstand R_A entsteht, wobei in bestimmten Grenzen letzterer annäherungsweise als Kurzschluß aufgefaßt werden kann. Zur Verallgemeinerung sind in (.15) und (.17) komplexe Größen $\mathfrak{R}_0$ und $\mathfrak{R}_1$ anzuschreiben:

$$\frac{u_A}{u_E} = \frac{\mathfrak{R}_1}{\mathfrak{R}_0} \frac{1}{1 + (1 + \mathfrak{R}_1/\mathfrak{R}_0)/v} \tag{9.18}$$

$$\text{bzw.} \approx \frac{\mathfrak{R}_1}{\mathfrak{R}_0}\,. \tag{9.18a}$$

In folgendem wird sich zeigen, wie das funktionelle Verhalten der Gesamtschaltung von der speziellen Auslegung abhängt. Zunächst wählen wir zu einer kurzen Orientierung komplexe Widerstände gemäß *Bild 36b*:

$$\left.\begin{aligned} \frac{1}{\mathfrak{R}_0} &= \frac{1}{\mathfrak{R}_0} + j\omega C_0 = \frac{1}{R_0}(1 + j\omega\, R_0 C_0) \\ \mathfrak{R}_1 &= R_1 + \frac{1}{j\omega C_1} = \frac{1 + j\omega\, R_1 C_1}{j\omega C_1} \end{aligned}\right\} \tag{9.19a}$$

und setzen diese an Stelle der reellen Widerstände ein. So erhalten wir anstatt (.17):

$$\frac{y}{x} = \frac{u_A}{u_E} = \frac{\mathfrak{R}_1}{\mathfrak{R}_0} = \frac{(1 + p\tau_1)(1 + p\tau_0)}{p\tau_i}, \tag{9.19b}$$

$$\left.\begin{aligned} \text{worin } p &= j\omega \\ \tau_0 &= R_0 C_0 \\ \tau_1 &= R_1 C_1 \\ \tau_\iota &= R_0 C_1. \end{aligned}\right\} \tag{9.19c}$$

Wir haben einen *Regler mit PID-Verhalten* (s. § 8 und § 15d). Dies erkennt man durch Ausmultiplizieren:

$$\frac{y}{x} = \frac{1}{p\tau_i} + \frac{\tau_0 + \tau_1}{\tau_i} + p\,\frac{\tau_0 \tau_1}{\tau_i}\,. \tag{9.20}$$

Der erste Summand beschreibt nach (22.9) ein Glied mit integrierendem Verhalten, der zweite Summand nach (22.4) ein solches mit proportionalem und der dritte nach (22.11) ein solches mit differenzierendem Verhalten.

Wenn wir uns nun den wichtigsten speziellen Anordnungen zuwenden, werden wir auch Regelverstärker berücksichtigen, die mit den Mitteln der Halbleitertechnik, Transistoren (§ 13e), aufgebaut sind. Es möge offen bleiben, wie die innere Schaltung des Verstärkers — Röhren- oder Transistorverstärkers — aussieht, da es uns vornehmlich um die Erzielung eines vorgegebenen funktionellen Verhaltens durch Rückführungen geht. Wir verwenden die symbolische Darstellung eines Verstärkers in Form eines Blockes, in dem die Spitze des eingezeichneten Dreiecks die Wirkungsrichtung angibt (*Bild 37* und folgende). Das möge einschließen, daß die innere Schaltung auch mehrstufig sein kann, und insbesondere, daß es in ihnen insofern verschiedenartige Punkte gibt, als man an die einen im gegenkoppelnden und an die anderen im mitkoppelnden Sinne direkt wirkende Rückführungen abzweigen kann, d. h. daß bei ihnen im ersten Falle sinkende Werte als Folge steigender Eingangswerte gegeben sind (gegensinniges Vorzeichen, Vorzeichenumkehr) und im letzten Falle sinkende Werte als Folge sinkender Eingangswerte (gleichsinniges Vorzeichen, Vorzeichengleichheit). Natürlich ist es möglich, die notwendige Vorzeichenumkehr oder -gleichheit durch entsprechende Maßnahmen innerhalb des Rückführweges zu bewirken. Aus Gründen der übersichtlichen Darstellung legen wir unsymmetrische Schaltungen zugrunde. Deren spezielle Eigenschaften interessieren hier nicht, sie gehören in das Gebiet der allgemeinen Verstärkertechnik. Ferner können andere technische Forderungen durch die innere Schaltung des Verstärkers realisiert sein, wie z. B. Begrenzungen (s. *Bild 48*).

Wir sprechen auch hier von *Reglern*, obwohl die Differenzbildung von Ist- und Sollwert in einem besonderen vorgeschalteten Glied vorgenommen wird. Ebensogut könnte man von *P*-, *J*- usw. *Gliedern der Regeleinrichtung* sprechen. Im übrigen bedienen wir uns der *Darstellungsweise mittels Frequenzgängen*, durch die die Übersichtlichkeit gewinnt. Wir verweisen hierzu auf § 22 und möchten nur noch kurz bemerken, daß das Einsetzen komplexer Widerstände in (.19a) bereits die Frequenzabhängigkeit beinhaltete.

P-Regler (P-Glied)

Ein *P*-Regler ist in seiner idealisierten Form durch einen Verstärker mit $v \to \infty$ und durch Bestückung der Rückführung mit reellen Widerständen R_0 und R_1 gemäß (.17) gegeben:

$$F_P(p) = \frac{u_A}{u_E} = \frac{R_1}{R_0} = V_P. \tag{9.21}$$

Für Transistor-Verstärker betrachten wir den Übertragungswiderstand $R_{ü}$ zwischen Eingang und Ausgang des unbeschalteten Verstärkers, wobei dann der Annahme einer extrem hohen Verstärkung die Unterstellung eines extrem hohen Übertragungswiderstandes $R_{ü} \to \infty$ entspricht: ein endlicher Ausgangswert u_A zeigt dann einen unendlich kleinen Eingangsstrom i_g (unendliche Stromverstärkung).

Technische Ausführungen haben endliche Werte der Verstärkung des unbeschalteten Verstärkers. Beim *Röhrenregler* gilt für den *P*-Regler die Beziehung (.15):

$$F_P(p) = \frac{u_A}{u_E} = \frac{R_1}{R_0} \frac{1}{1 + \frac{1}{v}\left(1 + \frac{R_1}{R_0}\right)} \tag{9.22}$$

mit v = endlicher Verstärkungsfaktor des unbeschalteten Verstärkers.

Der technische *Transistorregler* wird durch einen endlichen Eingangsstrom i_g gesteuert, so daß ein endlicher Übertragungswiderstand

$$R_{ü} = u_A/i_g \tag{9.23}$$

vorliegt, der beispielsweise in der Größenordnung von 10 MΩ liegen kann. Während bei unendlich großem Übertragungswiderstand die Ströme i_0 und i_1 *(Bild 37)* gleich groß sind, gilt nun für die Ströme im Knoten B:

$$\left.\begin{aligned} i_1 + i_g &= i_0 \\ u_A/R_1 + u_A/R_ü &= u_E/R_0. \end{aligned}\right\} \quad (9.23\text{a})$$

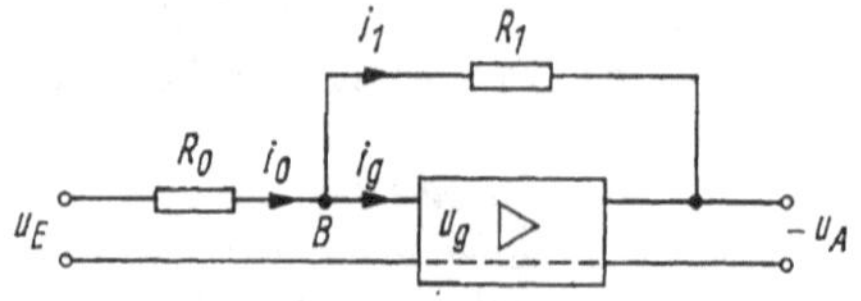

Bild 37. *P*-Regler (unsymmetrische Schaltung)

Man erhält den Frequenzgang des P-Reglers:

$$F_P(p) = \frac{u_A}{u_E} = \frac{R_1}{R_0}\,\frac{1}{1 + R_1/R_ü} = \frac{R_ü}{R_0}\,\frac{1}{1 + R_ü/R_1}, \quad (9.24)$$

wobei immer noch andere Idealisierungen aufrechterhalten sind, vor allem die für unsere grundlegende Darstellung weiterhin zulässige Unterstellung, daß der Innenwiderstand im Eingang wie auch im Ausgang des Transistors im Vergleich zu den anderen Widerständen als Kurzschluß angesehen werden können, so z. B. – wie für (.16) – die unmittelbar auf den Eingang des Verstärkers wirkende Spannung $u_g \approx 0$ (relativ zu u_E und u_A) gesetzt werden kann. Der Einfluß des Eingangs- und des Ausgangswiderstandes wird erst von Bedeutung, wenn ersterer den mit dem Eingang verbundenen Widerständen (bzw. Impedanzen), letzterer mit dem Widerstand R_1 (bzw. $\mathfrak{R}_1$) vergleichbar wird.

Die Formeln (.21), (.22) und (.24) enthalten lediglich Ohmsche, d. h. frequenzunabhängige Widerstände, da dies der P-Regler erfordert. Die weitere Darstellung behandelt Schaltungen, in denen auch frequenzabhängige Widerstände notwendig sind. Wir besprechen Anordnungen, in denen nur R_1 frequenzabhängig ist, so daß wir fortan die genannten Formeln mit $\mathfrak{R}_1$ statt R_1 schreiben müssen, für den idealen Regler:

$$F(p) = \mathfrak{R}_1/R_0, \tag{9.25a}$$

für den technischen Röhrenregler:

$$F(p) = \frac{\mathfrak{R}_1}{R_0} \frac{1}{1 + (1 + \mathfrak{R}_1/R_0)/v}, \tag{9.25b}$$

für den technischen Transistorregler:

$$F(p) = \frac{\mathfrak{R}_1}{R_0} \frac{1}{1 + \mathfrak{R}_1/R_ü} = \frac{R_ü}{R_0} \frac{1}{1 + R_ü/\mathfrak{R}_1}. \tag{9.25c}$$

Wie $\mathfrak{R}_1$ im jeweiligen Falle beschaffen sein muß, wird sich in der Folge zeigen.

Bild 38 zeigt Kennlinien eines P-Reglers. Kurve a ist die Kennlinie eines Verstärkers mit der Verstärkung, die zwischen einer Eingangsspannung U_E und der Ausgangsspannung U_A gegeben ist. Der Verstärker ist so ausgelegt, daß positive und

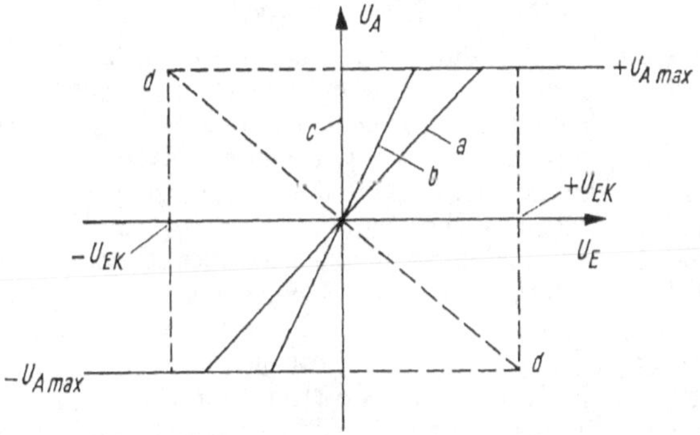

Bild 38. Kennlinien von Verstärkern, siehe auch den weiteren Text

negative Werte von U_E und U_A auftreten. Die *Steilheit* entspricht der Verstärkung, unter Beachtung der Maßstäbe für U_E und U_A. Die Verhältnisse sind durch gerade Linien *idealisiert* (lineare Verhältnisse), so daß auf dem ganzen Aussteuerungsgebiet von $-U_{EK}$ bis $+U_{EK}$ eine konstante

Verstärkung besteht. Die Kennlinie knickt bei $\pm U_{A\,\max}$ um und folgt oben und unten den Horizontalen, da die technische Auslegung nur eine begrenzte Ausgangsspannung liefern kann (beim realen technischen Gerät ist anstelle des scharfen Knickes ein abgerundeter Übergang anzunehmen). Jenseits der Knickstelle ist nicht mehr konstante Verstärkung gegeben. An der Knickstelle ist die „Hubgrenze" des Reglers erreicht. Mit größer werdender Eingangsspannung U_E kann das Gerät keine größere Ausgangsspannung als $U_{A\,\max}$ abgeben, es befindet sich jenseits der Aussteuerungsgrenze im „übersteuerten" Zustande.

Mitkopplung

Wenn wir zusätzlich eine mitkoppelnde Rückführung vorsehen, für die in (.3) im Nenner statt des Pluszeichens ein Minuszeichen gilt (s. auch § 22i, letzter Absatz):

$$v_R = \frac{v}{1 - Kv}, \tag{9.26}$$

– etwa in der Art, daß wir von einem Punkt der Verstärkerschaltung auf den Rückführzweig gehen, der mit der Eingangsgröße gleichsinniges Vorzeichen hat (ein Beispiel: Rückführungszweig r in *Bild 83*) –, so bedeutet dies, daß jetzt nicht die Differenz von Eingangs- und Rückführgröße auf den Eingang wirkt, sondern ihre Summe $U_E + U_R$: ein Teil der den Verstärker steuernden Spannung wird vom Ausgang in Form von U_R geliefert, so daß ein kleineres U_E genügt, um ein bestimmtes U_A zu bewirken. Daher wird U_A/U_E größer und damit auch der Verstärkungsfaktor mit mitkoppelnder Rückführung, z. B. Kurve b in *Bild 38*, die für $Kv = 0{,}5$ gilt. Bei $Kv = 1$ wird der Nenner in (.26) null und damit $v_R = \infty$ (Kurve c). Eine derartige Mitkopplung wird als *kritische Mitkopplung* bezeichnet. Bei

$$Kv > 1 \text{ (\textit{überkritische} Mitkopplung)} \tag{9.27}$$

treten Kipperscheinungen auf: auf der Linie $U_{A\,\max}$ bewegt sich bei kleiner werdendem U_E der Arbeitspunkt horizontal nach links, bis er erst bei $-U_{EK}$ plötzlich auf $-U_{A\,\max}$

springt (z. B. Kurve d für $Kv = 2$, gesamter Bereich gestrichelt gezeichnet). Und umgekehrt wandert der Arbeitspunkt auf der Linie $-U_{A\,max}$ nach rechts, bis er erst bei $+U_{EK}$ plötzlich wieder auf $+U_{A\,max}$ springt. Es bestehen nur *zwei stabile Werte*: $+U_{A\,max}$ und $-U_{A\,max}$ (*bistabiles* Verhalten).

Die Mitkopplung, in der *HF*-Technik als Mittel zur Schwingungserregung von Röhrengeneratoren lange bekannt, auf anderen technischen Gebieten, wenn ungewollt anfallend, gefürchtet, gibt der Regelungstechnik die Möglichkeit, einerseits einem Regelverstärker einen höheren Verstärkungsgrad (Mitkopplung bei $0 < Kv < 1$), andererseits ihm Kippeigenschaften ($Kv > 1$) zu verleihen, s. auch § 14c.

Bei Transistoren, im Eingang von einem Strom ausgesteuert, ist das Verhältnis des Widerstandes r im mitkoppelnden Rückführzweig zum Übertragungswiderstand $R_ü$ für die Wirkung der Mitkopplung entscheidend:

$$\left.\begin{aligned} r/R_ü &> 1 \quad \text{unterkritischer Zustand} \\ &= 1 \quad \text{kritischer Zustand} \\ &< 1 \quad \text{überkritischer Zustand.} \end{aligned}\right\} \tag{9.28}$$

Bei Mitkopplung wird hier ein Teil des Steuerstromes dem Eingang vom Ausgang zugeführt, so daß sich der von außen zugeführte Strom um diesen Strom verkleinert und sich der Verstärkungsgrad erhöht. Für $r = R_ü$ würde der gesamte Steuerstrom vom Ausgang geliefert werden.

I-Regler (I-Glied, Integrator)

Wird der Rückführzweig rein kapazitiv ausgeführt (*Bild 39*), erhält man mit (.25a) den Frequenzgang des Integral-Reglers (*I*-Reglers, Integrators):

$$F_I(p) = \frac{u_A}{u_E} = \frac{1/pC_1}{R_0} = \frac{1}{p\,T_i} \tag{9.29}$$

$$\text{mit der Integrierzeit } T_i = R_0 C_1. \tag{9.30}$$

Der zeitliche Verlauf der Ausgangsspannung u_A ist:

$$u_A = \frac{1}{T_i} \int_0^t u_e \, dt. \tag{9.31}$$

Somit ergibt sich

$$\left.\begin{aligned} u_A/u_E &= t_x/T_i \quad \text{für } t = t_x \\ &= 1 \qquad\quad \text{für } t = T_i. \end{aligned}\right\} \tag{9.31a}$$

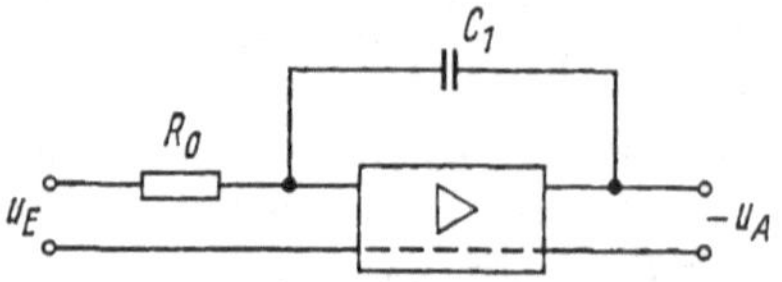

Bild 39. *I*-Regler (unsymmetrische Schaltung)

Für endliche Verstärkungen des unbeschalteten Verstärkers liefern (.25b bzw. c) durch Einsetzen von $\mathfrak{R}_1 = 1/pC_1$ und mit (.30) sowie mit $1 + v \approx v$:

$$F_I(p) = v \frac{1}{1 + pT_i v}, \text{ bzw.} = \frac{R_ü}{R_0} \frac{1}{1 + pT_i R_ü/R_0}. \tag{9.32}$$

Der Form nach handelt es sich um ein Verzögerungsglied 1. Ordnung gemäß (22.6), das eine statische Endverstärkung v bzw. $R_ü/R_0$ besitzt, die mit der Zeitkonstante

$$t_{st} = T_i v, \text{ bzw.} = T_i R_ü/R_0 \tag{9.32a}$$

erreicht wird. Der Verlauf ergibt sich auch mittels § 22k, α und β

$$\left.\begin{aligned} &\text{für } t = 0 \ \ (p = \infty){:} \ \ F(\infty) = 0 \\ &\text{für } t = \infty \ (p = 0){:} \ \ F(0) = v \text{ bzw. } R_ü/R_0, \end{aligned}\right\} \tag{9.33}$$

indem im ersten Fall in (.32) $p = \infty$, im zweiten Fall $p = 0$ einzusetzen ist. *Für das anfängliche Verhalten* relativ kurz nach $t = 0$ ist p nicht mehr $= \infty$, aber doch noch so groß, daß man in (.32) die 1 gegen p vernachlässigen kann. Man erhält so:

$$F\,(\text{groß}) = 1/pT_i \tag{9.34}$$

und damit die Gleichung (.29), als ob es sich um einen idealen Integrator handeln würde. Andererseits verhält sich jedes Zeitkonstantenglied im Anfang wie ein Integrator. Es besteht jedoch ein wesentlicher Unterschied darin, daß letzteres als Regelstreckenglied im allgemeinen nur eine mäßig große Verstärkung aufweist, während man beim Integrator relativ hohe Werte von v bzw. $R_{ü}/R_0$ anstrebt. Dann nähert sich die Kennlinie auch erst sehr spät gemäß der großen Zeitkonstante t_{st} dem Endwert, so daß, nur im Anfangsgebiet arbeitend, für „relativ lange“ Zeit die Kennlinien des idealen und des realen Integrators wenig voneinander abweichen (s. *Bild 40*).

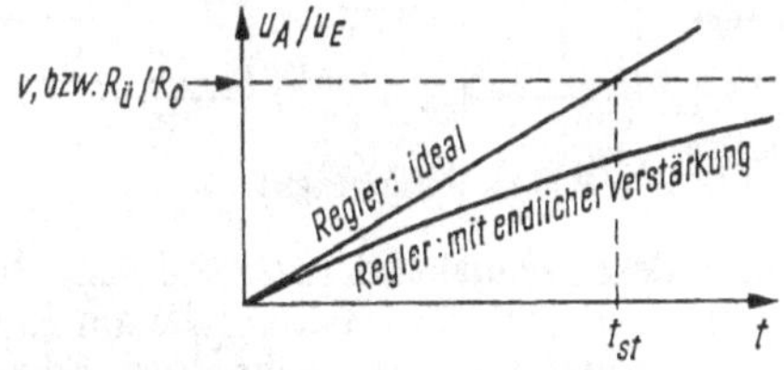

Bild 40. Übergangsfunktion des I-Reglers (im Anfangsgebiet weichen die Kennlinien noch wenig voneinander ab)

Bei Verhältnissen, in denen eine gegen t_{st} kleine Einschwingzeit gegeben ist, kann man infolge der geringen Unterschiede des Anfangs gegenüber der idealen Kurve in Annäherung mit einem idealen Integrator rechnen. Es wird dies im allgemeinen der Fall sein, da aus Gründen der Aufgabe ein relativ großer Wert t_{st} dieses Teiles der Regeleinrichtung im Vergleich zu den gegebenen Daten der Anlage vorliegen wird.

Die Serienschaltung eines P- und eines I-Reglers ergibt im Ausgang die Wirkung eines I-Reglers mit einer um den P-Wert des P-Reglers verkleinerten Zeitkonstante, da sich die Frequenzgänge gemäß (22.15) multiplizieren:

$$F_P \cdot F_I = V_P \cdot \frac{1}{p\,T_i}, \text{ so daß } F_{I,s} = \frac{1}{p\,T_i/V_P} \cdot \qquad (9.35)$$

Hochlaufregler

Der Integrator hat ferner auch für Sollwertgeber Verwendung gefunden, die eine linear mit der Zeit ansteigende Führungsspannung abgeben sollen. Ein derartiger „Hochlaufregler", z. B. gemäß *Bild 41*, ist ein schönes Beispiel für die vielseitige Verwendbarkeit elektronischer Regelschaltungen. Beispielsweise möge eine Anlage eingeschaltet werden, die zur Vermeidung von im Anlauf möglichen Überbeanspruchungen

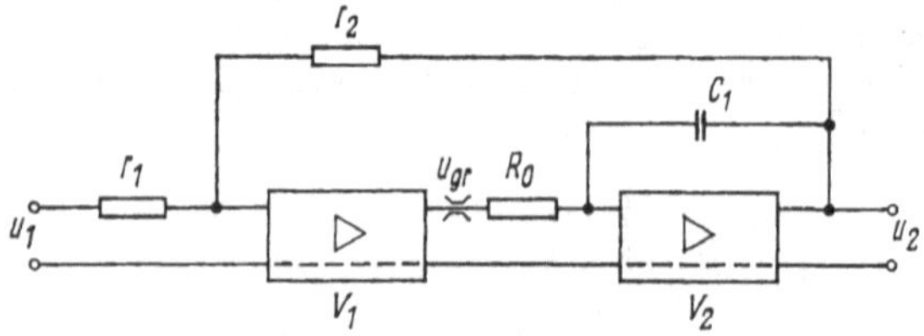

Bild 41. Hochlaufregler

nicht jäh, aber doch schnellstmöglich auf eine bestimmte Drehzahl kommen soll. Mit Einschalten falle am Eingang der Schaltung die Spannung u_1 an. Schon bei sehr geringer Differenz zwischen Eingangs- und Ausgangsspannung des Hochlaufreglers ist der vorgeschaltete Verstärker V_1 übersteuert, bzw. im Ausgang begrenzt, so daß er dem nachgeschalteten Integrator (mit dem Verstärker V_2) konstanten Strom liefert. Der Integrator integriert entsprechend der Dimensionierung seines Rückführzweiges $C_1 R_0$. Seine Ausgangsspannung u_2, die der Führungswert der nachgeschalteten Regeleinrichtung ist, steigt linear an, bis $u_2 = u_1$ geworden ist, diese Spannungen sich damit im Rückführzweig r_2, r_1 aufheben und der Verstärker V_1 daher nicht mehr erregt wird, damit also der Integrationsvorgang beendet ist. Es läßt sich so die Geschwindigkeit des Hochlaufs, z. B. konstante Beschleunigung einer Welle, definiert vorschreiben.

PD-Regler (PD-Glied)

Zur Erzielung eines *PD*-Verhaltens muß die gegenkoppelnde Rückführung trägheitsbehaftet sein. Die Rückführung in

Bild 42 ist ein Netzwerk, bestehend aus zwei reellen Widerständen (z. B. je $2R_2$) und dem kapazitiven Widerstand $1/pC_2$. Der über den linken Widerstand $2R_2$ fließende Strom i_1 wird hier infolge der Spannungsteilerwirkung des Netzwerkes nur von einem Teil der Spannung u_A getrieben, s. Text hinter (.17):

$$i_1 \cdot 2R_2 = \frac{\mathfrak{R}'}{\mathfrak{R}' + 2R_2} u_A \text{ mit } \mathfrak{R}' = \frac{2R_2 \cdot 1/pC_2}{2R_2 + 1/pC_2}.$$

Es ergibt sich hieraus:

$$\mathfrak{R}_1 = u_A/i_1 = 4R_2 (1 + pR_2C_2) \qquad (9.36)$$

und mit (.25a) der Frequenzgang des idealen *PD*-Reglers:

$$F_{PD}(p) = \frac{\mathfrak{R}_1}{R_0} = \frac{4R_2}{R_0}(1 + pR_2C_2)$$
$$= V_P(1 + pT_v) = K_P + pK_D \qquad (9.37)$$

mit $K_P = V_P = 4R_2/R_0$ = Übertragungsbeiwert des *P*-Anteils (*P*-Verstärkung)

$K_D = T_v V_P = 4R_2^2 C_2/R_0$ = Übertragungsbeiwert des *D*-Anteils,

$T_v = R_2 C_2$ = Vorhaltzeit.

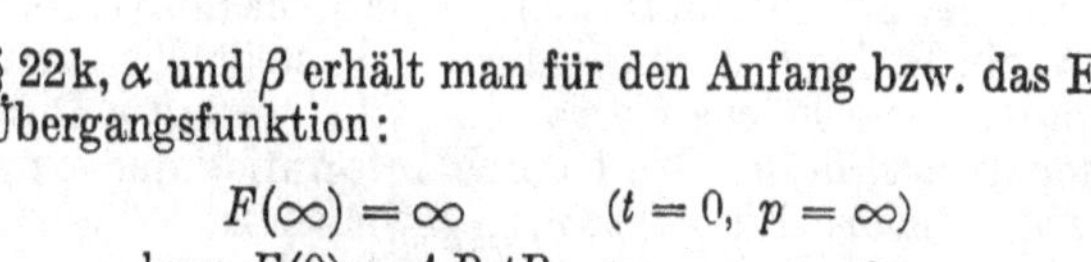

Bild 42. *PD*-Regler

Mit § 22k, α und β erhält man für den Anfang bzw. das Ende der Übergangsfunktion:

$$F(\infty) = \infty \qquad (t = 0,\ p = \infty)$$
$$\text{bzw. } F(0) = 4R_2/R_0 \qquad (t = \infty,\ p = 0).$$

Der Anfang zeigt einen unendlich hohen und unendlich schmalen Wert, der den Vorhalt ausmacht und einem Impuls von der Größe $\frac{4R_2}{R_0} R_2 C_2$ entspricht, worauf sich ein P-Wert von $V_P = 4R_2/R_0$, einstellt. Dieses würde einer idealen Übergangsfunktion gemäß *Bild 23* entsprechen.

Zur Berücksichtigung einer endlichen Verstärkung ist $\mathfrak{R}_1$ in (.25b bzw. c) einzusetzen. Man erhält den Frequenzgang:

$$F_{PD} = \frac{4R_2}{R_0} \frac{1 + pR_2C_2}{1 + pt_p} \tag{9.38}$$

$$\text{mit } t_p = \frac{4R_2}{R_0 v} R_2C_2 \text{ für den Röhrenregler}$$

$$\text{bzw.} = \frac{4R_2}{R_{ü}} R_2C_2 \text{ für den Transistorregler,}$$

wobei die bei der Entwicklung auftretenden Faktoren $\left(1 + \frac{1}{v} + \frac{4R_2}{vR_0}\right)$ bzw. $(1 + 4R_2/R_{ü})$ in Annäherung gleich 1 gesetzt wurden. Aus (.38) ergibt sich:

$$F(\infty) = v, \text{ bzw. } = R_{ü}/R_0 \quad (\text{für } t = 0,\ p = \infty)$$
$$= \text{die Höhe des Differenzierimpulses,}$$
$$F(0) = 4R_2/R_0 \quad (\text{für } t = \infty,\ p = 0)$$
$$= \text{die statische Endverstärkung.}$$

In *Bild 43* ist der zeitliche Verlauf der Übergangsfunktion gezeichnet. Der Differenzieranteil bewirkt zunächst einen nur endlichen Wert v bzw. $R_{ü}/R_0$. Dieser klingt dann mit der parasitischen Zeitkonstante t_p auf die statische Endverstärkung $4R_2/R_0$ ab, die den P-Anteil des Reglers darstellt. Die gestrichelt gekennzeichnete Fläche macht den *zeitlich verteilten* Differenzierimpuls aus, dessen Wert durch Integration der exponentiell abklingenden Kurve leicht zu gewinnen ist:

Anfangsverstärkung $\times\ t_p$, also

$$\frac{4R_2}{R_0} R_2C_2 f_i, \tag{9.39}$$

wobei $f_i \approx 1$ ist, so daß er mit dem Differenzierimpuls des idealen Reglers praktisch identisch ist. Während er in letzterem mit unendlich hoher Verstärkung bei unendlich kurzer Dauer auftritt, ist er im technischen Gerät mit endlicher Verstärkung und zeitlich in die Breite gezogen wirksam.

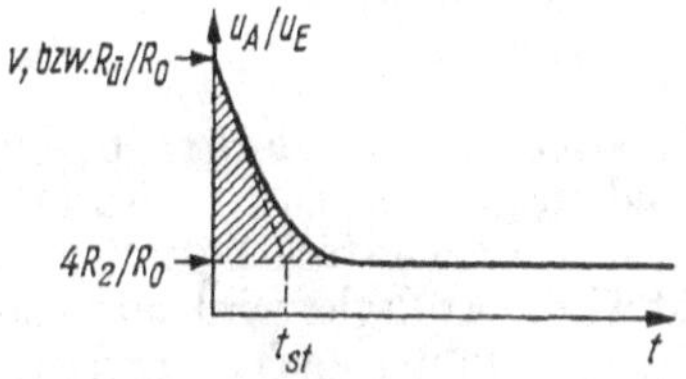

Bild 43. Übergangsfunktion des PD-Reglers (ändere t_{st} in t_p!)

Einen PD-Regler kann man auch mittels einer Parallelschaltung eines P- und eines D-Gliedes erhalten, die gemeinsam von der Regelabweichung im Eingang gesteuert werden und deren Ausgänge additiv auf das Folgeglied wirken.

PI-Regler (PI-Glied)

Wir wählen die in *Bild 44* dargestellte Rückführung, so daß jetzt in (.25a bis c) die Impedanz $\mathfrak{R}_1 = R_1 + 1/pC_1$ einzusetzen ist. Man erhält den Frequenzgang des idealen PI-Reglers:

$$F_{PI}(p) = \frac{1}{pT_i}(1 + p\tau_1)$$

$$= V_P\left(1 + \frac{1}{pT_n}\right) = K_P + K_I\,\frac{1}{p} \qquad (9.40)$$

mit $K_P = V_P = R_1/R_0$ = Übertragungsbeiwert des P-Anteils (P-Verstärkung)

$K_I = V_P/T_n = 1/(R_0 C_1)$ = Übertragungsbeiwert des I-Anteils

$$T_n = R_1 C_1 = \text{Nachstellzeit}$$
$$T_i = R_0 C_1 = \text{Integrierzeit} \equiv 1/K_I$$
$$\tau_1 = R_1 C_1 = \text{Rückführzeit} \equiv T_n,$$

sowie für Anfang und Ende der Übergangsfunktion:

$$F(\infty) = R_1/R_0$$
$$F(0) = \infty.$$

Die Übergangsfunktion des *PI*-Reglers beginnt mit dem *P*-Anteil R_1/R_0 und steigt dann mit der Nachstellzeit $T_n = R_1 C_1$ an, in welcher die Verstärkung um je den *P*-Anteil fortlaufend erhöht wird. Der Regler wird auf Grund des ersten Ausdruckes von (.40) mitunter auch so erklärt, daß es sich

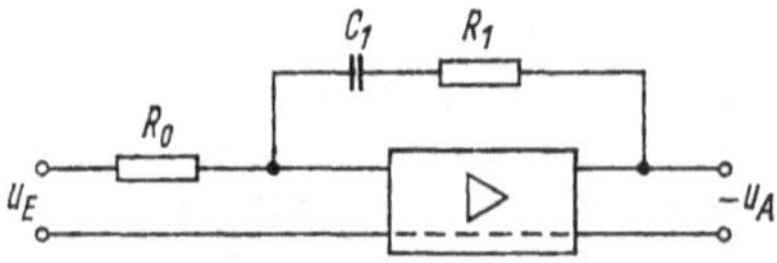

Bild 44. ***PI*-Regler**

um einen integralen Regler mit dem Frequenzgang $1/(pR_0C_1)$ handelt, dem ein Vorhalteglied $(1 + pR_1C_1)$ hinzugegeben ist. Bekanntlich bringt die Differenzierung eines integralen Gliedes ein *P*-Verhalten. Beide Deutungen besagen an sich das Gleiche. Man beachte jedoch: das zusätzliche Glied mit *D*-Verhalten gibt für die Gesamtanordnung keinen Regler mit *D*-Verhalten im Sinne der Fachsprachregelung, sondern einen Regler mit *P*- und mit *I*-Anteil.

Für endliche Verstärkung ergibt sich aus (.25b und c), wenn man ferner im ersten Fall $[1 + (1 + R_1/R_0)/v] \approx 1$, im zweiten Fall $R_ü(1 + R_1/R_ü) \approx R_ü$ setzt, für den

$$\left.\begin{aligned} &\text{Röhrenregler:} \quad F_{PI}(p) = v\,\frac{1 + pT_n}{1 + pvR_0C_1} \\ &\text{Transistorregler:} \quad F_{PI}(p) = \frac{R_ü}{R_0}\,\frac{1 + pT_n}{1 + pR_üC_1}, \end{aligned}\right\} \tag{9.41}$$

sowie für Anfang und Ende der Übergangsfunktionen:

$$F(\infty) = v, \text{ bzw. } = R_{\ddot{u}}/R_0$$
$$F(0) = R_1/R_0 \text{ für beide Regler.}$$

Die Übergangsfunktion *(Bild 45)* beginnt mit der P-Verstärkung R_1/R_0. Es schließt sich eine mit der Zeitkonstante $t_{st} = v R_0 C_1$, bzw. $= R_{\ddot{u}} C_1$ verhältnismäßig langsam ansteigende Verstärkungszunahme an, die gemäß dem maximalen Vermögen des begrenzten nichtidealen Verstärkers zum Wert v bzw. $R_{\ddot{u}}/R_0$ hinstrebt. Auch hier gilt das oben im Anschluß an (.34) Gesagte, daß bei gegenüber t_{st} kurzzeitigen Vorgängen nur der von der idealen Kurve noch wenig abweichende Teil der Übergangsfunktion in Anspruch genommen wird.

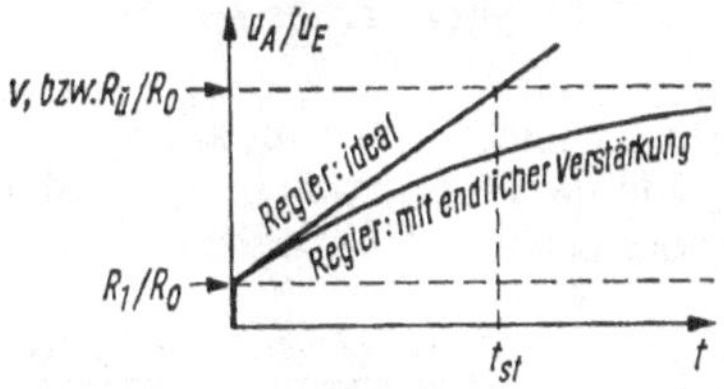

Bild 45. Übergangsfunktion des PI-Reglers

Es lassen sich PI-Regler auch aus Geräten mit Einfachfunktionen zusammensetzen. Die Parallelschaltung eines P- und eines I-Reglers – die Eingänge gemeinsam an die Regelabweichung gelegt, die Ausgänge additiv auf das folgende Glied geschaltet – ergibt einen PI-Regler, s. (22.16):

$$F_P + F_I = V_P + \frac{1}{p T_i} = V_P \left(1 + \frac{1}{p T_n}\right) = F_{PI} \quad (9.42)$$

mit der Nachstellzeit $T_n = T_i V_P$.

Andererseits bewirkt auch die Serienschaltung eines PD- und eines I-Reglers einen PI-Regler:

$$F_{PD} \cdot F_I = V_P(1 + p T_v) \cdot \frac{1}{p T_i} = V_P' \left(1 + \frac{1}{p T_n}\right) = F_{PI} \quad (9.43)$$

mit der P-Verstärkung $V_P' = V_P T_v / T_i$
und der Nachstellzeit $T_n = T_v$.

PID-Regler (PID-Glied)

Für den *PID*-Regler wählen wir ein Rückführungsnetzwerk gemäß *Bild 46*, dessen Impedanz $\mathfrak{R}_1$ wie (.36) entwickelt:

$$\mathfrak{R}_1 = \frac{(1 + pR_1C_1)(1 + pR_2C_2)}{pC_1} + R_2 . \qquad (9.44)$$

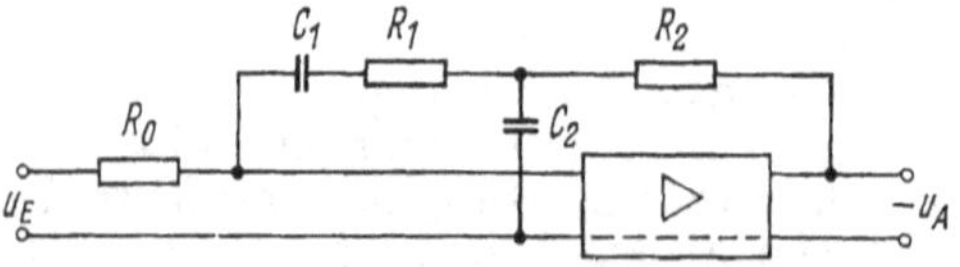

Bild 46. *PID*-Regler.

In (.25a) eingesetzt und, wenn man am Schluß der Entwicklung $R_0 \gg R_2$ und damit $R_2/R_0 \approx 0$ annimmt, ergibt sich der Frequenzgang des idealen *PID*-Reglers:

$$F_{PID}(p) = \frac{(1 + p\tau_1)(1 + p\tau_2)}{pT_i} \qquad (9.45)$$

mit $\left.\begin{array}{l} \tau_1 = R_1C_1 \\ \tau_2 = R_2C_2 \end{array}\right\} =$ Rückführzeiten,
$T_i = R_0C_1$ = Integrierzeit

oder in anderer Anordnung:

$$\left.\begin{aligned} F_{PID}(p) &= V_P\left(1 + \frac{1}{pT_n} + pT_v\right) \\ &= K_P + K_I\frac{1}{p} + pK_D \end{aligned}\right\} \qquad (9.46)$$

mit $K_P = V_P = \dfrac{\tau_1 + \tau_2}{T_i}$ = Übertragungsbeiwert des *P*-Anteils (*P*-Verstärkung)

$K_I = V_P/T_n = 1/T_i$ = Übertragungsbeiwert des *I*-Anteils,

$$K_D = T_v T_n = \tau_1 \tau_2 = \text{Übertragungsbeiwert des } D\text{-Anteils},$$

$$T_n = \tau_1 + \tau_2 = \text{Nachstellzeit}$$

$$T_v = \frac{\tau_1 \tau_2}{\tau_1 + \tau_2} = \text{Vorhaltzeit.}$$

Wenn man die Frequenzgänge eines *PI*- und eines *PD*-Reglers multipliziert, erhält man:

$$\left.\begin{aligned} F_{PI} \cdot F_{PD} &= V_P' \left(1 + \frac{1}{p T_n}\right) \cdot V_P''(1 + p T_v) \\ &= \frac{(1 + p T_n)(1 + p T_v)}{p T_n / (V_P' V_P'')} = F_{PID}, \end{aligned}\right\} \quad (9.47)$$

einen Ausdruck, dessen Struktur mit (.45) identisch ist. Die Hintereinanderschaltung des *PI*- und eines *PD*-Reglers ergibt demnach im Ausgang die Wirkung eines *PID*-Reglers.

Dieses Ergebnis benutzen wir zur Deutung der Übergangsfunktion, die dem Frequenzgang des *PID*-Reglers bei endlicher Verstärkung v zugeordnet ist und den wir durch Einsetzen von (.44) in (.25b) erhalten:

$$F_{PID}(p) = v \frac{(1 + p\tau_1)(1 + p\tau_2)}{(1 + p\, v\, T_i)\left(1 + p \dfrac{\tau_1 \tau_2}{v T_i}\right)}, \quad (9.48)$$

wobei eine Dimensionierung $R_2 \ll R_0$, d. h. $R_2/R_0 \approx 0$, sowie $v T_i \gg \tau_1, \tau_2$ unterstellt ist. Gemäß (.47) muß sich die Übergangsfunktion aus denjenigen eines *PI*- und eines *PD*-Reglers zusammensetzen, so daß wir mit Hilfe von *Bild 45 und 40* auf einfache Weise zu *Bild 47* kommen. Als Anfangs- bzw. Endwert (für $p = \infty$, bzw. $= 0$) erhalten wir aus (.48) den Wert v. Der *P*-Anteil ergibt sich, wenn wir den dem *PI*-Verhalten entsprechenden langsamen Teilvorgang betrachten. Wir erhalten ihn, wenn wir in (.48) nach Ausmultiplizieren der Klammern die p^2-Glieder vernachlässigen:

$$F_{\text{Langsamteil}} = v \frac{1 + p(\tau_1 + \tau_2)}{1 + p\, Ti}.$$

Der Anfangswert der zugehörigen Teilübergangsfunktion ($t = 0$, $p = \infty$) ist dann:

$$F(\infty) = \frac{\tau_1 + \tau_2}{T_i} = P\text{-Anteil des Reglers.}$$

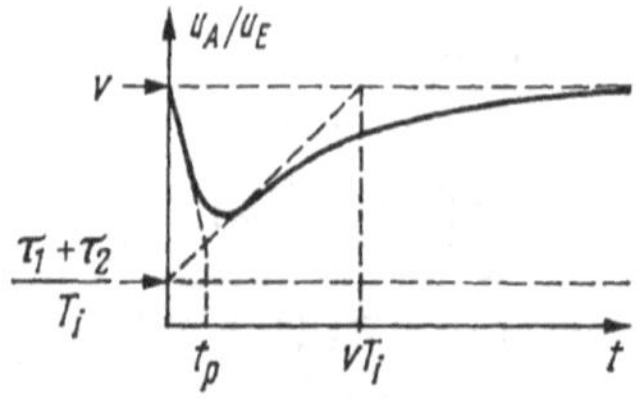

Bild 47. Übergangsfunktion des *PID*-Reglers

Die Übergangsfunktion *Bild 47* fängt daher mit der max. Verstärkung v des D-Impulses an, der mit der kleinen parasitischen Zeitkonstante $t_p = \frac{\tau_1 \tau_2}{v T_i}$ abklingt, im Abklingen an den P-Anteil anschließend, dann jedoch gemäß des I-Anteils wieder ansteigend, um gemäß der Zeitkonstante $v T_i$ in die durch die endliche Verstärkung gegebene max. Verstärkung v einzulaufen.

Hinsichtlich der Auslegung eines PID-Reglers ist zu beachten, daß infolge des Vorhandenseins zweier Speicher (Kapazitäten) in nicht rückwirkungsfreier Schaltung die RC-Glieder aufeinander rückwirken und dadurch gemischte Zeitkonstanten auftreten. Diese sind vernachlässigbar, wenn in unserem Beispiel $C_2 \gg C_1$ und $R_2 < R_1$ ausgelegt wird.

Begrenzer

Wenn die Ausgangsgrößen des Regelverstärkers bestimmte obere und untere Werte nicht über- bzw. unterschreiten sollen, kann man dies z. B. durch einen zweiten Gegenkopplungsweg erreichen *(Bild 48)*, in welchem Dioden diesen so lange sperren, wie die Ausgangsgröße innerhalb der an einem Potentiometer eingestellten Grenzen liegt. Außerhalb dieser Grenzen tritt infolge der dann gegebenen Durchlaßwirkung der Dioden eine so starke zusätzliche Gegenkopplung auf, daß die Ausgangsgröße sich nicht mehr ändern kann.

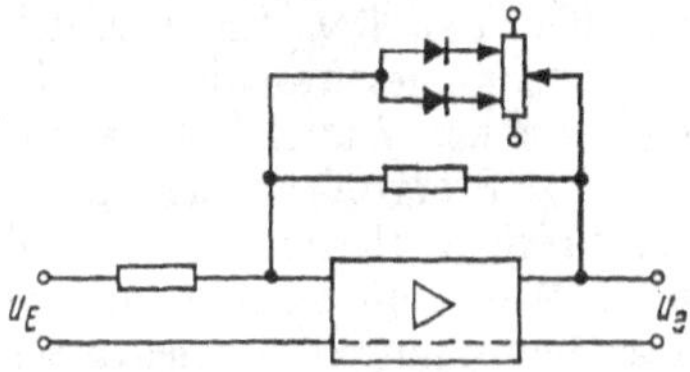

Bild 48. Begrenzer

§ 10. Die Totzeit

Es gibt Regelstrecken, deren Ausgang nicht sofort Änderungen des Zustandes zeigt, wenn der Eingang eine sprunghafte Änderung erfährt, bei denen vielmehr eine mehr oder weniger lange Zeit vergeht, bis sich am Ausgang auch nur die geringste Änderung bemerkbar macht. *Bild 49* veranschaulicht, daß nach einer sprunghaften Verstellung des Stellgliedes der Ausgang (die Regelgröße) zunächst während der Totzeit T_t auf ihrem alten Wert X_1 verharrt und erst hiernach sich zu ändern beginnt. Dem Bild liegt eine Regelstrecke zugrunde, bei der sich der Totzeit das Verhalten einer Regelstrecke mit Verzögerung höherer Ordnung und Ausgleich anschließt, so daß die Regelgröße schließlich zu einem neuen Beharrungswert kommt. Die Totzeit T_t ist hier eine „echte" Totzeit, von der man spricht, wenn es sich um Transport- sowie um Fortpflanzungszeiten (Laufzeiten) handelt. Bei einem Transportband erscheint eine höhere Beschickung erst nach Ablauf der Transportzeit am Bandende. Ebenso machen sich beispielsweise bei Gemischregelungen Änderungen am Eingang der Regelstrecke erst nach einer gewissen von der Strömungsgeschwindigkeit abhängigen Zeit am Meßort bemerkbar, so daß erst dann der Regler etwas tun kann. Die Fortpflanzungsgeschwindigkeit des Schalls in Luft von 344 m/s (bei 20° C) ist allgemein bekannt. Eine Gasdruckleitung von 100 m, die die Aufgabe hat, die Druckänderung einer Meßdose einem Regler zuzuführen, bringt also eine Totzeit von rund 0,3 s in den Regelkreis. Bei Gemischregelungen, Warmwasserheizungen, Kessel- und Feuerungssystemen liegen die Totzeiten im Hauptenergiefluß. Die elektrische Fortpflanzungsgeschwindigkeit spielt in der Regeltechnik infolge ihres hohen Wertes (300000 km/s) keine Rolle. Da Auswirkungen der Störgrößenänderung für die Dauer der Totzeit am Meßort nicht vorliegen und daher die Ableitungen der Regelgröße den Wert Null haben, ist die Hinzunahme von Differentialquotientenmessungen problematisch.

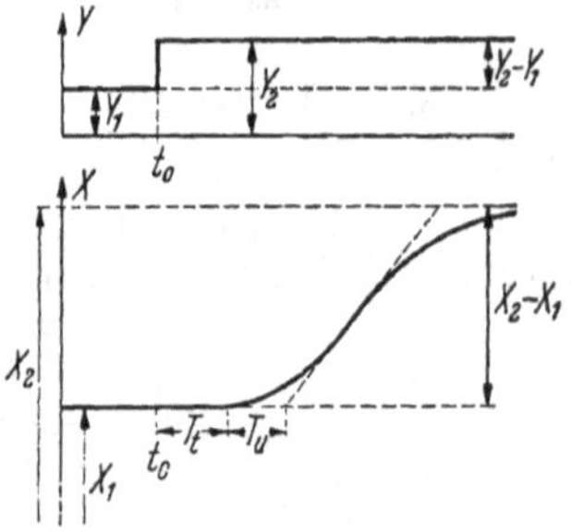

Bild 49. Übergangsfunktion einer Regelstrecke mit Totzeit

Bei Stromrichtern entstehen Totzeiten, weil die Signalweitergabe bis zum Zünden des nächsten Ventils unterbrochen ist. Da die Unterbrechungszeit variiert, rechnet man mit dem statistischen Mittelwert der Laufzeit, der gleich der halben Zeitdifferenz zwischen zwei Zündungen ist:

$$T_{st} = \frac{1}{2}\,\frac{1}{50\,\text{Hz} \times \text{Pulszahl}} = 1{,}7\ \text{ms bei sechspulsigem}$$
$$= 3{,}3\ \text{ms bei dreipulsigem Betrieb,}$$

einem sehr kleinen Wert, der aber bei Schnellregelungen zu beachten ist.

An die steilste Stelle des Teiles der Übergangsfunktion von *Bild 49*, der der Totzeit folgt, ist gestrichelt die Tangente gelegt, die man oft als angenäherten Verlauf ansehen kann. Für dessen Kennzeichnung gelten auch hier die Begriffe des Anlaufwertes A und der Gleichungen gemäß (5.1b) und (6.5c). Die Zeit zwischen T_t und dem Fußpunkt der Tangente entspricht dem allmählichen Anstieg des tatsächlichen Kurvenverlaufes, der die Folge der Hintereinanderschaltung mehr oder weniger vieler Speicherglieder ist, die auch als Verzögerungssystem zweiter, dritter und höherer Ordnung bezeichnet wird. Diese Zeit wird vielfach auch Totzeit oder Ersatztotzeit und Verzugszeit T_u genannt, s. § 16b. Während die Neigung der Übergangsfunktion eines Systems erster Ordnung im Anfangspunkt endlich ist (§ 19), ist sie für ein System zweiter Ordnung Null, weil der erste Differentialquotient verschwindet (§ 20). Bei Verzögerungssystemen höherer Ordnung werden auch entsprechend höhere Ableitungen Null, die Übergangsfunktion steigt erst später merkbar an und wird der bei Totzeit ähnlicher.

Die aus der Übergangsfunktion der Serienschaltung mehrerer Verzögerungsglieder 1. Ordnung (= Verzögerungssystem höherer Ordnung) zu entnehmende Verzugszeit T_u ist mit der echten Totzeit T_t nicht identisch, aber vergleichbar, um so mehr, von je höherer Ordnung das System ist. Als *Kontinuum* bezeichnet man ein Verzögerungssystem der Ordnung ∞. Beispielsweise erhält man ein solches in Annäherung, wenn man ein Wärmesystem in feine Teile unterteilt. Es ergibt sich ein Verzögerungssystem sehr hoher Ordnung, dessen Übergangsfunktion eine *ausgeprägte Verzugszeit* zeigt. Ähnlich einer Totzeit ist am Anfang von einem Ansteigen praktisch nichts zu bemerken. Dennoch ist sie ansteigend, jedoch kaum meßbar. Indessen hat die Übergangsfunktion eines echten Totzeitgliedes (Förderband usw.) bis zum Ablauf der Totzeit absolut den Wert Null, so daß am Ende des Gliedes die Form der Störung am Anfang völlig unverzerrt anfällt, z. B. die senkrechte Front einer sprungförmigen Störung. Das Kontinuum läßt sich durch eine kleine Anzahl hintereinander geschalteter Glieder 1. Ordnung *annähern* (!): etwa 3 Glieder mit Rückwirkung, 3--4 Glieder ohne Rückwirkung. Auf dieser Basis werden brauchbare Einstellvorschriften für den Regler empfohlen, die im allgemeinen zum Erfolg führen, wenn auch die Annäherung der Wirklichkeit nicht ganz entspricht.

Andererseits kann man *zwei* Verzögerungsglieder 1. Ordnung annähernd durch *ein* Totzeitglied und *ein* Verzögerungsglied 1. Ordnung ersetzen. Haben ihre Verzögerungszeiten T_1 und T_2 unterschiedliche Werte und ist T_1 die kleinere – wobei in der rechnerischen Behandlung grundsätzlich Verzögerungsglieder in ihrer Reihenfolge vertauschbar sind –, so ist die Ersatztotzeit bzw. Verzugszeit T_u:

$$T_u = k T_1,$$

worin der Faktor k in Annäherung

	$k =$	0,3	0,4	0,5	0,7	1,0
bei	$T_1/T_2 =$	1,0	0,4	0,2	0,05	0 ist.

Sind außer einer kleinen Verzugszeit noch weitere vergleichsweise *kleine* Zeitkonstanten vorhanden, so kann man deren Werte zu ihr addieren.

In der Praxis gibt es *selten* eine Übergangsfunktion mit *Totzeit allein.* Dagegen spielen Übergangsfunktionen mit Totzeit und einer anschließenden Verzögerungszeit eine große Rolle, sowohl aus der Natur einer vorliegenden Strecke heraus als auch in Annäherung der Übergangsfunktionen unübersichtlicher Strecken. Vielfach führt die Untersuchung von experimentell aufgenommenen Übergangsfunktionen komplizierterer Strecken leicht zu einer Deutung, als ob es sich um Strecken handele, die aus nur wenigen Gliedern zusammengesetzt sind. Dies ist auch deshalb von großer Wichtigkeit, weil technisch ausführbare Regeleinrichtungen auf nur wenige einstellbare Parameter beschränkt sind: *P*-, *I*-, *D*-Einfluß (ein D^2-Einfluß stößt, worauf wir schon an anderer Stelle hinwiesen, auf große Schwierigkeiten und wird normalerweise nicht verwandt). So lassen sich solche Übergangsfunktionen meist durch folgende Kenngrößen annähern: T_t, T_S oder auch T_1, T_2, T_3. Statt mit T_S nähert man auch mit der Verzögerungszeit einer integralen Strecke an, vernachlässigt also das Glied nullter Ordnung, wenn der dynamische Regelvorgang vor allem durch die Glieder höherer Ordnung beherrscht wird, s. hierzu auch das „Symmetrische Optimum" (§ 16c). T_3 wird oft durch eine Summe kleiner Zeitkonstanten in Vergleich mit T_1 und T_2 vertreten. Damit überdecken die Einstellvorschriften von § 16 ein sehr weites Gebiet der Praxis.

Theoretisch gesehen könnten Regelstrecken höherer Ordnung durch Regeleinrichtungen gut geregelt werden, die Regelimpulse auch nach Maßgabe der bei Regelstrecken höherer Ordnung gegebenen höheren zeitlichen Ableitungen der Regelgröße abgeben könnten. Wie gesagt kann man normalerweise über einen *PID*-Regler selten hinausgehen. Somit muß man bei diesem mit dem Einflußwert des *D*-Anteils um so vorsichtiger umgehen, je höher die Ordnung der Regelstrecke ist, da die Aussichten, mit dem Vorhalt noch eine merkbare Wirkung zu erzielen, immer geringer werden, evtl. sogar die Gefahr einer Verschlechterung entsteht. Hierbei ist an Systeme höherer Ordnung gedacht, bei denen in allen Gliedern untereinander vergleichbar große Zeitkonstanten liegen.

Hinsichtlich des Unterschiedes zu der in § 5 behandelten Anordnung eines Speicherraumes ist zu beachten, daß dort vorausgesetzt wurde, daß es sich bei dem betrachteten Speicherraum um Maße handelt, bei denen die Fortpflanzungsgeschwindigkeit noch keine Rolle spielt, bei denen aber die räumliche Ausdehnung derart ist, daß die zuströmende Menge sich über den Raum verteilen muß und daher, wenn auch sofort, so doch nur allmählich ansteigend eine Meßwertänderung hervorruft.

Schon 1928 hat K. Küpfmüller die Auswirkung der Totzeit untersucht. Er lieferte damit eine der ersten grundlegenden regeltheoretischen Arbeiten. Infolge der Anschaulichkeit der Ergebnisse wollen wir kurz auf sie eingehen und die in *Bild 50* dargestellte idealisierte Regelstrecke zugrunde legen. Einer Totzeit von $t = 0$ bis $t = t_1$ folgt ein geradliniger Übergang von $t = t_1$ bis $t = t_2$, wo plötzlich ein Ausgleich erreicht wird. Die Regelung mit einem *P*-Regler ergibt bei Variation des Verhältnisses t_2/t_1

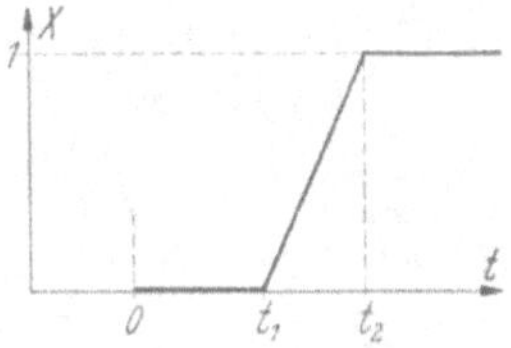

Bild 50.
Stilisierte Übergangsfunktion einer Regelstrecke mit Totzeit.

Regelkurven, die in *Bild 51* aufgetragen sind. Als Verstärkungsfaktor wurde der Wert $V = 2$ gewählt, so daß der Regelfaktor $R = 0{,}33$ beträgt. Für $t_2/t_1 = 2$ ergeben sich anwachsende Schwingungen. Bei $t_2/t_1 = 4$ stellt sich gerade indifferentes Gleichgewicht ein, bei dem sich Schwingungen konstanter Amplitude halten. Schließlich hat das Verhältnis $t_2/t_1 = 8$ abklingende Schwingungen zur Folge. Der Regelvorgang geht nach kurzer Zeit in Sinusschwingungen über, die Oberschwingungen sind verhältnismäßig schnell abgeklungen. Durch Vergrößern der Übergangszeit $(t_2 - t_1)$ oder durch Verkleinern der Totzeit t_1 oder schließlich durch Herabsetzen der Regelgenauigkeit (Vergrößern des Regelfaktors R) kann die Stabilität verbessert werden. Die Frequenz der Grundschwingung ist näherungsweise $\omega = 2\pi/(t_1 + t_2)$. In *Bild 52* ist der kritische Regelfaktor in Abhängigkeit von $t_1/(t_2 - t_1)$ aufgetragen.

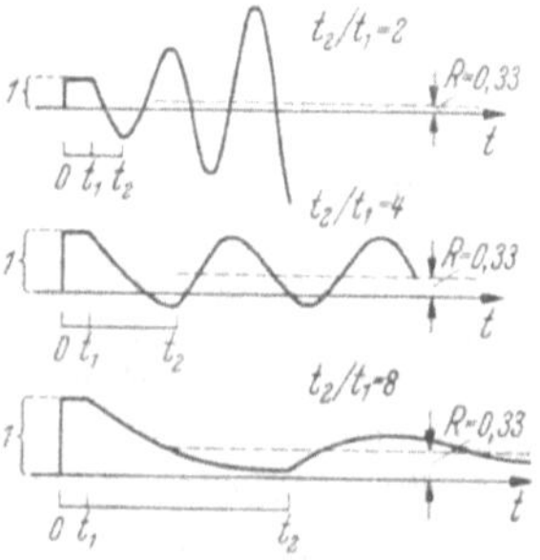

Bild 51.
Regelvorgänge nach Küpfmüller

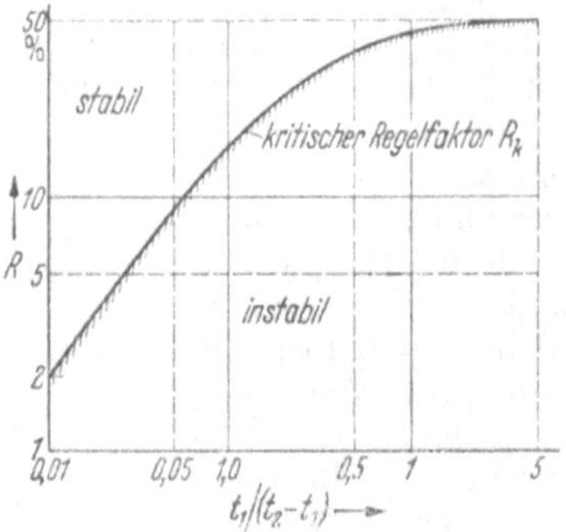

Bild 52. Stabilitätsgrenze bei Regelstrecke gemäß Bild 50 mit P-Regler

In § 15e, s. (15.32 u. 33), werden wir Grenzbetrachtungen über die Regelung einer reinen Totzeitstrecke durch einen *P*- und einen *I*-Regler anstellen. Bei ersterem ist im Stabilitätsgrenzfall die Verstärkung $V_P = 1$ (bei einem Verstärkungsfaktor der Regelstrecke von $V_S = 1$), so daß bei abklingenden Verhältnissen der Regelfaktor $R > 0{,}5$ wird, also mit entsprechend großen bleibenden Regelabweichungen zu rechnen ist. Indessen ist beim *I*-Regler der Stabilitätsgrenzfall bei einem Wert der Stellzeit $T_{\mathfrak{Z}} = 0{,}64\, T_t$ gegeben (für $V_S = 1$).

Es sei schließlich darauf hingewiesen, daß die Totzeit sich vielfach in Abhängigkeit von der Belastung einer Anlage ändert, z. B. mit abnehmender Last wächst.

§ 11. Mehrspeichersysteme und Stabilitätskriterien

Regelkreisglieder mit Speicherfähigkeit werfen das Problem der Stabilität einer Regelung auf. Voraussetzung für eine brauchbare Regelung ist die Sicherstellung, daß nach Eintritt einer Störung die Anlage in einen neuen stabilen Beharrungszustand übergeht. Man unterscheidet *monotone Instabilität*, wenn ein System nach Eintritt einer Störung sich in gleichförmiger Bewegung vom vorgegebenen Gleichgewichtszustand entfernt, bis es z. B. durch Anschläge zur Ruhe kommt, und die uns vor allem interessierende *oszillatorische Instabilität* (Schwingungsstabilität), bei der das System in anschwellende Schwingungen gerät, bis es als Folge von schließlich immer wirksamen Nichtlinearitäten konstante Amplituden erreicht und dauernd um einen mittleren Zustand hin- und herschwingt.

In Regelkreisen können einzelne Regelkreisteile für sich instabil sein, ohne daß dies bedeutet, daß zugleich auch nach Zusammenschluß der Teile zu einem geschlossenen Regelkreis dieser instabil sein muß. Es ist gleichgültig, ob in diesem Fall Instabilität bei der Regelstrecke oder beim Regler vorliegt, da beide nach Zusammenschluß gleichberechtigte Glieder hinsichtlich des Geschehens im Regelkreis sind. Vor Zusammenschluß würde natürlich auch die *offene* Schaltung Regelstrecke — Regeleinrichtung Instabilität zeigen, da mathematisch gesehen, mittels des Frequenzgangverfahrens, die offene

Schaltung das Produkt der Frequenzgänge von Strecke und Regler ist, s. (15.6d). Durch zweckmäßige Bemessung der Reglerparameter können in bestimmten Fällen z. B. trotz instabiler Regelstrecke stabile Regelkreise bewirkt werden.

Da das dynamische Verhalten des Regelkreisgliedes durch eine Differentialgleichung beschrieben wird, erhält man für den gesamten Regelkreis ein System simultaner Differentialgleichungen, wobei es genügt, die Abweichungen der die Vorgänge beschreibenden Größen vom stationären Wert zu betrachten. Man bedient sich der Theorie der kleinen Schwingungen, weil man für kleine Intervalle lineare Verhältnisse annehmen kann, während bei größeren Intervallen die Ergebnisse mit gewissen Fehlern behaftet sein können. Es ist aber notwendig, verschiedene Arbeitspunkte zu untersuchen, vor allem den mit den ungünstigsten Verhältnissen.

Durch Elimination reduziert sich das Gleichungssystem auf eine einzige Differentialgleichung n-ter Ordnung, die den Regelvorgang beschreibt. Wird die Elimination für eine andere Veränderliche vorgenommen, so ergibt sich die gleiche Differentialgleichung, jedoch im allgemeinen mit anderen Anfangsbedingungen. Wenn die Differentialgleichung für die Regelgröße x aufgestellt ist, enthält sie außer x und seinen Ableitungen auch die Störgrößen z_1, z_2... und deren Ableitungen sowie die Führungsgröße w und ihre Ableitungen als inhomogenen Teil. Der Stabilitätszustand der Anlage ist unabhängig von der Art der Störung und wird daher ausschließlich vom homogenen Teil der Gleichung beschrieben. Diese hat die Form:

$$a_n x^{[n]} + a_{n-1} x^{[n-1]} + \dots + a_2 \ddot{x} + a_1 \dot{x} + a_0 x = 0. \quad (11.1)$$

Es liegt eine lineare Differentialgleichung mit konstanten Koeffizienten vor, die bekanntlich durch den Exponentialansatz $x = e^{\alpha t}$ befriedigt werden kann. Für α erhält man die sogenannte charakteristisehe Gleichung:

$$\dots a_3 \alpha^3 + a_2 \alpha^2 + a_1 \alpha + a_0 = 0. \quad (11.2)$$

Sie hat dasselbe Aussehen wie die Differentialgleichung. Nur stehen an Stelle der Ableitungen von x Potenzen von α.

Während die Bestimmung von α mit höherem Grad der Gleichung numerisch sehr schwierig und explizite unmöglich wird, ist es relativ einfach, ohne genaue Kenntnis der Lösungen α Aussagen über den Stabilitätszustand zu machen. Die Regelung ist nämlich dann stabil, wenn alle Lösungen α einen negativen Realteil besitzen, so daß die zugehörigen Teilvorgänge exponentiell abklingen. Hierfür gab A. Hurwitz die folgenden Vorschriften:

a) alle Koeffizienten müssen vorhanden und positiv sein,

b) es müssen die Ungleichungen bestehen:

für die Gleichung

$$\text{2. Grades: } a_1 > 0 \tag{11.3}$$

$$\text{3. Grades: } a_1 a_2 - a_0 a_3 > 0 \tag{11.4}$$

$$\text{4. Grades: } a_1(a_2 a_3 - a_1 a_4) - a_0 a_3^2 > 0. \tag{11.5}$$

Wenn man hierin statt der Ungleichheitszeichen Gleichheitszeichen setzt, erhält man den Stabilitätsgrenzfall für ungedämpfte Schwingungen, die weder abklingen noch anschwellen. Die Schwingungsfrequenz der Stabilitätsgrenze ist

für die Gleichung 3. Grades:

$$\omega_0 = \sqrt{a_1/a_3} = \sqrt{a_0/a_2}, \tag{11.4a}$$

für die Gleichung 4. Grades:

$$\omega_0 = \sqrt{a_1/a_3}. \tag{11.5a}$$

Die dynamischen Vorgänge in einem brauchbaren Regelsystem müssen auf der Seite der Stabilität liegen. Die Wurzeln der charakteristischen Gleichung bestimmen die Art, in der die Regelgröße in den Beharrungszustand übergeht. Es können konjugiert komplexe Wurzeln auftreten, von denen jedes Paar für sich abklingende harmonische Schwingungen beschreibt. Sie können auch einem schnell abklingenden exponentiellen Abfall überlagert sein. Man spricht von sich überlagernden *Teilvorgängen*. Im Anfangsgeschehen nach Eintritt einer Störung klingen die Teilschwingungen relativ höherer Frequenz schneller ab, während später, etwa vom ersten Maximum ab, die Teilschwingung mit der tiefsten Frequenz immer mehr die Verhältnisse beherrscht. Diese ist schließlich als ausgeprägte gedämpfte Schwingung zu beobachten. Hierdurch sind die Glieder mit großen Zeitkonstanten, die mit den Vorgängen relativ niedriger Frequenz verbunden sind, von besonderer Bedeutung.

Das Hurwitzsche Stabilitätskriterium liefert die Grenzen zwischen stabilem und instabilem Verhalten, sagt aber nichts über die *Güte der Regelung* aus, von der man erwartet, daß sie mit Schnelligkeit und möglichst geringen Abweichungen den Sollwert wiederherstellt. Hiermit werden wir uns in § 16 näher zu befassen haben. Ferner s. auch § 15e.

Verzögerungsglieder der Regelstrecke und zusätzliche Verzögerungen in der Regeleinrichtung wirken sich hinsichtlich der Stabilitätsfrage im gleichen Sinne aus. So ist ein verzögerungsfreier *P*-Regler mit einer Regelstrecke mit Ausgleich und Verzögerung 2. Ordnung stabil, wie andererseits ein *P*-Regler mit Verzögerung 2. Ordnung nur mit einer verzögerungsfreien Regelstrecke stabil arbeitet. Bei drei und mehr Verzögerungen im Regelkreis kann Instabilität auftreten, wenn die Reglerparameter unzweckmäßig bemessen sind. Die Hinzunahme eines Vorhalts (*D*-Einfluß) im Regler verbessert die Stabilitätsverhältnisse. Ein *PD*-Regler kann bei Verzögerungen bis 3. Ordnung stabil regeln. Ein *I*-Regler verschlechtert die Stabilitätsverhältnisse. Er kann nur mit einer Verzögerung 1. Ordnung im Regelkreis stabil arbeiten. Bei Hinzutreten einer weiteren Verzögerung müssen die Werte der Reglerparameter innerhalb bestimmter Grenzen liegen. Hinsichtlich Regelstrecken ohne Ausgleich *(integrale Regelstrecken)* gilt ähnliches, jedoch mit stärkerer Einengung bei der Wahl der Reglerparameter. Daß eine integrale Regelstrecke mit einem *I*-Regler grundsätzlich instabil ist, ging schon aus (6.13) hervor. Man spricht hier auch von *Strukturinstabilität*, da bei der Struktur integrale Strecke + integraler Regler auch bei Änderung der Parameter keine stabilen Verhältnisse zu erzwingen sind. Folgerichtigerweise wird im Reglerbau angestrebt, Eigenverzögerungen im Regler zu vermeiden.

Die verbesserten Baumittel erlauben es, Regler mit nur geringen Verzögerungen zu bauen oder gar mit praktisch vernachlässigbar kleinen Verzögerungen, wie es bei elektronischen Regeleinrichtungen der Fall ist.

§ 12. Spezielle Fragen des geschlossenen Regelkreises

a) Ansprechempfindlichkeit, Reibung, Lose

Der Ansprechempfindlichkeit, (Coulombschen) Reibung und Lose liegen Verhältnisse zugrunde, die nicht durch lineare Beziehungen beschrieben werden können, so daß Rechnungen auf große, oft unüberwindliche Schwierigkeiten stoßen. Die Auswirkungen sind sehr unterschiedlich. Der sprungweise Übergang von einem Zustand in einen anderen (wie bei Ansprechempfindlichkeit) ist der Erzielung statischer Genauigkeit hinderlich. Reine Lose und Reibung können zu ungedämpften Schwingungen führen. Innerhalb der toten Zone findet überhaupt keine Übertragung statt. Reine Lose in einem Regelkreisglied, das in der Hauptwirkungsrichtung des Regelkreises liegt, wirkt im allgemeinen entdämpfend, da es als nacheilendes, mit Trägheit behaftetes Glied angesehen werden kann. Man ist bestrebt, derartige Nichtlinearitäten auf ein Minimum herunterzudrücken. So sucht man z. B. die *Reibung der Ruhe* oft dadurch auszuschalten, daß man einen Bauteil in dauernder Bewegung hält (z. B. § 13b), sei es in rotierender oder vibrierender. Um Stellfehler infolge Spiel oder Reibung zu beseitigen, werden unter Umständen bei Stellmotoren „Stellungsregler" erforderlich. E. Weis[1]) berichtet, daß man an einem Hochdruckventil der Auswirkung der hier gegebenen hohen Reibungskräfte mittels eines „Stellrelais" so stark entgegenwirken konnte, daß der Stellfehler von 30% auf 1 ... 2% verringert wurde und der P-Bereich auf $^1/_5$ heruntergesetzt werden konnte, der ohne

[1]) Die Regelungstechnik in der chemischen Industrie, Regelungstechnik, 2. Jg. (1954), S. 10.

diese Maßnahme aus Stabilitätsgründen unzulässig groß gehalten werden mußte (s. auch § 13c Schlußsätze).

b) Regler mit Störgrößenaufschaltung

Unter Regelungen mit Störgrößenaufschaltung versteht man Regelkreise, bei denen z. B. der Sollwert von einer Störgröße zusätzlich gesteuert wird. Es wird die Störgröße gemessen und in Abhängigkeit des Meßwertes die Sollwerteinrichtung beeinflußt. Dieser Vorgang ist eine Steuerung, da im Gegensatz zum Regelvorgang die ausgeübte Wirkung keinen Rückeinfluß auf die gemessene Größe ausübt. Ähnlich kann auch eine weitere Größe in den Meßkreis zur Bildung der Regelabweichung eingeführt und von einer Störgröße gesteuert werden, so daß der Istwert mit der Summe aus dieser Größe und der vom Sollwert diktierten Vergleichsgröße verglichen wird. Man kann eine solche Regelung auch so auffassen, daß dem Istwert „mehrere Führungsgrößen" gegenüberstehen und ein Vergleich mit ihrem Summenwert stattfindet (z. B. *Bild 80*). In anderen Fällen kann auch das Stellglied zusätzlich verstellt werden.

Nach den Definitionen der DIN 19226 wird die Störgrößenaufschaltung mit einem zusätzlichen *Z* bezeichnet, so daß man den *PZ*-, *PIZ*-, *PIDZ*-Regler usw. erhält. In bezug auf *Bild 1* wurde bereits ausgeführt, daß bei einer Raumheizung eine Konstanz der Raumtemperatur erzielt werden kann, wenn man jede der verschiedenen Störgrößen je einen Wärmeapparat „steuern" läßt. In Verbindung mit einer Regeleinrichtung spricht man von „Störgrößenaufschaltung" oder auch „Störwerttendenzaufschaltung". Man eliminiert hierbei vor allem die gewichtigste Störgröße und läßt den Regler nur noch die anderen Störgrößenänderungen ausregeln. die weniger Gewicht haben. Hierbei verringert sich auch die *P*-Abweichung um den Betrag, den die aufgeschaltete Störgröße sonst verursachen würde. Um die zeitliche Verzögerung der Wirkung der Störgrößenänderung auf die Regelgröße zu berücksichtigen, muß die Störübergangsfunktion bzw. der Störfrequenzgang betrachtet werden, d. h. das Verhalten der Regelgröße in Abhängigkeit sprunghafter bzw. sinusförmiger Änderungen der Störgröße. Eine gute dynamische Anpassung kommt auf die Aufgabe heraus, den betreffenden Störfrequenzgang der Schaltung – z. B. $x(j\omega)/z_1(j\omega)$ – zu einem Minimum (im Idealfall zu Null) werden zu lassen. Die Störgrößenaufschaltung beeinträchtigt als offene Steuerkette nicht zusätzlich die Stabilität der Regelung.

Regelstrecken mit Totzeit werden vielfach durch Störgrößenaufschaltung regeltechnisch verbessert. Z. B. können Temperaturänderungen am Trockner-Einlauf der Feuchteregelung einer Stoff- oder Papierbahn mit einem „Tendenz-Thermoelement" gemessen und als Störwerttendenzspannung zu der gemessenen Regelabweichung zusätzlich aufgeschaltet werden. Ein solches Tendenz-Thermoelement besteht aus einem Paar gegeneinander geschalteter Thermoelemente, von denen das eine träge ist, so daß bei Temperaturänderung eine Differenzspannung entsteht. Bei dem sich nach einiger Zeit einstellenden Beharrungszustand besteht keine Differenzspannung mehr. Die Anordnung wirkt etwa wie ein Vorhalt. Bei Speisewasserregelungen (Niveau-Regelungen) können Störgrößenaufschaltungen dadurch vorgenommen werden, daß das Verhältnis von Dampf- und Wasserverbrauch gemessen und dem Regler zugeführt wird, noch bevor eine Wasserstandsänderung merkbar wird.

Eine bekannte Störgrößenaufschaltung ist die Kompoundierung elektrischer Generatoren, bei der z. B. die Erregung der Erregermaschine zusätzlich verstellt werde, indem ein zweites Erregerfeld direkt in Abhängigkeit der Last verändert wird. Eine ebenso bekannte Anwendung der Störgrößenaufschaltung ist die $I \cdot R$-Kompensation bei der Ankerspannungsregelung von Antriebsmotoren, wenn zur Konstanthaltung der Drehzahl auf eine Messung der Drehzahl selbst verzichtet wird. Ein dem Produkt aus Ankerstrom I und Ankerwiderstand R proportionaler Wert wird als Störgrößenaufschaltung der Störgröße I in den Meßkreis des Reglers eingeführt und wirkt additiv zu dem vom Sollwert diktierten Vergleichswert. Die Summe beider Werte bewirkt eine Regelung auf eine Ankerspannung, die um den Abfall $I \cdot R$ größer ist, so daß praktisch eine Regelung auf konstante Motor-*EMK* bzw.

konstante Drehzahl erreicht wird.

Ein lehrreiches Beispiel für die Vorteile derartiger Maßnahmen ist folgendes. Ein Raum werde durch Zuluft geheizt, die durch einen dampfbeheizten Lufterhitzer erwärmt wird, und soll temperaturgeregelt werden. Ein Widerstandsthermometer, das die Temperatur des Raumes mißt, ist der Hauptfühler und Teil einer elektrischen Brücke eines elektropneumatischen Reglers. Die Brücke arbeitet über eine Tauchspule auf einen pneumatischen Kraftschalter, der den Stelldruck für das Membranventil liefert, das die Dampfheizung des Lufterhitzers verstellt. Der kleine P-Bereich des elektropneumatischen Reglers bewirkt infolge der Trägheiten des Regelkreises Schwingungsneigung. Zur Vergrößerung des P-Bereiches muß daher von einer *starren Rückführung* Gebrauch gemacht werden. Diese wird vorteilhafterweise weder vom Stelldruck noch von der Spindel des Membranventils (Stopfbuchsenreibung) abgenommen, sondern von einem Widerstandsthermometer in dem von der Dampfleitung erwärmten Lufterhitzer. Dieser Punkt gestattet die Verwendung eines einfachen Fühlerelementes und bietet eine wesentlich kleinere Totzeit des Rückführkreises im Vergleich zur Gesamttotzeit des ganzen Regelkreises. Der Kennlinie Regelgröße/Heizlufttemperatur kann eine stark fallende Charakteristik gegeben werden (Vergrößerung des P-Bereichs durch starre Rückführung). *Gleichzeitig* wird eine zusätzliche *Störwertaufschaltung* vorgenommen. Die *Zuluft* zum Lufterhitzer wird hierzu mit einem weiteren Widerstandsthermometer versehen, das ebenfalls in der Reglerbrücke liegt und bewirkt, daß bei Sinken der Außentemperatur mehr Dampf zum Lufterhitzer gegeben wird. Die Charakteristik Regelgröße/Außentemperatur ist steigend und auf die Charakteristik Regelgröße/Heizlufttemperatur so abgestimmt, daß die Wirkungen sich aufheben. An das Hauptthermometer im geheizten Raum kommen nur noch kleine Störungen, deren Ausregelung einen so kleinen Teil des P-Bereichs in Anspruch nimmt, daß seine Auswirkung nicht mehr nennenswert ist. Derartige P-Regelungen mit kleinen P-Abweichungen werden vielfach auch *I-ähnliche Regelungen* genannt.

c) Vermaschte Regelkreise und Mehrfachregelungen

Einläufige Regelkreise sind streng genommen solche, in denen eine Regelstrecke und ein Regler hintereinandergeschaltet zu einem geschlossenen Regelkreis zusammengeschlossen sind. Schon ein Regler mit Rückführung gemäß *Bild 3* läßt sich als Vermaschung auffassen. Auch Störgrößenaufschaltungen, die wir im vorigen Abschnitt kennen lernten, verändern einen einläufigen Regelkreis zu einem komplizierteren Gebilde. Vermaschte Regelkreise entstehen auch mittels Hilfsstellgrößen, wodurch unter Umgehung von trägheitsbehafteten Anlageteilen die Dynamik ebenfalls verbessert werden kann.

Unter Mehrfachregelung versteht man die Regelung mehrerer Regelgrößen mittels entsprechend vieler Regler, wobei jedoch eine Kopplung der Regelkreise über die Regelstrecke vorliegt, so daß mehr oder weniger starke Beeinflussungen stattfinden. Es sei z. B. sowohl die Frequenz als auch die Spannung eines Umformergenerators zu regeln. Der Frequenzregelkreis arbeitet auf das Feld des Antriebsgleichstrommotors, der Spannungsregelkreis auf das Feld des Wechselstromgenerators. Eine Laständerung wirkt sich sowohl auf die Wechselspannung als auch auf die Drehzahl aus, die die Frequenz bestimmt. Die Regelvorgänge des einen Kreises beeinflussen auch den anderen. Eine Stabilitätsuntersuchung muß die Gesamtschaltung der gekoppelten Glieder berücksichtigen. Verschwindet die Kopplung, dann zerfällt das Problem in zwei Einfachregelungen, die sich nicht mehr beeinflussen, und es liegt keine Mehrfachregelung mehr vor. Daß sich bei Mehrfachregelungen stark unterschiedliche Eigenfrequenzen der Regelkreise günstig auswirken müssen, liegt auf der Hand (s. auch § 15f). Als weiteres Beispiel einer Mehrfachregelung sei eine Kesselregelung erwähnt, bei der ein Regler den Speisewasserstand, ein zweiter Regler die Geschwindigkeit der Brennstoffzufuhr, ein dritter Regler die Luftzufuhr und ein vierter Regler den Feuerraumdruck regelt.

Für die allgemeine Behandlung der Mehrfachregelung liegen theoretische Ansätze vor. Die praktische Realisierbarkeit der gewonnenen Lösungen ist begrenzt, u. a. hinsichtlich des

Aufwandes. Bei Sollwert- oder Störgrößenänderungen in einem mehrfach geregelten System ist erwünscht, daß nur die Stellgröße verstellt wird, die der geänderten Größe zugeordnet ist. Bei Kopplungen ist dies nicht der Fall. Eine an sich stabile Anlage mit einläufigem Regelkreis kann nach Einbau eines zusätzlichen Regelkreises unstabil werden, wie auch das Umgekehrte möglich ist. Der Gedanke liegt nahe, durch zusätzliche Glieder das Übertragungsverhalten der Gesamtanordnung so zu verändern, daß die unerwünschte Auswirkung einer Kopplung aufgehoben wird. Zusätzliche Entkopplungsregelkreise mittels „Entkopplungsregler“ verbessern das Verhalten eines mehrfach geregelten Systems im gewünschten Sinne. Eine solche Maßnahme nennt man auch „Autonomisierung“, wobei die Frage der Wirkung nicht nur hinsichtlich des Führungsverhaltens, sondern auch des Störverhaltens akut ist und Aufgaben komplexer Natur auslöst. Dieser Hinweis möge genügen.

Es gibt Aufgaben, z. B. auf dem Gebiet der Temperaturregelungen, bei denen mit Vorteil zwei Regler hintereinander, gewissermaßen *in Kaskade*, geschaltet werden und ein einziges Stellglied vorliegt. Die Hauptregelgröße sei die Temperatur des zu erwärmenden Mediums. Sie wird im „Führungsregler“ mit dem Sollwert verglichen. Der Ausgang des Führungsreglers greift als Sollwert in einen „Folgeregler“ ein, auf den die Meßgröße des Durchflusses des Heizmittels als Istwert geschaltet ist. Der Ausgang des Folgereglers arbeitet auf das Stellglied, das den Zufluß des Heizmittels verstellt. Auf diese Weise wird erreicht, daß die einflußreichste Störgröße, nämlich die Schwankungen des Heizmittels (z. B. Druckänderungen eines Dampfstromes), schnell erfaßt und nicht erst mit der großen Zeitkonstante der gesamten Anlage wirksam wird. Eine solche *Kaskadenschaltung* kann ein weit günstigeres Regelergebnis zur Folge haben, als wenn das Stellglied nur in einem einläufigen Regelkreis (Temperaturfühler auf einen einzigen Regler) arbeitet.

In der Antriebstechnik werden in bestimmten Fällen auf ähnliche Weise mehrere Regler ebenfalls in Serie geschaltet. *Bild 53* zeigt das Blockschaltbild eines Beispiels von zwei hintereinandergeschalteten Reglern. Eine Regelgröße x_1 soll nach Maßgabe des Sollwertes w_1 geregelt werden. Die Regelstrecke bietet die Möglichkeit, eine zweite Regelgröße x_2 abzugreifen, so daß die Regelstrecke, die mit zwei großen und mehreren kleinen Zeitkonstanten behaftet ist, so unterteilt ist, daß eine große Zeitkonstante T_1 rechts und die andere große Zeitkonstante T_2 links der Abgriffsstelle von x_2 liegt. x_2 ist auf den Regler 2 geschaltet, so daß eine innere unterlagerte Regelschleife 2 gegeben ist, während die für die

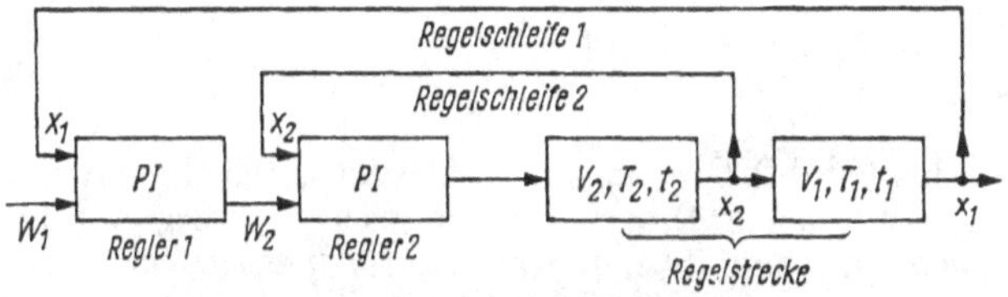

Bild 53. Zweischleifige Regelanlage

Hauptaufgabe zu regelnde Regelgröße x_1 in konventioneller Weise auf den Regler 1 geschaltet wird, dessen Ausgang jedoch den Sollwert w_2 für den Regler 2 liefert. Die Aufspaltung der Regeleinrichtung auf zwei Regelschleifen bietet den Vorteil, je nur eine große Zeitkonstante im zugehörigen Regler der Schleife kompensieren und damit mit einfacheren und leichter einzustellenden Reglern arbeiten zu können.

Die rechnerische Behandlung[1]) ergibt sich anhand von *Bild 53*, indem man zunächst die innere Schleife (z. B. mittels der „Betragsoptimierung" gemäß § 16c) dimensioniert, so daß man für den geschlossenen Regelkreis gemäß (16.4) den Frequenzgang

$$F_2 = \frac{1}{1 + p\,2t_2(1 + pt_2)} \tag{12.1}$$

erhält. Die zu (.1) gehörige Übergangsfunktion entspricht gemäß der dem Betragsoptimum zugrundeliegenden $\sqrt{2}$-Dämpfung der Kurve für $D = 0{,}707$ in *Bild 99*. Sie verläuft,

[1]) s. (Lit. 14) in 1960 H. 8.

wenn man die Kurve der reinen e-Funktion für ein Verzögerungsglied 1. Ordnung mit der Trägheit $2t_2$ hineinzeichnet, gegenüber dieser zwar mit einigen Abweichungen – charakterisiert durch den verzögerten Anfangsverlauf und durch ein geringes, der Dämpfung entsprechendes Überschwingen –, die jedoch für uns von nicht wesentlicher Bedeutung sind.

Für Vorgänge, die von außen herangetragen werden, wie es vorliegend durch das Zusammenarbeiten mit der überlagerten äußeren Schleife der Fall ist, kann man in erster für (.1) Annäherung einfacher schreiben:

$$F_2 = \frac{1}{1 + p\,2t_2 + p^2\,2t_2^2} \approx \frac{1}{1 + p\,2t_2}\,, \tag{12.1a}$$

also das Glied 2. Ordnung vernachlässigen. Die Gesamtschaltung der inneren Schleife verhält sich in bezug auf ihre Zugehörigkeit zum äußeren Regelkreis für diesen in Annäherung wie ein einfaches trägheitsbehaftetes Glied mit der Trägheit $2t_2$. Dieses ist nun weiterhin für die äußere „überlagerte“ Schleife ein Teil der für sie gültigen Regelstrecke, so daß insgesamt eine Strecke mit dem Frequenzgang:

$$F_S = \frac{1}{1 + p\,2t_2} \cdot \frac{V_1}{(1 + pT_1)(1 + pt_1)} \tag{12.2}$$

gegeben ist. Bei Dimensionierung des Reglers wiederum nach Maßgabe des Betragsoptimums ergibt sich für den geschlossenen Regelkreis der Frequenzgang

$$F = F_S F_R \quad \frac{1}{1 + p2(t_1 + 2t_2)[1 + p(t_1 + 2t_2)]}$$

$$\approx \frac{1}{1 + p(2t_1 + 4t_2)}\,, \text{ analog (.1a).} \tag{12.3}$$

t_1 und t_2 können auch Summen kleiner Zeitkonstanten sein. Auf die gleiche Weise können anstatt der betrachteten zweischleifigen Anordnung auch drei- oder mehrschleifige Systeme aufgebaut werden. Zu beachten ist jedoch, daß die Gesamtsumme der kleinen Zeitkonstanten der Bedingung hinsichtlich ihres wertmäßigen Abstandes von jeder großen Zeitkonstante gemäß (16.2) genügen muß.

Seit Entwicklung der Transistortechnik kann man mit relativ kleinem Aufwand derartige Schaltungen aufbauen und gleichzeitig Begrenzungen realisieren, so daß physikalische Größen außer der Regelgröße der Hauptaufgabe überwacht werden können. In dem einfachen Beispiel von *Bild 53* möge x_1 die Drehzahl eines Antriebsmotors und x_2 der Motorstrom sein, so daß ein überlagerter Drehzahlregelkreis und ein unterlagerter Ankerstromregelkreis zusammenarbeiten. Bei einer Abweichung des Drehzahl-Istwertes vom Sollwert greift der Drehzahlregler (Regler 1) in den Stromregelkreis befehlend ein, da sein Ausgang w_2 der Sollwert für den Strom ist, der auf einfache Art auch begrenzt werden kann. Die kleinen Zeitkonstanten sind für die Regelgeschwindigkeit maßgebend, so daß eine schnelle Regelung erreicht wird.

Andererseits werden auch komplette Regelkreise mit je einem eigenen Ist- und Sollwert sowie eigenem Stellglied in Kaskade geschaltet. So gibt es z. B. in der Antriebstechnik Aufgaben, bei denen die Drehzahl eines Motors (Folgemotor) genau der Drehzahl eines anderen Motors (Führungsmotor), bzw. einem vorgegebenen Drehzahlverhältnis, anzupassen ist. Als Beispiel betrachten wir die Regelung von zwei Motoren. Jeder Motor besitze ein eigenes Stellglied. Es liegen zwei komplette Regelkreise vor: *Führungsregelkreis 1* mit einer großen Zeitkonstante T_1 und kleinen Zeitkonstanten $t_{\mu 1}$, sowie *Folgeregelkreis 2* mit einer großen Zeitkonstante T_2 und kleinen Zeitkonstanten $t_{\mu 2}$. Der Führungsmotor wird nach Maßgabe eines vorgegebenen Drehzahlsollwertes geregelt. Seine Drehzahl ist die Führungsgröße für den Folgeregelkreis. Bei Einstellung der Reglerparameter nach dem Betragsoptimum werden die großen Zeitkonstanten T_1 und T_2 durch Rückführzeitkonstanten der beiden Regler (*PI*-Regler) kompensiert. Jeder Regelkreis verhält sich gemäß (.1a) wie ein trägheitsbehaftetes Glied mit den Frequenzgängen:

$$F_1 = \frac{1}{1 + p\,2\,\Sigma t_{\mu 1}\,(1 + p\,\Sigma t_{\mu 1})}$$

$$F_2 = \frac{1}{1 + p\,2\,\Sigma t_{\mu 2}\,(1 + p\,\Sigma t_{\mu 2})}.$$

Wenn man die Nenner ausmultipliziert und dann die letzten Glieder wie oben als vergleichsweise klein vernachlässigt, erhält man in Annäherung

$$F_1 \approx \frac{1}{1 + p\,2\,\Sigma t_{\mu 1}}; \qquad F_2 \approx \frac{1}{1 + p\,2\,\Sigma t_{\mu 2}}. \tag{12.4}$$

Die Hintereinanderschaltung beider Regelkreise ergibt den Frequenzgang:

$$F = F_1 F_2 = \frac{1}{(1 + p\,2\,\Sigma t_{\mu 1})(1 + p\,2\,\Sigma t_{\mu 2})}$$

$$\approx \frac{1}{1 + p\,2\,(\Sigma t_{\mu 1} + \Sigma t_{\mu 2})}. \tag{12.5}$$

Bei einem Sprung des Sollwerts des Führungsmotors folgt die Drehzahl des Folgemotors wie bei einem Glied mit der Ersatzträgheit $2\,(\Sigma t_{\mu 1} + \Sigma t_{\mu 2})$, die für die Anregelzeit T_α (s. § 16c) bestimmend ist. Ihr Wert ist natürlich von der Größe des Regelobjekts abhängig. Bei großen Zeitkonstanten in der Größenordnung von 1s und kleinen Zeitkonstanten von 10 bis wenigen ms können Ersatzzeitkonstanten von $2\,(\Sigma t_{\mu 1} + \Sigma t_{\mu 2})$ = etwa 50 ... 100 ms vorliegen und sehr schnelle Regelungen bewirkt werden.

d) Digitale Regelschleifen in Antriebsregelungen

Ein weiteres Beispiel für die Auslegung mehrschleifiger Regeleinrichtungen ist die Einführung der Digitaltechnik in Regelschleifen der Antriebstechnik. Die Regelungstheorie hat ihren Ausgang von Aufgaben genommen, bei denen Regelgröße, Sollwert und Stellgrößen als stetige Größen gegeben sind: z. B. Spannung, Drehzahl, Druck als stetige Meßgrößen der Regelgröße, andererseits Ventilwege, Erregerstrom oder Ankerspannung von Stellmotoren als stetige Größen von Stellgliedern. Die durch ihre stetige Veränderbarkeit charakterisierten Größen sind „analoge“ Größen. Die zunehmenden Genauigkeitsforderungen haben bewirkt, daß auch „digital“ arbeitende Geräte eingesetzt werden, Geräte, in denen eine Größe als Zahl auftritt und bei denen Werte zwischen dem kleinsten Zahlenschritt nicht möglich sind, daher eine Stetigkeit nicht vorliegt. Die Genauigkeit nimmt um so mehr zu, je kleiner man die kleinsten Zahlenschritte bemessen kann. Um so mehr steigt aber der Aufwand für ein solches Gerät. An sich bedeutet es technisch keinen Unterschied, ob man eine Regelung mit analog oder mit digital arbeitenden Geräten aufbaut. Es ist nun aber so, daß bei sehr hohen Genauigkeitsforderungen der technische Aufwand für Analogiegeräte sehr stark anwächst, so daß dann digitale Geräte den analogen überlegen werden, wobei auch hier die Transistortechnik und die Technik der Druckschaltungen maßgebend beteiligt sind.

Als Beispiel wählen wir eine Drehzahlregelung, bei der wie in § 12c eine Stromregelung auf einen Stromregler als unterlagerte Regelschleife und eine Drehzahlregelung mittels Tachodynamo auf einen Drehzahlregler als überlagerte Regelschleife arbeiten mögen. Bei hoher Genauigkeitsforderung genügen die herkömmlichen Mittel der Drehzahlregelung nicht. Man verbessert die Genauigkeit der Regelung, indem man mit der zu regelnden Welle zusätzlich einen Impulsgeber kuppelt und mit ihm einen Analog-Digitalwandler und die ihm folgende Digitalschaltung speist. Anschaulich ist folgende Ausführung. Durch ein gezahntes Rad wird ein Lichtstrahl geschickt, der im Takte der Zähne unterbrochen wird. Der Lichtstrahl gibt nun ein Impulseingangssignal auf eine Photozelle. Diese schickt eine Impulsfolge, deren Frequenz genau der momentanen Drehzahl proportional ist. in ein Zählwerk, das digital die Anzahl der Impulse von Zeiteinheit zu Zeiteinheit – bei großer Genauigkeit der Zählzeit-Basis – auszählt. Die von diesem Zählwerk herausgegebenen Ergebnisse werden in einem Summendifferenzgatter mit den Ergebnissen eines anderen ebenso arbeitenden Zählwerkes, das die Impulse einer in gleicher Art impulsmäßig anfallenden Sollwertgabe zählt, verglichen und auf einen Differenzzähler gegeben, der die Differenzzahlen je festgelegte Zeiteinheit zählt. Dessen Ergebnisse werden in einem Digital-Analogwandler in eine analoge Größe umgewandelt die auf den Eingang des Drehzahlreglers geschaltet wird.

Diese zusätzliche analoge Eingangsgröße führt dem normalen analogen Istwert-Sollwert-Vergleich eine Korrekturgröße zu. Der mit digitalen Mitteln aufgebaute Weg ist eine dritte, außen liegende Schleife. Sie gewährleistet durch ihre korrigierende Wirkung auf die Bildung der Regelabweichung auf Grund der hochgenauen Arbeitsweise der digitalen Teile ein wesentlich genaueres Regelergebnis. Man kann das Zusammenwirken der digitalen Geräte quasi als kleinen computer ansprechen. Dem analogen Teil der Drehzahlregelung bleibt die Genauigkeit der schnellen Vorgänge vorbehalten, der Regeldynamik. Die Vorteile des digitalen Teiles liegen in der wesentlich erhöhten Langzeitgenauigkeit, aber auch in einer evtl. erforderlich werdenden Speicher- und Reproduzierbarkeit numerischer Sollwerte.

§ 13. Stetige Regler

a) Mechanische Regler ohne Hilfskraft

Derartige Regler sind bereits mit den *Bildern 4, 10 und 17* behandelt worden. Ein anderes Beispiel ist ein bekannter Reglertyp, bei dem die Fühleranordnung eine Flüssigkeit mit hohem Wärmeausdehnungskoeffizienten enthält. Die Ausdehnung der Flüssigkeit verschiebt unmittelbar einen Kolben, der einen Ventilkegel verstellt (*P*-Regler), z. B. zur Betätigung von heißwasserbeheizten Wärmeaustauschern, z. B. von etwa 25 atü. — Ein weiteres sehr einfaches Beispiel ist der Wasserstandsregler, der mittels eines Schwimmers und eines Hebels das Zuflußventil einer Wasserleitung verstellt und das Wasserniveau eines Speicherbeckens regelt (schon von Heron dem Älteren von Alexandria um 120 v. Chr. beschrieben). Bei Gleichgewicht zwischen Abfluß und Zufluß hat der Schwimmer eine Lage, in der er das Ventil so weit öffnet, wie es der Stärke des Abflusses entspricht, in der aber der

Wasserspiegel um die P-Abweichung *(negative)* tiefer liegt. Bei Entnahme „Null“ ist das Ventil geschlossen, der Wasserstand hat den Sollwert. Gedanklich kann man das Bild vervollständigen, indem man theoretisch unterstellt, daß das Speicherbecken außer dem betriebsmäßigen ventilgesteuerten Zufluß gelegentlich noch einen nichtgewollten Fremdzufluß erhalten kann. Dann kann der Flüssigkeitsspiegel über den Sollwert steigen. Um auch diese Störung ausregeln zu können, muß das Ventil außer einem Zufluß noch einen verstellbaren Abfluß haben, der beim Steigen der Oberfläche vom Schwimmer entsprechend freigegeben wird. Der Flüssigkeitsspiegel zeigt dann eine *positive* P-Abweichung. Diese nichtrealistische Ergänzung soll betonen, daß es sich bei der Einrichtung um eine echte Regelung handelt. In einem Hauptanwendungsgebiet wird der Speicher plötzlich ganz entleert, worauf dann keine Wasserentnahme stattfindet, so daß der Regler auf den Sollwert regelt, bei dem der Zufluß wieder geschlossen ist.

b) Hydraulische Regler

Der Behandlung des I-Reglers legten wir in *Bild 11* einen Regler mit ölhydraulischer Hilfskraft zugrunde, dessen Arbeitsweise dort beschrieben wurde. *Bild 54* zeigt denselben Regler mit *starrer Rückführung.* Der Drehpunkt g des Gestänges, das die Bewegung der Regelabweichung x im Punkt s auf den Kraftschalter, den Doppelkolben-Steuerschieber St, überträgt, ist hier nicht mehr wie im *Bild 11* ortsfest, sondern auf dem Kolben des Stellmotors M gelagert, so daß er dessen Bewegung mitmacht. Bei sprunghafter Änderung der Regelgröße x wird im ersten Augenblick das Gestänge so gedreht, als ob g ortsfest gelagert wäre, da eine Verschiebung des Kolbens des Stellmotors noch nicht stattgefunden hat. Der Kolben beginnt sich aber sofort zu verschieben und nimmt den Drehpunkt g mit.

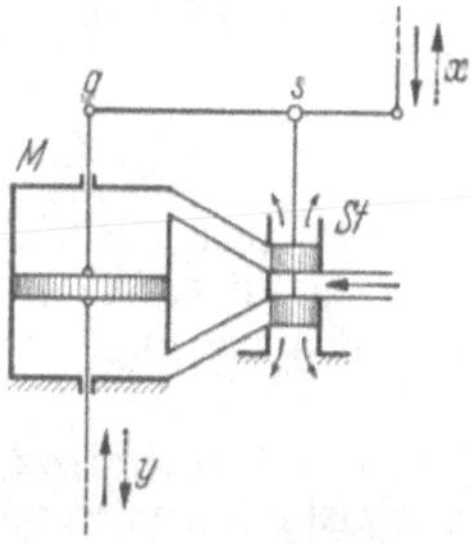

Bild 54. Hydraulischer Regler mit starrer Rückführung

Wir wollen eine sprunghafte Änderung von x durch Verstellung von Hand nach oben vornehmen und halten. Der Regler beginnt, den Motorkolben nach unten zu verschieben. Da der Motorkolben den Drehpunkt g und damit auch im Verhältnis der geometrischen Anordnung den Punkt s mit dem Steuerschieber mitnimmt, kehrt der Steuerschieber schließlich in die neutrale Lage zurück, in der der Regler zur Ruhe kommt. In dieser besteht eine Zuordnung zwischen der vorgenommenen Verstellung von x und der erzielten Stellgrößenänderung y. Hiermit ist das statische Verhalten eines P-Reglers gegeben. Das zeitliche Verhalten finden wir aus folgenden Beziehungen. Für den Stellmotor gilt gemäß (6.2), ohne Berücksichtigung der Vorzeichenumkehr (4.1):

$$T_M \dot{y} = s, \tag{13.1}$$

wenn wir mit s auch den Weg des Punktes s bezeichnen — was wir auch hinsichtlich x und g tun wollen —. Bei festgehaltenem x gilt für die momentane Lage der drei Punkte x, s und g, deren Werte „bezogene" Größen sein mögen (s. § 23):

$$s = x - g = x - y, \tag{13.2}$$

letzteres, da g und y starr miteinander verbunden sind. (In äußerster Lage ist im Ruhezustand $s = 0$, $x = 1{,}0$ und $y = 1{,}0$). Durch Eliminieren von s erhalten wir:

$$y + \dot{y} T_M = x. \tag{13.3}$$

Wir haben hiermit einen *P-Regler*, der mit einer zeitlichen Verzögerung entsprechend dem Wert T_M arbeitet. Die geometrische Anordnung der Punkte g, s und x bestimmt den P-Bereich.

Bild 55 zeigt den hydraulischen Regler *mit nachgebender (elastischer) Rückführung*. Der Drehpunkt g ist mit dem Motorkolben nicht mehr fest verbunden, sondern über einen Ölkatarakt: einen Ölbehälter, in dem sich ein Kolben K mit einer Geschwindigkeit bewegen kann, die durch den (einstellbaren) Widerstand des Ölumlaufrohres r und die Kraft der Feder F gegeben ist. Bei einer sprunghaften Änderung von x

verhält sich der Regler zunächst wie der Regler mit starrer Rückführung (P-Verhalten). Dann aber zieht die Feder den Punkt g in die Ausgangslage zurück. Das Endergebnis ist ein I-Verhalten. Der Regler ist ein *PI-Regler*. Zur Bestimmung des zeitlichen Verhaltens ist die Wirkung von Feder und Ölkatarakt zu berücksichtigen. Die Bremskraft P_K des Ölkatarakts, die der Relativgeschwindigkeit von Kataraktkolben und Motorkolben proportional ist:

$$P_K = k_K(\dot{y} - \dot{g}) \qquad (13.4)$$

ist gleich der Federkraft P_F:

$$P_F = k_F\, g. \qquad (13.5)$$

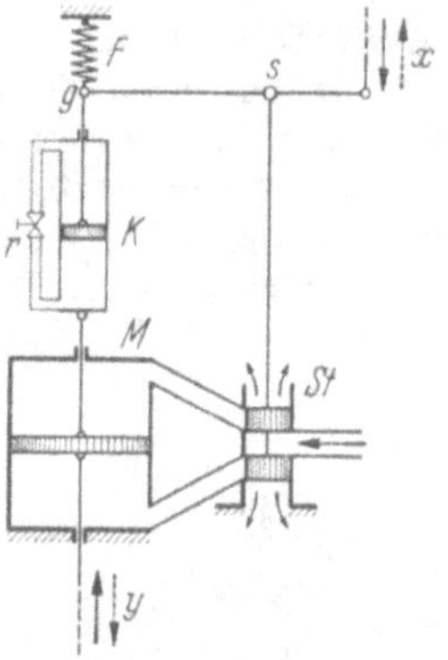

Bild 55. Hydraulischer Regler mit nachgebender Rückführung

Aus (.4) und (.5) ergibt sich mit $T_K = k_K/k_F$:

$$\dot{g} + \frac{1}{T_K}\, g = \dot{y}\,. \qquad (13.6)$$

$T_K = 0$ entspricht dem Regler ohne Rückführung, $T_K = \infty$ dem Regler mit starrer Rückführung. Durch Eliminieren von g und s aus den Gleichungen (.1), (.2) und (.6) erhalten wir die Gleichung für den hydraulischen Regler mit nachgebender Rückführung:

$$\ddot{y}\, T_M T_K + \dot{y}\,(T_M + T_K) = x + \dot{x}\, T_K, \qquad (13.7)$$

auch hier unter Vernachlässigung von Massenkräften sowie von Unzulänglichkeiten in den mechanischen Übertragungsgliedern; s. ferner (15.16).

Der ölhydraulische Stellmotor besitzt hohe Stellgeschwindigkeiten und infolge seiner geringen Massen kleine Eigenverzögerungen, so daß der Regler auch in der Elektrotechnik sehr verbreitet ist. Eine andere Ausführung des Druckölmotors zeigt *Bild 56*. Das vom Steuerschieber freigegebene Drucköl bewegt einen Flügel F. Dieser dreht eine Welle, die direkt oder über eine Kette z. B. den Erregerwiderstand eines Generators verstellt. Bei einem vielverwandten elektrischen Meßwerk sitzt der Meßwerkanker auf dem Steuerschieber. Das System Anker-Steuerschieber wird entgegen einer Feder in das Feld eines Elektromagneten nach Maßgabe der ihn erregenden Generatorspannung mehr oder weniger stark hineingezogen. Normale Ausführungen dieser Regler können Drehmomente bis zu 100 mkg und mehr abgeben, bei Verstellzeiten bis etwa 1 ... 0,3 s für den vollen Hub.

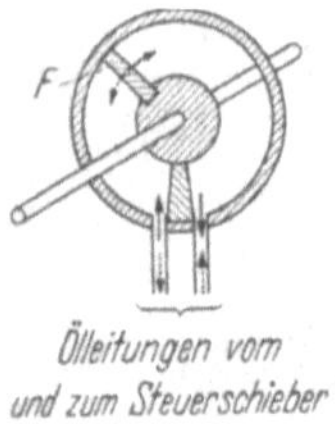

Bild 56. Hydraulischer Stellmotor für Drehbewegungen

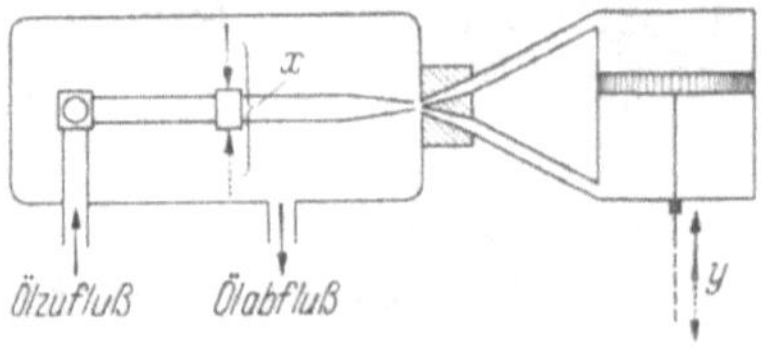

Bild 57. Strahlrohrregler

Zur Erzielung hoher Genauigkeiten werden besondere Maßnahmen getroffen. Eine Vorsteuerung, auf die auch eine besondere Ölpumpe arbeiten kann, bewirkt, daß der Hauptsteuerschieber durch den Druck der Vorsteuerflüssigkeit einerseits und durch einen entgegengesetzten Federdruck anderseits beeinflußt wird. Um Reibungskräfte an den Steuerungen weitgehend aufzuheben, wird der Hauptsteuerschieber in ständiger Drehbewegung gehalten. Verschiebungen des Ankers des Meßwerkes um Bruchteile eines Millimeters genügen, um eine Regelbewegung nach sehr geringer Verzögerung einzuleiten. Elektrodynamische Meßwerke, bei denen der Steuerschieber durch eine Meßspule verstellt wird, geben dem Regler eine so hohe Empfindlichkeit, daß er auch in elektrischen Brückenschaltungen und in Vergleichsregelungen verwandt wird.

Zwar werden hydraulische Regler vielfach als Öldruckregler ausgeführt. Doch sind als Druckmittel auch unbrennbare bzw. chemisch inaktive Flüssigkeiten verwendbar. Die Druckhöhe ist bei den verschiedenen Reglern sehr verschieden: etwa 5 bis 150 kp/cm².

Eine andere Ausführung des Öldruckreglers ist der *Strahlrohrregler*, dessen Arbeitsweise schematisch in *Bild 57* dargestellt ist. Bei diesem Regler wird das Drucköl einem Strahlrohr zugeführt, dessen Düse zwei Öffnungen in einem „Druckverteiler" gegenübersteht, die zu zwei Ölleitungen eines Stellmotors der oben behandelten Art führen. Das Strahlrohr ist schwenkbar. In Mittelstellung trifft der aus der Düse strömende gebündelte – in einer bestimmten Ausführung 2 mm dicke – Ölstrahl die beiden Öffnungen zu gleichen Teilen, so daß auf beiden Seiten des Motorkolbens gleicher Druck herrscht. Trifft der Ölstrahl bei Schwenkung des Strahlrohrs – z. B. max. Strahlrohrweg $\pm$ 1 mm – die eine Öffnung stärker, erhält die mit ihr in Verbindung stehende Kolbenseite stärkeren Druck und bewegt den Kolben, bis das Strahlrohr als Folge der Vorgänge im Regelkreis wieder in Mittelstellung steht. Das Strahlrohr wird von dem jeweiligen Meßwerk nach Maßgabe der Regelabweichung geschwenkt.

c) Pneumatische Regler

In der chemischen Verfahrenstechnik sind pneumatische Regler weit verbreitet und werden unter anderem dann verwendet, wenn Explosionssicherheit gefordert ist. Ferner haben pneumatische Anlagen zur Fernübertragung von Meßwerten und von Kommandos an Stellglieder neben der elektrischen Fernübertragung in der chemischen Industrie große Bedeutung gewonnen, sie kommen auch in zentralen Meß- und Bedienungsständen vielfach zur Anwendung. Die obere Grenze der Übertragungsgeschwindigkeit ist durch die Schallgeschwindigkeit gegeben. Die praktisch auftretenden Geschwindigkeiten hängen von der Gesamtanordnung der jeweiligen Anlage ab. Hierdurch sind auch die Totzeiten in der pneumatischen Anlage bestimmt. Es ist zu beachten, daß Druckluftleitungen keine Rückleitung benötigen. Infolge der in chemischen Anlagen wirksamen großen Zeitkonstanten sind die verhältnismäßig langen Stellzeiten pneumatischer Stellglieder meist nicht störend. Der volle Hub eines Stellgliedes bei Änderung des Steuerdruckes beispielsweise von 0,2 auf 0,8 kg/cm² kann eine Stellzeit von 10 bis 20 s erfordern.

Bild 58 zeigt die Wirkungsweise eines pneumatischen Reglers *mit Auslaßdüsensteuerung*. Speisedruckluft von $p_v = 1$ bis 1,5 atü strömt über eine Festdrossel F von konstantem Querschnitt durch ein Rohr in eine Düse D, deren Öffnung meist einen Durchmesser von 0,5 bis 1,5 mm hat. Vor ihr befindet sich eine Prallplatte P, die der Kraftschalter für die

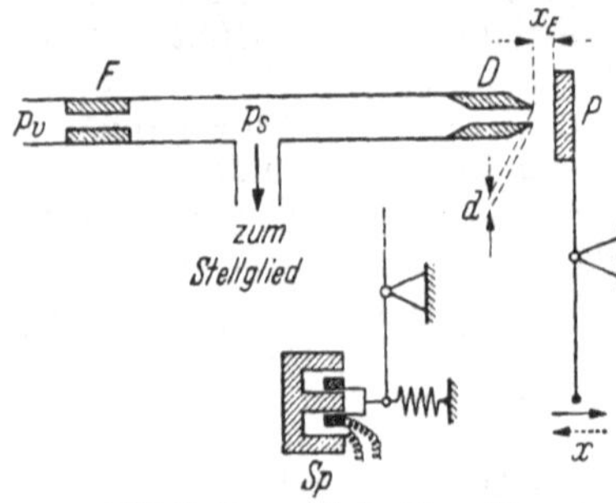

Bild 58. Pneumatische Steuerdüse
Sp = **Tauchspulensystem des elektropneumatischen Reglers**

pneumatische Hilfskraft ist. Sie ist an einem um einen festen Punkt drehbaren Gestänge angebracht, an dessen anderem Ende die Regelgrößenänderung x angreift. Der Abstand x_E der Prallplatte von der Düsenöffnung bestimmt den Ausströmwiderstand und dieser zusammen mit dem Widerstand der Festdrossel den Druck p_s zwischen F und D. Dieser Druck wirkt als Steuerdruck auf ein pneumatisches Stellglied, das man sich als eine Membran vorzustellen hat, deren Stellung durch die Wirkung von Steuerdruck und einer entgegenwirkenden Federkraft bestimmt wird. Der Ausströmwiderstand der Düse ist eine Funktion des Ausströmquerschnitts $Q_d = \pi d x_E$. Ab $x_E = d/4$ werden die Ausströmverhältnisse nur noch wenig beeinflußt. Der Zusammenhang zwischen dem Stelldruck p_s und dem Abstand x_E, der von der Regelabweichung x eingestellt wird, ist nur in einem bestimmten Bereich annähernd linear (s. *Bild 31*).

Die dem pneumatischen Verfahren anhaftenden Nachteile können durch besondere Maßnahmen weitgehend gemildert und praktisch unwirksam gemacht werden. Die kleinen Querschnitte von Drosseln und Düsen verschmutzen leicht und sind einer Abnützung unterworfen. Die Prallplatte ist gegenüber Verlagerungen infolge Unvollkommenheiten der Lagerung, der Rückstellfedern und infolge Temperatureinflüssen sehr empfindlich. Schon Werte von hundertstel mm machen sich bemerkbar. Hystereseerscheinungen von Balgenmembranen können von Bedeutung werden. Die Komprimierbarkeit der Luft in der Luftleitung kann Anlaß zu schwach gedämpften Schwingungen der Prallplatte geben. Schließlich sind Änderungen des Speisedrucks und vom Luftstrahl auf die Prallplatte ausgeübte Staukräfte zu beachten. Zur Linearisierung der Kennlinie und Beseitigung der aufgezählten Erscheinungen hat die starre Rückführung große Bedeutung.

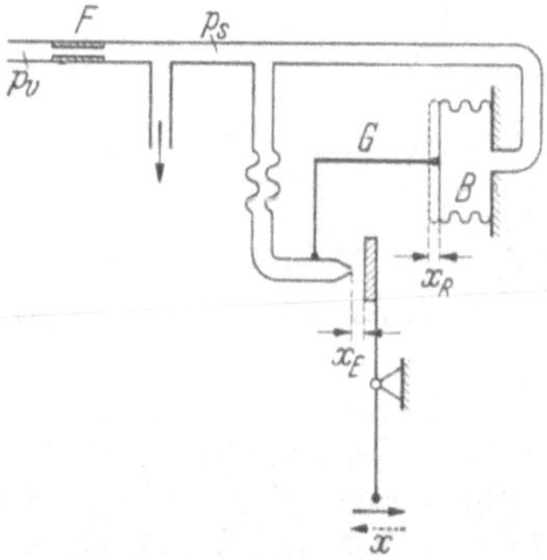

Bild 59. Pneumatischer Regler mit starrer Rückführung

Bild 59 zeigt einen pneumatischen Regler *mit starrer Rückführung* nach dem Wegesystem (Ausschlagsystem). Das Meßsystem nimmt eine Drehung der Prallplatte vor, deren Ende den Weg x zurücklegt. Die Düse ist flexibel mit dem Luftleitungssystem verbunden, damit sie in Gegenkopplung entsprechend bewegt werden kann. Die Gegenkopplung wird mittels des federnden Faltenbalges B bewirkt, der vom Steuerdruck p_s gespeist wird und über das feste Gestänge G die Düse verstellt (s. § 9d). Wenn die vom Meßsystem abgegebene Meßgröße eine Kraft ist, wird die Rückführung durch Kraftvergleich ausgeführt (Kompensationssystem). Die Düse ist dann fest gelagert. Die Verstellung der Prallplatte erfolgt in Auswirkung der Differenz der Kraft der Meßgröße und der Kraft des Rückführbalgens. Hierbei sind weit kleinere Wege des Faltenbalges gegeben, was eine beträchtliche Verlängerung der Lebensdauer ergibt. Reibungen und mechanische Berührungen können weitgehend vermieden und Federgelenke anstatt bewegter Achsen (Lose) usw. verwandt werden.

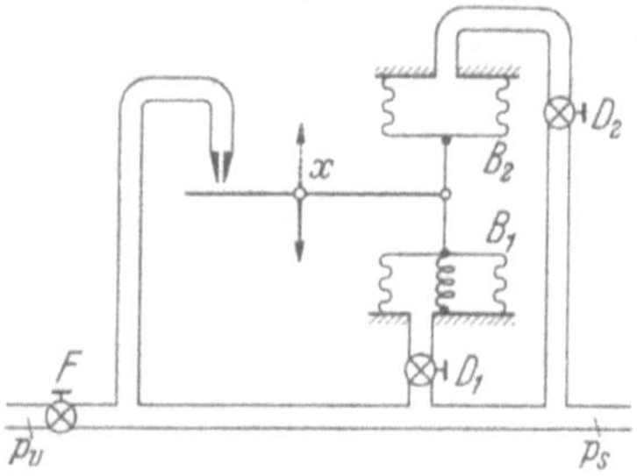

Bild 60. Pneumatischer Regler mit nachgebender und verzögerter Rückführung

Bild 60 zeigt einen pneumatischen Regler mit Rückführungen, derentwegen die Prallplatte nicht ortsfest, sondern mittels der Feder im Balgen B_1 elastisch gelagert ist. Denken wir uns die Drossel D_1 sowie den Balgen B_2 mit Drossel D_2 zunächst fort, so haben wir mit B_1 eine starre Rückführung. Nehmen wir das System $B_2 - D_2$ hinzu, so paßt sich der Druck im Balgen B_2 allmählich dem Druck p_s im Balgen B_1 an. Ihre Wirkungen heben sich schließlich auf, so daß der kleine Proportionalbereich der Anordnung ohne Rückführungen erreicht wird, was als quasi-integrierendes Verhalten anzusehen ist. Damit liegt ein Regler mit *PI-Verhalten* vor. Fügen wir schließlich noch die Drosselstelle D_1 hinzu, so erfolgt die von B_1 ausgehende Rückführwirkung nur verzögert. Der Regler hat *PID-Verhalten.*

Der *Luftverbrauch* (bzw. Stickstoffverbrauch) der Düsensteuerung ist vom Düsenquerschnitt und der Häufigkeit der Regelvorgänge abhängig. Als Anhalt werden Werte von $<$ 200 l/h ... 1000 l/h angegeben. – Anstatt der hier beschriebenen Auslaßdüsensteuerung werden auch *Einlaßdüsensteuerungen* und kombinierte Einlaß-Auslaßdüsensteuerungen verwandt. Bei der Einlaßdüsensteuerung strömt die Luft über eine veränderliche Drossel zu, die von einer Prallplatte gesteuert wird, und schließlich über eine Festdrossel ins Freie. – Bei anderen Systemen pneumatischer Regler wird ein Luftstrahl zwischen zwei Düsen von einem auslenkbaren messerartigen Strahlabschneider mehr oder weniger stark abgeschnitten oder es ist ein pneumatisches Strahlrohr ähnlich dem hydraulischen Strahlrohr angeordnet. – Beim elektropneumatischen Regler wird vielfach ein *Tauchspulensystem* verwandt. Hier ist auf die Prallplatte eine Spule aufgesetzt. Sie liegt im Nullzweig einer elektrischen Brücke (s. § 14f) und arbeitet im Feld eines starken Magneten (Ansprechempfindlichkeit z. B. 10^{-5} V). In *Bild 58* ist das Prinzip eines solchen Tauchspulensystems in einer kleinen Nebenzeichnung gezeigt.

In pneumatischen Anlagen werden auch pneumatische Wandler *(Transmitter)* benötigt. Ein Ausführungsbeispiel zeigt in prinzipieller Darstellung *Bild 61.* Eine Auslaßdüsensteuerung, wie sie oben beschrieben wurde, speist die obere Kammer 1 des Verstärkers unter dem Steuerdruck p_s. Der Kammer 3 wird Speisedruck p_v zugeführt. Bei Erhöhung des von der Düsensteuerung zugeführten Steuerdrucks p_s biegen sich die beiden Membranen, die zwischen den Kammern 1 und 2 angeordnet sind, nach unten durch und drücken den Dorn, der den zwischen den Membranen befindlichen Luftaustritt verschließt, nach unten. Die mit ihm verbundene Kugel läßt Druckluft in die mittlere Kammer 2 eintreten, bis der Druck in ihr und Kammer 1 gleich groß ist. Bei Sinken des von der Düsensteuerung in Kammer 1 zugeführten Drucks weichen die Membranen nach oben aus und geben die Öffnung des Luftaustritts frei, die der Dorn bis dahin verschlossen hatte, bis wieder die Drücke ober- und unterhalb der Membranen den gleichen Wert erreicht haben. Der der Kammer 1 zugeführte Druck wird in Kammer 2 im Verhältnis 1:1 „abgebildet". Kammer 2 mit dem dazugehörigen System ist aber so ausgebildet, daß der Druck größerer Rohrleitungsnetze dem oben zugeführten Steuerdruck in kurzer Zeit angeglichen werden kann. Hierdurch liegt eine einstufige Leistungsverstärkung vor. Ist die dem Druck der Kammer 1 ausgesetzte Membranfläche n-mal größer als die dem Druck der Kammer 2 ausgesetzte Membranfläche, liegt ein Druckverstärker vor, der auf den

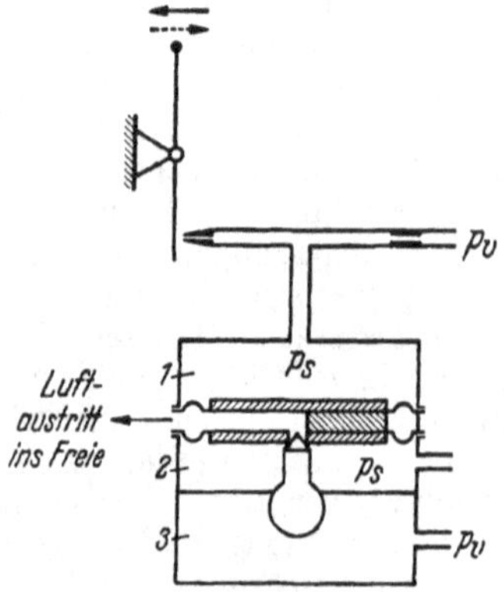

Bild 61.
Pneumatischer Verstärker (Transmitter)

n-fachen Druck verstärkt, z. B. den kleinen Differenzdruck einer Meßblende auf einen höheren Geberdruck für den Eingang eines Druckreglers. – Derartige Anordnungen werden auch Membranventilen zur Kompensation der Reibung vorgeschaltet (Membranvorsteuerung, Stellrelais, Stellregler, „positioner"). Die Führungsgröße für den Stellregler ist der vom Hauptregler als Ausgangsgröße abgegebene Stelldruck.

d) Elektromechanische Regler

Elektromechanische Regler arbeiten mit elektrischen Meßwerken, die über ein mechanisches Glied in das Stellglied eingreifen, ohne Hilfskraft zu benötigen. *Bild 62* zeigt ein Beispiel solcher Regler. Da sie vielfach zur Regelung der Spannung elektrischer Generatoren verwandt werden, ist ein Generator *G* als Regelstrecke gezeichnet. Die Regelgröße „Spannung" speist über einen Widerstand *R* (durch dessen Verstellung der Sollwert verstellt werden kann) die Spule *Sp* eines Elektromagneten. Dieser zieht einen Drehanker *D* ent-

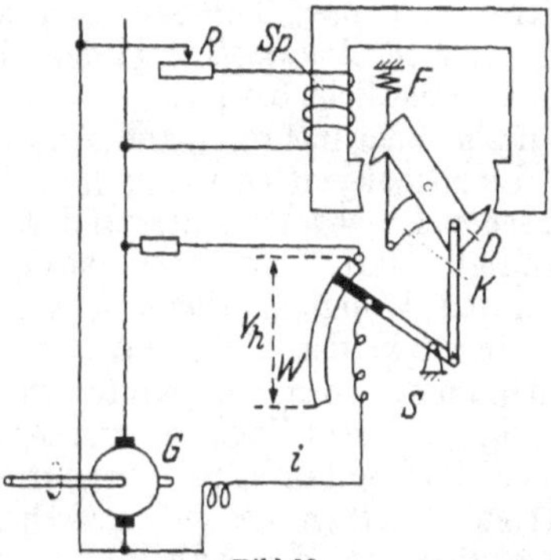

Bild 62.
Elektromechanischer Regler ohne Hilfskraft

gegen einer Federkraft *F* in das Magnetfeld. Bei größer werdender Generatorspannung wird der Drehanker links herum weiter hereingezogen, wobei die Federspannung vergrößert wird. Um das Drehmoment unabhängig von der Ankerstellung konstant zu halten, ist in der gezeigten Ausführung die Verbindung zwischen Drehanker und Feder über ein passend geformtes Kurvenstück *K* geführt, das bei Linksdrehung des Drehankers die größer werdende Federkraft unter Verkürzung des Hebelarmes angreifen läßt. Der Drehanker ist über ein Gestänge mit dem Schleifer *S* eines Schiebewiderstandes *W* verbunden, der das Stellglied für die Generatorerregung ist (die Endlagen des Schiebewiderstandes bestimmen den Stellbereich Y_h). Infolge der Konstanz des Federdrehmoments – innerhalb eines begrenzten Bereiches, der die Aufgaben bestimmt, die beherrscht werden können – ist ein Gleichgewicht zwischen dem elektrischen und dem Federdrehmoment bei Sollwert in jeder Winkellage gegeben. Jedem Winkel ist ein anderer Abgriff am Schiebewiederstand W zugeordnet. Der Regler verstellt als I-Regler so lange die Stellgröße, bis die Regelabweichung den Wert Null erreicht hat, der Sollwert also wiederhergestellt ist.

Die technischen Ausführungen dieser Regler unterscheiden sich insbesondere durch das Stellwerk. Eine sehr bekannte Ausführung ist der *Kohledruckregler*, bei dem der Drehanker nicht den Schleifer eines Schiebewiderstandes bewegt, sondern einen Druck auf eine oder mehrere parallelgeschaltete Kohlesäulen ausübt. Eine Kohleplättchensäule hat die Eigenschaft, daß ihr elektrischer Durchgangswiderstand sich bei Druckzunahme erniedrigt. Durch Gruppenschaltung werden bei bestimmten Geräten Widerstandsbereiche von etwa 1 : 300 und Verlustleistungen in den Kohlesäulen bis etwa 1,5 kW erreicht. – Eine andere ebenso bekannte Art ist der *Wälzregler*, der in verschiedenen Bauarten vorliegt. Bei diesem wird als Stellglied eine Kontaktbahn verwandt, die aus gegeneinander isolierten Lamellen besteht, zwischen denen fein unterteilte Widerstandsstufen angeschlossen sind. Die Kontaktbahn bildet die Innenseite eines ausgedrehten Bogens. Auf ihr wälzt sich ein kreissektorförmiger Bügel mit kleinerem Radius ab, dessen Spitze auf einer Druckfeder in geeigneter Weise gelagert ist und der vom Meßwerk gesteuert wird. Der Kreissektor schließt je nach seiner Lage einen mehr oder minder großen Teil der Stufenwiderstände kurz. Die mechanische Ausführung ist von hoher Präzision, besondere Maßnahmen bewirken äußerst niedrige Übergangswiderstände zwischen Sektor und Kontaktbahn sowie kleine Massenkräfte und weitgehende Reibungsfreiheit. Die Regler werden bis zu 4 Kontaktbahnen mit etwa 200 bis 300 Stufen gebaut.

Entsprechend der jeweiligen Bauart sind auch andere Meßwerke in Gebrauch, wie offene Solenoide mit schwebendem

Kern, Drehfeldsysteme nach dem Ferrarisprinzip. Der Parallelbetrieb mehrerer selbsttätig geregelter Generatoren erfordert ein *P*-Verhalten der Regler, das durch eine Zusatzspannung im Meßkreis bewirkt werden oder durch ein anderes Meßwerk direkt gegeben sein kann. Natürlich gehören auch Rückführungen mit verschiedenem Zeitverhalten zu den normalen Ausrüstungen dieser Regler.

e) Elektronische Regler

Ein Bauelement besonders geringer Trägheit ist die Röhre. Für die Regeltechnik kann man sie als trägheitslos ansehen. Ebenso ist sie frei von Reibungen, Lose und Hysterese und arbeitet stetig und ohne Ansprechempfindlichkeit. In *Bild 63* ist eine prinzipielle Anordnung mit einem Vakuumröhren-Stellglied dargestellt. Es handelt sich um eine Drehzahlregelung eines Gleichstrommotors *M*. Die Regelgröße „Drehzahl“ wird durch den Tachodynamo *TD* als Meßumformer in eine Gleichspannung umgeformt, die einer Vergleichsspannung E_v, z. B. einer Batteriespannung, entgegengeschaltet ist. Die Differenz beider Spannungen liegt am Gitter der Hochvakuumröhre *R*. Da einer bestimmten Gitterspannung ein bestimmter Anodenstrom zugeordnet ist, hat diese Regeleinrichtung *proportionale Eigenschaften* (abgesehen von der Wirkung der aus r_1, r_2 und *C* bestehenden Schaltung). Bei Erhöhung der Drehzahl gelangt eine höhere Spannung an das Gitter, wodurch sich der Anodenstrom, d. h. der Erregerstrom *i*, erhöht, so daß die Drehzahl des Motors sinkt. Die zusätzliche Anordnung r_1, r_2 und *C* gibt dem Regler Vorhalteeigenschaften: Solange die Differenzspannung konstant bleibt, liegt am Gitter der Röhre nur ein Teil dieser Spannung nach Maßgabe der Spannungstei-

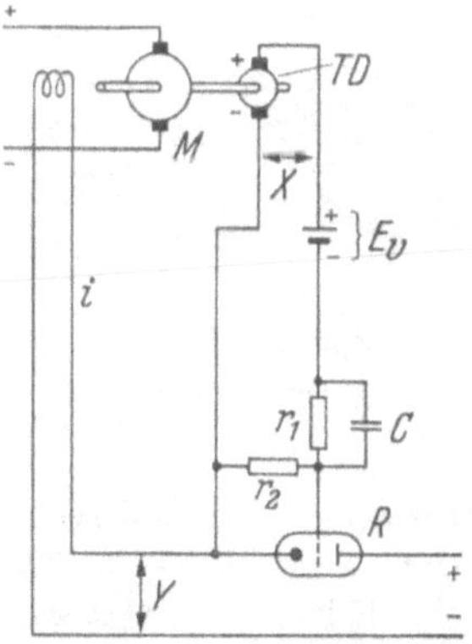

Bild 63. Röhrenregler

lung an den Widerständen r_1 und r_2. Bei schnellen Änderungen der Differenzspannung bedeutet der Kondensator C praktisch einen Kurzschluß für den Widerstand r_1, es liegt dann kurzzeitig die volle Spannung am Gitter der Röhre. Der Regler erhält hierdurch *PD-Verhalten*. Diese Schaltung ist ein Beispiel für ein Seriennetzwerk, das im Eingang des Verstärkers das dort eintreffende Signal, die Änderung der Regelabweichung, so modifiziert, daß der Ausgang *PD*-Verhalten zeigt. Rückführungen s. § 9.

Bild 64a zeigt die Kennlinie einer Vakuumröhre (Elektronenröhre). Der Anodenstrom wird mit wenigen Volt negativer

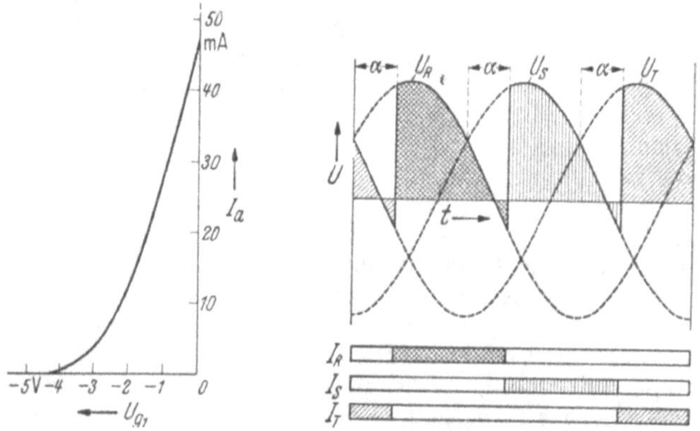

Bild 64a. Kennlinien einer Pentode

Bild 64b. Arbeitsweise einer Stromtor-Endstufe

Bild 64. Elektronische Verstärker

Gitterspannung ausgesteuert. Die Eingangsleistung ist verschwindend gering, so daß dem elektronischen Verstärker eine sehr hohe Leistungsverstärkung zukommt. Regeltechnisch wichtig ist die Spannungsverstärkung, die beispielsweise in einer Stufe 300 betragen kann. In vielen Schaltungen werden mehrstufige Regler verwandt, wobei es dann in der Endstufe auch auf eine Leistungsverstärkung ankommt.

Für Endstufen kommen die Parallelschaltung einer Anzahl von Vakuumröhren sowie gitter- bzw. zündstiftgesteuerte Gasentladungsgefäße in meist mehrphasiger Schaltung, d. h. Stromtore (Thyratrons) und Ignitrons, in Frage. Als mittlere Lebensdauer von Vakuumröhren und Stromtoren werden Werte von mehr als 10000 Stunden angegeben, doch laufen in vielen Anlagen Röhren mit 20000 und mehr Betriebsstunden. Überdimensionierung in der Röhrenbestückung unter gleichzeitigen schalttechnischen Maßnahmen läßt die Gefahr kleinerer Lebensdauer, mit denen man im Einzelfall wie bei Glühlampen rechnen muß, eindämmen.

Die Gitter- bzw. Zündstiftspannung der Endstufen wird von einer Schaltung gesteuert, deren Momentanwirkung von Röhren der ersten Stufe kommandiert wird, deren Eigenschaften beispielsweise der Kennlinie von *Bild 64a* entsprechen. Die Schaltung wird so bemessen, daß möglichst der lineare Teil der Kennlinie ausgenutzt wird. Die Wirkung der mit Gasentladung arbeitenden Anordnungen kann man z. B. für eine dreiphasige Anordnung von Stromtoren aus *Bild 64b* entnehmen (der ein Arbeiten auf eine stark induktive Belastung zugrunde liegt). Die Röhren liegen an einer dreiphasigen Wechselspannung. Wenn man sie für jede positive Halbwelle neu zündet und den Zündpunkt je nach Bedarf vor- bzw. rückverlegt, entsteht im Ausgang der Gesamtanordnung eine Gleichspannung, deren Mittelwert sich aus der Integration der schraffierten Flächen ergibt. Die Zeiten der Stromführung in den von den Phasen R, S und T gespeisten Stromtoren sind unter der Darstellung des Spannungsverlaufes ebenfalls durch Schraffur gekennzeichnet (Zündverzögerungswinkel α). Für $\alpha = 0$ hat die Ausgangsspannung maximalen Wert, mit größer werdendem α wird die Ausgangsspannung kleiner. Man spricht auch von einer Zündwinkelsteuerung. Die Größe von α wird durch den momentanen Zustand der Vorstufe vorgeschrieben. Das Stromtor kann ab Zündmoment bis zum Nulldurchgang der Spannung gegenüber der Kathode nicht gelöscht werden. Es liegt gewissermaßen eine Totzeit vor, die jedoch keinen festen Wert hat, sondern vom Zündverzögerungswinkel abhängt und in der Größenordnung von nur einigen ms liegt.

Dem hierdurch gegebenen unstetigen Verhalten kommt im allgemeinen keine praktische Bedeutung zu.

Als jüngstes Bauelement hat der *Transistor-Verstärker* schnelle und umfangreiche Verwendung in Regelkreisen gefunden. Er ist ein elektronischer Verstärker, dem ähnlich wie der Röhre durch leicht anzuordnende Rückführschaltungen die jeweils notwendigen funktionellen Reglereigenschaften gegeben werden können. Gegenüber der Röhre bietet der ebenfalls praktisch trägheitslose Transistor wesentliche Vorteile: kein Heizkreis, kein empfindlicher Aufbau, mechanische Festigkeit auch gegenüber Erschütterungen, große Betriebssicherheit, fast unbegrenzte Lebensdauer, gedrängter Schaltungsaufbau infolge außerordentlich geringer Leistungsaufnahme (Miniaturisierung im Gerätebau), wesentlich kleinerer Spannungsbedarf. Einige Nachteile sind durch Schaltungsmaßnahmen zu beherrschen. Für hohe Leistungen sowie für höchste Frequenzen hat die Röhre ihre alte Stellung behaupten können.

In Kürze einige Ausführungen zur Veranschaulichung der Vorgänge im Transistor für den Nichtspezialisten: es handelt sich um Kristalle bestimmter reiner Elemente (z. B. Silizium, Germanium), die zusammen mit geringsten Beimengungen von Fremdatomen von Nachbarelementen im periodischen System zu „Mischkristallen" kristallisiert sind. Der Ladungstransport geschieht nicht wie bei der Röhre im Vakuum, sondern im Atomgitter des Kristalls. Im Grundelement (z. B. im Germanium) besteht eine gewisse Eigenleitung durch frei bewegliche bzw. „fehlende" Elektronen. Die Fremdatome bewirken eine zusätzliche Ladungstransportfähigkeit, die die Eigenleitung ganz wesentlich übertrifft. Durch dichtes Aneinanderfügen von zwei Schichten mit unterschiedlichen Leitungseigenschaften ergibt sich eine Gleichrichterwirkung. Diese Schichten unterscheiden sich dadurch, daß sie entweder zusätzliche positive Ladungsträger (p-Leitung) oder zusätzliche negative Ladungsträger (n-Leitung) besitzen. Die Gleichrichterwirkung bei Aufeinanderliegen einer p-leitenden und einer n-leitenden Schicht ist eine Folge von Diffusionsvorgängen, die Ladungsverschiebungen bewirken und ein hemmendes elektrisches Feld entstehen lassen, was das Fließen eines elektrischen Stromes verhindert. Bei Vorspannen mit einer Spannung bestimmter Polarität wird die Sperrwirkung verstärkt, bei Anlegen einer Spannung entgegengesetzter Polarität wird das hemmende Feld abgebaut und die Übergangsschicht entsprechend stromdurchlässig.

Beim Transistor sind zwei solcher Gleichrichter aneinandergefügt, und zwar gewissermaßen in Gegenschaltung, da gleichnamige Schichten aufeinanderfolgen, wie die p-Schichten des npn-Transistors gemäß *Bild 65*, indem beim rechten Gleichrichter die p-leitende Schicht nach links und beim linken Gleichrichter die p-leitende Schicht nach rechts gelegt

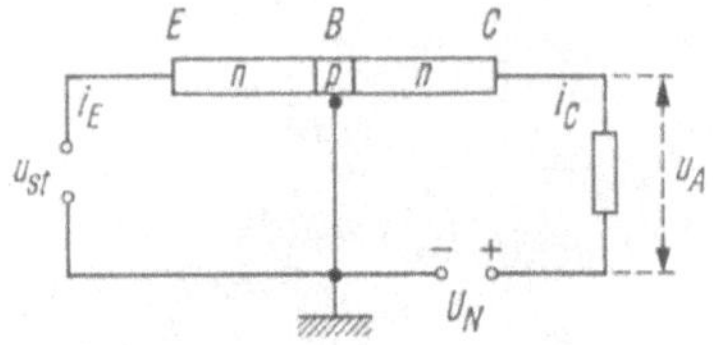

Bild 65. ***npn*-Transistor in Basis-Schaltung**

ist. Die Schaltung ist die *Basisschaltung eines npn-Transistors*. Es sind dual zur Röhre drei Elektroden vorhanden: der Emitter E, die Basis B und der Kollektor C. $B \rightarrow C$ ist positiv vorgespannt (Sperrwirkung). Bei der Eingangsspannung $u_{st} = 0$ (Emitterstrom $i_E \approx 0$) fließt im Ausgangskreis ein sehr kleiner Sperrstrom $i_c \approx 0$. Mit wachsendem u_{st} strömen Ladungen in den linken Gleichrichter und bauen sein hemmendes Feld ab, so daß er leitend wird und entsprechend ein Emitterstrom i_E fließen kann. Infolge des äußerst geringen Abstandes der Schichtgrenzen der beiden Gleichrichter (Größenordnung 10^{-3} mm) diffundiert der größte Teil der Ladungen in den rechten Gleichrichter und wird von der Kollektorspannung angezogen, so daß ein entsprechender Kollektorstrom i_c fließt, der über den Widerstand des Ausgangskreises die Spannung u_A ergibt. Der Emitter*strom* i_E steuert den Kollektorstrom i_c, wie dual die Gitter*spannung* der Röhre deren Anodenstrom steuert. *Bild 66* zeigt die Schaltung eines stetigen Transistorreglers mit *PID*-Verhalten und die dazugehörige Übergangsfunktion (die Wirkung der Rückführung ist in § 9e beschrieben, die detaillierte Beschreibung der inneren Schaltung ist aus Raumgründen nicht möglich).

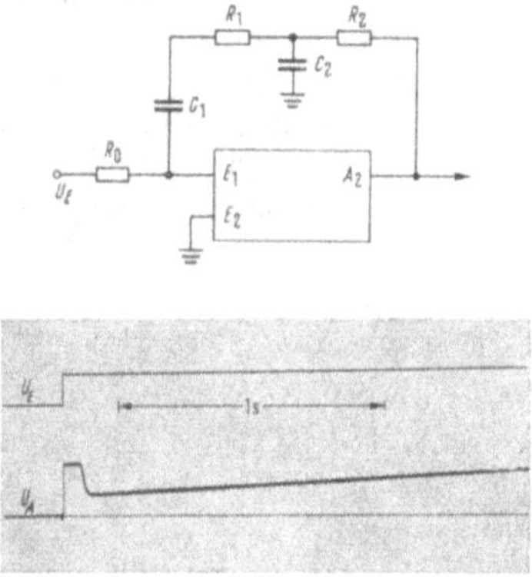

Bild 66. Transistorregler. Schaltung (oben) und Übergangsverhalten (unten) eines stetigen PID-Reglers

f) Regleranordnungen mit Maschinenverstärkern

Auch rotierende elektrische Maschinen werden als Verstärker in Regelkreisen verwandt, so daß eine solche Anordnung die Funktion eines „Maschinenreglers" versieht. *Bild 67* zeigt ein Beispiel. Die Drehzahl des Motors *M* wird von einem Tachodynamo TD_1 gemessen, der einen Strom als Meßgröße durch eine Erregerwicklung einer als Maschinenverstärker arbeitenden Erregermaschine *EM* schickt. Das differentielle Verhältnis der Leistung, die der Anker generatorisch abgibt, zu der wesentlich kleineren Leistung, die die Erregerwicklung aufnimmt, ist der Leistungsverstärkungsfaktor der Maschine. Da der Motor einem anderen Motor nachlaufen möge, liefert ein mit diesem gekuppelter Tachodynamo TD_2 die Vergleichsspannung U_v als Führungsgröße, die eine zweite Wicklung der Erregermaschine speist. Die Differenz beider Erregungen ergibt den Fluß der Erregermaschine, deren Ankerspannung die Stellgröße *Y* ist und die Erregerwicklung

W des Motors speist. Bei Erhöhung seiner Drehzahl erhöht sich der von TD_1 abgegebene Erregerstrom und damit die Spannung der Erregermaschine, so daß der Strom in *W* steigt und infolgedessen die Drehzahl sinkt. Dieser „Maschinenregler" ist ebenso wie der Röhrenregler ein stetiger Regler und arbeitet bei kleinen Wicklungszeitkonstanten praktisch als *P-Regler*. Für zusätzliche Einflüsse können weitere Erregerwicklungen und damit evtl. notwendige galvanische Trennungen vorgesehen werden.

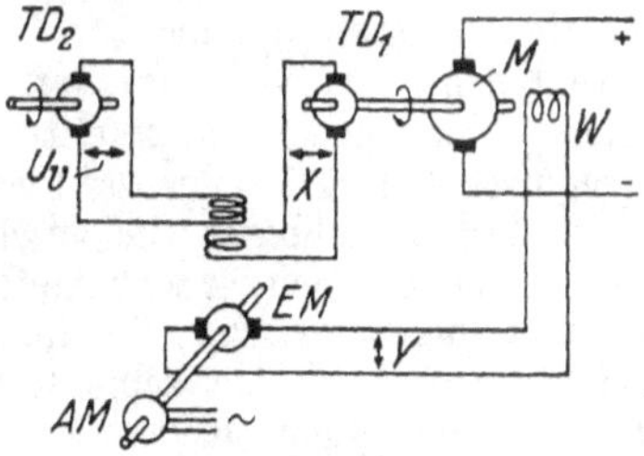

Bild 67. Maschinenregler

Es wurden *zweistufige Verstärkermaschinen* geschaffen, sowohl in Form einer Kaskadierung von zwei Maschinen auf gleicher Welle (z. B. Rapidyne) als auch in Form einer Ineinanderschachtelung zweier Maschinen (ein Ständer, ein Läufer und 2 Bürstenpaare), die als Querfeldmaschine (Amplidyne usw.) bekannt sind. Als *Verstärkungsfaktoren* (Leistungsverstärkung) kommen bei einstufigen Verstärkermaschinen Werte von 20 bis 100 und darüber, bei zweistufigen Maschinen solche von 80 bis 2000 und darüber in Frage. In einer bestimmten Ausführung hat beispielsweise eine 1 kW-Maschine einen Verstärkungsfaktor 1000 bei einer Zeitkonstante von rund 100 ms.

g) Magnetische Regler

Ähnlich dem Maschinenverstärker wird der Magnetverstärker — auch *Transduktor* genannt — als Regelverstärker verwendet. Seine Wirkungsweise beruht darauf, daß mit Sättigungsdrosseln aus der zugeführten Wechselspannung eine gewisse *Spannungs-Zeit-Fläche* „herausgeschnitten“, die abgegebene Spannung also gegenüber der zugeführten verkleinert wird. Die Größe der durch diese Verstärkerdrosseln herausgeschnittenen Fläche ist von der Vormagnetisierung der Drosseln mit Gleichstrom abhängig. Mit einer Vormagnetisierungsänderung ist eine Spannungs- bzw. eine Leistungsänderung gegeben. Die Leistung im Vormagnetisierungskreis beträgt nur einen Bruchteil der im Hauptkreis ausgesteuerten Leistung. Das Herausschneiden der Spannungs-Zeit-Fläche bewirkt ähnliche Verhältnisse wie beim gittergesteuerten Stromtor, Gleichrichter usw., die bis zur Zündung keinen Strom führen (vergleiche *Bild 64b*). Man spricht daher auch hier von einer Zünd- bzw. Sättigungswinkelsteuerung.

Infolge des technisch hohen Standes der Fertigung magnetischer Werkstoffe und brauchbarer Gleichrichter kann der magnetische Regler vielfach auch für schnelle Regelungen eingesetzt werden. Gegenüber elektrischen Maschinen und Röhren unterliegt er keinem Verschleiß, hat keine Kontakte, Lager, Kommutatoren, keine Remanenz (in dem bei Maschinen gegebenen Sinne), keine Anheizzeit, kann also in rauhem Betrieb verwendet werden. Seine Nachteile liegen in seinem zeitlichen Verhalten, das ihm bei besonders hohen Schnelligkeitsforderungen Grenzen setzt. Bei größeren Anlagen, die einen höheren Aufwand vertragen, können diese Grenzen durch Verwendung höherer Frequenzen (z. B. 1000 Hz) als Hilfswechselspannung wesentlich hinausgeschoben werden.

Um eine Vorstellung von der baulichen Anordnung eines Magnetreglers zu geben, ist in *Bild 68* eine viel gebräuchliche Schaltung gezeigt, die der gleichen Aufgabe angepaßt ist, die dem Maschinenverstärker in *Bild 67* zugrunde lag. Es ist eine einphasige Schaltung für Gleichstromabgabe mit Selbstsättigung. Sie besteht aus zwei magnetischen Bauelementen — von denen jedes nach Art eines Einphasentransformators aufgebaut ist und eine Hauptwicklung sowie eine oder mehrere (hier zwei) Steuerwicklungen hat — und aus Gleichrichtern. Der Hauptstromkreis liegt an einer Wechselspannungsquelle (50 Hz oder z. B. auch 1000 Hz). Die beiden Steuerwicklungen werden wie in *Bild 67* von zwei Tachodynamos gespeist und sind in ihrer Wirkung gegeneinander geschaltet (Steuerströme i_{stX} und i_{stV}). Die Differenz der Ströme bestimmt die Höhe der Vormagnetisierung und damit den Zündmoment. Der gleichgerichtete Hauptstrom fließt als Stellgröße Y der Wicklung des Motors zu.

Zur Erzielung hoher Güte stehen verschiedene Mittel zur Verfügung: die Wahl des Kernmaterials (für kleine Leistungen auch das teurere Nickeleisen), die Wahl einer geeigneten Schaltung (Sättigungsschaltung wie in *Bild 68*; Aufteilung auf

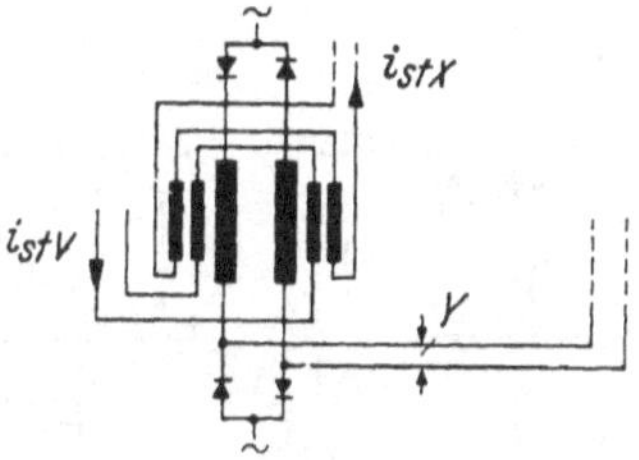

Bild 68. Magnetregler

mehrere Stufen, wobei die Zeitkonstanten der Stufen zur Erzielung optimaler Verhältnisse unterschiedlich sein können) und die Verwendung höherer Frequenzen. Durch Vorschalten eines Ohmschen Widerstandes läßt sich die Zeitkonstante des Steuerkreises verkürzen, wobei das Produkt von Steuerleistung und Zeitkonstante (Dimension Ws) in erster Näherung konstant bleibt. Man kann für Magnetverstärker von 50 mW bis 2 W mit 1 bis 10 μWs und von 10 W bis 3 kW mit 0,01 bis 2 Ws rechnen. Beispiele: ein dreistufiger 50 Hz-Magnetverstärker von 60 W Ausgangsleistung mit einer Eingangsleistung von 10^{-6} W (Leistungsverstärkungsfaktor $6 \cdot 10^7$) und einer Ansprechzeit von etwa 1 s, wobei der Begriff „Ansprechzeit" das gesamte Eigenzeitverhalten erfaßt; ein mit 1000 Hz gespeister dreistufiger Magnetverstärker von 20 kW mit einer Eingangsleistung von 2 mW (Leistungsverstärkungsfaktor 10^7) und einer Ansprechzeit von 19 ms beim Schalten von 0 auf 20 kW, von 12 ms beim Schalten von 20 kW auf 0.

h) Regler in Wechselstromschaltung

Die behandelten elektrischen Regleranordnungen benutzten im Meßkreis Gleichspannungen und Gleichströme. Genau so kann man auch Wechselspannungen verwenden, ohne daß hinsichtlich des funktionellen Arbeitens ein Unterschied vorläge. Hierbei werden als kontaktlose Abgriffe Transformatoren mit verstellbarem Übersetzungsverhältnis verwendet, die verschiedener Bauart sein können und auch induktive Geber genannt werden. *Bild 69* zeigt als Beispiel zwei gegen-

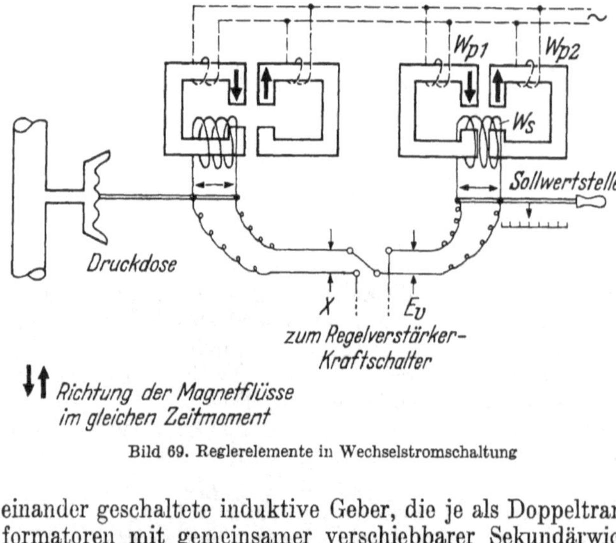

Bild 69. Reglerelemente in Wechselstromschaltung

einander geschaltete induktive Geber, die je als Doppeltransformatoren mit gemeinsamer verschiebbarer Sekundärwicklung aufgebaut sind und in einer Regelschaltung als Sollwert- und Istwertgeber arbeiten. Jeder Geber hat seine eigenen Primärwicklungen W_{p1} und W_{p2}, die sämtlich von derselben Hilfswechselspannungsquelle gespeist und damit von gleich großer Spannung in gleicher Phasenlage erregt werden. Im einzelnen Geber sind die Flüsse der beiden Transformatoren in den Schenkeln, die mit der Sekundärwicklung W_s verkettet sind, im gleichen Zeitmoment entgegengesetzt gerichtet, wie die Pfeile andeuten. In Mittelstellung der Sekundärwicklung heben sich die Flußwirkungen auf sie auf. Bei Verschiebung aus der Mittellage gewinnt der eine Fluß Übergewicht, so daß in der Wicklung eine Wechselspannung induziert wird, die mit zunehmender Verschiebung für einen bestimmten Bereich etwa linear ansteigt und positives bzw. negatives Vorzeichen hat, je nachdem die Verschiebung nach links oder rechts erfolgt. Die Differenz der Sekundärspannungen des Sollwert- und Istwertgebers arbeitet genau wie in anderen Regleranordnungen über einen Regelverstärker auf das Stellglied. Durch weitere Geber können andere Beeinflussungen eingeführt werden. Da die Spannungen der Sekundärspulen primär von derselben Hilfsspannung erregt werden und daher gleiche Phasenlage haben, werden genaue Additionen bzw. Subtraktionen vorgenommen.

Andere Ausführungsarten verwenden *induktive Geber*, die nicht in Längsrichtung, sondern infolge ihres motorähnlichen Aufbaues *durch Drehung verstellbar* sind; z. B. hat der Ständer eine dreiphasige Wicklung, wird jedoch im normalen Fall von einer einphasigen Hilfsspannung gespeist, wobei die Schaltung der Wicklungen so ist, daß ein raumfestes Wechselfeld entsteht. In diesem Feld liegt der Läufer mit einer einphasigen Wicklung, die eine Spannung abgibt, die in einer bestimmten Lage des Läufers den Wert Null hat und bei Verdrehung aus dieser Lage proportional ansteigt (positiv bzw. negativ, proportional in bestimmtem Bereich). Die der Regelabweichung proportionale Geberspannung verstellt über einen elektronischen Regelverstärker einen Wechselstromstellmotor spezieller Bauart, so daß es sich um eine kontaktlose stetige *I*-Regelung handelt. Ein mit dem Stellmotor gekuppelter Geber, dessen Läuferspannung im Eingangskreis des Regelverstärkers in Serie eingeführt ist, würde der Regleranordnung *P-Verhalten* geben. Zur Erzielung eines *PI-Verhaltens* ist noch die Spannung eines Integrators zuzusetzen, z. B. eines Scheibeninduktionsmotors, wie er in der Zählertechnik bestens bekannt ist, und einem Geber. Die eine der beiden Spulen dieses Motors liegt über einem Kondensator (90° Phasenverdrehung) am Wechselstromhilfsnetz, während die zweite Spule von der Regelabweichung gespeist wird. Der Drehweg des Motors ist proportional dem Zeitintegral der Regelabweichung, so daß der mit ihm gekuppelte Geber eine dem Integral proportionale Spannung in den Eingangskreis gibt. Derselbe Zusammenbau ermöglicht in einer anderen Schaltung, Differenzierimpulse dem Eingangskreis hinzuzufügen (deren Form etwa dem Differenzierimpuls in *Bild 25* entspricht) und damit dem Regler *D-Verhalten* zu geben.

§ 14. Unstetige Regler

Das Kennzeichen *unstetiger* Regler gegenüber den bisher behandelten *stetigen* Reglern (bei denen der Istwert *ständig* auf den Regler einwirkt und dieser nach Vergleich mit dem Sollwert unter den angenommenen idealisierten Verhältnissen *ständig* Veränderungen der Stellgröße in linearer Abhängigkeit veranlassen kann) liegt in ihrer andersartigen Arbeitsweise: es sind entweder nur *sprungweise* Änderungen der Stellgröße möglich *(Zweipunkt-, Mehrpunktregler)* oder es wird nur in diskreten Zeitpunkten eine Einwirkung der Regelgröße auf den Regler freigegeben, so daß *nur in Zeitintervallen Korrektureingriffe* des Stellgliedes vorgenommen werden *(Abtastregler)*. Die Verwendung dieser Reglerarten ist u. a. in ihrer einfacheren und daher oft auch weniger aufwendigen gerätetechnischen Herstellung begründet. Ein großes Anwendungsgebiet sind Regelaufgaben relativ träger Regelstrecken, z. B. Temperaturregelungen. Bei geeigneten Aufgaben stehen unstetige Regler den stetigen nicht nach, die sie aber oft in der Betriebssicherheit übertreffen. Es gibt jedoch auch Fälle, in denen sie auf Grund besserer Regelergebnisse vorzuziehen sind.

Ein unstetiger Regler bedeutet natürlich eine Unstetigkeitsstelle im gesamten Regelkreise. Hiermit stellen sich einer mathematischen Behandlung der Regelvorgänge größere Schwierigkeiten entgegen. Für spezielle Fälle sind Lösungen gefunden worden. Jedoch ist jeweils eine genaue Beachtung der einschränkenden Voraussetzungen erforderlich. Für weite Aufgabengebiete ist die *Beschreibungsfunktion* (s. § 15h) eine oft brauchbare Methode, indem sie das infolge der Unstetigkeit sich nichtlinear verhaltende System zu einem linearen *annähert*, für das dann auf Grund der linearen Theorie Aussagen gemacht werden können, die als *Abschätzungen der zu erwartenden Vorgänge* zu werten sind. Die Nichtlinearität unstetiger Regler ist eine gewollte Nichtlinearität, während viele andere Nichtlinearitäten, wie Anschläge, ausschlagabhängige Parameter u. a. meist ungewollt durch Grenzen der technischen Möglichkeiten gegeben sind. Die Mannigfaltigkeit der zur Verfügung stehenden Bauelemente wirkt sich in einer Mannigfaltigkeit des Aufbaus unstetiger Regler aus. Elektrische Kontakte und elektrische Kippschaltungen einerseits, Stellmotoren als Folgeglied (elektrische und mechanische) andererseits sind häufig verwendete Bauglieder. In den folgenden Abschnitten werden zur Beschreibung der grundlegenden Typen unstetiger Regeleinrichtungen charakteristische Ausführungsarten beschrieben, ohne auf eine starre Klassifizierung besonderen Wert zu legen.

a) Zweipunktregler

Der typische Vertreter des unstetigen Reglers ist der Zweipunktregler, der nur zwei Werte der Stellgröße einstellen kann. Die Einfachheit des ihm zugrunde liegenden Gedankens hat ihm ein weites Anwendungsgebiet gesichert. Infolge der großen Zahl von Aufgaben, für die er verwendet wird, liegen die verschiedensten Ausführungsformen vor. Die moderne Technik hat *Präzisionsgeräte* geschaffen, die Meisterstücke der Mechanik sind und in fertigungstechnischer Hinsicht nicht als primitive Geräte angesprochen werden können.

Als Beispiel wollen wir einen Temperaturregler betrachten. Ein Kontaktpaar schalte eine elektrische Heizwicklung ein bzw. aus. Im ersten Fall wird eine Wärmeenergie zugeführt, die für den Sollwert der Temperatur viel zu groß ist, im zweiten Fall wird überhaupt keine Energie zugeführt, so daß ein Unterschuß gegeben ist. *Wesentlich* für das Vorliegen einer selbsttätigen Regelung ist auch hier, daß die zu regelnde Größe, die auf die das Kontaktpaar betätigende Einrichtung wirkt, durch das Schalten eine Rückwirkung erfährt, so daß der geschlossene Regelkreis vorliegt. Die Regelgröße, die Temperatur, wird auch hier dauernd gemessen, d. h. sie wirkt dauernd als Istwert auf die Regeleinrichtung ein. Die Stellgröße jedoch hat nur zwei diskrete Werte.

Der dauernde Wechsel zwischen zwei Stellungen hat dem Regler seine verschiedenen Bezeichnungen gegeben: *Zweipunktregler*, *Ein-Aus-Regler*, Auf-Zu-Regler, Schwarz-Weiß-Regler. Der Wert der Stellgröße, den der Sollwert für einen bestimmten Beharrungszustand vorschreibt, kann nicht eingestellt werden. Es ist hier nur möglich, die Stellgröße zwischen den beiden Einstellwerten derart hin- und herpendeln zu lassen, daß sich ein *Mittelwert* ergibt, der dem erwünschten Beharrungszustand entspricht. Als Kontaktanordnung, die das Ein- und Ausschalten bewirken, kommen verschiedenste Vorrichtungen in Betracht. Ausdehnungsstäbe, die einen mechanischen Kontakt schließen oder auch einen Quecksilber- oder Vakuumschalter betätigen, Quecksilberthermometer, deren Quecksilberfaden auf Kontakte arbeiten, Bimetallschalter u. ä. sind Beispiele. Die Ein- und Ausschaltwerte können einstellbar sein. Sie können so liegen, daß das Schaltgerät das Schaltglied bei einem Wert ausschaltet (d. h. die Stellgröße erniedrigt), der über dem liegt, bei dem es eingeschaltet, d. h. die Stellgröße erhöht hatte — *Ansprechempfindlichkeit* — (für bestimmte Aufgaben auch umgekehrtes Verhalten: Ausschaltwert niedriger als Einschaltwert). *Bild 70* zeigt Kennlinien von Zweipunktreglern,

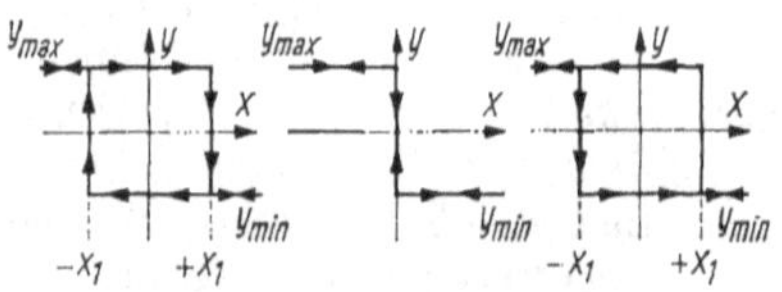

Bild 70. Kennlinien von Zweipunktreglern

a) eines Reglers mit endlicher *positiver* Ansprechempfindlichkeit, dessen Kennlinie eine *Hysteresekurve* beschreibt: bei einer Regelabweichung von $+ x_1$ °C wird die Stellgröße y

im Sinne der Verringerung seines Wertes auf y_{min} geschaltet, bei einer solchen von $-x_1$ °C in umgekehrtem Sinne auf y_{max} (linkes Bild),

b) eines Reglers mit vernachlässigbar geringen Ansprechgrenzen, der somit bei praktisch demselben Wert der Regelgröße aus- bzw. einschaltet (unendliche Ansprechempfindlichkeit, *hysteresefreier* Regler: mittleres Bild),

c) eines *hysteresebehafteten* Reglers mit endlicher *negativer* Ansprechempfindlichkeit, der bei einem Wert der Regelgrößenabweichung das Stellglied im Sinne der Erhöhung seines Wertes so schaltet, daß er über dem Wert liegt, bei dem er im umgekehrten Sinne schaltet (rechtes Bild).

Regelgeräte mit Rückführungen, die auch beim Zweipunktregler meist in einfacher Bauweise hinzugefügt werden können, bewirken Eigenschaften, die oft an die von stetigen Reglern herankommen, und haben daher für die Praxis besondere Bedeutung. – Elektronische und magnetische Bauelemente in Form von stetigen Verstärkern erhalten durch überkritisch mitkoppelnde Rückführungen (s. § 9e „Mitkopplung“) Kippcharakter, d. h. sie besitzen dann nur zwei stabile Zustände und werden damit zu Zweipunktschaltern, die ohne Kontakte arbeiten, so daß ein Kontaktverschleiß wegfällt.

Das zeitliche Verhalten einer Zweipunktregelung ist in *Bild 71* dargestellt. Angenommen ist, daß die Übergangsfunktion der Regelstrecke exponentiell verläuft und der Einschaltvorgang dieselbe Zeitkonstante T_S wie der Ausschaltvorgang hat, was durchaus nicht die Regel ist. Wir beginnen mit dem Regelvorgang, der durch den Sollwert X_{K1} gegeben ist, der in der Mitte des Einstellbereiches liegt. Die Regelgröße folgt der exponentiell ansteigenden Kurve, die für die Zeit des Inbetriebgehens gestrichelt gezeichnet ist, erreicht im Schnittpunkt mit der mit X_{aus} bezeichneten Horizontalen den Moment, in dem die Heizwicklung ausgeschaltet wird, und sinkt bis zu der mit X_{ein} bezeichneten Horizontalen, die dem Wert entspricht, in dem die Heizwicklung wieder zugeschaltet wird. Der zwischen X_{aus} und X_{ein} hin- und herpendelnde Verlauf ist ausgezogen gezeichnet. $^1/_2(X_{aus} - X_{ein})$ ist die *Über-*

schwingweite x_m. Der Mittelwert liegt in der Mitte zwischen X_{aus} und X_{ein}, da für X_{K1} die sägeblattförmige Kurve aus den mittleren Stücken der auf- und abfallenden Exponentialkurven besteht, und ist gleich dem Sollwert, wenn wir die Mitte zwischen X_{aus} und X_{ein} als Sollwert ansehen. Verstellen wir den Sollwert auf X_{K2} oder auf X_{K3}, so entstehen Kurven von veränderter Sägeblattform, deren Verlauf ohne Erklärungen verständlich sein dürfte. Für beide Fälle wurde dieselbe Spanne zwischen X_{aus} und X_{ein} zugrunde gelegt. Der Mittelwert des Kurvenverlaufs ist strichpunktiert eingezeichnet. Man sieht, daß er für X_{K2} über und für X_{K3} unter der Mitte von X_{aus} und X_{ein} liegt, so daß eine *Proportional-*

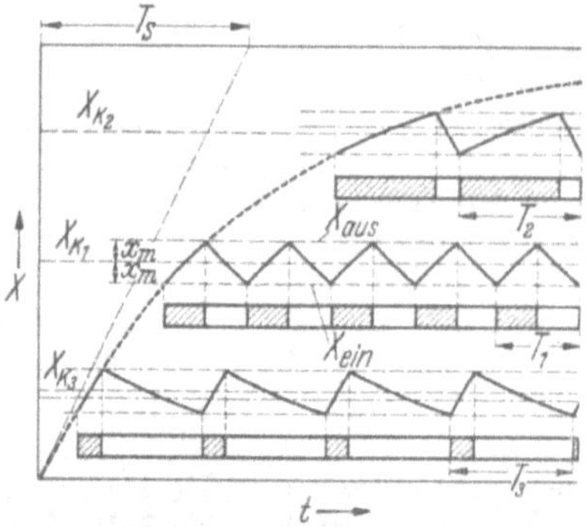

Bild 71. Zweipunktregler, zeitliches Verhalten ($2x_m$ = Schwingungsspanne, die hier gleich der Spanne ist, bei der der Regler ein- und ausschaltet; für X_{K2} positive, für X_{K3} negative Proportionalabweichung)

abweichung gegeben ist. — Bei Änderung der die Heizwicklung speisenden Spannung werden andere Exponentialkurven wirksam, so daß für gleichen Sollwert andere Abschnitte Teilstücke der Sägeblattkurven sind. So besteht dann z. B. auch für X_{K1} die Sägeblattkurve nicht mehr aus den mittleren Stücken der Exponentialkurven, so daß Mittelwert und Mitte von X_{aus} und X_{ein} nicht mehr übereinstimmen, sondern eine P-Abweichung auftritt (Übereinstimmung besteht für einen anderen Sollwert). Entsprechendes gilt für eine Laständerung, d. h. für eine veränderte Wärmeabfuhr.

Beispielsweise stellt sich bei einem Durchlaufofen, wenn der Durchsatz groß ist, ohne Regelung eine niedrigere Endtemperatur ein als bei kleinem Durchsatz, so daß im ersten Falle die Exponentialkurve niedriger verläuft, jedoch mit (etwa) gleicher Zeitkonstante T_S. Bei Regelung auf einen bestimmten Sollwert liegt dann die Sägeblattkurve im oberen Bereich der Exponentialkurve, mit einer diesem entsprechenden Proportionalabweichung sowie Änderung des Verhältnisses Einschalt-/Ausschaltzeit. Bei schwachem Durchsatz ist es umgekehrt. Die zugeführte Heizleistung wird je nach Durchsatz und Sollwert (bzw. anderen Störgrößen wie z. B. Netzspannungsänderungen) zwischen den möglichen äußersten Grenzen – „dauernd ausgeschaltet“ und „dauernd eingeschaltet“ – geregelt, und zwar hinsichtlich ihres Mittelwertes.

Unter den Sägeblattkurven sind in einer balkenartigen Darstellung die Einschaltzeiten schraffiert und die Ausschaltzeiten durch Leerräume dargestellt. Die Periodendauer T_1 ist für X_{K1} am kleinsten, die zugehörige Frequenz am größten. Nach oben und unten nimmt die Frequenz ab, bis sie für $X_K = 0$ und $X_K = X_{\max}$ den Wert Null erreicht. Auch Spannungs- sowie Laständerungen haben Frequenzänderungen zur Folge. Eine Verringerung der Schaltspanne $X_{\text{aus}} - X_{\text{ein}}$ bewirkt ein häufigeres Schalten. $X_{\text{aus}} - X_{\text{ein}} = 0$ würde eine unendlich hohe Schaltfrequenz, aber auch eine unendlich genaue Regelung ohne Überschwingweite ergeben. Die Erhöhung der Schaltfrequenz und die damit verbundene Abnutzung der Schaltorgane bzw. die Aufwendigkeit der Konstruktion und des Materials ist der Preis, der für eine schnellere und genauere Regelung bezahlt werden muß.

Ein hysteresebehafteter Regler, also ein Regler, der wie in *Bild 71* bei $X_K + x_m$ aus-, bei $X_K - x_m$ einschaltet, ist für das behandelte Beispiel einer Regelstrecke 1. Ordnung ohne Totzeit eine Notwendigkeit, um die Schaltfrequenz in zulässigen Grenzen zu halten. Die Dauer T einer Schaltperiode ist von der Spanne der Schaltgrenzen $\Delta x = 2x_m$ und der Zeitkonstante T_S der Regelstrecke abhängig. Für den in der

Praxis bedeutsamen Fall $T/T_S \leqq 0{,}1$ ist

$$T \approx \frac{1}{\alpha(1-\alpha)} \Delta x \, T_S \qquad (14.1)$$

$$\text{mit } \alpha = T_E/T$$

$$T_E = \text{Einschaltdauer.}$$

Für den Fall des Sollwertes X_{K1} in *Bild 71*, in dem die Sägeblattkurve in der Mitte liegt und aus gleichen Stücken der auf- und absteigenden Exponentialkurven besteht (so daß $T_E = T/2$, also $\alpha = 0{,}5$ ist) wird

$$T \approx 4 \, \Delta x \, T_S. \qquad (14.1\text{a})$$

Man kann hieraus für den Arbeitsbereich im mittleren Bereich schnell übersehen, welche Schaltspanne Δx bei gegebener Regelstreckenzeitkonstante zu wählen ist, wenn eine bestimmte Dauer der Schaltperiode nicht unterschritten werden darf. Man hat damit natürlich auch die Überschwingweite x_m, die die Regelgüte bestimmt. *Bild 71* veranschaulicht auch, daß beim Arbeiten im oberen und unteren Bereich die Dauer der Schaltperiode zunimmt.

Bild 72 liegt eine Regelstrecke mit zusätzlicher Totzeit zugrunde. Der Zweipunktregler habe große Ansprechempfind-

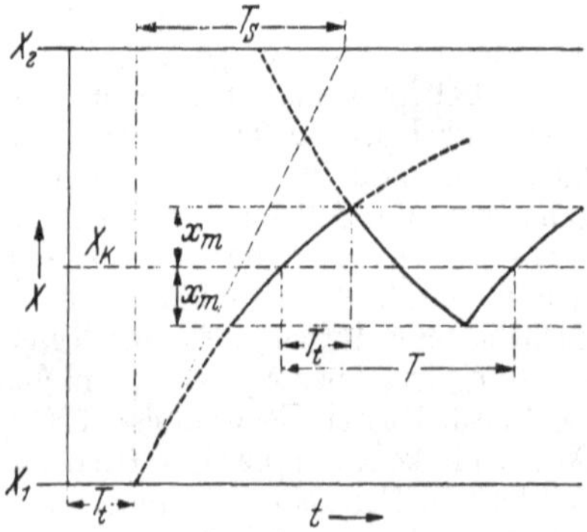

Bild 72. Zweipunktregler, Regelstrecke mit Verzögerung und Totzeit ($2x_m$ = Schwingungsspanne; Schaltspanne Xaus − Xein = 0)

lichkeit, die Spanne $X_{aus} - X_{ein}$ sei sogar vernachlässigbar klein, so daß das Schaltorgan praktisch beim Sollwert X_K sowohl ein- als auch ausschaltet. Die Übergangsfunktion ist durch die Totzeit T_t und die Zeitkonstante T_S bestimmt. Es seien zwei Heizwicklungen vorhanden, von denen die eine Wicklung Dauerheizung mit der Endtemperatur X_1 gibt (Grundlast), während die andere vom Regler geschaltet wird und bei Dauereinschaltung die Endtemperatur X_2 bewirkt. Im Moment $t = 0$ werde diese zweite Wicklung in Betrieb gesetzt. Die Regelgröße behält zunächst für die Zeit T_t den Wert X_1, um dann exponentiell mit der Zeitkonstante T_S zu steigen. Bei Erreichen des Sollwertes X_K schaltet das Schaltorgan aus. Aber erst nach Verlauf der Zeit T_t kann sich das Fehlen der Zusatzheizleistung am Meßort der Regelgröße bemerkbar machen. Das Ansteigen der Regelgröße bricht ab, es setzt ein plötzliches Sinken der Regelgröße ein. Beim Durchgang durch den Sollwert wird von neuem eingeschaltet, was auch hier erst nach der Zeit T_t erneutes Steigen der Regelgröße bewirkt. Die Regelgröße schwankt mit einer Überschwingweite x_m und einer Periodendauer T um den Sollwert, und dies, obwohl die Ansprechempfindlichkeit hier unendlich groß ist. Das Überschwingen erhöht sich bei endlicher Ansprechempfindlichkeit. Es ist um so größer, je steiler die Exponentialkurve, je größer auch die Spanne $X_2 - X_1$ ist. Die Schwingungsspanne $2x_m$ fällt hier nicht (anders als im Falle des *Bildes 71*) mit der Schaltspanne zusammen, da jetzt $X_{aus} - X_{ein} = 0$ angenommen ist.

Es interessieren wiederum die Schwingungsspanne der Regelgröße und die Periodendauer T einer Schwingung. Es seien bezogene Werte eingeführt, und zwar bezogen auf die Spanne der Beharrungswerte $X_2 - X_1$ der Regelgröße, die sich maximal bei Verhältnissen ohne Regelung einstellen. Es sei *die bezogene Schwingungsspanne*:

$$\Delta x_{\text{Schw}} = 2x_m/(X_2 - X_1),$$

die bezogene Schaltspanne für die Fälle $X_{aus} - X_{ein} > 0$:

$$\Delta x_{\text{Schalt}} = (X_{aus} - X_{ein})/(X_2 - X_1).$$

Es ergeben sich folgende Werte Δx_{Schw}

bei T_t/T_S	$= 0$	0,1	0,2	0,5	
für $\Delta x_{\mathrm{Schalt}}$	$= 0$	0	0,1	0,18	0,4
Δx_{Schw}	$= 0{,}2$	0,2	0,3	0,35	0,52

Für den in der Praxis wichtigen Fall, daß die Schaltspanne $\Delta x_{\mathrm{Schalt}}$ gegen T_t/T_S vernachlässigbar und T_t wesentlich kleiner als T_S ist, gilt:

$$\Delta x_{\mathrm{Schw}} \approx T_t/T_S. \tag{14.2}$$

Im übrigen können kleinere Schaltverzögerungen des Reglers auch in T_t mit erfaßt sein.

Für die Periodendauer T einer Regelgrößenschwingung gilt für die oft vorliegenden Fälle mit $\Delta x_{\mathrm{Schalt}} = 0$ (hysteresefreier Regler) und $T \leqq 0{,}1\, T_S$:

$$T \approx \frac{1}{\alpha(1-\alpha)}\, T_t. \tag{14.3}$$

Insbesondere erhält man bei $\alpha = 0{,}5$ (d. h. Einschaltdauer = Ausschaltdauer):

$$T \approx 4\, T_t. \tag{14.3a}$$

Bei hysteresebehafteten Reglern ist die Proportionalabweichung von Interesse. Versteht man unter dem Sollwert X_K wiederum die Mitte der Schaltgrenzen $(X_{\mathrm{aus}} - X_{\mathrm{ein}})/2$, so ist die P-Abweichung x_{PA} des Mittelwerts x_M der Schwingung:

$$x_{PA} = x_M - X_K,$$

und zwar für T_t = wesentlich kleiner als T_S:

$$x_{PA} \approx (0{,}5 - \alpha)\, T_t/T_S. \tag{14.4}$$

Es ergibt sich

$$\begin{aligned} x_{PA} &= \text{positiv für } \alpha < 0{,}5 \\ &= 0 \qquad\;\; \text{für } \;\;= 0{,}5 \\ &= \text{negativ für } \;> 0{,}5\,. \end{aligned}$$

Unterhalb $\alpha = 0{,}5$ ist der Mittelwert der Schwingung größer als der Sollwert und oberhalb $\alpha = 0{,}5$ ist er kleiner.

Wie oben beschrieben, sind auch bei verschwindender Schaltspanne des Reglers Schwingungen der Regelgröße gegeben, die als Folge des Vorhandenseins von Totzeit entstehen. Man kann die Schwingungsweite verkleinern – wobei dann die Periodendauer ebenfalls reduziert, die Schaltfrequenz erhöht wird –, wenn man dem Regler eine negative Hysterese gibt *(Bild 70c)*, d. h. im obigen Fall des Heizungsreglers: wenn der Ausschaltwert unter dem des Einschaltwertes liegt. Doch ist dies nicht beliebig möglich, z. B. nur bis $T = 2\,T_t$, da die Regelgröße die Ansprechgrenzen des Reglers unbedingt erreichen muß. Diese negative Schaltspanne kann beispielsweise mittels eines Schlepphebels bewirkt werden. Ein anderes Mittel ist das Hinzufügen einer verzögerten Rückführung mit vernachlässigbarer Totzeit und relativ kleiner Zeitkonstante T_r – d. h. klein im Vergleich zur Zeitkonstante der Regelstrecke –:

$$T_r/T_S = \text{klein}.$$

Ein solcher Regler zeigt *PD*-Verhalten. Bei Verwendung z. B. eines Thermoelements als Istwertfühler wird in Serie zu diesem ein Rückführthermoelement geschaltet, das synchron mit dem Schalten des Reglerschaltorgans durch eine Rückführ-Heizwicklung erwärmt bzw. durch deren Abschalten abgekühlt wird und dessen Spannung sich zu der des Fühlers addiert. Die Summenwirkung ergibt ein Schalten des Schaltorgans bei kleineren Grenzwerten. Mit einer verzögerten, nachgebenden Rückführung – z. B. im genannten Falle mittels zweier Rückführthermoelemente verschiedener Trägheit – erhält man ein *PID*-Verhalten.

Regelstrecken mit verschwindendem Ausgleich (Ausgleichswert $q \to 0$) – in Annäherung *integrale Regelstrecken* – haben als Kennlinien anstatt der Exponentialkurven linear verlaufende Linien, die durch die Stellzeit T_{3S} gekennzeichnet sind, s. (6.4a). Da es für sie keine Beharrungswerte X_1 und X_2 mehr gibt – sie rücken als Folge idealer Verhältnisse ins Unendliche –, muß ein anderer Festwert als Bezugswert genommen werden, z. B. der Sollwert X_K:

$$\Delta x_{\text{Schw}} = 2\,x_m/X_K, \quad \Delta x_{\text{Schalt}} = (X_{\text{aus}} - X_{\text{ein}})/X_K.$$

Die Stellzeit $T_{\mathfrak{Z}S}$ kann, wie es ähnlich bei der Regelstrecke 1. Ordnung hinsichtlich der Zeitkonstante T_S betont wurde, für den Anstiegsvorgang einen anderen Wert als für den Abstiegsvorgang haben ($T_{\mathfrak{Z}S_1} \neq T_{\mathfrak{Z}S_2}$). – Die Beziehungen zwischen den interessierenden Größen bei Regelung einer integralen Regelstrecke ähneln denen bei Regelung einer Regelstrecke 1. Ordnung.

Für verschwindende Schaltspanne $\Delta x_{\text{Schalt}} = 0$ (hysteresefreier Regler) und bei $T_{\mathfrak{Z}S} = T_{\mathfrak{Z}S_1} = T_{\mathfrak{Z}S_2}$ ist die Schwingungsspanne

$$\Delta x_{\text{Schw}} = 2\,T_t/T_{\mathfrak{Z}S} \tag{14.5}$$

und die Schwingungsdauer

$$T = \frac{1}{\alpha(1-\alpha)}\,T_t. \tag{14.6}$$

Dabei ist α für die verschiedenen Betriebszustände (Größe der Last, Größe des Sollwertes) konstant und ändert sich nur vorübergehend beim Übergang vom einen zum anderen Betriebszustand. Auch ein auftretendes x_{PA} ist konstant, so daß es in fester Relation zu X_K steht.

Den heutigen hohen Stand der Technik des Zweipunktreglers möge der Hinweis auf seine *Verwendung in vielen Haushaltsgeräten* beleuchten. Erst durch Hinzunahme der Regelung ist es möglich geworden, Solltemperaturen in Stufen einzustellen und dabei kleine Toleranzen zu halten, so daß erst damit die erforderliche Sicherheit für den jeweiligen Gebrauch geschaffen werden konnte.

b) Dreipunktregler

Während der Zweipunktregler auf ein Stellglied mit nur zwei diskreten Stellgrößenwerten arbeitet, ist es auch möglich, eine Regeleinrichtung zu bauen, die auf mehrere diskrete, z. B. 3 Werte arbeitet. So ist dies beispielsweise auch bei Temperaturregelungen mit Drehstrom-Heizwicklungen in Anwendung gekommen, bei denen durch einen Dreifachschalter drei Stellgrößenwerte eingestellt werden: Heizwicklungen abgeschaltet, Heizwicklungen in Sternschaltung (kleinere

Heizenergie), Heizwicklungen in Dreieckschaltung (große Heizenergie). Im Regelbetrieb spielt sich die Arbeitsweise zwischen je zwei aufeinanderfolgenden Punkten ab, wie bei einem Zweipunktregler. Somit sind die im vorigen Paragraphen beschriebenen Vorgänge auch hier sinngemäß gegeben, wobei Verschiebungen des Sollwertes bzw. der entstehenden Regelabweichungen zu beachten sind.

c) Dreipunktregler mit integralem Folgeglied

Seit Beginn der Elektrotechnik kommen Dreipunktregler zur Anwendung, die auf ein integrales Folgeglied, einen Stellmotor, arbeiten: der Zeiger eines Voltmeters z. B. schaltete Kontakte, die oberhalb und unterhalb seiner Mittelstellung, die dem Sollwert entspricht, angeordnet sind. Die Kontakte steuern Stromkreise, die den Stellmotor für Linkslauf, Stillstand oder Rechtslauf schalten. Bei Lage des Voltmeterzeigers zwischen beiden Endkontakten ist also der Stellmotor ausgeschaltet. Die Stellgröße wird bei Lauf des Motors kontinuierlich verstellt (stetige Einstellung der Stellgröße), bis die Regelgröße so weit berichtigt ist, daß die Regeleinrichtung wieder ausschaltet. Die inzwischen erfolgte Änderung der Stellgröße entspricht dem Zeitintegral der Regelgrößenabweichung, unter Beachtung der Werte, bei denen die Kontakte schließen bzw. öffnen.

Heute stehen anstatt des Zeigeranschlages eines Voltmeters bessere Schaltmechanismen zur Verfügung. Relaisanordnungen einschl. polarisierter Relais und insbesondere Kippvorrichtungen magnetischer oder elektronischer Bauart, denen zusätzlich zur Energieverstärkung Relais oder Schütze robusterer Bauart nachgeschaltet sein können, stehen im Vordergrund. Hinsichtlich der Arbeitsweise derartiger Dreipunktschalter sind drei typische Verhaltensweisen zu unterscheiden, für die in *Bild 73* die Übergangsfunktionen gezeigt sind. Von allgemeiner Bedeutung ist die Übergangsfunktion *a* für hysteresebehaftete Schaltelemente. Man möge sich hierzu eine Schaltung mit zwei hysteresebehafteten Relais vorstellen, von denen das eine den Motor bei der Regelabweichung x_2 im einen Drehsinne zuschaltet und dann bei Sinken der Regelabweichung auf x_1 wieder abschaltet, während das andere Relais den Motor bei der negativen Regelabweichung $-x_2$ im entgegengesetzten Drehsinn zuschaltet und beim Wert $-x_1$ wieder abschaltet. Sowohl die Breite der Hystereseschleifen $x_2 - x_1$ sowie auch der zwischen beiden Schleifen liegende Bereich $2x_1$ bestimmen die Zonen, in denen kein Schaltvorgang ausgelöst wird. Die Übergangsfunktion *b* gilt für hysteresefreie Schaltmechanismen, wobei dann die tote Zone allein durch die Werte $+x_1$ und $-x_1$ begrenzt ist. Für zusätzlich vernachlässigbar kleine tote Zone gilt die Übergangsfunktion c. Hier fällt ein Abgeschaltetsein des Stellmotors weg, er wird von einem Drehsinn unmittelbar auf den entgegengesetzten Drehsinn umgeschaltet, wobei die Frage unberührt bleiben

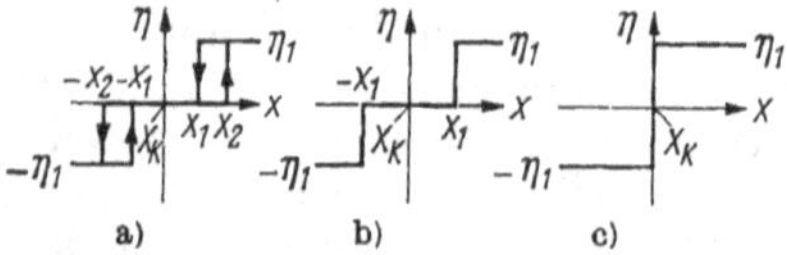

Bild 73. Kennlinien von Dreipunktschaltern

soll, ob dies technisch zulässig wäre bzw. durch Sondermaßnahmen technisch ermöglicht werden könnte. Eine solche Anordnung zeigt ein Zweipunktverhalten, jedoch nicht nach der in § 14a behandelten Art, bei der die Stellgröße (wenn man ihren Wert kurvenmäßig in Abhängigkeit von der Zeit aufträgt) beim Schalten senkrecht von einem diskreten Wert auf den anderen springt, sondern sie verändert sich in einer gemäßigten Art, bei der die zeitliche Kennlinie der Stellgröße infolge der endlichen Geschwindigkeit des Motors schräge Wände besitzt. Aber auch in den Fällen a und b haben die entsprechenden Kennlinien des Stellgliedes ebenfalls schräge Wände (z. B. *Bild 77*). Dem Dreipunktschalter nachgeschaltete Relais oder Schütze ändern an den dargestellten Verhältnissen nichts Grundsätzliches, wobei auch hier auf verschiedene der Idealisierung dienende Vernachlässigungen, z. B. von Trägheiten u. a., hingewiesen sein möge. Für die Praxis besonders wichtig ist die Übergangsfunktion a, die wir im folgenden zugrunde legen wollen.

Ein wichtiges Beispiel ist die Ausführung gemäß *Bild 74* mit elektrischen und magnetischen Bauelementen, die durch Kippschaltungen, verzögerte Rückführungen und einen nachgeschalteten Stellmotor ein Verhalten zeigt, das (wie auch bei ähnlich arbeitenden Regeleinrichtungen anderer Bauart) durch die Bezeichnung „*Pulsregler*" charakterisiert wird. Uns interessiert die regeltechnische Wirkung, nicht aber das elektrische und magnetische Geschehen, so daß in *Bild 74* verschiedene für die technische Realisierung erforderliche Teile wie Gleichrichtung, Glättung, Arbeitspunktfestlegung

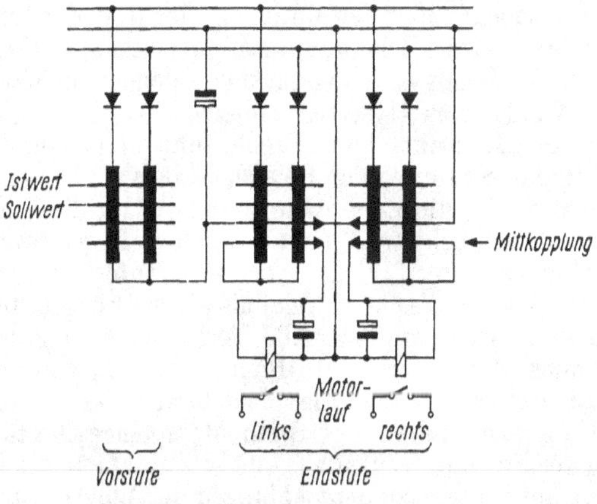

Bild 74. Magnetverstärker eines Pulsreglers. *a* und *b* Steuerwicklungen für Ist- und Sollwert, *c* für die Aussteuerung der Endstufe, *d* für die mitkoppelnden Rückführungen

u. a. nicht aufgenommen sind. Die Vorstufe dient u. a. vor allem auch dem Istwert-Sollwertvergleich, wenn auch noch andere Steuereinflüsse mittels zusätzlicher Wicklungen Berücksichtigung finden können. Die beiden vom Sollwert und Istwert gespeisten Wicklungen sind im gegensätzlichen Sinne wirksam. Ihre Differenzwirkung entspricht der Regelabweichung und beeinflußt vergrößernd oder vermindernd den magnetischen Zustand. Der Ausgang der Vorstufe steuert entsprechend die beiden Teile der Endstufe. Als für das impulsartige Arbeiten wesentlicher Bestandteil besitzen die Endstufenteile überkritisch mitkoppelnde Rückführungen (s. § 9e „Mitkopplung"), die nur bistabile Zustände des Endstufenausgangs ermöglichen (Kippschaltung), entsprechend der Charakteristik *Bild 70a*, so daß jeder Endstufenteil nur zwei Arbeitspunkte besitzt und die beiden von ihnen gespeisten Ausgangsrelais in voll erregten oder nicht erregten Zustand versetzt. Der eine Arbeitspunkt beider Endstufenteile bewirkt das Ausschalten beider Relais, während die anderen Arbeitspunkte das eine oder das andere Relais zum Schalten bringt, so daß ein nachgeschalteter Motor für Rechts- oder Linkslauf eingeschaltet wird. Die kontaktlos arbeitenden Endstufen steuern zwar Relais zur Verstärkung. Jedoch bewirken die steilen Wände der Hystereseschleifen der Endstufen ein Arbeiten der Kontakte ohne Prellen und ohne schleichende Kontaktgabe (Schonung der Relaiskontakte).

An sich würden die Relais den Stellmotor für die Dauer der über den Ansprechwert hinausgehenden Regelabweichung auf Rechtslauf bzw. Linkslauf bei konstanter und von der Größe der Regelabweichung unabhängiger Drehgeschwindigkeit schalten. Dieses funktionelle Verhalten wird grundsätzlich geändert durch verzögerte Rückführungen, von denen je eine durch weitere Kontakte des einen bzw. anderen Ausgangsrelais beim Einschalten des Stellmotors eingeschaltet wird (je nach Rechts- oder Linkslauf) und in zeitabhängiger Gegenkopplung auf weitere Steuerwicklungen der Vorstufe arbeitet. *Bild 75* zeigt eine Kondensatorrückführung (*RC*-Kombination)

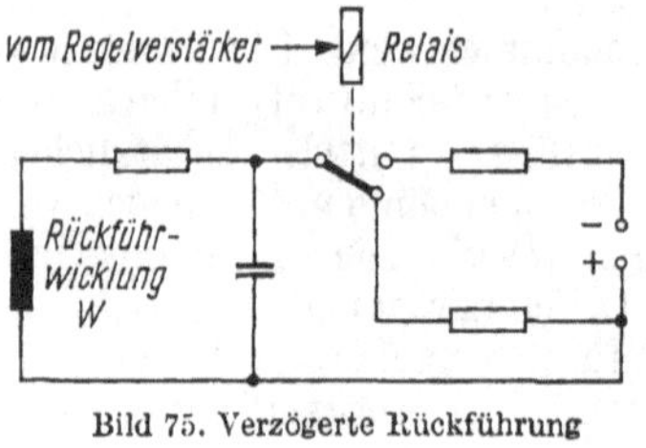

Bild 75. Verzögerte Rückführung

mit entsprechendem funktionellem Verhalten. Beim Anziehen des zugehörigen Relais wird der Rückführkreis an Spannung gelegt und es fließt zeitlich anwachsend ein Strom in die Rückführwicklung *W* der Vorstufe, bis der von ihr erregte Fluß den Differenzfluß von Ist- und Sollwertwicklung magnetisch so weit kompensiert hat, daß das Relais abfällt und der „Impuls“ beendigt ist. Der Rückführstrom in der Rückführwicklung nimmt durch die nun erfolgende Entladung des Kondensators ab, bis das Relais wieder einschaltet und einen neuen Impuls einleitet.

Das funktionelle Verhalten des Reglers mit derartigen Rückführungen zeigen die *Bilder 76 und 77*. Bei einer zur Zeit t_1 sprunghaft einsetzenden und konstant bleibenden Regelabweichung x_w wirkt im Sprungmoment allein x_w. Da ihr Wert so groß angenommen ist, daß ihre Wirkung die Ansprechgrenze ξ_2 des Ausgangsrelais merkbar überschreitet, schaltet das zugehörige Relais den Motor ein, gleichzeitig aber auch die Rückführung. Die Summenwirkung von x_w und x_r (x_r = ihr negativ wirkender Rückführungseinfluß auf den Eingang) ergibt eine mit der Zeit sinkende Wirkung auf die Vorstufe, bis die Abfallgrenze ξ_1 des Relais zur Zeit t_2 erreicht ist, das Relais abfällt und die Rückführung ausgeschaltet wird. Der Rückführstrom klingt ab und der Einfluß von x_w überwiegt zunehmend, bis zur Zeit t_3 die Ansprechgrenze ξ_2 erreicht wird und durch Schalten des Relais der Einfluß von x_r von neuem zunimmt. Dieses Spiel geht bei konstantem Wert von x_w fortlaufend in gleichen Zeitintervallen weiter. Dabei ist zu beachten, daß der erste durch die Zeit $t_2 - t_1$ gegebene Impuls infolge des Überschießens von x_w über die Ansprechgrenze ξ_2 von längerer Dauer ist, als die folgenden unter sich gleich langen Impulse $t_3 \rightarrow t_4$, $t_5 \rightarrow t_6$ usw. Es handelt sich um eine Impulsfolge mit längerem Anfangsimpuls, ein Verhalten wie wir es in anderer Art beim elektronischen *PD*-Regler (s. *Bild 43*) kennen lernten. Diese Impulsfolge schaltet den nachgeschalteten Stellmotor ein und aus, so daß er das Stellglied in entsprechenden Schritten verstellt. *Bild 77a* zeigt die integrierende Wirkung durch den Motor: zunächst eine relativ große Verstellung der Stellgröße y und darauf folgend weitere kleinere Verstellungen (Treppen-

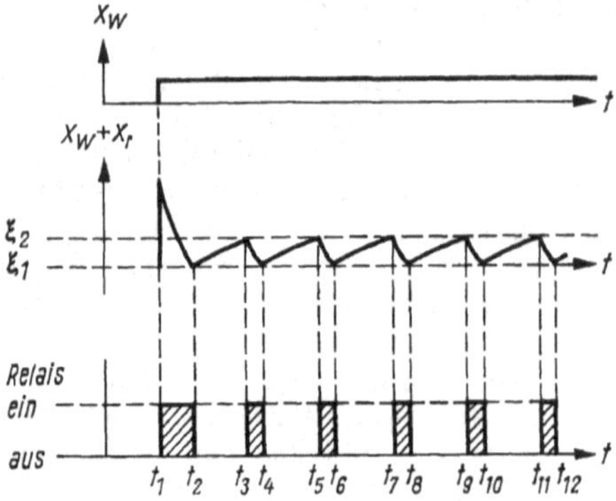

Bild 76. Impulsschema

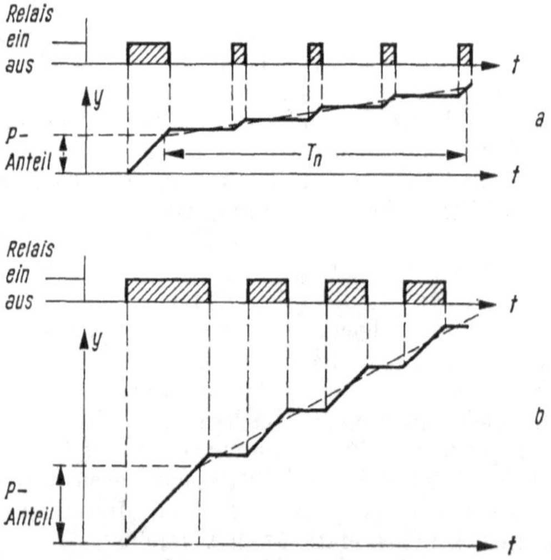

Bild 77. Pulsregler, zeitlicher Verlauf der Stellgröße

kurve). Wenn man eine Mittellinie zieht (gestrichelt gezeichnet), so zeigt diese die Kennlinie des idealen stetigen *PI*-Reglers gemäß *Bild 19*: der erste lange Impuls wirkt ähnlich dem *P*-Anteil, die folgenden kürzeren Impulse ähnlich dem *I*-Anteil eines *PI*-Reglers, welche Betrachtung indessen die endliche Stellgeschwindigkeit des Motors nicht berücksichtigt (die vor allem erst im Zusammenhang mit den Eigenschaften der Regelstrecke zu werten ist). *Bild 77b* zeigt die Verhältnisse bei einem größeren Sprung von x_w: gegenüber *Bild 77a* ein längerer Anfangsimpuls und danach eine Impulsfolge größerer Länge und kleinerer Pausen. Die *P*-Wirkung ist kräftiger (bei jedoch nicht vergrößerter Frontschräge des Anfangsimpulses), die *I*-Wirkung steiler infolge größerer Steilheit der *mittleren* Stellgliedverstellung. Es besteht eine Abhängigkeit von x_w. Ab einer bestimmten großen Regelabweichung kann die Rückführung keinen Einfluß mehr ausüben: dann läuft der Stellmotor pausenlos, so daß die größtmögliche mittlere Stellgeschwindigkeit erreicht ist. In diesem Grenzfall geht die schräge Front des *P*-Anteils unmittelbar in die gleich große Schräge des *I*-Anteils über, der nun mit gleicher Dauerverstellgeschwindigkeit arbeitet, so daß der Regler für dieses Extrem als *I*-Regler anzusprechen ist. Dies bleibt aber im Regelvorgang nur so lange wirksam, bis x_w so weit verkleinert ist, daß wieder obiges *PI* Verhalten eintritt.

Das *PI*-ähnliche Verhalten des Ausgangs des Reglers (d. i. die Verstellung der Stellgröße) relativ zu x_w ist das für den Einsatz des Reglers Wesentliche. An sich haben die Relaisimpulse, durch die verzögerte Rückführung zusätzlich gesteuert, *PD*-Verhalten. Der Stellmotor wirkt integrierend und erst hierdurch erhält der Regler *PI*-Verhalten. Es handelt sich somit um einen „integral wirkenden Relaisregler mit konstanter Stellgeschwindigkeit bei ausschlagabhängiger mittlerer Stellgeschwindigkeit und ausschlagabhängigem *P*-Einfluß." Die Stellgröße kann stetig jeden Wert annehmen (stetiger Regler), wenn sie auch in Schritten verstellt wird (Schrittregler). Die Impulsgabe an den Stellmotor charakterisiert den Regler mit anderen Worten als „Pulsregler".

Die praktische Ausführung derartiger Regler gibt verschiedenartige Möglichkeiten, gegenüber idealisierten Verhältnissen Abweichungen zu zeigen. Totzeiten des Relais wirken sich als Verschiebung bzw. Verbreiterung der Ansprechgrenzen aus. Die Dimensionierung kann eine Nichtlinearität des *P*-Wertes zur Folge haben und der *P*-Bereich mit zunehmender Regelabweichung abnehmen. Die dadurch gegebene „progressive" Wirkung des *P*-Anteils läßt sich etwa als zusätzliche Vorhaltwirkung eines *PID*-Reglers deuten.

d) Abtastregler

Aufgaben, bei denen nur relativ kleinste Energien dem Eingang der Regeleinrichtung zugeführt werden können (wie z. B. bei Messungen des Istwertes mittels Thermoelementen und Galvanometern), und anderseits Fälle von Regelstrecken mit beachtlichen Totzeiten, die besondere regeldynamische Maßnahmen erfordern, haben zum Einsatz von Abtastreglern geführt. Bei diesen Reglern wird der *Istwert in Zeitintervallen abgetastet.* Nur in bestimmten diskreten Zeitaugenblicken *(Tastzeitpunkten)*, die z. B. gemäß Konstruktion in festen Intervallen (den *Tastintervallen*) aufeinander folgen, ist der Regelkreis geschlossen, während er in der übrigen Zeit eines Intervalles geöffnet ist. Und zwar ist er während der an den Abtastaugenblick anschließenden sogenannten *Arbeitszeit*, in der die Regeleinrichtung auf Grund der soeben gemessenen Regelabweichung das Stellglied verstellt, zwischen Regelstrecke und Meßorgan unterbrochen und darauf während der sogenannten *Freizeit*, in der das Meßwerk der Regelgröße wieder frei folgen kann, zwischen Meßwerk und Stellgröße unterbrochen. Ist das Schlußglied der Regeleinrichtung, wie es meist der Fall ist, ein Stellmotor, der das Stellglied schrittweise verstellt, so liegt auch hier ein Schrittregler vor. Das periodische Tasten bedeutet eine *Unstetigkeit in bezug auf die Zeit.*

Bild 78 zeigt das Schaltwerk eines *ausschlagabhängigen Abtast-Schrittreglers.* Der Zeiger *Z* eines empfindlichen Galvanometers, das im Diagonalzweig einer Brücke liege, ist mit einem Druckstück *D* versehen. Die Kurvenscheibe *K* wird von einem (nicht gezeichneten) Motor dauernd gedreht. Dabei drücken die drei Stufen der Kurvenscheibe periodisch den Druckbügel B nach oben (= *Druckbügelregler*, während beim *Fallbügelregler* sinngemäß beim Herunterfallen eines Druckstückes ähnliches bewirkt wird). Dieser klemmt das Druckstück D des Zeigers, wenn er nicht in der Mitte steht, gegen eine der Wippen W_1 und W_2, so daß sich Zeiger und Wippe nach oben bewegen. Die Wippen sind ebenfalls stufenförmig ausgebildet. Auf ihnen befinden sich Quecksilberschalter Q_1 und Q_2, die beim Anheben der Wippe Kontakt geben. In der im Bild gezeichneten Stellung ist der Zeiger so weit ausgeschlagen, daß sich sein Druckstück unter der äußersten Stufe der rechten Wippe befindet und daß daher bereits die erste Stufe der Kurvenscheibe die Wippe anheben und Kontaktgabe veranlassen konnte. Die beiden folgenden Stufen der Kurvenscheibe heben die Wippe noch höher. Die Quecksilberschalter sind in diesem Beispiel so beschaffen, daß auch für diese Stufen Kontaktgabe besteht. Der Stellmotor ist daher für die Zeitdauer der drei Stufen der Kurvenscheibe eingeschaltet, so daß die mittlere Stellgeschwindigkeit am größten ist. Befindet sich aber der Zeiger in Mittellage, bewegt sich das Druckstück D in einem freien Spalt zwischen den beiden Wippen: die Regelgröße besitzt ihren Sollwert, der Stellmotor wird nicht geschaltet. Außerhalb der drei Stufen der Kurvenscheibe kann der Stellmotor nicht in Tätigkeit treten, eine Befehlsgabe der Meßgröße an das Stellglied ist nicht möglich. Die durch die drei Stufen an das Stellglied gegebenen Befehle sind *Impulse unterschiedlicher Breite*, denen das Stellglied folgt. Das integrale Verhalten des Reglers kann ebenso wie

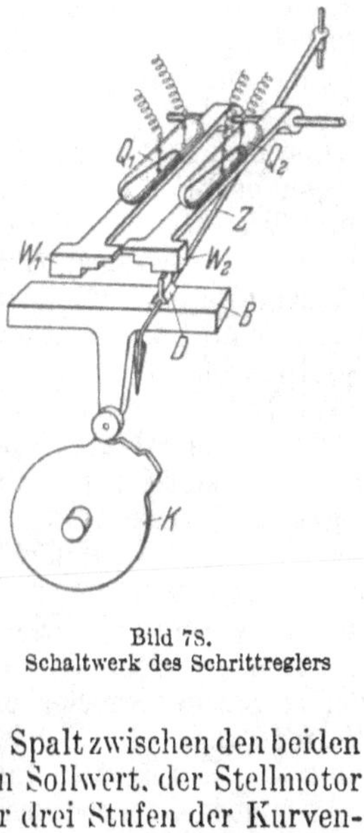

Bild 78.
Schaltwerk des Schrittreglers

in anderen Fällen durch Rückführungen in ein *PI*- bzw. *PID*-Verhalten abgewandelt werden.

Die Ansprechempfindlichkeit eines empfindlichen Galvanometers liegt in der Größenordnung von 10^{-5} V, die Schaltleistung eines Quecksilberschalters bei einigen kW, so daß eine hohe Leistungsverstärkung von etwa 10^{14} gegeben ist. Sie ist dadurch möglich, daß der Galvanometerzeiger praktisch keine mechanische Arbeit zu leisten hat. Diese hohe Verstärkungsziffer hat aber nichts mit der Kreisverstärkung im Regelkreis zu tun, die den Regelfaktor bei *P*-Regelung bestimmt (s. § 4). Der Mechanismus des Schrittreglers setzt hinsichtlich der Arbeitszeiten Grenzen. Eine bestimmte Stellgenauigkeit (z. B. von 2% des Stellbereiches) begrenzt die Stellzeit der untersten Stufe. Die Quecksilberkippröhrchen lassen eine bestimmte Kontaktzeit nicht unterschreiten. Der Zeiger benötigt nach Aufhebung seines Festklemmens durch die Stufen der Kontaktscheibe eine gewisse Zeit, bis sich der neue Wert eingespielt hat. Die praktisch erreichbaren Zeiten variieren je nach der vorliegenden Konstruktion. Als Anhalt kann man *Abtastperioden* von 3 bis 30 s, hinsichtlich der Stellzeit für den ganzen Stellbereich z. B. einen Wert von 50 ... 100 s annehmen.

Wenn die Abtastperiode gegenüber den Zeitwerten der Regelstrecke kurz ist, kommt die Regelung mittels Schrittregler derjenigen mittels eines stetigen Reglers sehr nahe. Sie läßt sich u. U. ähnlich dieser behandeln. Bei Regelstrecken mit Totzeit kann die erzielbare Regelgüte eines Abtastreglers der eines kontinuierlichen Reglers merklich überlegen sein, insbesondere wenn das Tastintervall in der Größenordnung der Totzeit der Strecke bemessen werden kann und die übrigen Verzögerungen der Regelstrecke vergleichbar zur Totzeit klein sind. Die Eigenverzögerungen des Abtastreglers sind im allgemeinen klein gegen das Tastintervall, so daß sie dann vernachlässigbar sind. Ausschlag*unabhängige* Abtastregler besitzen eine konstante, von der Größe der Regelabweichung unabhängige Schrittgröße. Mit ihnen sind befriedigende Regelergebnisse dann zu erwarten, wenn sie unter zweckmäßiger Dimensionierung an geeigneten Regelstrecken eingesetzt werden.

Die im obigen Beispiel vorliegende Art der Abtastung und Befehlsgabe – feste Abtastintervalle, definierte Impulsbreiten, konstante Stellgeschwindigkeit – ist eine der Möglichkeiten, die man wählen kann und die bevorzugt angewandt wird. Eine andere Form der Ausschlagabhängigkeit kann man dadurch gewinnen, daß man nicht mit einer Variation der Arbeitszeit (drei Stufen in *Bild 78*) bei konstanter Stellgeschwindigkeit arbeitet, sondern mit konstanter Arbeitszeit bei einer Variation der Stellgeschwindigkeit. Außer den Pulsbreiten-modulierten Abtastregelsystemen *(PBM-System)* sind auch Pulsfrequenz-modulierte Abtastsysteme *(PMF-Systeme)* von Bedeutung, bei denen z. B. die Frequenz der Abtastung in Abhängigkeit von der Amplitude des Eingangssignals steht.

Abtastregelsysteme sind auf verschiedenen Gebieten zu wachsender Bedeutung gekommen, so z. B. auch für die Mehrfachausnutzung von Stabilisierungsverstärkern, indem durch Abtastung etwaige Nullpunktfehler einer Gruppe von Rechenverstärkern in jedem Durchgang festgestellt und korrigiert werden, ferner in der Verfahrenstechnik, indem hauptabhängige Größen abgetastet werden und notwendige Signale weitergegeben werden können, wie auch bei Lageregelungen u. a. Das diskrete Arbeiten der Abtastsysteme hat eine gewisse Ähnlichkeit mit Schaltungen der digitalen Technik, die ebenfalls diskrete Daten verarbeitet.

e) Programmierte Regler

Da nichtlineare Regler für bestimmte Aufgaben den klassischen linearen Reglern überlegen sein können, hat die Weiterentwicklung zu speziellen Regeleinrichtungen geführt, die als „programmierte Regler" bezeichnet werden. Bereits eine Abhängigkeit der Werte der Reglerparameter (Verstärkung und Stellgeschwindigkeit beim *PI*-Regler) von der augenblicklichen Größe der Regelabweichung können bei bestimmten Regelstrecken merkbare Verbesserungen ergeben. „Halbproportional wirkende" *P*-Regler werden für Strecken mit betontem Totzeitcharakter mit Vorteil verwendet. Durch beschränkte Linearitätsbereiche können sprunghafte Änderungen der Kenngrößen bewirkt werden. Man kann erreichen, daß die volle Leistungsfähigkeit der Stelleinrichtung in begrenzten Zeitabschnitten des Regelvorganges voll ausgenutzt wird. Ein spezielles Zusatzgerät, Programmierungsgerät, rechnendes „Netzwerk", auch kurz „Rechner" genannt, besorgt die Realisierung der notwendigen Eigenschaften des Reglers.

Diese Zusatzgeräte hängen in ihrer Struktur von der mehr oder weniger komplizierten Struktur der Regelstrecke ab. Man könnte die Wirkung vielleicht mit der Bedienung einer Anlage durch einen geübten Betriebsmann vergleichen, der mittels Handregelung bei Eintritt einer Störung den Sollwert in wenigen Schritten schnell wiederherstellen kann, evtl. unter Zuhilfenahme einer vorübergehenden „Überregelung" in geeigneten Zeitpunkten, wie es geeignete Zusatzgeräte gegebenenfalls ebenso bewirken. Es handelt sich um ein spezielles Gebiet der modernen Regelungstechnik für besondere Aufgaben. Solche Regeleinrichtungen sind nicht generell verwendbare Regler, sondern Anordnungen, die einer bestimmten Aufgabe gerecht werden.

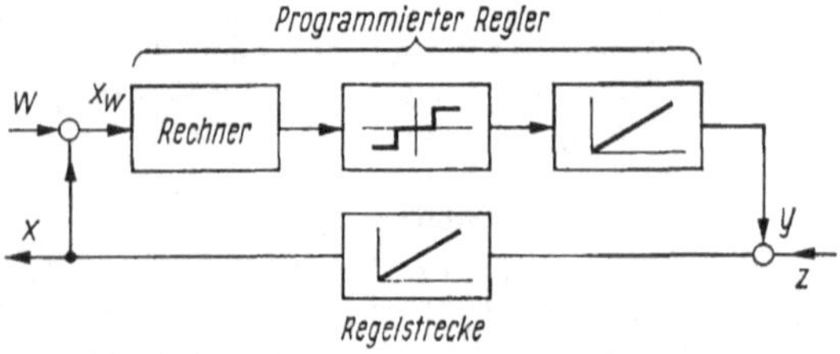

Bild 79. *I*-Regelstrecke und programmierter Regler

Das Zusammenarbeiten einer *I*-Regelstrecke mit einem linearen *I*-Regler zeigt instabiles Verhalten (§ 6e). Ein Dreipunkt-*I*-Regler, der durch ein geeignetes Vorsatzgerät modifiziert ist (*Bild 79*), zeigt jedoch für die Regelung integraler Regelstrecken gute Eigenschaften. In dem Gerät liegt ein *P*-Glied parallel zu einer Serienschaltung aus einem *D*-Glied und einem Glied, dem die Funktion $c\,\dot{x}\,|\dot{x}|$ gegeben ist. Dieser

Rechner wandelt die Regelgröße x in eine Ausgangsfunktion $x + m\dot{x}\,|\dot{x}|$ um und steuert das zeitlich zweckmäßige Umschalten des Stellmotors. Durch zusätzliche Verzögerung oder Totzeit entstehende, meist geringe Schwingungen sind für viele Aufgaben unwesentlich, bzw. durch geeignete Mittel unterdrückbar. Bei Abtastregelkreisen (s. § 14d) fällt der augenblickliche Wert der Regelgröße nicht kontinuierlich an, sondern wird in diskreten Zeitaugenblicken gemessen, so daß zeitliche Ableitungen nicht gebildet werden können, es sei denn, daß die Dauer der Abtastperiode im Vergleich zur Zeitkonstante der Regelstrecke sehr klein ist und geeignete Netzwerke Ableitungen in Annäherung liefern können. Bei einer Periodendauer der Abtastung in Größenordnung der Streckenzeitkonstante kann man mittels eines Zusatzgerätes aus nichtlinearen Bauelementen und evtl. auch Logikelementen zweckmäßiger Schaltfunktion günstige dynamische Verhältnisse erreichen.

f) Relaisregler in Brückenschaltung

Bei vielen Regleranordnungen wird die Messung der Regelgröße und die Bildung der Regelabweichung mittels einer Brückenschaltung (einer Wheatstoneschen Brücke) vorgenommen. Dies ist keine spezifische Eigenart in der Anwendung unstetiger Regler. Wir haben bereits beim elektropneumatischen und elektrodynamischen Regler, die stetige Regler sind, darauf hingewiesen, daß von einer Brückenschaltung Gebrauch gemacht sein kann. *Bild 80* zeigt eine prinzipielle Anordnung, bei der als Meßsystem ein *polarisiertes Relais* im Diagonalzweig einer Meßbrücke liegt, die im unteren Teil des Bildes gezeichnet ist, während in einer zweiten Brücke (oben) eine thermische Rückführung liegt. Die Meßbrücke besteht aus zwei Widerstandszweigen, von einer gemeinsamen mit + und − bezeichneten Spannungsquelle gespeist, die für bestimmte Regelaufgaben auch stabilisiert wird. Der eine Zweig ist eine Serienschaltung aus zwei festen Widerständen r_1 und r_2 sowie einem Potentiometer b, der andere Zweig eine solche aus einem verstellbaren Widerstand s, mit dem der Sollwert verstellt werden kann, und einigen Widerständen I bis III, die zur Istwertbildung dienen und von denen wir zunächst nur den Widerstand I als vorhanden ansehen wollen. Beide Zweige sind oben über einen veränderlichen Doppelwiderstand *a* zusammengeführt. Die Meßwicklung W_1 des polarisierten Relais liegt im Diagonalzweig der Brücke. Die Wicklung W_2 sei zunächst nicht angeschlossen. Wir nehmen an, daß I ein Widerstandsthermometer ist. Wenn sich sein Widerstandswert ändert, fließt durch die Meßwicklung W_1 ein Strom, der das polarisierte Relais ansprechen und Kontakt geben läßt, wodurch die elektrische Hilfsenergie geschaltet wird. Der Stellmotor *StM* — Stellmotoren werden auch *Servomotoren* genannt — läuft in der einen oder anderen Richtung und verändert die Stellgröße, bis die auf den Widerstand I einwirkende Temperatur wiederhergestellt ist. Dann wird der Diagonalzweig der Brücke wieder stromlos, weil die Punkte, an denen die Wicklung angeschlossen ist, wieder gleiches Potential haben. Das Relais fällt ab, der Stellmotor bleibt stehen.

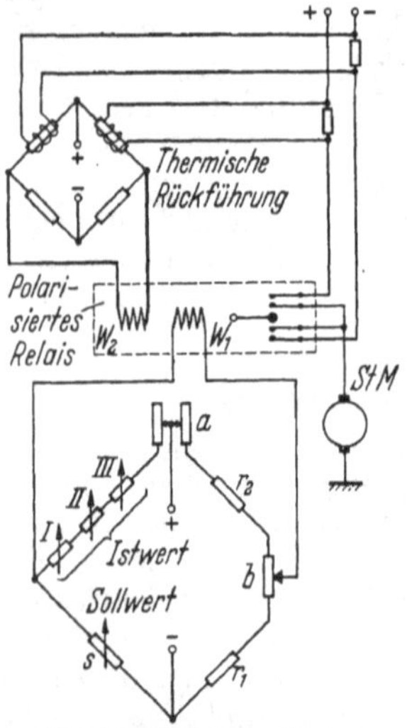

Bild 80. Elektrischer Regler in Brückenschaltung mit thermischer Rückführung

Diese Regeleinrichtung ist ohne thermische Rückführung eine Ausführung des *Dreipunktreglers* mit nachgeschaltetem, mit konstanter Drehzahl arbeitendem Motor als *integrierendes Folgeglied*: ein „*I*-Regler mit Ausschlagunabhängigkeit". Seine Vervollkommnung zur Ausschlagabhängigkeit bzw. zum *PI*-Verhalten erhält er durch die im Bild gezeichnete und unten besprochene thermische Rückführung.

Die elektrische Brücke hat eine ganze Anzahl besonderer *Vorteile*. Zunächst einmal ist es eine sehr einfache Maßnahme, die Brückenwiderstände gegen im Sonderfall passendere auszutauschen. Bei Vorhandensein der verstellbaren Bauteile a und b kann man durch einen Handgriff Veränderungen der Charakteristik des Sollwertstellers vornehmen. Von weiterer Bedeutung ist, daß sich auf leichte Weise andere Abhängigkeiten in die Regelung einführen lassen. Um dies anzudeuten, ist in *Bild 80* die Istwertbildung durch drei Glieder I bis III vorgenommen. Hierdurch kann man z. B. bei Kesselregelungen die Änderungen mehrerer Kohlezuteiler oder die Auswirkung verschiedener Brennstoffarten erfassen. Dies kommt auf eine Regelung hinaus, die auf die Summe mehrerer Meßwerte regelt. Man spricht dann auch von der Bildung von *Mischimpulsen*. Hierher gehört auch die in § 12b behandelte *Störwertaufschaltung*. Bei der Verwendung von polarisierten Relais als Meßwerk besteht auch die Möglichkeit, mehrere Wicklungen anzuordnen, so daß eine galvanische Trennung der Kreise möglich wird, von denen zusätzliche Beeinflussungen ausgehen sollen, wie wir hinsichtlich der Einführung einer Rückführung noch zeigen werden.

Als Meßwerk kommen auch andere Geräte in Frage. Galvanometer, Kreuzspulmeßwerke und Tauchspulensysteme sind Beispiele. Die Brücke kann auch verschieden aufgebaut sein. Oft werden Thermoelemente als Meßfühler ebenfalls in den Diagonalzweig gelegt, wobei das Meßgerät dann in Nullstellung kommt, wenn die Spannungsdifferenz der Brückeneckpunkte (zwischen denen der Diagonalzweig liegt) und die Thermoelementspannung sich gegenseitig aufheben. Auch können Rückführelemente in den Diagonalzweig oder in die Außenzweige gelegt werden. Als veränderliche Abgriffe kommen außer Potentiometer auch Ringrohre in Betracht, die mit mechanischen Meßfühlern gekoppelt sind und von diesen gedreht werden, wobei ein im Innern befindlicher Widerstandsdraht von Quecksilber mehr oder weniger weit kurzgeschlossen wird.

In *Bild 80* ist zusätzlich eine *thermische Rückführung* vorgesehen, die sich ebenfalls einer Brückenschaltung bedient und deren Wirkung sich in galvanischer Trennung der Wirkung des Meßkreises überlagert. Diese Rückführung ist eine verzögerte. Sie ist bei Verwendung derartiger integral wirkender Regleranordnungen notwendig, wenn sie auf Regelstrecken mit Anlaufzeit arbeiten sollen, um eine bestimmte Stellgeschwindigkeit ohne Überregeln wählen zu können. Ihre Wirkung täuscht dem Meßwerk ein schnelleres Erreichen des Sollwertes vor, so daß die Verstellung des Stellgliedes frühzeitiger abgebrochen wird. Zwei Widerstände der Rückführbrücke besitzen Heizwicklungen. Je nachdem, ob sich der Stellmotor im Rechts- oder Linkslauf befindet, wird der eine oder der andere Widerstand aufgeheizt, weil gleichzeitig mit dem Einschalten des Motors auch eine der Heizwicklungen eingeschaltet wird. Hierdurch verstimmt sich die Brücke und läßt Strom durch die Wicklung W_2 fließen. Die Polung ist so vorgenommen, daß dem Relais das Erreichen des Sollwertes vorzeitig angezeigt wird. Die durch das Eingreifen der thermischen Rückführung gegebenen Stellgliedspiele bewirken mit größer werdender Regelabweichung eine immer kräftigere Verstellung des Stellgliedes, bis bei Erreichen einer bestimmten Regelabweichung das Stellglied ununterbrochen läuft und damit die schnellstmögliche Verstellung gibt. Wenn auch die Geschwindigkeit des Stellmotors nur einen konstanten Wert hat, so ist doch die Wirkung dieser von der Größe der Regelabweichung abhängigen Spiele so, als ob im Mittel der Zeiteinheit eine anwachsende Stellgeschwindigkeit vorläge. Mit anderen Worten: das funktionelle Verhalten der thermischen Rückführung entspricht dem der elektrischen Kondensatorrückführung (*RC*-Kombination s. *Bild 75*). Beide Rückführungen sind Beispiele der so wichtigen verzögerten Rückführung.

Regeltechnisch ist der Schaltkontakt ein Verstärker hohen Grades und wirkt als Vorwärtsglied im Sinne von (9.1). Die Übergangsfunktion der thermischen Rückführung, die gleichzeitig mit dem Kontakt geschaltet wird, ist die des Rückwärtsgliedes und wirkt als *P*-Glied mit Verzögerung (exponentieller Anstieg). Ein solcher Regler ist gemäß § 9d ein *PD*-Regler. Hinter dieser Gegeneinanderschaltung liegt der Stellmotor, dessen Wirkung eine Integration des *PD*-Verhaltens ist, so daß die Gesamtanordnung *PI-Verhalten* zeigt. Zeitkonstante der Rückführung und Stellgeschwindigkeit, die ja das Maß des *PI*-Verhaltens bestimmen, müssen dem Charakter der Regelstrecke angepaßt werden. Durch entsprechend ausgebildete Rückführungen läßt sich auch ein *PID*-Verhalten erreichen.

g) Fremd- und selbsterregte Vibrationsregler

Bild 81 gibt ein Beispiel eines fremdgesteuerten Vibrationsreglers, dessen Arbeitsweise leichter als die des selbsterregten Vibrationsreglers zu übersehen ist. Eine etwa von einem Synchronmotor angetriebene Exzenterscheibe S hebt und senkt im Takte ihrer Umdrehungszahl den im linken Endpunkt drehbaren Hebel H_1. Hierbei werden periodisch die Kontakte K_1 und K_2 eines Schalters geöffnet und geschlossen. In der Zeichnung befindet sich der Kontakt K_2 in Mittellage, da der Hebel H_2, der von einem Meßwerk M gedreht werden kann,

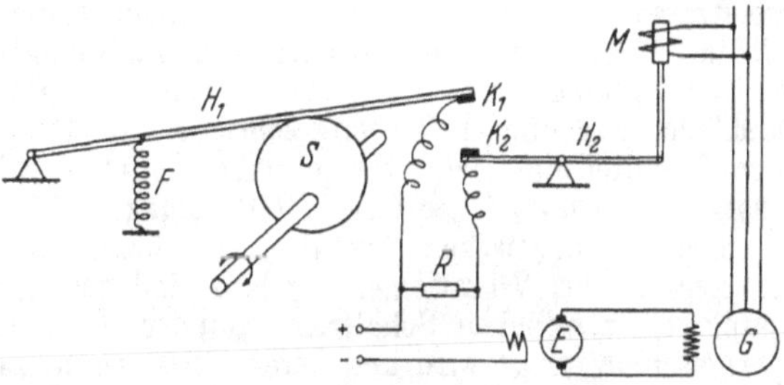

Bild 81. Fremdgesteuerter Vibrationsregler

horizontal liegt. In dieser Stellung ist die Schließ- und Öffnungsdauer gleich groß, der Vorwiderstand R des Erregerkreises der Erregermaschine für gleich lange Zeiten geöffnet und geschlossen. Der sich einstellende Erregerstrom pulsiert wie bei dem unter a) behandelten Regler (im Takte der Umdrehungszahl des Exzenters), sein Mittelwert wird durch die Größe von R bestimmt. In der Mittelstellung von K_2 bewege sich der Momentanwert des Stromes auf mittleren Abschnitten von Exponentialkurven. Den Pulsationen des Erregerstromes entsprechen Pulsationen der Erregerspannung des Generators *G* sowie in Auswirkung dieser auch Pulsationen seiner Ankerspannung. Da die Zeitkonstante des Generatorerregerkreises groß gegenüber der Schaltperiodendauer ist, sind die Pulsationen der Generatorspannung quantitativ so geschwächt, daß sie als praktisch unwesentlich angesehen werden und vielfach von einer „stetigähnlichen" Regelung oder von einer „Stetigregelung der Generatorspannung bei Zweipunktregelung im Feldkreis" gesprochen wird.

Das Meßwerk *M* verstellt nach Maßgabe der Spannung des Generators die Lage des Kontaktes K_2. Ist diese höher als in der Zeichnung — verursacht durch ein Sinken der Generatorspannung — ist die Schließdauer der Kontakte größer, der Widerstand *R* länger kurzgeschlossen, so daß der Mittelwert des Erregerstromes größer wird und die Generatorspannung steigt. Hierbei pulsiert der Momentanwert des Erregerstromes in anderen Teilen der Exponentialkurven, jedoch im Gegensatz zum selbsterregten Zweipunktregler unter Beibehaltung der Schaltfrequenz, da sie durch die Drehzahl der Exzenterscheibe vorgeschrieben ist. Das funktionelle Verhalten des Meßwerks schreibt die Art der Regelung vor: *P*-Regelung, *I*-Regelung, *PI*-Regelung.

Die meisten praktischen Ausführungen benutzen keine Fremderregung der Vibrationen, sondern sind selbsterregte Zweipunktregler, wobei ein Schaltrelais von der Spannung der Erregermaschine erregt wird und deren Erregung beeinflußt (z. B. das bekannte System des *Tirrillreglers*). Zur Erzielung der Regelwirkung wird das Schaltrelais zusätzlich von der Generatorspannung beeinflußt, sei es durch eine zweite Wicklung, sei es, daß der Gegenkontakt wie in *Bild 81* vom Meßwerk verschoben wird. Die Vibrationsfrequenz liegt in vielen Fällen in der Größenordnung von 1 bis 10 Hz.

h) Zentrifugal-Kontaktregler

Auch *elektrische Zentrifugalregler* gehören zur Gruppe der Zweipunktregler (bereits vor 1880 von Helmholtz verwendet). *Bild 82* gibt eine Prinzipdarstellung eines Reglers mit horizontaler Rotationsachse. Beim Schließen der Kontakte wird ein Widerstand im Erregerstromkreis des zu regelnden Nebenschlußmotors überbrückt. Die Überbrückung erhöht den Erregerstrom und bewirkt eine Herabsetzung der Drehzahl. Bei der Rotation wechselt der Einfluß der *Schwerkraft* auf den massebehafteten inneren Kontakt, der gleichzeitig unter der Wirkung der statischen Durchbiegung der Blattfeder steht, so daß der Kontakt in der oberen Lage öffnet und in der unteren schließt. Entsprechend bewirkt in der oberen Lage die Verringerung des Erregerstromes eine Erhöhung der Drehzahl und in der unteren Lage ein Anwachsen des Stromes eine Drehzahlerniedrigung. Es tritt also ein Pendeln der Regelgröße „Drehzahl" zwischen zwei Werten auf, wenn auch von geringer Größe, ähnlich wie in *Bild 72* der dort behandelte Zweipunktregler die Regelgröße „Temperatur" um $\pm x_m$ um die Werte X_K pendeln ließ. Beim Zentrifugalregler mit Schwerkrafteinwirkung ist die Pendelfrequenz durch die Drehzahl gegeben. In Abhängigkeit von der Belastung der Maschine wird durch die Zentrifugalkraft das Verhältnis von Einschalt- zu Ausschaltdauer der Kontakte während einer Umdrehung verändert und eine P-Abweichung der Drehzahl verursacht. Ein etwaiges Auftreten von Lichtbögen zwischen den Kontakten, was man durch geeignete Maßnahmen zu unterbinden sucht, sowie Abnutzungen der Kontakte sind zusätzliche Störgrößen mit Beeinflussung der P-Abweichungen.

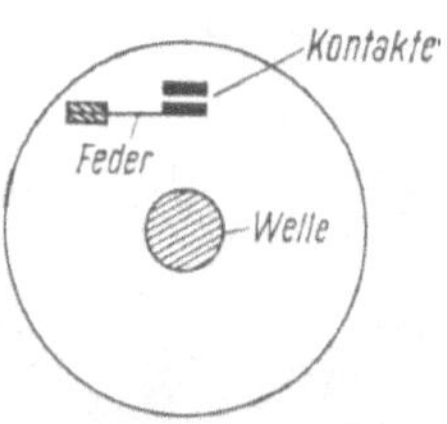

Bild 82.
Zentrifugal-Kontaktregler

i) Transistor-Zweipunktregler

Schließlich noch kurz der zu großer Bedeutung gekommene *Transistor-Zweipunktregler* (*Bild 83*)[1]): Das Zweipunktverhalten des an sich stetig arbeitenden Transistorverstärkers (s.

[1]) s. C. Keßler, Ein Transistor-Zweipunktregler, Siemens-Zeitschrift 31. Jahrg. (1957) S. 505, und derselbe, Ein Beitrag zur Theorie des Zweipunktreglers, Regelungstechnik 5. Jahrg. (1957) S. 339.

§ 13e, *Bild 65—66*) entsteht durch Zuschalten sowohl einer trägheitsbehafteten Gegenkopplung als auch einer überkritischen Mitkopplung. Die Summenwirkung dieser beiden Rück-

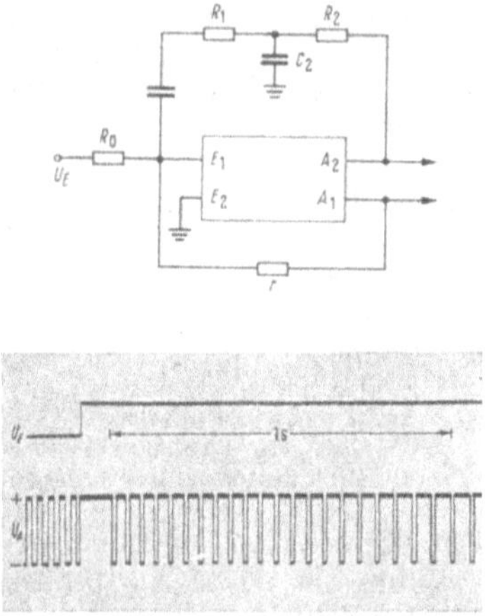

Bild 83. Transistorregler. Schaltung (oben) und Übergangsverhalten (unten) eines *PID*-Zweipunktreglers

führungen läßt den Verstärker zwischen zwei stabilen Endlagen hin- und herkippen. Die Höhe der Eingangsspannung steuert das Zeitverhältnis der beiden Zustände und damit den Ausgangs-Gleichstrommittelwert. Der Wert der Frequenz, mit der sich die Spiele wiederholen, ist zwar vom Aussteuerungsgrad abhängig, jedoch für das Prinzipielle hier von geringerer Bedeutung. Das Hin- und Herkippen zwischen den beiden Endlagen setzt die inneren Verluste wesentlich herab, so daß eine bedeutend höhere Ausgangsleistung zu erzielen ist, da die steuerbare Leistung nun nicht durch die Verlustleistung, sondern durch die Maximalwerte von Kollektorstrom und -spannung begrenzt wird.

Die diskontinuierliche Arbeitsweise tritt auch hier nach außen nicht in Erscheinung, da bei den Anwendungen die Zeitkonstanten der Regelstrecke im allgemeinen groß im Vergleich zur Tastperiode sind. Das Übergangsverhalten (*Bild 83* unten) zeigt, daß unmittelbar nach dem Sprung der Eingangsspannung ein sofort ins Auge fallender langer Impuls dem D-Verhalten gerecht wird, während das P-Verhalten durch ein geändertes Tastverhältnis und das I-Verhalten durch ein weiterhin linear anwachsendes Tastverhältnis gegeben ist.

§ 15. Untersuchungen mit Hilfe von Frequenzgängen

a) Die Frequenzganggleichung des Regelkreises in allgemeiner Betrachtung[1])

Es bestehe eine sinusförmig mit ω schwingende Regelgrößenabweichung $x(j\omega)$, wobei wir in diesem Paragraphen vielfachem Brauch entsprechend

$$j\omega = p$$

abkürzen und ab Abschnitt *b)* die Klammernotiz auch ganz fallen lassen. Wir betrachten die im Ausgang eines Reglers auftretende, ebenfalls sinusförmig schwingende Größe $y(p)$. Die Division beider Werte ergibt den Frequenzgang des Reglers in bezug auf die Regelgröße X:

$$F_{RX}(p) = \frac{y(p)}{x(p)}\,. \tag{15.1}$$

Entsprechend erhalten wir bei einer sinusförmig schwingenden Führungsgrößenänderung den Frequenzgang des Reglers in bezug auf die Führungsgröße W:

$$F_{RW}(p) = \frac{y(p)}{w(p)}\,. \tag{15.2}$$

Bei Vorhandensein beider Änderungsursachen wird der Ausgang des Reglers in Differenzwirkung erregt (vergleiche mit (4.2)). Wenn wir uns wieder für die Stellgrößenänderung interessieren, haben wir die Vorzeichenumkehr zur Erzielung des *Regelsinnes* gemäß (4.1) zu berücksichtigen, so daß sich *als Gleichung des Reglers* ergibt:

$$y(p) = -\,[F_{RX}(p)\cdot x(p) - F_{RW}(p)\cdot w(p)]. \tag{15.3}$$

---

[1]) Die Definition des Frequenzganges s. § 2, die Entwicklung der elementaren Formeln s. § 22.

Ohne weitere Erklärung können wir den analogen Vorgang an der Regelstrecke anschreiben:

$$x(p) = F_{SY}(p) \cdot y(p) + F_{SZ}(p) \cdot z(p), \qquad (15.4)$$

worin F_{SY} der Frequenzgang der Regelstrecke in bezug auf die Stellgröße und F_{SZ} derjenige in bezug auf die Störgröße sind. Zur Erleichterung wollen wir annehmen, daß $F_{RX}(p) = F_{RW}(p) = F_R(p)$ und $F_{SY}(p) = F_{SZ}(p) = F_S(p)$ ist, und erhalten anstatt (.3) und (.4)

$$y(p) = - F_R(p)[x(p) - w(p)] \qquad (15.3\text{a})$$

$$x(p) = F_S(p)[y(p) + z(p]. \qquad (15.4\text{a})$$

Diese Gleichungen entsprechen im Aufbau den Gleichungen (4.2) und (3.1). Durch Eliminieren von $y(p)$ erhalten wir die Frequenzganggleichung des geschlossenen Regelkreises:

$$x(p) = \frac{F_S(p) \cdot F_R(p)}{1 + F_S(p) \cdot F_R(p)} \cdot w(p) + \frac{F_S(p)}{1 + F_S(p) \cdot F_R(p)} \cdot z(p), \qquad (15.5)$$

die in ihrem Aufbau der Gleichung (4.3) ähnelt. Anstatt der Verstärkungsfaktoren V_S und V_P stehen hier die Frequenzgänge $F_S(p)$ und $F_R(p)$. Die Betrachtung von Sollwertänderungen allein $[z(p) = 0]$ bzw. von Laststörungen allein $[w(p) = 0]$ ergibt aus (.5) den Frequenzgang des geschlossenen Regelkreises „in bezug auf Sollwertänderungen“:

$$F_w = \frac{x(p)}{w(p)} = \frac{F_S \cdot F_R}{1 + F_S \cdot F_R} = \frac{1}{1 + 1/(F_S F_R)} \qquad (15.6)$$

$$= \frac{F_0}{1 + F_0} = \frac{1}{1 + 1/F_0} \qquad (15.6\text{a})$$

und „in bezug auf Störgrößenänderungen“:

$$F_Z = \frac{x(p)}{z(p)} = \frac{F_S}{1 + F_S F_R} = \frac{1}{F_R} F_w = \frac{1}{F_R + 1/F_S} \qquad (15.6\text{b})$$

$$= \frac{F_S}{1 + F_0} = \frac{1}{F_R} \frac{1}{1 + 1/F_0}, \qquad (15.6\text{c})$$

wobei

$$F_0 = F_S F_R = \textit{Frequenzgang des offenen Regelkreises} \qquad (15.6\text{d})$$

gesetzt wurde, d. h. die offene Serienschaltung von Regelstrecke und Regler, ohne Berücksichtigung der für das Schließen des Regelkreises notwendige Vorzeichenumkehr, s. (.3).

Wenn $F_0(p) = Z(p)/N(p)$ vorliegt, so erhält man aus Zähler $Z(p)$ und Nenner $N(p)$ den Frequenzgang des geschlossenen Regelkreises in bezug auf Sollwert-Änderungen gemäß (.6a):

$$F_w = \frac{1}{1 + N(p)/Z(p)} = \frac{Z(p)}{N(p) + Z(p)}, \qquad (15.7)$$

so daß man in vielen Fällen, in denen der Nenner von F_w in dynamischer Hinsicht interessiert, nur Nenner und Zähler von F_0 zu addieren braucht, um auf den Nenner von F_w zu kommen.

Bei einer Störungsänderung z_2, die nicht am Anfang der Regelstrecke anfällt, sondern innerhalb der Strecke und zwar so, daß man sie durch den Störort in zwei Streckenteile mit den Frequenzgängen F_{S1} und F_{S2} aufgeteilt erfassen kann, erhält man, indem man den Reglerfrequenzgang F_R und den Frequenzgang F_{S1} des vor dem Störort liegenden Streckenteiles zusammenfaßt und somit in (.6b) statt $1/F_R$ die Zusammenfassung $1/(F_R F_{S1})$ setzt – an F_w ändert sich nichts, da weiterhin $F_{S1} F_{S2} = F_S$ sei –, den Frequenzgang in bezug auf Störungsänderungen dieser Art:

$$F_{z2} = \frac{F_w}{F_R F_{S1}} = \frac{1}{F_{S1} F_R + 1/F_{S2}}. \qquad (15.8)$$

Die Tatsache, daß bei einer Störung am Eingang der Regelstrecke die Auswirkung der Störung erst die ganze Regelstrecke (beim Störort innerhalb derselben nur einen Teil von ihr) durchlaufen muß, bedeutet, daß sie beim Durchlaufen durch gegebenenfalls vorliegende Trägheiten ausgeschliffen wird und in entsprechend mehr oder weniger milderer Form den Eingang des Reglers erreicht. Daher ist eine sprunghafte Änderung des *Sollwerts* die härteste Form der Auslösung eines Regelvorganges, die allgemeinen Überlegungen gern zugrunde gelegt wird und für viele Aufgaben die Einfügung eines Sicherheitskoeffizienten in die rechnerische Behandlung bedeutet.

Während man Regler und Regelkreisteile, evtl. auch kleinere Anlagen, im Laboratorium auf ihr dynamisches Verhalten untersuchen kann, ist dies bei großen Anlagen nicht möglich. Bei einer Untersuchung an Ort und Stelle sind längere Betriebsunterbrechungen natürlich unerwünscht. Man sucht daher nach Verfahren, die längere Betriebsunterbrechungen vermeiden lassen. „*Analysatoren*" ermöglichen die Aufnahme des Frequenzganges größerer Anlagen an Ort und Stelle. Ein solcher Analysator wird z. B. zwischen Regler und Stellglied eingebaut und gibt auf letzteres eine sinusförmige Einwirkung. Diese sowie die als Antwort am Fühler des Reglermeßkreises entstehende Ausgangsgröße werden registriert, Amplitudenverhältnis und Phasenverschiebung zwischen beiden Größen festgestellt. Während des Versuches wird die Anlage von Hand gefahren und der Regler als proportionaler Übertrager eingestellt. Es wird von guten Erfahrungen berichtet, insbesondere auch bei schwierigen und unübersichtlichen Regelstrecken, bei denen aus dem aufgenommenen Frequenzgang die Totzeit eines Regelkreises abgeschätzt werden konnte, deren direkte Messung oder Berechnung unmöglich war.

b) Regelstrecke aus Proportionalglied mit Verzögerung 1. Ordnung in Zusammenarbeit mit einem I-Regler

Der Frequenzgang der Regelstrecke ist mit (5.1b) bzw. (22.6) anzuschreiben:

$$F_S = \frac{V_S}{1 + p T_S} \tag{15.9a}$$

und derjenige des Reglers mit (6.2), (6.3a), (22.9):

$$F_R = \frac{1}{p T_{\mathfrak{Z}}}\,. \tag{15.9b}$$

Den Frequenzgang des geschlossenen Regelkreises für Sollwertänderungen F_w bzw. Laststörungen F_z erhalten wir durch Einsetzen in (.6) bzw. (.6b):

$$F_w = \frac{V_S}{V_S + p T_{\mathfrak{Z}} + p^2 T_S T_{\mathfrak{Z}}} \tag{15.10}$$

$$F_z = \frac{V_S}{V_S + pT_\mathfrak{Z} + p^2 T_S T_\mathfrak{Z}} \cdot pT_\mathfrak{Z}. \qquad (15.11)$$

Infolge der Beziehungen gemäß § 22k können wir auf die Übergangsfunktionen bei sprunghafter Sollwert- bzw. Laständerung schließen, indem wir zur Bestimmung des Anfangs bzw. des Endes der Übergangsfunktion in (.10) und (.11) setzen: $p \to \infty$ bzw. $= 0$. In (.10) wird für $p \to \infty$ der Nenner ∞, so daß der Bruch und damit der Anfangswert der Übergangsfunktion Null wird. Für $p = 0$ wird der Bruch und damit der Endwert der Übergangsfunktion gleich 1. Der Übergang von 0 auf 1 erfolgt gemäß dem Dämpfungsgrad, der sich aus den Koeffizienten des Nenners wie bei einer Differentialgleichung errechnet. Im Augenblick $t = 0$ ist demnach die Regelabweichung gegenüber dem alten (Bezugs-) Sollwert gleich 0 und somit gegenüber dem neuen Sollwert gleich 100%, während für $t \to \infty$ die Regelabweichung gegenüber dem alten Sollwert 100% geworden, d. h. der neue Sollwert fehlerlos erreicht ist. Für die Laständerung erhält man aus (.11) mit $p \to \infty$ den Wert Null, mit $p = 0$ ebenfalls den Wert Null. Infolge der Trägheit der Regelstrecke kann sich die Laststörung ab $t = 0$ erst allmählich auswirken, wird aber durch den I-Regler völlig ausgeregelt. Die im Ablauf des Regelvorganges maximale vorübergehende (dynamische) Regelabweichung erhält man dadurch, daß man in dem durch (.10) gegebenen Kurvenverlauf, der ja gleichzeitig dem Bruch in (.11) entspricht, den steilsten Punkt aufsucht und für diese Stelle gemäß der durch den Operator p des zweiten Faktors vorgeschriebenen Anweisung den Differentialquotienten unter Multiplikation mit $T_\mathfrak{Z}$ bildet.

c) Regelverstärker mit Rückführungen

§ 9 zeigte, daß ein Regler mit bestimmtem Verhalten dadurch gewonnen werden kann, daß man einen Verstärker vom Ausgang zurück zum Eingang auf bestimmte Weise gegenkoppelt. Mit (22.17) ist der Frequenzgang eines Reglers, der aus einem Regelverstärker mit Rückführung besteht:

$$F_R = \frac{1}{F_r + 1/F_V}, \qquad (15.12)$$

worin F_V der Frequenzgang des Vorwärtsgliedes und F_r der des Rückführgliedes ist. Als Vorwärtsglied kommt ein Proportional- oder ein Integralglied in Betracht. Das erstere hat mit (22.4) den Frequenzgang V_P (P-Verstärker), das zweite mit (22.9) den Frequenzgang $1/(p\,T_{\mathfrak{J}})$ (I-Verstärker). Bei *hinreichend hoher Verstärkung* können wir in Annäherung $V_P \approx \infty$, andererseits die Zeit $T_{\mathfrak{J}} \approx 0$ (der I-Verstärker arbeitet unendlich schnell) annehmen. In beiden Fällen wird $1/F_V \approx 0$, so daß dann die Frage, ob P- oder I-Verstärker, zweitrangig ist (theoretisch, da Massenwirkung bei sehr kleinem $T_{\mathfrak{J}}$ nicht vernachlässigbar!). Man erhält hiermit aus (.12):

$$F_R \approx 1/F_r. \tag{15.13}$$

Der Frequenzgang des Reglers ist dann annähernd *gleich dem inversen Frequenzgang der Rückführung*, die praktisch das funktionelle Verhalten des Reglers bestimmt, ein Ergebnis, das wir schon in (9.5) zur Kenntnis nahmen. Beispiele: Wir erhalten durch eine starre Rückführung mit dem Frequenzgang $F_r = 1/V_P$ einen Proportionalregler mit dem Frequenzgang $F_R = V_P$, durch eine differenzierende Rückführung (Frequenzgang gemäß (22.11) $F_r = p\,T_{\mathfrak{J}}$) einen integralen Regler mit dem Frequenzgang $F_R = 1/(p\,T_{\mathfrak{J}})$ und durch eine verzögerte Rückführung mit dem Frequenzgang $F_r = 1/[V_P(1 + p\,T_v)]$ einen PD-Regler mit dem Frequenzgang $F_R = V_P(1 + p\,T_v)$.

Wir untersuchen die *Verhältnisse bei endlicher Verstärkung* für das zuletzt genannte Beispiel eines *PD-Reglers*: wir wünschen einen Regler mit dem Frequenzgang $F_R = V_P(1 + p\,T_v)$ und wählen einen P-Verstärker (Frequenzgang $F_V = V_V$) sowie eine Rückführung mit dem zu F_R inversen Frequenzgang $F_r = 1/[V_P(1 + p\,T_v)]$. Diese beiden Frequenzgänge in (.12) eingesetzt ergeben den Frequenzgang des Reglers:

$$F_R = \frac{V_P(1 + p\,T_v)}{1 + \dfrac{V_P}{V_V} + p\,T_v\,\dfrac{V_P}{V_V}} \approx \frac{V_P(1 + p\,T_v)}{1 + p\,T_v\,\dfrac{V_P}{V_V}} \tag{15.14}$$

(letzteres, da V_P/V_V meist gegen 1 klein ist) oder:

$$F_R \approx \frac{V_P}{1 + p T_v \frac{V_P}{V_V}} + \frac{p T_v V_P}{1 + p T_v \frac{V_P}{V_V}}. \qquad (15.15)$$

Mit Hilfe von § 22k können wir die Übergangsfunktionen zeichnen *(Bild 84)*. Beim ersten Bruch ist für den Anfang der Übergangsfunktion ($t = 0$, $p \to \infty$) im Nenner die Zahl 1 gegen den unendlich werdenden zweiten Summanden zu vernachlässigen, so daß der Bruch den Wert 0 erhält, während für das Ende der Übergangsfunktion ($t \to \infty$, $p = 0$) der zweite Summand gleich 0 wird, so daß der Bruch den Wert V_P annimmt. Der Übergang von 0 auf V_P erfolgt mit der Zeitkonstante $T_v V_P/V_V$ (Figur a). Dasselbe Vorgehen hinsichtlich des zweiten Bruches ergibt für den Anfang ($t = 0$, $p \to \infty$) den Wert V_V und für das Ende ($t \to \infty$, $p = 0$) den Wert 0. Die Zeitkonstante ist wieder $T_v V_P/V_V$ (Figur b). Figur c zeigt die Addition beider Kurven, die die Übergangsfunktion des Reglers ergibt. Denn der Summe zweier Operatorenausdrücke entspricht die Summe der zugehörigen Zeitfunktionen. Dagegen entspricht dem Produkt zweier Operatorenausdrücke nicht das Produkt der zugehörigen Zeitfunktionen.

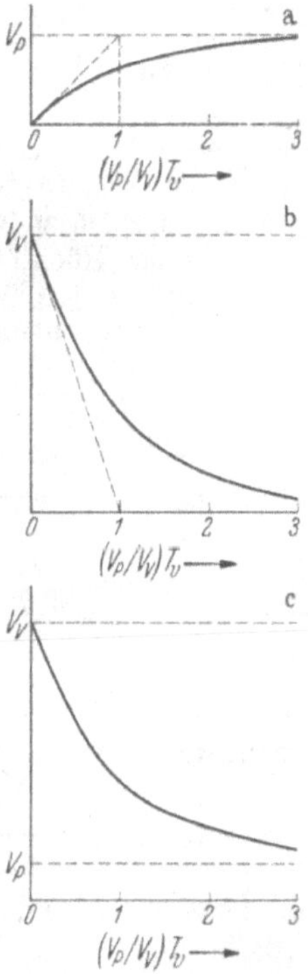

Bild 84. Entstehung der Übergangsfunktion des *PD*-Reglers aus den Summanden des Frequenzganges Gl. (15.15)

Die Zeitkonstante $T_v V_P/V_V$ wird als *parasitische Zeitkonstante* bezeichnet. Die in Figur b zwischen der exponentiellen Kurve und den beiden Achsen eingeschlossene Fläche ist gleich dem Rechteck aus dem Wert V_V und der von der Tangente in diesem Punkt auf der Abszisse abgeschnittenen Zeitkonstante $T_v V_P/V_V$, sie hat den Wert $T_v V_P$. Es ist der Wert des Differenzierimpulses bei einem Sprung der Regelgröße x. Da die Reglerschaltung einen idealen Differenzierimpuls (bestehend aus unendlich hoher Verstärkung und unendlich kleiner Zeit) nicht herstellen kann, wird hier ein Differenzierimpuls aus der Verstärkung V_V bei exponentieller Abnahme nach Maßgabe der parasitischen Zeitkonstante gebildet. Die Übergangsfunktion bringt das am Anfang erheblich stärkere Gewicht des Signals, das vom Regler an das Stellglied weitergegeben wird, klar zum Ausdruck, worin das Wesen des Vorhaltes beruht.

Ferner betrachten wir den hydraulischen Verstärker mit nachgebender Rückführung (*PI*-Regler) gemäß der Differentialgleichung (13.7). In Anwendung der Regeln des § 22 ergibt sich die dazugehörige Frequenzganggleichung[1]):

$$F_R = \frac{1 + pT_K}{p(T_M + T_K) + p^2 T_M T_K}. \qquad (15.16)$$

Wir wollen (.16) etwas anders schreiben:

$$F_R = \frac{1 + pT_K}{p(T_M + T_K)} \cdot \frac{1}{1 + p\dfrac{T_M T_K}{T_M + T_K}}. \qquad (15.17)$$

Der erste Bruch bedeutet einen idealen *PI*-Regler, dessen Frequenzgang wir auch so schreiben können:

$$F'_R = \frac{T_K}{T_M + T_K} + \frac{1}{p(T_M + T_K)}. \qquad (15.18$$

Der linke Summand ist der *P*-Anteil und der rechte der *I*-Anteil. Der rechte Bruch in (.16a) stellt die Wirksamkeit

---

[1]) Der Geübte erkennt bei einem Vergleich von (.16) und (13.7) die Zusammengehörigkeit beider Gleichungen. An Stelle der Rechenvorschriften für die Ableitungen d/dt und $d^2/(dt^2)$ z. B. in (13.7) stehen hier die Faktoren p und p^2, so daß sich der Quotient y/x unmittelbar ergibt.

einer Zeitkonstante dar, die einen verzögerten Einlauf in die ideale (gestrichelte) Übergangsfunktion bewirkt *(Bild 85)*.

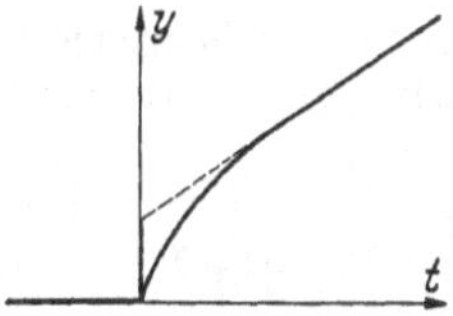

Bild 85. Übergangsfunktion eines *PI*-Reglers mit Eigenverzögerung

d) Die Kompensation von Zeitkonstanten der Regelstrecke

In der Frequenzganggleichung für Sollwertänderungen gemäß (.6):

$$F_w = \frac{F_S F_R}{1 + F_S F_R} \tag{15.19}$$

ist das Produkt $F_S F_R$ bestimmend. Die Regelung ist um so einfacher, je einfacher das Produkt ist. Durch entsprechende Wahl des Frequenzganges F_R des Reglers lassen sich Vereinfachungen des Produktes erzielen. Wir wählen eine Regelstrecke, die aus drei Proportionalgliedern mit je einer Zeitkonstante besteht:

$$F_S = \frac{1}{(1 + pT_1)(1 + pT_2)(1 + pT_3)} \tag{15.20}$$

und einen *PID*-Regler mit dem Frequenzgang gemäß (9.19b):

$$F_R = \frac{(1 + p\tau_1)(1 + p\tau_0)}{p\tau_i}. \tag{15.21}$$

Wählen wir die Zeitkonstanten des Reglers so, daß $\tau_1 = T_1$ und $\tau_0 = T_2$ ist, so ergibt sich als Produkt der Frequenzgänge:

$$F_S F_R = \frac{1}{(1 + pT_3)\, p\tau_i}. \tag{15.22}$$

Es liegen Verhältnisse wie bei der Regelung einer Regelstrecke vor, die aus einem einzigen Proportionalglied mit der Zeitkonstante T_3 besteht und durch einen I-Regler geregelt wird (z. B. § 15b). Optimierungsvorschriften hierfür werden in § 16 behandelt.

Für die Aufgabe, eine P-Regelstrecke mit Verzögerung mittels eines PI-Reglers zu regeln, ergibt sich das Produkt $F_S F_R$:

$$F_S F_R = \frac{1}{1 + pT_1} \cdot \frac{1 + p\tau_1}{p\tau_i} \tag{15.23}$$

und bei Wahl von $\tau_1 = T_1$:

$$F_S F_R = \frac{1}{p\tau_1}, \tag{15.24}$$

so daß die Regelung wie bei einer verzögerungsfreien P-Regelstrecke, die von einem I-Regler geregelt wird, erfolgt und eine *sehr kleine Integrierzeit* τ_i gewählt werden kann, wobei letztere *nur nicht so klein* werden darf, daß eine kleine Zeitkonstante der Regelstrecke, die sonst vernachlässigbar ist, Bedeutung erhält.

Schließlich wollen wir einen PD-Regler gemäß (.14):

$$F_R = \frac{1 + pT_v}{1 + pT_v/V_V} \text{ bei } V_P = 1 \tag{15.25}$$

mit einer Regelstrecke:

$$F_S = \frac{1}{1 + pT_S} \text{ bei } V_S = 1 \tag{15.26}$$

zusammenschalten. Aus dem Produkt:

$$F_S F_R = \frac{1}{1 + pT_S} \cdot \frac{1 + pT_v}{1 + pT_v/V_V} \tag{15.27}$$

sehen wir, daß sich die Zeitkonstante T_S kompensieren läßt, wenn wir $T_v = T_S$ wählen. Es verbleibt ein resultierender Frequenzgang, der ein Einspeichersystem mit der parasitischen Zeitkonstante $T_v/V_V = T_S/V_V$ bedeutet. Dies ist in *Bild 86* in einem Diagramm veranschaulicht, das im doppeltlogarithmischen Maßstab aufgetragen ist (Bode-Diagramm oder „straight line diagram" gemäß § 22m). Als Ordinate sind die Amplitudenwerte, als Abszisse die Frequenz angeschrieben.

Der Amplitudengang der Regelstrecke ist die mit I bezeichnete Kurve, deren geradlinige Verlängerung die Abszissenachse in dem durch die „Eckfrequenz" $1/T_S$ gegebenen Punkt schneidet. Der Amplitudengang des Reglers ist die mit D bezeichnete Kurve, die wegen der differenzierenden Eigenschaften des Reglers nach oben verläuft, dann gemäß der parasitischen Zeitkonstante T_v/V_V in die Horizontale für V_V einbiegt. Da wir $T_v = T_S$ gewählt haben, verläuft die Verlängerung von D nach unten ebenfalls durch den Abszissenpunkt für die Eckfrequenz $1/T_S$, während ihre Verlängerung nach oben die Horizontale für V_V im Punkt mit der Eckfre-

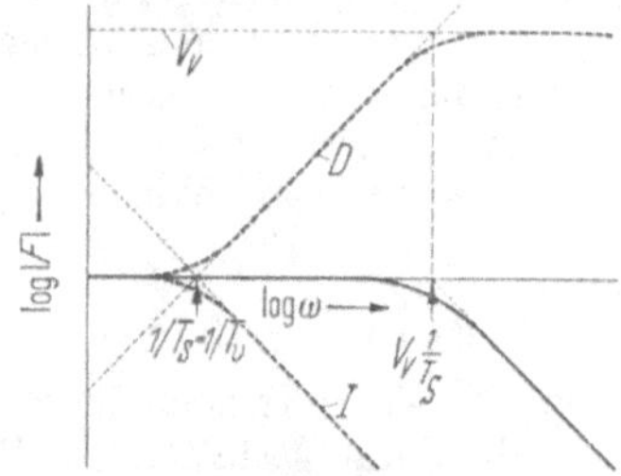

Bild 86.
Beträge der Frequenzgänge einer PD-Regelung im doppelt logarithmischen Maßstab

quenz V_V/T_S schneidet. Das Produkt $F_S\,F_R$ ist wegen des logarithmischen Maßstabes die Addition der Werte und wird durch die stark ausgezogene Kurve dargestellt. Das Bild veranschaulicht, daß die durch den Speicher (T_S) gegebene Trägheit kompensiert wird, aber nicht ganz. Das Ergebnis ist wiederum ein Einspeichersystem, jedoch mit wesentlich kleinerer Zeitkonstante, die der um den Faktor V_V höheren Eckfrequenz zugeordnet ist (die um so höher liegt, je größer die Verstärkung V_V des Vorwärtsgliedes des Reglers ist).

e) Stabilitätsuntersuchungen

In Gleichung (.6):

$$x(j\omega) = \frac{F_S\,F_R}{1 + F_S\,F_R} \cdot w(j\omega) \qquad (15.28)$$

sagt der Bruch (der Frequenzgang des geschlossenen Regelkreises in bezug auf Führungsgrößenänderungen) über Amplitudenverhältnis und Phasendifferenz der beiden Sinusschwingungen $x(j\omega)$ und $w(j\omega)$ aus. Wir wollen den Wert des Bruches verändern, jedoch die Schwingung $w(j\omega)$ konstant halten. Je größer der Betrag des Bruches wird, desto größer werden die sinusförmigen Regelgrößenänderungen $x(j\omega)$. Sie werden unendlich groß, wenn der Betrag unendlich groß wird. Dies ist für $F_S\,F_R = -1$ der Fall. Man kann auch umgekehrt sagen, daß eine endliche Schwingung $x(j\omega)$ bei verschwindender bzw. verschwundener Schwingung $w(j\omega)$ bestehen kann. Es liegt die Stabilitätsgrenze vor, in der sich Schwingungen gerade aufrechterhalten. Irgendwie müssen einmal Ursachen für die Schwingungserregung vorgelegen haben. Sie können aber längst wieder verschwunden sein, ohne daß die Schwingungen wieder abklingen.

Die Bedingung:

$$F_S\,F_R = -1 \tag{15.29}$$

gibt eine Anweisung, wie ein Diagramm zu zeichnen ist, das die Beurteilung der Stabilität gestattet. In *Bild 87* ist der

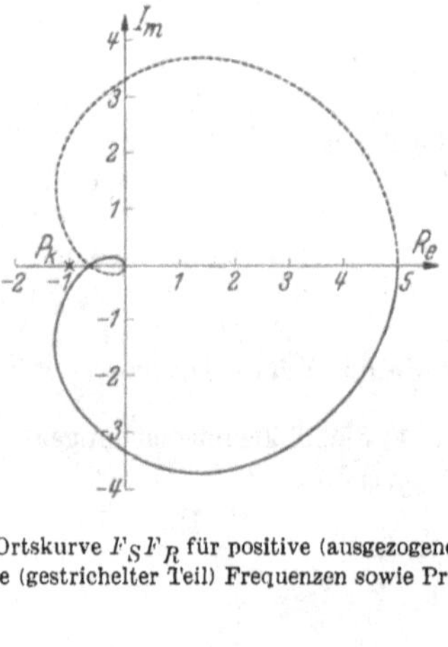

Bild 87. Ortskurve $F_S F_R$ für positive (ausgezogener Teil) und negative (gestrichelter Teil) Frequenzen sowie Prüfpunkt P_k

Frequenzgang $F = F_S F_R$ für eine Anordnung aufgetragen, die aus einem Proportionalglied mit Verzögerung 3. Ordnung gemäß *Bild 107* als Regelstrecke und einem P-Regler mit dem Frequenzgang $F_R = 5$ besteht. Die Ortskurve – man betrachte zunächst nur die ausgezogene Kurve – schneidet die Abszissenachse zwischen dem Ursprung und dem „kritischen" Punkt $P_k = -1$, der entsprechend der rechten Seite von (.29) der „Prüfpunkt" ist. Würden Verhältnisse vorliegen, die die Ortskurve etwas weiter nach links aufblähen lassen, so daß sie gerade durch P_k geht, würde für den Punkt der Kurve, der sich mit P_k deckt, die Stabilitätsgrenze erreicht sein. Es können ungedämpfte Schwingungen von einer Frequenz bestehen, die der Wert der Frequenzskala der Ortskurve im Ort P_k angibt. Würde die Kurve noch weiter aufgebläht sein, würde P_k in das Innere der Kurve fallen. Es würden aufklingende Verhältnisse vorliegen. Der letztere Fall würde gegeben sein, wenn der Verstärkungsfaktor des gewählten P-Reglers z. B. auf 10 erhöht würde[1]). Brauchbar sind nur Verhältnisse, in denen P_k außerhalb der Ortskurve liegt.

Die in *Bild 87* eingezeichnete Ortskurve $F_S F_R$ gilt für reelle Frequenzen ω. Wenn man sie für komplexe Frequenzen $\nu = \omega + j\delta$ berechnet, wie in § 221, s. auch (21.4), für das einfache Beispiel eines Proportionalgliedes mit Verzögerung gezeigt ist, erhält man eine Kurvenschar mit δ als Parameter, wobei δ die Abkling- bzw. Anschwellkonstante ist. Die Verbindung gleicher ω-Werte ergibt mit den Ortskurven sich senkrecht schneidende Linien, so daß ein Netz entsteht. Die Lage von P_k in diesem Netz gibt über die Dämpfungsverhältnisse Auskunft. Die Ortskurven für abklingende Verhältnisse (positives δ) verlaufen – wenn man in Richtung steigender Frequenz ω blickt – links von der Kurve für reelle Frequenzen ($\omega = 0$ liegt im Punkt $+5$, $\omega = \infty$ im Nullpunkt; vgl. *Bild 103*). Zur Beurteilung der Stabilität allein genügt

---

[1]) Eine entsprechende Änderung des Maßstabes unter Erhaltung des Kurvenverlaufes würde diesen neuen Verhältnissen gerecht werden. Dann wird der bisherige Abszissenwert $-0{,}5$ zum neuen kritischen Punkt $P_k = -1$, der nun innerhalb der Kurve liegt.

die Kurve für reelle Frequenzen: Man hat festzustellen, ob der kritische Punkt links von der Kurve liegt oder nicht. Im ersten Fall liegen stabile Verhältnisse vor. Bei kompliziert verlaufenden, z. B. verschlungenen Kurven ist es leichter, die Lage des kritischen Punktes zu beurteilen, wenn man die Kurve für negative Frequenzen ergänzt. Diese liegt spiegelbildlich zur reellen Achse. In *Bild 87* ist sie gestrichelt eingetragen. Will man nicht nur über Stabilität oder Instabilität entscheiden, sondern auch über das Maß der Abklingverhältnisse, muß man das (ω, δ)-Bild hinzuziehen.

(.29) läßt sich auch so schreiben:

$$\frac{1}{F_S\, F_R} = -1 . \tag{15.30}$$

Im Diagramm ist dann der inverse Frequenzgang aufzutragen. Dies bietet für manche Untersuchungen Vorteile, da hier die Werte für kleine ω näher am Ursprung liegen bzw. bei Vorhandensein eines integrierenden Elementes im Ursprung beginnen. Auch in diesem Diagramm verlaufen für Abklingverhältnisse die Ortskurven der komplexen Frequenzen links von der Kurve für reelle Frequenzen, wenn man in Richtung wachsender ω blickt, so daß auch hier der Prüfpunkt $P_k = -1$ links der Kurve liegen muß.[1])

Diese Stabilitätskriterien wurden von H. Nyquist und F. Strecker aufgestellt (s. hierzu ETZ, 1952, S. 251 und F. Strecker, Praktische Stabilitätsprüfung, Springer-Verlag 1950, S. 83). Eine sehr gute Darstellung der Stabilitätsprüfung mittels Ortskurven in knapper Form wurde von F. Strecker (Archiv der Elektrischen Übertragung, Bd. 4, 1950, S. 199) gegeben und ist als Einführung in dieses Spezialgebiet sehr geeignet.

Oft ordnet man Regler und Regelstrecke getrennt an, um nach Abänderungen am Regler die Auswirkungen auf die

---

[1]) Ferner: Schreibt man Gleichung (.29) in der Form $F_S F_R + 1 = 0$, dann ist der Prüfpunkt der Ursprung und die aufzutragende Prüffunktion die Ortskurve $F_S F_R = 1$. Ebenso kann man Gleichung (.29) mit -1 multiplizieren, so daß sich $-F_S F_R = +1$ ergibt. Dann ist der negative Frequenzgang von $F_S F_R$ aufzutragen und der Prüfpunkt ist $P_k = +1$. Es ist verhältnismäßig einfach, sich auf eine abweichende Darstellungsart einzustellen.

Stabilität leichter übersehen zu können. Eine Anordnung habe die Ortskurve von *Bild 87*. Sie bestehe aus einem P-Regler mit Verzögerung 2. Ordnung ähnlich Kurve b in *Bild 107* (jedoch mit einem Verstärkungsfaktor $V_P = 5$) und aus einer Regelstrecke mit einfacher Verzögerung und der Verstärkung $V_S = 1$ wie Kurve a in *Bild 107*. Für den Schnittpunkt der Ortskurve mit der negativen Abszissenachse gilt *im stabilen Fall* mit (.29)

$$|F_S|\, e^{j\sigma} \cdot |F_R| e^{j\varrho} > -1, \tag{15.31}$$

d. h. für die Komponenten gilt:

$$|F_S| \cdot |F_R| < 1 \tag{15.31a}$$

$$e^{j\sigma} \cdot e^{j\varrho} = -1. \tag{15.31b}$$

Tragen wir den Frequenzgang $F_R = |F_R|\, e^{j\varrho}$ und den negativen inversen Frequenzgang $-1/F_S = -\,e^{-j\sigma}/|F_S|$ auf (s. *Bild 88*), so liegen deren zum Schnittpunkt gehörigen Vektoren wegen (.31b) auf demselben Strahl durch den Ursprung. Gemäß (.31a) ist $|F_R| < 1/|F_S|$. Man hat demnach die Vektoren aufzusuchen, die für gleiche Frequenz auf denselben Strahl fallen (ω_1 in *Bild 88*). Ihre Beträge entscheiden über Stabilität, $|F_R| < |1/F_S|$, und Instabilität, $|F_R| > |1/F_S|$. — Die Abklingverhältnisse sind durch den Wert von δ gegeben, den man dadurch erhält, daß man Punkte gleicher Frequenz mit Loten sucht, deren Schnittpunkt P denselben δ-Wert besitzt[1]). Diese Lote sind gestrichelt eingezeichnet. Sie gehören ω_2-Werten an, die kleiner als ω_1 sind (entsprechend der Tatsache, daß in *Bild 87* die Ortskurve ihren kleinsten Abstand von $P_k = -1$ bei einer

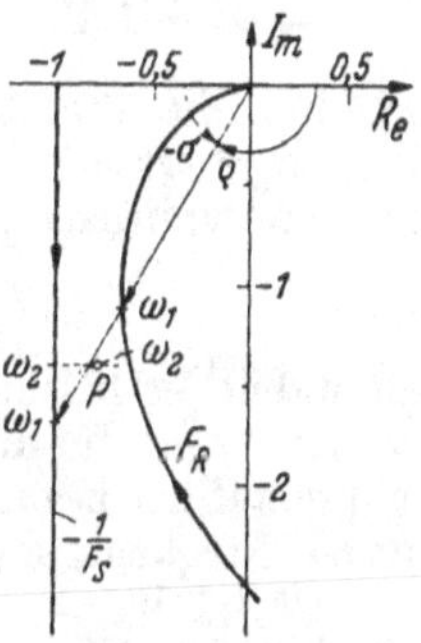

Bild 88. Stabilitätsuntersuchung mittels des Frequenzganges F_R des Reglers und des negativen inversen Frequenzganges $-1/F_S$ der Regelstrecke

[1]) Wobei zu beachten ist, daß die δ- und ω-Maßstäbe für beide Kurven im allgemeinen unterschiedlich sind.

Frequenz hat, die kleiner ist als die Frequenz, bei der sie die Abszissenachse schneidet).

Wir streifen die Verhältnisse einer reinen *Totzeitstrecke mit Verstärkung* V_S. Wenn wir den negativen inversen Frequenzgang der Regelstrecke $-1/F_S = -e^{j\omega T_t} \cdot 1/V_S$ nach (22.13) auftragen würden, so würden wir einen Kreis um den Ursprung mit dem Radius $1/V_S$ erhalten, der im Punkt $-1/V_S$ beginnt. Die Stabilitätsgrenze liegt vor, wenn mit ihm der Frequenzgang des Reglers einen Punkt gleicher Frequenz gemeinsam hat. Dies ist bei einem idealen *P-Regler* der Fall, wenn seine Verstärkung $V_P = 1/V_S$ ist. Sein Frequenzgang, der für alle Frequenzen denselben Wert V_P zeigt und auf der positiven reellen Achse liegt, deckt sich mit dem Punkt des negativen inversen Frequenzganges der Strecke, der den Wert

$$-e^{j\omega T_t} \cdot 1/V_S = -e^{j\pi} \cdot 1/V_S = +1/V_S, \text{ s. (18.8)},$$

hat. Für die Stabilitätsgrenze erhält man daher aus der Gleichung zwischen den Exponenten dieser e-Funktionen die Schwingungsdauer der ungedämpften Regelschwingung:

$$T_0 = 2\,T_t. \tag{15.32}$$

Für stabile Verhältnisse muß $V_S V_P < 1$ sein. — Bei einem *I-Regler* liegen für die Stabilitätsgrenze die sich deckenden Punkte auf der negativen imaginären Achse, wo der negative inverse Frequenzgang der Strecke den Wert $-e^{j\omega T_t} \cdot 1/V_S = -e^{j\pi/2} \cdot 1/V_S = -j1/V_S$ und der Frequenzgang des I-Reglers den Wert $-j1/\omega T_{\mathfrak{J}} = -j1/V_S$ besitzt. Hieraus erhält man die Schwingungsdauer der ungedämpften Regelschwingung:

$$T_0 = 4T_t \tag{15.33}$$

und als Bedingung für stabile Verhältnisse $T_{\mathfrak{J}} > 2V_S\,T_t/\pi$.

Die Bedingungen für die *Stabilitätsgrenze* von Regelkreisen, aufgebaut aus *Verzögerungsgliedern*, lassen sich auch auf folgende einfache Weise übersehen[1]). Für einen Regelkreis aus z. B. 3 Verzögerungsgliedern sind die Frequenzgänge des

[1]) s. [Lit. 14].

offenen Kreises F_0 und des geschlossenen Kreises F_w bei Sollwertstörungen mittels (.6) mit der Kreisverstärkung $V_0 = V_S V_R$:

$$F_0 = \frac{V_0}{(1 + pT_1)(1 + pT_2)(1 + pT_3)} \qquad (15.34)$$

$$F_w = \frac{1}{1 + (1 + pT_1)(1 + pT_2)(1 + pT_3)/V_0}. \qquad (15.35)$$

Der Nenner des Bruches von (.35) bestimmt das dynamische Verhalten. Nach Ausmultiplizieren der Klammerausdrücke erhält man einen Ausdruck 3. Grades in p, bei dem wir wie bei einer Differentialgleichung die Hurwitz-Vorschriften hinsichtlich der Koeffizienten gemäß (11.4) anwenden können. Man erhält für den Stabilitätsgrenzfall:

$$V_0 + 1 = (T_1 + T_2 + T_3)(1/T_1 + 1/T_2 + 1/T_3) \qquad (15.36\text{a})$$

$$\text{bei } \omega_0 = \sqrt{\frac{T_1 + T_2 + T_3}{T_1 T_2 T_3}}. \qquad (15.36\text{b})$$

In Fällen, in denen $T_3 \ll T_1, T_2$ ist, ergibt sich anstatt (.36a), wenn man noch $V_0 + 1 \approx V_0$ setzen kann:

$$V_0 \approx \frac{T_1 + T_2}{T_3}. \qquad (15.36\text{c})$$

Bei gegen 1 großem V_0 kann man ferner in (.35) $1/V_0$ gegen pT_1/V_0 vernachlässigen und erhält:

$$F_w \approx \frac{1}{1 + pT_i(1 + pT_2)(1 + pT_3)} \qquad (15.37)$$

$$\text{mit } T_i = T_1/V_0.$$

(.37) entspricht auch dem Frequenzgang eines Regelkreises, der aus einem *integralen Regler* (I-Regler) mit der Integrierzeit T_i und einer *Strecke mit zwei Verzögerungsgliedern* (T_2, T_3) besteht. Für den Stabilitätsgrenzfall ergibt sich die kritische Integrierzeit:

$$T_{i\,\text{kritisch}} = \frac{1}{1/T_2 + 1/T_3} \qquad (15.38\text{a})$$

$$\text{bei } \omega_0 = \sqrt{1/(T_2 T_3)}. \qquad (15.38\text{b})$$

Für $T_3 \ll T_2$ erhält man

$$T_{i\,\text{kritisch}} \approx T_3 \tag{15.38c}$$

$$\text{bei } \omega_0 T_3 \ll 1 \tag{15.38d}$$

als Folge von $\sqrt{T_3/T_2} \ll 1$ bei der Weiterentwicklung von (.38b). Unter Beachtung von (.44) ergeben sich dann die für die Optimierung gemäß § 16c wichtigen Beziehungen für die Stabilitäts*grenze*, bei denen die kleinen Zeitkonstanten T_μ von bestimmender Bedeutung sind:

$$T_{i\,\text{kritisch}} \approx \Sigma T_\mu \tag{15.39a}$$

$$\omega_0 \Sigma T_\mu \ll 1. \tag{15.39b}$$

f) Resonanzzonen des Regelabweichungsverhältnisses

Zur Vertiefung der Erkenntnis der Wirksamkeit einer Regelung wird auch das Abweichungsverhältnis (das Verhältnis von Abweichung *mit* Regelung zu derjeniger *ohne* Regelung) in Abhängigkeit der Frequenz aufgetragen[1]). Man geht also von Störungen aus, deren zeitlicher Verlauf durch Sinuswellen beschrieben wird. *Bild 89* zeigt das Abweichungsver-

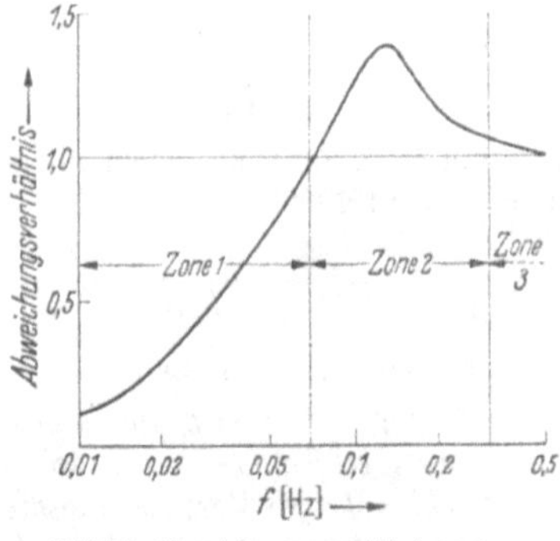

Bild 89. Abweichungsverhältnisse einer Strömungsregelung (nach Janssen)

[1]) J. M. L. Janssen, Control-System Behavior Expressed a Deviation Ration Transactions ASME 1954, S. 1303, Übersetzung in Regelungstechnik 3, Jg. (1955), S. 303; derselbe: A Practical Guide to Plant Controllability, Control Engineering Nov. 1955, S. 58.

hältnis eines Beispiels. Die Kurve kann man in drei Zonen unterteilen: eine 1. Zone niedriger Frequenzen mit Verkleinerung der Abweichungen bei Regelung (die Regelstrecke kann dem Stellglied genügend schnell folgen), eine 2. Zone, in der die Störungen bei Regelung im Gegenteil resonanzförmig verstärkt (!) werden (die Regelstrecke folgt so verzögert, daß der Eingriff des Stellgliedes eine verkehrte Wirkung ausübt), und eine 3. Zone, in der die Regelung praktisch unwirksam ist, weil die Anlage bei hohen Frequenzen zu träge ist.

Zum Verständnis der Resonanzzone sei auf ein Theorem von *Westcott* hingewiesen, das hinsichtlich der Wirkung des geschlossenen Regelkreises besagt, daß notwendigerweise Verstärkungen der Abweichungen bei bestimmten Frequenzen gegeben sind, wenn bei anderen Frequenzen Abschwächungen erreicht werden. Dies gilt immer, wenn man beachtet, daß auch anscheinend trägheitslose Schaltungen in Wirklichkeit kleine Verzögerungen in der Regelstrecke oder auch im Regler besitzen, so daß die Resonanzfrequenz hier außerordentlich hoch liegen kann.

Die „Regelbarkeit" der Regelstrecke ist für die erreichbare Regelgüte mitbestimmend. Zwei Regelstrecken, die mit PI-Regler in gleichem Maße regelbar erscheinen, können bei Hinzunahme von D-Wirkung ein unterschiedliches Bild ergeben. Eine Verkürzung der Totzeit verringert den Wert des Abweichungsverhältnisses und vergrößert bei D-Wirkung die erreichbare Erhöhung der Resonanzfrequenz.

Bei Mehrfachregelungen sollten die schnellen Regelungen mit ihren 1. Zonen die Resonanzzone der langsameren Regelung breit überdecken, da stärkere Störungen (deren zeitliches Verhalten in eine Resonanzzone fällt und an sich schon kritisch ist) bei aufeinanderfolgenden Regelungen mit sich überdeckenden Resonanzzonen noch unangenehmer werden.

g) Ketten von rückwirkungsfreien Verzögerungsgliedern in speziellen Aufgabenstellungen

Bei der Optimierung von Regelkreisen nach dem Betragsoptimum und dem Symmetrischen Optimum (s. § 16c) spielt der Ersatz „kleiner" Zeitkonstanten durch eine Summenzeitkonstante eine Rolle. Die Begründung für die Zulässigkeit — unter Hinweis auf die *notwendigen Voraussetzungen*, z. B. (16.2) — sei mit folgendem gegeben. Der Frequenzgang des geschlossenen Regelkreises, der aus einem I-Regler mit der Integrierzeit τ_i und einer Kette von drei P-Gliedern mit Verzögerung bestehe, ist (in bezug auf Sollwertänderungen):

$$F_w(p) = \frac{1}{1 + p\tau_i(1 + pt_1)(1 + pt_2)(1 + pt_3)}. \quad (15.40)$$

Bildet man die Betragsfunktion B_w:

$$B_w = F_w(p) \cdot F_w(-p) = \frac{1}{1 + p^2\tau_i[2(t_1 + t_2 + t_3) - \tau_i] + p^4 \ldots},$$

so muß sich eine relativ weitreichende Anschmiegung an den Einheitskreis der Ortskurve, die das Betragsoptimum anstrebt, ergeben, wenn man den Koeffizienten von p^2 gleich Null setzt. Damit ergibt sich die Integrierzeit des Reglers

$$\tau_i = 2(t_1 + t_2 + t_3)$$

und allgemein auch für eine größere Kette die Bemessungsvorschrift

$$\tau_i = 2 \sum t_x. \quad (15.41)$$

Andererseits ist der Frequenzgang obiger drei Verzögerungsglieder:

$$F_{1,2,3} = \frac{1}{(1 + pt_1)(1 + pt_2)(1 + pt_3)} \quad (15.42)$$

und nach Multiplikation der Klammerausdrücke des Nenners:

$$F_{1,2,3} = 1/\sum c_n p^n.$$

Man erhält:

$$c_0 = 1$$

$$c_1 = \sum t_x$$

$$c_{2,3} < (\sum t_x)^n,$$

so daß man in Annäherung statt (.42) schreiben kann:

$$F_{1,2,3} \approx \frac{1}{1 + p(t_1 + t_2 + t_3)}. \quad (15.43)$$

Die erweiterte Entwicklung ergibt für μ Glieder:

$$F \approx \frac{1}{1 + p\,\Sigma t_\mu}. \qquad (15.44)$$

Regeldynamisch kann man hiernach eine Kette rückwirkungsfreier Verzögerungsglieder für die geeigneten Aufgaben auf Grund der Voraussetzungen durch ein einziges Glied mit der

Summenträgheit Σt_μ

ersetzen.

Der Auswirkung des Ersatzes einer Anzahl von in Serie liegenden Verzögerungsgliedern durch ein einziges Glied mit deren Summenträgheit zeigt auch *Bild 90*. Es zeigt die Über-

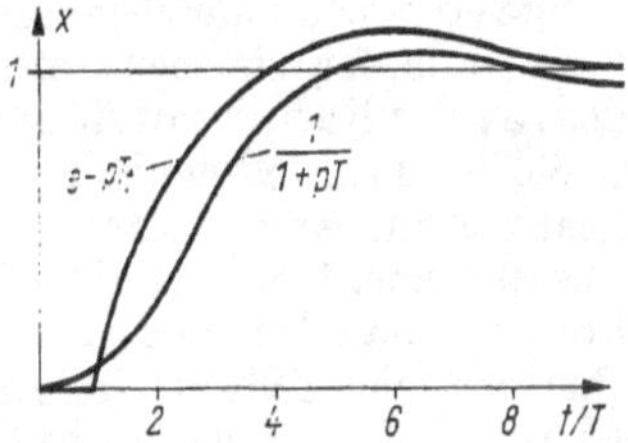

Bild 90. Betragsoptimale I-Regelung eines Regelkreises mit einer Zeitkonstante T bzw. mit einer Totzeit T_t, nach C. Keßler, Lit. 24, 8. Jg. 1960 S. 262

gangsfunktionen eines I-Reglers einerseits mit einer Regelstrecke mit einem einzigen Verzögerungsglied der Trägheit T und anderseits mit einer solchen mit einer Laufzeit desselben Wertes T, wobei die Integrierzeit τ_i des Reglers im Einklang mit den Vorschriften des Betragsoptimums in beiden Fällen auf den Wert T bemessen ist: $\tau_i = 2T$. Die Form der Übergangsform unterscheidet sich, aber das regeldynamische Verhalten (Anregelzeit, Ausregelzeit und Überschwingweite) zeigt nur geringe Abweichungen. Da ein Laufzeitglied gemäß

$$e^{pT} = \lim_{n \Rightarrow \infty} \left(1 + p\,\frac{T}{n}\right)^n \qquad (15.45)$$

auch als Kette unendlich vieler trägheitsbehafteter Glieder zu deuten ist, kann unterstellt werden, daß bei Vorliegen einer Regelstrecke mit endlich vielen trägheitsbehafteten Gliedern – jeweils von derselben *Summen*trägheit T – Übergangsfunktionen gegeben sind, die zwischen den beiden Übergangsfunktionen von *Bild 90* liegen, jedoch praktisch von gleicher regeldynamischer Güte sind.

h) Die Beschreibungsfunktion

Der bisher behandelten Frequenzgangmethode liegt zugrunde, daß es sich um lineare Glieder handelt, bei denen infolge der Linearität harmonische Schwingungen am Eingang auch harmonische Schwingungen am Ausgang bewirken. Bei einem *nichtlinearen* Glied ist dies nicht der Fall: die harmonische Erregung am Eingang verursacht zwar ebenfalls Schwingungen am Ausgang, jedoch verlaufen sie meist nicht harmonisch, sondern je nach der Art der Nichtlinearität in unterschiedlich verzerrter Form. Solche nichtharmonischen Schwingungen lassen sich z. B. nach Fourier in harmonische Teilschwingungen zerlegen. die aus einer Grundschwingung und Schwingungen höherer Frequenz bestehen und in Überlagerung die betrachtete nichtharmonische Schwingung ergeben. Die *Beschreibungsfunktion* ist die Ortskurve für die *Grundwelle*, und zwar *in Abhängigkeit der Amplitude* der erregenden harmonischen Schwingung, da auch die Amplitude der Grundschwingung des Ausgangs nicht in linearer Beziehung zur Amplitude der Eingangsschwingung steht. Die Beschreibungsfunktion wird also durch eine *Kurvenschar* mit der Amplitude der Eingangsschwingung als Parameter dargestellt. Mit den Werten der Beschreibungsfunktion kann man in Annäherung wie mit den Werten linearer Glieder arbeiten, und zwar um so mehr, als die Trägheiten der dem nichtlinearen Glied folgenden linearen Glieder, wie sie oft bzw. meist vorhanden sind, mehr oder weniger stark ausschleifend wirken. Jedoch ist die Ausschlagabhängigkeit der Grundwellenausgangswerte sowie die evtl. auftretende Frage der Unterdrückung von Oberschwingungen im Auge zu behalten. Das Verfahren ist ein Annäherungsverfahren und kann gute Dienste leisten.

§ 16. Über den optimalen Ablauf des Regelvorganges

a) Gütekriterien

Die Aufgabe, die Bedingungen festzustellen, unter denen „optimale“ Regelverhältnisse zu erzielen sind, die nicht nur durch die Gewähr der Stabilität, sondern auch hinsichtlich Schnelligkeit und Genauigkeit befriedigen, wurde sowohl theoretisch als auch empirisch angegangen. Oft liegt die Regelstrecke bereits vor, so daß ihre optimale Auslegung nicht mehr vorgenommen werden kann. Dann bleibt als Aufgabe, den für die Struktur dieser Regelstrecke zweckmäßigsten Regler auszuwählen und ihn für einen unter diesen Bedingungen optimalen Regelablauf einzustellen. In allen Fällen besteht die Frage der Definition, was als optimaler Regelablauf anzusehen ist. Es gibt sowohl Aufgaben, bei denen eine möglichst vollkommene Ausregelung von Störungen gefordert werden muß, als auch solche, die bleibende Regelabweichungen vertragen können. Andererseits verlangen bestimmte Aufgaben eine schnelle Wiederherstellung der Regelgröße unter Inkaufnahme eines Überschwingens, während andere eine möglichst starke Begrenzung des Überschwingens vorschreiben. Viele Gebiete der Verfahrenstechnik legen weniger Wert auf die Grenzen des Augenblickswertes der Regelgröße als darauf, daß das Zeitintegral der Regelgröße über eine bestimmte Fabrikationszeit einen bestimmten Wert hat. Dies hängt damit zusammen, daß für den Fabrikationsablauf Zeiten festgelegt sind und daß innerhalb dieser die Regelgröße eine Wirkung ausgeübt haben muß, die nicht so sehr von ihrem Augenblickswert als von ihrem Zeitintegral abhängt. Der Unterschied im Zeitverhalten der Anlagen verschiedener Aufgabengebiete beleuchten auch die wertmäßigen Einstellgrößen der jeweils verwandten Regler. Für Druck- und Durchflußregelungen industrieller Prozesse kann man bei P-Reglern einen P-Bereich von etwa 3 … 5% ($V_P = 33 \ldots 20$) annehmen, in bestimmten Fällen auch höher, z. B. 20% ($V_P = 5$). Andere Beispiele aus der Verfahrenstechnik zeigen für PID-Regler P-Bereiche bis 40% bzw. 80% ($V_P = 2{,}5$ bzw. 1,25), Nachstellzeiten T_n bis etwa 20 min, Vorhaltzeiten T_v bis etwa 3 min. Demgegenüber sei auf ein Beispiel einer elektronischen Drehzahlregelung eines kleinen Leonardsatzes hingewiesen: P-Bereich = 38% ($V_P = 2{,}6$), $T_n =$ $= 280$ ms, $T_v = 70$ ms.

Die Ansätze theoretischer Kriterien lassen oft einen Zusammenhang mit der praktischen Aufgabenstellung schwer oder gar nicht erkennen, zumal zugunsten eines einfachen oder überhaupt möglichen Rechenganges bestimmte theoretische Voraussetzungen unterstellt werden müssen. Anderseits bewirken Vereinfachungen und Vernachlässigungen Einengungen in der Anwendbarkeit. Die Tatsache, daß manche Optimierungsvorschriften einen großen Toleranzbereich besitzen und auf entsprechend weiten Aufgabengebieten angewandt werden können, ist von großem Wert. Zur Erzielung bestmöglicher Ergebnisse, einer wirklichen „Optimierung", und zur Vermeidung von Fehlschlägen muß man sich aber der einschränkenden Voraussetzungen bewußt bleiben.

Einige Gütekriterien gehen von mathematischen Überlegungen aus. Als Kriterium für einen optimalen Regelablauf wurde zunächst die *lineare Regelfläche* gewählt. Sie ist die Fläche, die zwischen Regelgröße und Sollwertlinie liegt, wenn bei einer sprunghaften Störung die Regelgröße – in Abhängigkeit der Zeit aufgeschrieben – infolge eines integrierenden Verhaltens des Reglers die Sollwertlinie wieder erreicht (*Bild 91*). (Bei

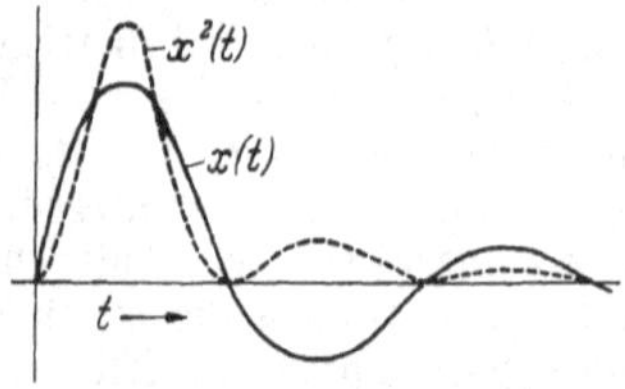

Bild 91. Lineare und quadratische Regelfläche

einem statisch wirkenden Regler würde der Sollwert nie wieder erreicht werden und daher die Integration der Fläche bis $t = \infty$ einen unendlich großen Wert ergeben; durch eine Parallelverschiebung um den Wert der statischen Abweichung erhält man jedoch eine Fläche mit endlichem Inhalt.) Der Flächeninhalt der Schriebe wird durch die maximale Regelabweichung und die Zeitdauer des Regelvorganges maßgebend beeinflußt. Bei kleinster Fläche kann dann die Regelgüte als optimal angesehen werden. Positive und negative Werte der Regelabweichungen, die über und unter der Sollwertlinie liegen, heben sich gegenseitig auf und wirken in Richtung einer Verkleinerung der Fläche. Es sind daher Zusatzbedingungen hinsichtlich der Dämpfung zu treffen (z. B. aperiodische Dämpfung). Jedoch hilft dies nichts gegenüber dauernden Störgrößenänderungen, so daß die lineare Regelfläche hier versagt.

Die durch positive und negative Werte entstehenden Schwierigkeiten werden vermieden, wenn man die *quadratische Regelfläche* verwendet, bei der die Quadrate der Regelabweichungen aufgetragen werden (*Bild 91*). Auch hier wird für dauernde Störgrößenänderungen die Regelfläche unendlich. In diesen Fällen wird dann der „mittlere quadratische Fehler" als Maß genommen, der sich ergibt, wenn man nur die quadratische Regelfläche eines Zeitintervalls betrachtet und auf die Intervalldauer bezieht. Die Quadrierung bedingt, daß kleine Abweichungen im Zuge des Einschwingvorganges zu gering in Erscheinung treten, so daß das quadratische Optimum zu Regelvorgängen mit stärkerem Überschwingen neigt. Das quadratische Optimum wird auch als effektives Optimum bezeichnet, da ähnliche Verhältnisse vorliegen wie beim Effektivwert in der Elektrotechnik.

Das quadratische Optimum erfordert gegenüber dem linearen Optimum großen Rechenaufwand. Auf wesentlich einfachere mathematische Beziehungen, ohne die Nachteile des linearen Optimums zu besitzen, führt das von H. Sartorius vorgeschlagene *praktische Optimum*[1]). Ihm liegt ebenfalls die quadratische Regelfläche zugrunde, jedoch wird nicht ein Integral im Zeitbereich, sondern ein solches im Frequenzbereich untersucht. Die von der quadratischen Fehlerfunktion umschlossene Fläche soll möglichst klein sein. Es ergibt sich,

[1]) Angepaßte Regelsysteme, Regelungstechnik 2. Jg., 1954, S. 165.

daß ein Regelsystem mit k Freiheiten optimal angepaßt ist, wenn die k ersten Anfangsableitungen des Amplitudenspektrums der auf Grund einer bestimmten Störung auftretenden Regelfunktion verschwinden.

b) Einstellvorschriften

Das lineare Optimum liefert die einfache Einstellvorschrift, daß möglichst viele Nullstellen der charakteristischen Gleichung reell und einander gleich sind. Die zugehörigen Regelvorgänge sind zwar meist zu stark gedämpft, aber zu einer Vororientierung gut geeignet. Das quadratische Optimum ergibt Einstellvorschriften, die wegen ihres mathematischen Aufwandes für eine praktische Anwendung kaum in Betracht kommen.

J. G. Ziegler und N. B. Nichols veröffentlichten 1941 in Amerika Einstellregeln, die sich empirisch an Druck-, Durchfluß- und Temperaturregelstrecken ergeben hatten. Sie haben noch heute anschauliche Bedeutung. Die Einstellung des Reglers soll hiernach so vorgenommen werden, daß der Regler zunächst als P-Regler betrieben und seine Verstärkung so lange erhöht wird, bis die Anlage gerade in ungedämpfte Schwingungen bei kleinen Amplituden gerät. Die bei diesem Stabilitätsgrenzfall eingestellte Reglerverstärkung sei V_{Gr} und die Schwingungsdauer T_{Gr}.

Optimale Einstellung nach Ziegler-Nichols

P-Regler: $V_P = 0{,}5\,V_{Gr}$

PI-Regler: $V_P = 0{,}45\,V_{Gr}$; $T_n = 0{,}85\,T_{Gr}$

PID-Regler: $V_P = 0{,}6\,V_{Gr}$; $T_n = 0{,}5\,T_{Gr}$; $T_v = 0{,}12\,T_{Gr}$.

Der Vorschrift liegen Anlagen der Verfahrenstechnik zugrunde, die durch ein Totzeitglied mit anschließendem Verzögerungsglied 1. Ordnung charakterisiert werden (nach Wünsch, Askaniawarte Nr. 48, S. 13, entsprechen die Einstellungen einem Dämpfungsgrad $D = 0{,}21$), s. auch *Bild 28*. und deren Störort am Eingang der Regelstrecke liegt. Ist die Übergangsfunktion der Regelstrecke bekannt, so kann man ihr in Annäherung (s. auch § 10) T_t, V_S und T_S entnehmen und aus diesen Werten V_{Gr} und T_{Gr} für den Stabilitätsgrenzfall abschätzen (s. auch Lit. 23a):

$$V_{Gr} = 2\,T_S/(V_S\,T_t) \qquad T_{Gr} = 4\,T_t.$$

Andererseits gibt es eine Einstellvorschrift:

P-Regler: $V_P = T_S/(V_S T_t)$
PI-Regler: $V_P = 0{,}9\, T_S/(V_S T_t)$; $T_n = 3{,}4\, T_t$
PID-Regler: $V_P = 1{,}2\, T_S/(V_S T_t)$; $T_n = 2\, T_t$; $T_v = 0{,}5\, T_t$.

Aus diesen Angaben sowie aus Ergebnissen anderer Autoren hat W. Oppelt durch Mittelwertbildung folgende Faustformeln für Regelung mit verschiedenen Reglerarten zusammengestellt: für Regelstrecken der Verfahrenstechnik mit Übergangsfunktionen, deren Verlauf unter Einschluß der meist vergleichsweise geringen Eigenverzögerungen des Reglers durch eine Totzeit T_t bzw. Verzugszeit T_u (*Bild 49*) und eine anschließende Zeitkonstante T_S angenähert werden können.

Einstelldaten nach Oppelt

P-Regler: $V_S V_P = 1{,}0\, T_S/T_t$
PI-Regler: $V_S V_P = 0{,}8\, T_S/T_t$; $T_n = 3\, T_t$
PD-Regler: $V_S V_P = 1{,}2\, T_S/T_t$; $T_v = 0{,}25\, T_t$
PID-Regler: $V_S V_P = 1{,}2\, T_S/T_t$; $T_n = 2\, T_t$; $T_v = 0{,}42\, T_t$.

In anderer Darstellungsform, der die Übergangsfunktion der Regelstrecke bei Verstellung der Stellgröße um den ganzen Stellbereich zugrunde liegt und bei der die Strecken auf den Achsen (*Bild 92*) benutzt werden, die von der Tangente im Wendepunkt abgeschnitten werden, ergeben sich zur Abschätzung der Einstellung des PID-Reglers die

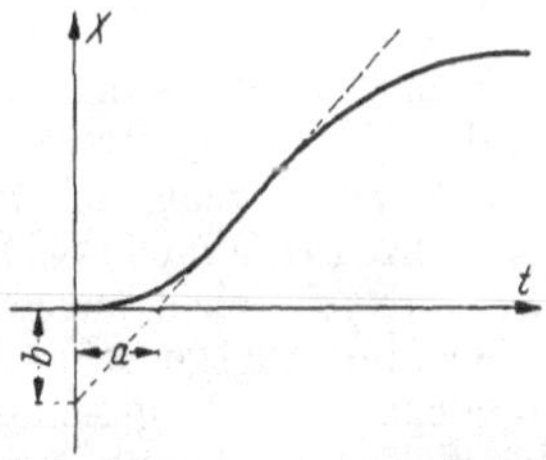

Bild 92. Bestimmung der Einstellwerte aus der Übergangsfunktion der Regelstrecke (bei Sprung um Y_h)

Einstelldaten nach Oppelt-Schäfer[1])

$X_P = 1 \ldots 1{,}5\,\mathrm{b}$
$T_n = 2 \ldots 3\,\mathrm{a}$
$T_v = 0{,}5\,\mathrm{a}$.

[1]) Regelungstechnik, Deutscher Ingenieur-Verlag und VDE-Verlag 1954.

Hinsichtlich des seltenen Grenzfalles einer Strecke mit allein nur Totzeit siehe ferner das in Verbindung mit (15.32) und (15.33) Gesagte: der Stabilitätsgrenzfall liegt bei P-Regelung bei einem Regelfaktor $R = 0{,}5$ – wie man *Bild 52* entnehmen kann, aber auch auf sehr einfache Art erhält, indem man das Geschehen sich schrittweise aufzeichnet, unter Variation der Kreisverstärkung $V = V_P V_S$ – und bei Regelung mit einem I-Regler bei einem Wert der Stellzeit $T_{\mathfrak{J}} = 0{,}64\, T_t V_S$. Man sieht, daß dies unbefriedigende Regelungen sind.

Weitere Arbeiten über die Einstellung von Reglern sind dem Buch von Oppelt zu entnehmen. Da verschiedene Einstellregeln sich auf den Abstand von der Stabilitätsgrenze, auch *Stabilitätsrand* genannt, beziehen, hat Oppelt die Stabilitätsgrenze in Abhängigkeit der Daten von Regelstrecken verschiedener Art und der Reglereinstellungen aufgetragen. Hierzu war eine räumliche Darstellung notwendig, so daß gewissermaßen die Zeichnung eines Gebirges, des *Stabilitätsgebirges*, entstand.

c) Optimierung von Regelkreisen mit Hilfe ihrer Frequenzganggleichungen

Optimierungsvorschriften, die im Zusammenhang mit der Struktur der Regelstrecke besonders übersichtlich sind und auch – wenn man sich mit der an sich nicht schwierigen Frequenzgangmethode (§§ 22 und 15) etwas vertraut gemacht hat – relativ leicht angewandt werden können, wurden von C. Keßler angegeben[1]). Ausgangspunkt ist zunächst der Frequenzgang des geschlossenen Regelkreises in bezug auf eine Sollwertänderung, da diese die sich am heftigsten auswirkende Störungsart ist – s. die Ausführungen nach (15.8).

Gemäß (15.6) ist der Frequenzgang F_w des geschlossenen Regelkreises in bezug auf Sollwertstörungen

$$F_w(p) = \frac{x(p)}{w(p)} = \frac{F_0}{1 + F_0} = \frac{1}{1 + 1/F_0} \tag{16.1}$$

mit dem Frequenzgang F_0 des offenen Regelkreises $= F_S F_R$. Wunschtraum hinsichtlich einer guten Regelung ist, daß

[1]) s. [Lit. 14].

Istwert x und Sollwert w in jedem Augenblick genau gleich groß sind. Dann müßte $x(p)/w(p)$ für jede Frequenz gleich 1 sein: mit $F_w = 1$, also $F_0 = \infty$. Da jedoch die Natur speicherlose Glieder nicht bietet und im übrigen technische Bauglieder Speicher benötigen – in der Elektrik Magnetfelder und Kapazitäten –, konvergiert der Frequenzgang F_0 des offenen Regelkreises als Folge von Speichern mit zunehmender Frequenz früher oder später gegen Null. Eine Regelung muß um so besser sein, je später dies geschieht, d. h. je länger mit zunehmender Frequenz der Frequenzgang F_w des geschlossenen Regelkreises nur wenig vom Wert 1 abweicht, F_0 also möglichst lange einen hohen Wert hat.

Es genügt, die Betragskurve $|F_w(p)|$ zu betrachten und ihre möglichst weitgehende Anschmiegung an den Wert 1 anzustreben. Die Kompensation der gewichtigen Zeitkonstanten der Regelstrecke durch gleichgroße Rückführzeitkonstanten des Reglers (s. § 15d) – d. h. die Anpassung der Struktur des Reglers auf die Struktur der Regelstrecke – ist ein wesentliches Mittel hierfür. Die Beseitigung statischer Restfehler bewirkt ein Regler, der auch einen integrierenden Anteil besitzt. Dieser I-Anteil ist dann auf die nichtkompensierten kleinen Zeitkonstanten abzustimmen. Wenn man die Integrierzeit so bemißt, daß der Regelvorgang einer $\sqrt{2}$-Dämpfung entspricht (s. *Bild 99*: Kurve für $D = 0{,}707$), ergibt sich ein geringes Überschwingen von nur rd. 4% mit nur kleinen „Anregel- und Ausregelzeiten". Die auf dieser Basis abgeleiteten Einstellvorschriften werden als *Betragsoptimierung* bezeichnet.

Regelstrecken mit Verzögerungsgliedern zeigen vielfach, insbesondere in der Antriebstechnik, Zeitkonstanten verschiedener Größe. Stets handelt es sich nur um wenige große Zeitkonstanten, denen einige kleine Zeitkonstanten gegenüberstehen. Es kommt hier lediglich auf die Relation der Werte untereinander an. Die absoluten Größen gehen in die Beziehungen nicht ein. Oft sind es ein oder zwei große Zeitkonstanten sowie eine Anzahl kleiner, deren Summenwert sehr viel kleiner – bis zu einer Größenordnung kleiner – sein kann als der Wert einer der großen Zeitkonstanten. Der

Frequenzgang der so beschaffenen Regelstrecke ist dann für die Regelstrecke mit zwei großen T_1, T_2 und einer Anzahl kleiner Zeitkonstanten T_μ unter Beachtung von (15.44) und der Bedingung

$$\Sigma T_\mu \ll T_1, T_2 \tag{16.2}$$

anzuschreiben:

$$F_S(p) = \frac{V_S}{(1 + pT_1)(1 + pT_2)(1 + p\,\Sigma T_\mu)}. \tag{16.3a}$$

Andererseits lassen sich Regler beliebiger Struktur nicht verwirklichen. Ein vielseitiger und in seinem funktionellen Verhalten auf breiten Anwendungsgebieten befriedigender Regler ist der *PID*-Regler mit dem Frequenzgang gemäß (9.45):

$$F_R(p) = \frac{(1 + p\tau_1)(1 + p\tau_2)}{p\tau_i}. \tag{16.3b}$$

Ein weiterer Vorhalt, der einen *PID*²-Regler mit einem zusätzlichen τ_3-Glied ergeben würde, ist gerätetechnisch schwer zu realisieren und kann hier auch nicht behandelt werden. Die Reglertypen *I*-, *PI*- und *PID*- geben dem Regelungsfachmann beachtliche Mittel in die Hand, oben skizzierte Regelstrecken praktisch vollendet zu regeln.

Das Betragsoptimum:

Die vom Betragsoptimum geforderte Kompensation der Zeitkonstanten der Regelstrecke durch die Rückführzeitkonstanten des Reglers bedeutet, daß ein *Regler der PI-Struktur* für eine Regelstrecke *der Struktur* $T_1, \Sigma T_\mu$ und ein *Regler der PID-Struktur* für eine Regelstrecke der *Struktur* T_1, T_2, ΣT_μ einzusetzen ist. Es sind dann die Zeitkonstanten T_1, bzw. T_1 und T_2, durch gleich große Regler-Rückführzeitkonstanten τ_1, bzw. τ_1 und τ_2, zu kompensieren. Es bleibt die Bemessung der Integrierzeit $\tau_i = 2\,V_S\,\Sigma T_\mu$ nach Maßgabe der Verstärkung der Regelstrecke und ihrer kleinen Zeitkonstanten T_μ, die in summa oder etwa als eine einzige kleine Zeitkonstante um den Faktor 5 oder mehr kleiner als jede große Zeitkonstante in praxi angenommen werden kann. Das *Betragsoptimum* liefert aber auch Angaben für die Einstellung eines nichtstrukturoptimalen Reglers, d. h. eines Reglers mit weniger Rückführzeitkonstanten, als die Regelstrecke große Zeitkonstanten besitzt:

Einstellvorschriften nach C. Keßler

Fall 1

(1 große Zeitkonstante):		*I-Regler*	*PI-Regler*
τ_1	$=$		T_1
τ_i	$=$	$2V_S T_1$	$2V_S \Sigma T_\mu$
T_α	$\approx$	$5T_1$	$5\Sigma T_\mu$

Fall 2

(2 große Zeitkonstanten):		*I-Regler*	*PID-Regler*
τ_1	$=$		T_1
τ_2	$=$		T_2
τ_i	$=$	$2V_S(T_1 + T_2)$	$2V_S \Sigma T_\mu$
T_α	$\approx$	$5(T_1 + T_2)$	$5\,\Sigma T_\mu$

Steht für den *Fall 2* nur ein *PI*-Regler zur Verfügung, so sind für ihn folgende Einstellvorschriften gegeben:

PI-Regler

$$\tau_1 = \frac{T_1(1 + T_1/T_2) + T_2(1 + T_2/T_1)}{1 + T_1/T_2 + T_2/T_1}$$

$$\tau_i = 2V_S \frac{T_1 + T_2}{1 + T_1/T_2 + T_2/T_1}.$$

Beispiel: Es möge ein elektrischer Antrieb vorliegen, der mittels eines Leonard-gespeisten Motors Drehzahl-geregelt werden soll. Es sind folgende Kennwerte gegeben:

mechanische Zeitkonstante $T_M = 200$ ms,
Erregerkreis-Zeitkonstante $T_E = 220$ ms,
Ankerkreis-Zeitkonstante $t_A = 8$ ms,
Zeitkonstante Meßumformer $t_{MU} = 3$ ms,
Regler-Glättungszeitkonstante $t_r = 20$ ms,
parasitische Zeitkonstante (*PID*-Aufbau) $t_p = 1$ ms,
Abgriff Anpassungspotentiometer $\alpha = 0{,}2$,
Verstärkungsfaktor der Regelstrecke $V_S = 15$.

Gemäß Fall 2 ist ein *PID*-Regler wie folgt einzustellen:

$\tau_1 = T_E = 220$ ms,

$\tau_2 = 2\,T_M = 400$ ms (Verdopplung von T_M, da beide Anker in Serie geschaltet sind),

$\tau_i = 2\,\alpha\,V_S\,\Sigma t = 2 \cdot 0{,}2 \cdot 15 \cdot 32 = 192$ ms.

Hiermit erhält man den Regler-Frequenzgang gemäß (.3b):

$$F_{PID} = \frac{(1 + p220)(1 + p400)}{p192} = 3{,}2\left(1 + \frac{1}{p620} + p\,460\right)$$

mit dem *P*-Bereich $x_P = 1/V_P = 1/3{,}2 = 31\%$,
der Nachstellzeit $T_n = 0{,}62$ s
und der Vorhaltzeit $T_v = 0{,}46$ s.

Die oben ebenfalls aufgeführten Zeiten T_α sind die sogenannten *Anregelzeiten*, d. h. die Zeiten, in denen nach einem Sollwertsprung die neue Sollwertlinie zum ersten Mal geschnitten wird. Nach etwa $10\,\Sigma T_\mu$, der sogenannten *Ausregelzeit*, hat sich die Kurve des Regelvorgangs der neuen Sollwertlinie so weit angeschmiegt, daß der Regelvorgang als beendet angesehen werden kann. Man sieht an den Integrierzeiten τ_i und den davon abhängigen Anregelzeiten T_α, *wie viel schneller der strukturoptimale Regler* arbeitet (*PI*-Regler in Fall 1, *PID*-Regler in Fall 2). Bei einer Regelung einer T_1, T_2, ΣT_μ-Regelstrecke beträgt der Regelungsvorgang mittels eines *PI*-Reglers etwa die 5 bis 6fache Zeit, mittels eines reinen *I*-Reglers etwa die 12fache Zeit gegenüber derjenigen bei Regelung mittels eines strukturoptimalen *PID*-Reglers. Ferner ist für die praktische Anwendbarkeit wesentlich, daß bei der Einstellung *keine penible Genauigkeit* beobachtet zu werden braucht, was in anderer Hinsicht von Bedeutung ist, wenn größere Sollwertbereiche und andere Betriebseinflüsse eine Änderung der Kenndaten und damit ein Abweichen von der optimalen Einstellung zur Folge haben.

Bei Verwendung eines strukturoptimalen, betragsoptimalen Reglers erhält man infolge Kürzung der großen Zeitkonstanten der Strecke gegen die Regler-Rückführzeitkonstanten den Frequenzgang des geschlossenen Regelkreises:

$$F_w(p) = \frac{1}{1 + p\,2\,\Sigma T_\mu\,(1 + p\,\Sigma T_\mu)}. \qquad (16.4)$$

Der Regelvorgang gestaltet sich so, als ob große Zeitkonstanten der Regelstrecke nicht vorlägen. Er entspricht der schnellen Regelung eines reinen I-Reglers, der auf die gemäß der Voraussetzung (16.2) relativ geringe Summenträgheit der kleinen Zeitkonstanten T_μ abgestimmt ist (Integrierzeit $\tau_i \approx 2\,\Sigma T_\mu$). Der für die Dynamik der Regelung wichtige Frequenzbereich liegt dann um den Wert

$$\omega \approx 1/(2\,\Sigma T_\mu) \qquad (16.4\text{a})$$

herum: Das bedeutet, daß in diesem Frequenzbereich der Arbeitspunkt der Glieder mit großen Zeitkonstanten noch im Anfangsteil ihrer Übergangsfunktion liegt, im Sinne von (9.34), in dem $p\,T$ groß gegen 1 ist, so daß man in Annäherung

$$1 + pT \approx pT \qquad (16.4\text{b})$$

setzen kann. Hieran knüpft das unten zu behandelnde „Symmetrische Optimum" an.

Bei *Regelstrecken mit Laufzeit* T_t und *Verzögerung 1. Ordnung* (Zeitkonstante T_S, Verstärkung V_S) führt die Betragsoptimierung für die Fälle $T_S > T_t$ und Regelung durch einen PI-Regler zu folgenden einfachen Einstellvorschriften (hinsichtlich anderer Fälle s. Lit. Verz. Ziff. 14, ferner s. auch *Bild 90* mit Text). Sie besagen für

$$F_S = \frac{V_S}{e^{pT_t}(1 + p\,T_S)}; \quad F_R = \frac{1 + p\tau_1}{p\tau_i} \qquad (16.5)$$

die Einstellung:

$$\tau_1 = T_S; \quad \tau_i = 2\,V_S\,T_t. \qquad (16.5\text{a})$$

Man erhält die Frequenzgänge F_0 des offenen und F_w des geschlossenen Regelkreises in bezug auf Sollwertstörungen:

$$F_0 = F_S \cdot F_R = \frac{V_S}{e^{pT_t}(1 + p\,T_S)} \cdot \frac{1 + p\,T_S}{p\,2\,V_S\,T_t} = \frac{1}{p\,2\,T_t\,e^{pT_t}}$$

$$F_w = \frac{1}{1 + p\,2\,T_t\,e^{pT_t}}. \qquad (16.6)$$

Auch hier ist die Zeitkonstante T_S durch die Bemessung der Reglerrückführzeit τ_1 kompensiert. Die zu (.6) gehörende Übergangsfunktion zeigt zunächst die Laufzeit der Regelstrecke — dies muß so sein —, dann aber anschließend einen schnellen Übergang in den neuen Sollwert mit dem geringen dem Betragsoptimum eigenen Überschwingen *(Bild 90)*. Würde man anstatt des *PI*-Reglers einen reinen *I*-Regler wünschen, wobei dann eine Kompensation der Zeitkonstante durch eine Rückführzeit des Reglers natürlich wegfällt, wäre als Integrierzeit des Reglers

$$\tau_i = 2 V_S (T_t + T_S)$$

(wiederum unter der Bedingung $T_S > T_t$) zu wählen. Man erkennt an ihr sofort, daß die Regelung wesentlich langsamer sein muß.

Das symmetrische Optimum:

Das als „*Symmetrisches Optimum*" bezeichnete Optimierungsverfahren, das andere beachtenswerte Eigenschaften besitzt, basiert auf Vereinfachungen, die als Folge der ihm zugrunde gelegten Bedingungen zulässig sind, und hat seinen Namen davon, daß die mathematische Entwicklung zu symmetrisch aufgebauten Beziehungen führt. Wie beim Betragsoptimum wird auch hier vorausgesetzt, daß die Summe ΣT_μ der kleinen Zeitkonstanten einer Regelstrecke sehr viel kleiner als jede ihrer großen Zeitkonstanten T_1, T_2 (wir betrachten hier nicht mehr als 2 große Zeitkonstanten) ist:

$$\Sigma T_\mu \ll T_1, T_2, \text{ d.h. } 1 \ll \frac{T_1}{\Sigma T_\mu}, \frac{T_2}{\Sigma T_\mu} \tag{16.7}$$

und daß eine mindest dem Betragsoptimum entsprechende Regelgeschwindigkeit erreicht werden soll. Der regeldynamisch wichtige Frequenzbereich liegt dann in der Umgebung der sogenannten Durchtrittsfrequenz, s. ferner auch *W. Leonhard*, Lit. 24, 1965 S. 4:

$$\omega_\alpha \approx \frac{1}{2 \Sigma T_\mu}, \tag{16.8}$$

d. i. die Frequenz beim Schnitt der Ortskurve $F(p)$ des geschlossenen optimierten Regelkreises mit dem Einheitskreis.

Für diesen Frequenzbereich kann man nun in Annäherung ein Zeitkonstantenglied mit T durch ein Integrierglied ersetzen, dessen Integrierzeit gleich der Anfangssteilheit des entsprechenden Zeitkonstantengliedes ist:

$$\frac{1}{1+pT} \approx \frac{1}{pT}, \tag{16.9}$$

d. h. man kann die 1 gegen den im Sinne von (9.34) großen Summanden vernachlässigen.

Die Berücksichtigung von (.9) läßt die mathematische Entwicklung zu folgenden Optimierungsvorschriften kommen:

PI-Regelung einer $T, \Sigma T_\mu$*-Regelstrecke*:

$$\left.\begin{aligned} \tau &= 4\Sigma T_\mu \\ \tau_i &= 2 V_S \Sigma T_\mu \frac{\tau}{T} \end{aligned}\right\} \tag{16.10}$$

PID-Regelung einer $T_1, T_2, \Sigma T_\mu$*-Regelstrecke*:

$$\left.\begin{aligned} \tau_1 &= 8\Sigma T_\mu \\ \tau_2 &= 8\Sigma T_\mu \\ \tau_i &= 2 V_S \Sigma T_\mu \frac{\tau_1 \tau_2}{T_1 T_2} \end{aligned}\right\} \tag{16.11}$$

Die Rückführzeiten des Reglers sind also nicht wie beim Betragsoptimum auf die großen Zeitkonstanten abzustimmen, sondern betragen ein Vielfaches von ΣT_μ. Die Reglerintegrierzeit τ_i steht hier in Beziehung auch zu den großen Zeitkonstanten.

Die Übergangsfunktion des geschlossenen Regelkreises in bezug auf *Sollwertsprünge* zeigt bei genügendem Vorliegen der Bedingung (.7) die An- und Ausregelzeiten:

$$T_\alpha = 3\Sigma T_\mu$$
$$T_{\text{aus}} = 11\Sigma T_\mu \tag{16.12}$$

und eine Überschwingweite:

$$ü = 43\%.$$

Das große Überschwingen bei Sollwertsprüngen läßt sich durch ein glättendes Zwischenglied hinter dem Ausgang des

Sollwertgliedes mit einer Trägheit gleich der *PI*-Reglerrückführzeit τ kompensieren, ohne daß die gegenüber dem Betragsoptimum besonders günstigen Eigenschaften in bezug auf *Laststörungen* gemindert werden. Letzteres ist dadurch gegeben, daß ein Lastsprung sich wie ein mit der Trägheit der Regelstrecke *geglätteter* Sprung auf den Sollwert-Istwert-Vergleich auswirkt.

Die Frage der Grenzen, bis zu denen es möglich ist, die großen Zeitkonstanten in Annäherung wie integrale Glieder anzusehen und das symmetrische Optimum gegenüber dem Betragsoptimum mit Vorteil anzuwenden, ist etwa so zu beantworten:

bei *PI-Regelung* einer $T, \Sigma T_\mu$-*Strecke* muß sein:

$$T > 4\,\Sigma T_\mu, \tag{16.13}$$

bei *PID-Regelung* einer $T_1, T_2, \Sigma T_\mu$-*Strecke*:

$$T_1, T_2 > 8\,\Sigma T_\mu. \tag{16.14}$$

Je relativ größer T_1 und T_2 sind, desto günstigere Verhältnisse sind gegeben. Falls bei der *PID*-Regelung $T_1 > 4\,\Sigma T_\mu$, aber $T_2 < T_1$ ist, wird man besser gemischt arbeiten: Kompensation von T_2 durch eine Rückführzeitkonstante entsprechend dem Betragsoptimum und Anpassung der zweiten Rückführzeitkonstante an T_1 entsprechend (.11).

§ 17. Zur Frage der Regelgenauigkeit

Die Frage nach der Genauigkeit, mit der eine Regeleinrichtung arbeitet, führt auf eine Reihe von Teilfragen, die mit der speziellen Aufgabenstellung, mit Eigenart und Zustand der zu regelnden Anlage sowie mit dem Faktor Zeit verquickt sind und von denen auch die Auswahl des geeigneten Reglers abhängt. Wir haben durch unsere Ausführungen die grundlegende Erkenntnis gewonnen, daß einerseits der Regler, anderseits aber ebenso die Regelstrecke am Regelergebnis beteiligt sind. Ebenso wichtig wie die Kenntnis des funktionellen Verhaltens des Reglers einschließlich der ihm gegebenenfalls anhaftenden Nebenerscheinungen ist die Kenntnis der charakteristischen Merkmale der Regelstrecke, insbesondere ihres dynamischen Verhaltens.

Bei älteren Anlagen, für die eine Regeleinrichtung entworfen werden soll, findet der Regelungsingenieur gegebene Verhältnisse vor, die nur teilweise abgeändert werden können. Neuerstellungen lassen größere Freizügigkeit zu, soweit die Kosten es erlauben und soweit technische Forderungen den regeltechnischen Wünschen nicht entgegenstehen. An Änderungen wird man zu denken haben, die im Laufe der Zeit auftreten können: Getriebespiel, Lose, Reibungskräfte usw. sowie Nullpunkt- und Eichfehler können allmählich andere Werte annehmen und sich in geregelten Anlagen unangenehmer bemerkbar machen. Mechanische Glieder sind im Regelbetrieb wesentlich größeren Abnutzungen unterworfen, da sie sich nicht wie im Handbetrieb auf der Stelle in Ruhelage befinden, auf die sie gestellt wurden, sondern dauernde kleine Bewegungen um den Arbeitspunkt ausführen. Höhere Ansprüche hinsichtlich des Regelergebnisses rechtfertigen auch höhere Aufwendungen. Die Kennlinie eines Gliedes muß unter Beachtung der Kennlinien der übrigen Regelkreisglieder betrachtet werden. Krümmungen einer Kennlinie können durch entgegengesetzte Krümmungen der Kennlinie eines anderen Gliedes aufgehoben werden[1]).

Der Regler ist zwar das Herz der Regelanlage. Jedoch ist die Gesamtkonzeption zur Einrichtung einer Regelung am Dauererfolg beteiligt. Hierzu gehören alle Zwischenglieder und Hilfsgeräte, die an sich auch für andere technische Aufgaben verwendbar sein können, deren Güte aber gegebenenfalls der von der Regelaufgabe geforderten Güte anzupassen ist. Zur Erzielung befriedigender Ergebnisse macht es sich auch in der Regelungstechnik bezahlt, einfache Anordnungen sowie einfache und zuverlässige Geräte zu wählen. Der Betriebsmann

[1]) Bei Drosselklappen können gewünschte Kennlinien durch entsprechende Gestaltung des Antriebsmechanismus (z. B. Bemessung der Gestängeteile und der von ihnen gebildeten Winkel eines Gelenkvierecks) erzielt werden. Bei Ventilen und Klappen muß sich der Öffnungsquerschnitt und seine Profilierung nach dem Durchfluß und nicht nach der Größe der Rohrleitungen richten, damit zur Erzielung der gewünschten Kennlinie der größte Anteil der Druckhöhe am Stellglied vernichtet wird.

weiß dies stets zu würdigen. Aus diesem Grunde sollte man auch nur die Regelgenauigkeit anstreben, die der Aufgabenstellung entspricht und die man etwa als „Aufgabengenauigkeit“ bezeichnen könnte. Bei der Behandlung der verschiedenen Reglertypen haben wir ihren Grundaufbau hinsichtlich ihres idealen funktionellen Verhaltens dargestellt. Das Verhalten eines bestimmten Reglers ist eine Frage des benutzten Systems sowie des speziellen Aufbaues, in den auch die fertigungstechnische Güte eingeht. Die Eigenverzögerungen eines technischen Reglers sowie andere gegenüber dem idealisierten Regler abweichende Eigenschaften lassen es oftmals angezeigt sein, besser von einem Regler mit *P*-, *PI*- usw. „*Verhalten*“ zu sprechen.

Unabhängig von der Genauigkeit, mit der eine Störgrößenänderung ausgeregelt wird, ist die Genauigkeit, mit der der vorgeschriebene Sollwert auf die Dauer gehalten wird. Sie hängt nicht nur von der *Konstanz* der Führungsgröße, des Vergleichswertes oder der Einstellvorrichtung für lange Zeit ab, sondern ebensosehr von der Konstanz sämtlicher Teile des Meßkreises, d. h. des Kreises, der von der Istwertmessung bis zur Bildung der Regelabweichung reicht, einschließlich aller in ihm liegenden Meßumformer, Rückführglieder sowie aller Anordnungen zur Aufschaltung von Hilfs- und Störgrößen. *Der Regler kann nur den Wert konstant halten, den die Messung erfaßt, und nur dann, wenn eine Konstanz sämtlicher Teile des Meßkreises vorliegt.* Die von diesem Kreise dem Regelverstärker zugeführte Eingangsgröße bestimmt allein, was das Stellglied zu tun hat und bei welchem Wert sich der neue Beharrungszustand einstellt. Wärmegänge, Ansprechempfindlichkeiten oder Alterungserscheinungen der einzelnen Glieder haben meist dieselbe Wirkung, als ob man den Sollwert auf einen entsprechend veränderten Wert verstellt hat. Die Fehler gehen in voller Höhe als Regelfehler ein, während Veränderungen in Anlageteilen, die hinter der Bildung der Regelabweichung liegen, infolge der veränderten Verstärkung nur den Regelfaktor beeinflussen und somit viel geringere Auswirkung haben. Unter Umständen ist es daher zweckmäßig, bei kleinen Werten der Istgröße die Regelabweichung bereits frühzeitig zu erfassen, bevor Nebeneffekte weiterer Verstärker eine saubere Bildung der Differenz von Ist- und Sollwert erschweren.

Die Regelgenauigkeit bei Vorliegen von *Regelbereichen*, d. h. Sollwertbereichen, innerhalb derer der Sollwert zwischen einem oberen und unteren Grenzwert verstellt werden kann, bezieht man im allgemeinen auf den maximalen Wert, so wie auch der Meßfehler eines Meßinstrumentes auf den obersten Wert der Skala bezogen wird. Es ist zu beachten, daß sich die Kenndaten der Teile des Regelkreises innerhalb großer Regelbereiche verändern können (z. B. veränderte Verstärkung und veränderte Zeitkonstante im Sättigungsgebiet von elektrischen Maschinen). Wenn man die Regelung für den Betriebsfall mit den ungünstigsten Kenndaten optimal einstellt, arbeitet sie in anderen Betriebsfällen nicht optimal. Manche Störwertänderungen behalten ihren Absolutwert innerhalb des ganzen Regelbereiches bei. Wenn dieser durch die Regelung auf einen bestimmten Bruchteil ausgeregelt wird, so hat der Restwert, auf einen kleineren Sollwert bezogen, einen viel größeren Relativwert.

Neben einer einwandfrei arbeitenden Regeleinrichtung ist die *Summe der maximal anfallenden Störgrößenänderungen für das Regelergebnis bestimmend.* Eine Anlage, die eine Ungenauigkeit von z. B. $< 0{,}1\%$ zeigt, weil die gewichtigsten Störgrößen stabilisiert oder von Natur wenig veränderlich sind, ist regeltechnisch nicht besser als eine andere Anlage, die höhere Abweichungen zeigt, weil die Störungen größer sind oder keine Stabilisierungen bestimmter Störgrößen vorgenommen wurden. *Ein Urteil über eine Regelanlage sollte man nicht ohne Nennung der Bedingungen aussprechen, unter denen die beobachtete Genauigkeit erzielt ist.* Bei häufigen Störgrößenänderungen, die so schnell aufeinander folgen, daß der Regelvorgang noch nicht abgeklungen ist, wenn der nächste angeregt wird, kommt die Anlage nicht mehr zur statischen Ruhe. Hier können Stabilisierungen der Störgröße oder Störwertaufschaltungen notwendig werden. *Bei erheblichen Störgrößensprüngen* ist zu beachten, daß die aus der Theorie gewonnenen Regelgesetze nur innerhalb eines Bereiches gelten, der von den *Hubgrenzen* des Reglers, der Stellgröße usw. abhängt. Außerhalb dieses Bereiches ist der „geschlossene Wirkungskreis" unterbrochen, so daß die Anlage das ungeregelte Verhalten eines offenen Kreises zeigt, der durch die eine der beiden Endlagen des Hubes „gesteuert" wird, bis nach Wiedererreichen des Hubbereiches das Einlaufen in den Sollwert gesetzmäßig erfolgt.

Der Frage der Betriebssicherheit der Regeleinrichtung wird sowohl vom Hersteller als auch vom Verbraucher die notwendige Beachtung geschenkt. In der ersten Betriebszeit geben gelegentlich Fremdkörper in hydraulischen und pneumatischen Teilen sowie elektrische Kontakte und Lötstellen die Möglichkeit von Störungen. Darüber hinaus ist bei guten Regeleinrichtungen die Betriebssicherheit sehr hoch. G. Wünsch gab in der „Hütte" für hydraulische Glieder eine Betriebssicherheit von etwa 50000 h, für pneumatische Glieder von etwa 15000 h bis zur ersten Störung an. Die Wartung elektrischer Glieder entspricht dem Üblichen. Vakuumröhren werden zur Erhöhung der Sicherheit vielfach nach einigen tausend Betriebsstunden (z. B. 3000 ... 4000 h) gegen neue ausgetauscht. Auch sollte man darauf sehen, daß sogenannte Kurzbrenner ausgeschieden sind. Moderne Halbleiter-Bauteile zeigen eine so hohe Betriebssicherheit, wie man sie bis dahin nicht kannte.

Anhang

§ 18. Einige Formeln der komplexen Rechnung

Die komplexe Rechnung erleichtert das Rechnen mit Zahlenpaaren, die miteinander in Beziehung stehen, und wird heute nicht nur in der Elektrotechnik, sondern auch in anderen Gebieten der Technik mit großem Erfolg angewandt, so auch auf den Gebieten der Schwingungstechnik. In folgendem sind die für das Verständnis der weiteren Ausführungen wichtigsten Begriffe und Formeln zusammengestellt[1]). Der Betrag (oder Modul) Z der gerichteten Größe $\mathfrak{Z} = X + jY$ *(Bild 93)* sei um den Richtungswinkel (Argument) φ gegen die reelle Achse im mathematisch positiven Drehsinne gedreht. Beide Größen werden auch Polarkoordinaten genannt und stehen mit den kartesischen Koordinaten in folgendem Zusammenhang:

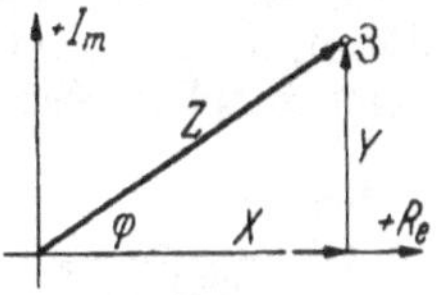

Bild 93.
Die gerichtete Größe $\mathfrak{Z}$ und ihre Koordinaten

$$\mathfrak{Z} = Z\,e^{j\omega} = Re + j\,Im = X + jY; \qquad (18.1)$$

$$j = \sqrt{-1}$$

$$Z = \sqrt{X^2 + Y^2} = \text{Betrag} \qquad (18.1\text{a})$$

$$\operatorname{tg}\varphi = \frac{Y}{X}\,;\ \varphi = \text{Richtungs- oder Phasenwinkel.} \qquad (18.1\text{b})$$

Der reziproke Wert, auch inverser Wert genannt, ergibt sich zu:

$$\frac{1}{\mathfrak{Z}} = \frac{1}{Z}\,e^{-j\omega} = \frac{1}{X + jY} = \frac{X}{Z^2} - j\,\frac{Y}{Z^2} \qquad (18.2)$$

$1/Z$ = Betrag des inversen Wertes.

[1]) S. auch Sammlung Göschen Nr. 1156, 1156a. H. H. Meinke, Die komplexe Berechnung von Wechselstromschaltungen.

Bei der Inversion erscheint derselbe Phasenwinkel φ, jedoch im negativen Drehsinne. Die *Addition* komplexer Größen ergibt:

$$\mathfrak{Z} = \mathfrak{Z}_1 + \mathfrak{Z}_2 + \ldots = (X_1 + X_2 \ldots) + j(Y_1 + Y_2 + \ldots) \quad (18.3)$$

$$Z = \sqrt{(X_1 + X_2 + \ldots)^2 + (Y_1 + Y_2 + \ldots)^2} \quad (18.3\text{a})$$

$$\operatorname{tg}\varphi = \frac{Y_1 + Y_2 + \ldots}{X_1 + X_2 + \ldots} \quad (18.3\text{b})$$

und die *Multiplikation*:

$$\mathfrak{Z} = \mathfrak{Z}_1 \cdot \mathfrak{Z}_2 \ldots = (Z_1 Z_2 \ldots)\, e^{j(\varphi_1 + \varphi_2 + \ldots)} = Z\, e^{j\varphi}. \quad (18.4)$$

Bild 94 veranschaulicht die Addition zweier komplexer Größen, die im 1. Quadranten liegen, und die Multiplikation zweier komplexer Größen, die im 4. Quadranten liegen. Bei der Addition sind je die Komponenten X_1, X_2 usw. und Y_1, Y_2 usw. zu addieren. Der Tangens des Winkels ist gleich dem Verhältnis der Komponentensummen. Bei der Multiplikation ist das Produkt der Beträge Z_1, Z_2 usw. zu bilden. Der Winkel ist gleich der Summe der Winkel der Größen $\mathfrak{Z}_1$, $\mathfrak{Z}_2$ usw.

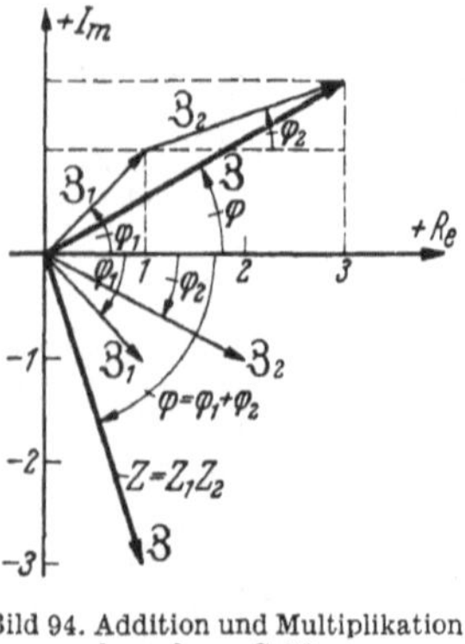

Bild 94. Addition und Multiplikation komplexer Größen

Die gerichtete Größe $\mathfrak{Z}$ in der Lage von *Bild 94* kann man als Summe zweier gerichteter Größen auffassen, für die es unendlich viele Möglichkeiten gibt. Wir wollen sie aus den Projektionen X und Y auf die Achsen entstanden denken. Nach der Eulerschen Formel ist für die Einheitsgröße $|\mathfrak{Z}| = 1$:

$$\mathfrak{Z} = \cos\varphi + j\sin\varphi = e^{j\varphi}. \quad (18.5\text{a})$$

Ist φ ein Winkel, der proportional der Zeit t wächst, so ist mit dem Proportionalitätsfaktor ω:

$$\mathfrak{Z} = \cos\omega t + j\sin\omega t = e^{j\omega t}. \quad (18.5\text{b})$$

$\mathfrak{Z}$ ist ein umlaufender Zeiger mit der Umlaufgeschwindigkeit:

$$\omega = 2\pi f \text{ und der Frequenz } f. \tag{18.6}$$

Nach einer Drehung um $\pm 90°$ oder $\pm \pi/2$ hat der Zeiger eine Lage:

$$\mathfrak{Z} = \cos 90° \pm j \sin 90° = \pm j = e^{\pm j\pi/2}. \tag{18.7}$$

Der „imaginäre Operator“ $\pm j$ bedeutet die Drehung einer gerichteten Größe um $\pm 90°$. Es tritt daher bei Drehungen

um $\pm$ 90° der Faktor $\pm j$
um $\pm$ 180° der Faktor -1 (18.8)
um $\pm$ 270° der Faktor $\mp j$ usw. zu $\mathfrak{Z}$ hinzu.

Die Komponenten von (.5b) als Projektionen auf die Achsen eines Achsenkreuzes wachsen mit der Zeit nach dem Sinus- bzw. Kosinusgesetz. Man wählt diese Darstellung zur Veranschaulichung der harmonischen Schwingung x mit der Amplitude A und der Kreisfrequenz ω:

$$x = A \cos \omega t + j A \sin \omega t = A\, e^{j\omega t}. \tag{18.9}$$

In *Bild 95* ist die Abszissenachse die Projektionsachse für die Kosinuswerte. Gleichung (.9) enthält die Exponentialform der harmonischen Schwingung. An sich würde schon eine der Komponenten die harmonische Schwingung beschreiben. Die Verwendung der Exponentialform bietet jedoch vielfach große Vorteile für die Rechnung.

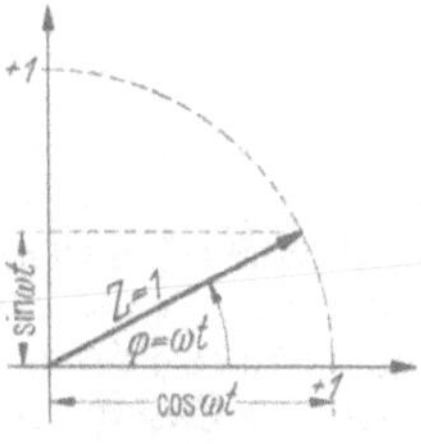

Bild 95. Umlaufender Zeiger $\mathfrak{Z}$ mit der Umlaufgeschwindigkeit ω

Wenn wir nur die Sinuskomponente von (.9) betrachten und annehmen, daß die Lage des Zeigers zur Zeit $t = 0$ den Winkel φ hat, so ist für die Schwingung anzuschreiben:

$$x = A \sin(\omega t + \varphi) \tag{18.10}$$

und durch Anwendung einer bekannten trigonometrischen Formel:

$$x = A_1 \cos \omega t + A_2 \sin \omega t \tag{18.11}$$

$$\text{mit } A_1 = A \sin \varphi \text{ und } A_2 = A \cos \varphi.$$

Man kann daher eine Schwingung, die zur Zeit $t = 0$ mit dem Winkel φ beginnt, als Summe einer Sinusschwingung mit der Amplitude A_1 und einer Kosinusschwingung mit der Amplitude A_2 auffassen.

§ 19. Die Übergangsfunktion des Einspeichersystems

In Anlehnung an unser in §§ 3 bis 5 gewähltes Beispiel einer Gasrohrregelstrecke wollen wir die zeitlichen Vorgänge bei der Ladung und Entladung eines Speichers prinzipiell betrachten, ohne zunächst regeltechnische Zusatzbedingungen zu untersuchen. Daher ergänzen wir die Schaltung (*Bild 96*)

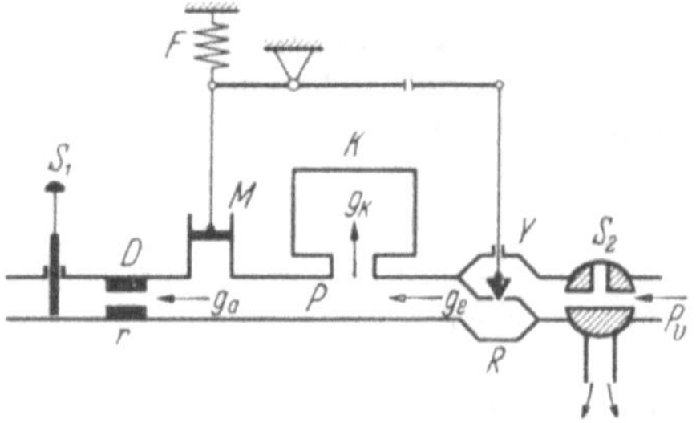

Bild 96. Mechanisches Einspeichersystem

durch einen Schieber S_1 und einen Dreiwegehahn S_2 und lassen den Regler außer Tätigkeit, was durch eine Unterbrechung des Reglergestänges angedeutet ist. Der Schieber S_1 sperre den Gasabfluß ab (abfließender Gasstrom $g_a = 0$). Der Dreiwegehahn werde aus der Lage, in der die Gasquelle P_v abgeschaltet und der Speicher mit dem Außenraum verbunden ist (Speicher entladen), plötzlich in die Lage gedreht, in der die Verbindung mit dem Außenraum unterbrochen und Verbindung mit der Gasquelle hergestellt ist. Auf den Speicher wirkt sprunghaft der Druck P_v, wobei wir annehmen wollen, daß der Dreiwegehahn widerstandslos ist und das Ventil Y, dessen Stellung nicht verändert wird, den konstanten Widerstand R hat. Der zufließende Gasstrom g_e lädt den Speicher

$(g_K = g_e)$ auf, dessen Druck allmählich zunimmt, bis nach längerer Zeit $P = P_v$ geworden ist und kein Strom mehr zufließt.

Der zufließende Gasstrom ist stets proportional dem Druckgefälle, das über dem Widerstand R liegt. In jedem Augenblick steht die Summe von Speicherdruck P und Druckgefälle $R \cdot g_e$ mit dem Druck P_v der Gasquelle im Gleichgewicht:

$$P + R \cdot g_e = P_v. \tag{19.1}$$

Ferner ist die gespeicherte Menge M einerseits gleich dem Zeitintegral des zugeflossenen Gasstromes g_e und andererseits gleich dem Produkt aus Speicherkapazität K und momentanem Druck P im Speicher:

$$M = \int g_e \, dt = K P. \tag{19.2}$$

Durch Differenzieren erhält man:

$$g_e = K \frac{dP}{dt}. \tag{19.3}$$

Mit (.1) erhalten wir als zeitlichen Verlauf des Speicherdrucks die Differentialgleichung:

$$RK \frac{dP}{dt} + P = P_v \tag{19.4}$$

$$T \dot{x}_a + x_a = x_e. \tag{19.4a}$$

letzteres in allgemeiner Schreibweise. Wir zerlegen den Speicherdruck P in zwei Teile, in den stationären Teil P' und in den Teil P'', der sich in der Zeit des Überganges vom Anfangswert zum Endwert dem stationären Teil überlagert:

$$P = P' + P''. \tag{19.5}$$

(.4) setzt sich aus den Gleichungen für die beiden Bestandteile zusammen:

$$RK \frac{dP'}{dt} + P' = P_v. \tag{19.6a}$$

$$RK \frac{dP''}{dt} + P'' = 0. \tag{19.6b}$$

In (.6a) ist nach einer Zeit, ab welcher stationäre Verhältnisse eingetreten sind, $dP'/dt = 0$, so daß

$$P' = P_v \tag{19.7}$$

ist. Für (.6b) erhalten wir durch Trennung der Variablen:

$$\frac{dP''}{P''} + \frac{dt}{RK} = 0, \tag{19.8}$$

nach Integration:

$$\ln P'' + \frac{t}{RK} = \ln c \tag{19.9}$$

und durch Delogarithmieren:

$$P'' = c e^{-\frac{t}{RK}}. \tag{19.10}$$

Weil im Schaltmoment $t = 0$ die Energie keinen Sprung machen kann, der einen unendlich großen Wert dP/dt und als Folge in (.3) einen unendlich großen Strom g_e bewirken würde, ist im Schaltmoment der Druck im Speicher noch Null. Man erhält daher die Integrationskonstante c nach (.5) mit (.7) und (.10) aus:

$$P_{(t=0)} = P_v + c \cdot 1 = 0 \tag{19.11}$$

zu

$$c = -P_v. \tag{19.12}$$

Der Speicherdruck ergibt sich als Summe von (.7) und (.10):

$$P = P' + P'' = P_v \left(1 - e^{-\frac{t}{RK}}\right). \tag{19.13}$$

Diese Gleichung:

$$\frac{P}{P_v} = 1 - e^{-t/T} \quad \text{mit } T = RK \tag{19.14}$$

beschreibt den Übergang des Speicherdruckes vom bisherigen Beharrungswert Null auf einen neuen Beharrungswert P_v. Der Übergang nimmt exponentiellen Verlauf. Demselben Gesetz gehorcht auch der Übergang von einem Beharrungswert P_{v1} auf einen neuen Beharrungswert P_{v2}, so daß dann (.14) das zeitliche Verhalten des Wertes $\Delta P / \Delta P_v$ beschreibt.

Ist der neue Beharrungswert P_{v2} niedriger als P_{v1}, so wird er gemäß einer abwärts verlaufenden e-Funktion erreicht.

Bild 97 zeigt ein elektrisches Beispiel mit den gleichen Bezeichnungen, das *analog* zur Gasrohrstrecke aufgebaut ist. Der Speicher ist durch einen Kondensator, der Strömungswiderstand des Ventils Y von *Bild 96* durch einen Ohmschen Widerstand R und der Verbraucherwiderstand durch den Ohmschen Widerstand r dargestellt. Schalter S_1 kann den Verbraucherwiderstand zuschalten, Schalter S_2 die Verbindung mit der Netzspannung herstellen oder ein Kurzschließen des Kreises und eine Entladung des Kondensators bewirken. Das Beispiel hat den Vorteil, daß man mit Berechtigung von einer Konstanz der Widerstände R und r ausgehen kann (während diese oben für die Gasrohrstrecke zugrunde gelegte Annahme in Wirklichkeit nur unter speziellen Bedingungen und bei kleinen Druckänderungen gilt).

Bild 97. Elektrisches Einspeichersystem

In Analogie zu unserem Regelungsbeispiel, in dem der Gasdruck bei abfließendem Gasstrom am Meßort konstant gehalten werden soll, ist in der Rechnung noch der Verbraucherwiderstand r zu berücksichtigen, der parallel zum Kondensator (bzw. Gasspeicher) liegt und dauernd einen Strom g_a aufnimmt. Wir nehmen auch hier eine sprunghafte Änderung der Spannungsquelle P_v (ohne Eingreifen des Reglers) vor. Der über R zufließende Strom g_e teilt sich in den Kondensatorstrom g_K und den Verbraucherstrom g_a, so daß in (.1) zu setzen ist:

$$R g_e = R\,(g_K + g_a) \qquad (19.15)$$

$$\text{mit} \quad g_K = K\,dP/dt$$

$$g_a = P/r.$$

Wenn man die Rechnung im übrigen ganz entsprechend weiterführt, erhält man anstatt (.4):

$$RK\frac{dP}{dt} + \left(1 + \frac{R}{r}\right)P = P_v \qquad (19.16)$$

und schließlich als Lösung anstatt (.14):

$$\frac{P}{P_v} = \frac{1}{1 + R/r}\left(1 - e^{-\frac{1+R/r}{T}t}\right). \qquad (19.17)$$

Auch in (.17) nimmt der Übergang auf den neuen Beharrungszustand exponentiellen Verlauf. Er erfolgt jedoch mit der Zeitkonstante $\frac{T}{1 + R/r}$, wobei im übrigen der Übertragungsfaktor den Wert $\frac{1}{1 + R/r}$ hat, der in (.14) den Wert 1 besaß. In Abhängigkeit der Belastung liegen demnach *unterschiedliche Betriebsfälle* mit verändertem Übertragungsfaktor

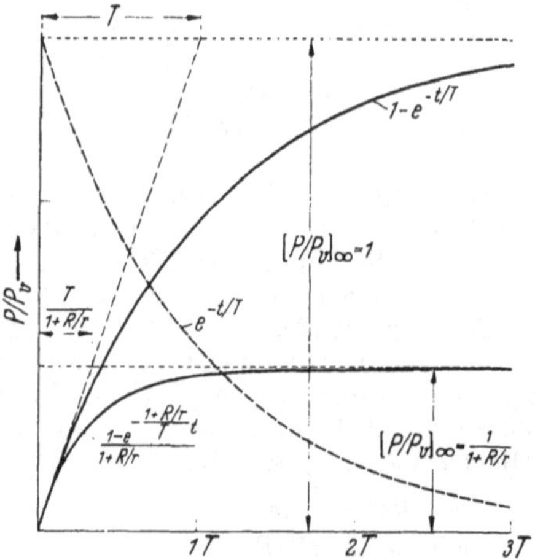

Bild 98. Übergangsfunktionen des Einspeichersystems

und veränderter Zeitkonstante vor. Dies ist ein Beispiel dafür, wie sich die Kenndaten einer Regelstrecke je nach dem vorliegenden Betriebsfall ändern können. In *Bild 98* ist der zeitliche Verlauf von P/P_v gemäß (.14) und (.17) aufgetragen. Wichtig für die Entnahme der Zeitkonstante aus einem Versuchsschrieb ist die Eigenschaft der Exponentialfunktion, daß die *Subtangente* jedes Kurvenpunktes die Zeit T auf der Asymptote abschneidet. Da in Abhängigkeit von der Belastung sowohl die Zeitkonstante als auch der Übertragungsfaktor um den gleichen Faktor $\frac{1}{1 + R/r}$ verkleinert sind, behält die Tangente im Nullpunkt denselben Winkel, so daß *die Anfangssteilheit des Vorganges unabhängig vom Belastungswiderstand* r ist. Entsprechende Verhältnisse liegen z. B. bei Drehzahlregelungen mechanisch belasteter Maschinen und im Ankerkreis spannungsgeregelter Gleichstrommaschinen vor.

§ 20. Die Übergangsfunktion des Zweispeichersystems

Um die Differentialgleichung der Form, wie sie in (5.13) und (5.15) vorliegt:

$$a_2 \ddot{x} + a_1 \dot{x} + a_0 x = c y, \text{ bzw. } = c w, \text{ bzw. } = c z \qquad (20.1)$$

für einen Sprung von y bzw. w bzw. z zu lösen, spalten wir die Größe x in zwei Teile x_∞ und x_f. x_∞ stellt den Wert für den Zustand dar, der sich infolge einer sprunghaften Änderung nach sehr langer Zeit einstellt, in dem sich x nicht mehr ändert und daher die Ableitungen in (.1) gleich Null werden. Wir erhalten z. B. für einen Sprung von y:

$$a_0 x_\infty = c y. \qquad (20.2)$$

Der zweite Teil x_f ist der Übergangswert, der sich aus dem momentanen Gesamtwert x unter Abzug des stationären Wertes x_∞ ergibt. Wir erhalten ihn aus der homogenen Differentialgleichung:

$$a_2 \ddot{x}_f + a_1 \dot{x}_f + a_0 x_f = 0. \qquad (20.3)$$

Ihre Lösung suchen wir mittels des bei solchen Gleichungen erfahrungsgemäß brauchbaren Ansatzes: $x_f = C e^{\varkappa t}$. Diesen sowie seine erste und zweite Ableitung in (.3) eingesetzt ergibt die charakteristische Gleichung:

$$a_2\alpha^2 + a_1\alpha + a_0 = 0. \qquad (20.3\,a)$$

Ihre Wurzeln errechnen sich auf bekannte Weise zu:

$$\alpha_{1,2} = -\delta \pm \omega_0\sqrt{D^2 - 1} \qquad (20.4)$$

$$\text{mit } \delta = \frac{a_1}{2a_2} \qquad (20.4\,a)$$

$$\omega_0 = \sqrt{\frac{a_0}{a_2}} \qquad (20.4\,b)$$

$$D = \frac{\delta}{\omega_0} = \frac{a_1}{2\sqrt{a_2 a_0}}. \qquad (20.4\,c)$$

Der Dämpfungsgrad D hat bei rückwirkungsfreier Hintereinanderschaltung den Wert $\geqq 1$, d. h. bei Hintereinanderschaltung von zwei voneinander unabhängigen Einspeichersystemen. Der Kleinstwert 1 tritt bei Zeitengleichheit $T_1 = T_2 = T$ auf. $D < 1$ tritt auf, wenn ein System zwei nicht trennbare Speicher enthält. Dies sind Systeme, welche zwei Speichermöglichkeiten in sich beinhalten, wie z. B. das Pendel (potentielle und kinetische Energie). Sie lassen sich nicht auf erstere zurückführen. Hierzu gehört auch der ge-

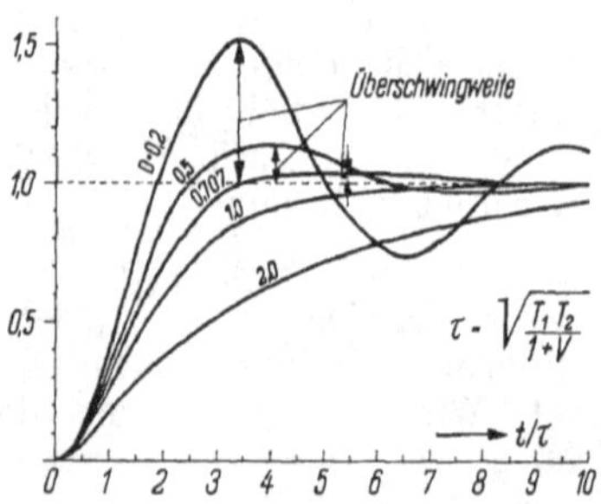

Bild 99. Übergangsfunktionen eines Zweispeichersystems für verschiedene Dämpfungsgrade D, entsprechend einem Amplitudenrückgang α (in %) je Halbschwingung:

D	=	0,2	0,5	0,707	1,0	2,0
α %	=	53	16	4	—	—

schlossene Regelkreis, dessen entdämpfende Wirkung z. B. (5.17) zeigt. *Bild 99* zeigt mehrere Übergangsfunktionen für verschiedene Dämpfungsgrade. Um nicht spezielle, sondern allgemein gültige Kurven zu erhalten, wurde die Zeit „normiert“ aufgetragen, indem sie auf die Bezugszeit τ bezogen wurde, mit $V = V_S V_P$ gemäß (4.4), s. auch § 23.

Wir betrachten zunächst $\underline{D > 1}$. Es sind zwei Wurzeln vorhanden, so daß wir den Ansatz auf

$$x_f = C_1 e^{\alpha_1 t} + C_2 e^{\alpha_2 t} \tag{20.5}$$

erweitern müssen. Die Konstanten erhalten wir aus den Anfangsbedingungen. Für den Anfang ist $x_f = -x_\infty$ und $\dot{x}_f = 0$, da für $t = 0$ noch der alte Zustand besteht, d. h. $x_\infty - x_f = 0$ ist und auch noch keine „Bewegung“ vorliegt.

Man erhält:

$$C_1 = \frac{\alpha_2}{\alpha_1 - \alpha_2} x_\infty = -\frac{T_1}{T_1 - T_2} x_\infty$$

$$C_2 = -\frac{\alpha_1}{\alpha_1 - \alpha_2} x_\infty = \frac{T_2}{T_1 - T_2} x_\infty ,$$

mit den Zeitkonstanten T_1 und T_2 zweier rückwirkungsfreier Systeme. Als Lösung für den Übergangswert ergibt sich:

$$x_f = \left(-\frac{T_1}{T_1 - T_2} e^{-t/T_1} + \frac{T_2}{T_1 - T_2} e^{-t/T_2}\right) x_\infty$$

und für den Gesamtwert x als Summenwert infolge Überlagerung des freien Übergangswertes über den stationären Endwert:

$$\frac{x}{x_\infty} = 1 - \frac{T_1}{T_1 - T_2} e^{-t/T_1} + \frac{T_2}{T_1 - T_2} e^{-t/T_2} , \tag{20.6}$$

mit x_∞ gemäß (.2). Man erhält Kurven, die in den Endwert aperiodisch übergehen.

Für $\underline{D < 1}$ wird die Wurzel in (.4) imaginär:

$$\alpha_{1,2} = -\delta \pm j\omega_e \quad \text{mit} \quad \omega_e = \sqrt{\omega_0^2 - \delta^2}.$$

Nach einigen Umformungen bei Beachtung der komplexen Rechenmethoden ergibt sich schließlich[1]):

$$\frac{x}{x_\infty} = 1 - e^{-\delta t}\left(\cos \omega_e t + \frac{\delta}{\omega_e} \sin \omega_e t\right) \qquad (20.7)$$

$$\left(\text{für schwache Dämpfung: } \frac{x}{x_\infty} \approx 1 - e^{-\delta t} \cos \omega_e t\right), \qquad (20.7\text{a})$$

eine Kurve, die sich aus einem Kosinus- und einem Sinusglied zusammensetzt und entsprechend dem Exponenten δ abklingt.

Für den Sonderfall $D = 1$, dem aperiodischen Grenzfall, muß man anders vorgehen. Das Ergebnis ist:

$$\frac{x}{x_\infty} = 1 - e^{-\delta t}(1 + \delta t). \qquad (20.8)$$

Die Bedeutung der Dämpfungsverhältnisse hat in der Schwingungstechnik zur Ausbildung bestimmter Dämpfungsbegriffe geführt. Sie seien in folgendem zusammengestellt:

$\omega_e = 2\pi f_e$ = Eigenkreisfrequenz der gedämpften freien Schwingung,

$\omega_0 = 2\pi f_0$ = Kennkreisfrequenz, die sich für den Fall eines dämpfungslosen Systems bei gleichen Speicherwerten ergeben würde,

δ = Abklingkonstante bzw. Anschwellkonstante,

$D = \delta/\omega_0$ = Dämpfungsgrad,

ϑ = log. Dekrement (bzw. Inkrement bei Anschwellverhältnissen) = dem Logarithmus des Amplitudenverhältnisses von zwei um 1 Periode auseinanderliegenden Amplituden,

$\frac{T}{\vartheta} = \frac{1}{f_e \vartheta} = \frac{1}{\delta}$ = Abkling- bzw. Anschwellzeit, nach deren Ablauf die Amplitude auf den e-ten Teil gesunken bzw. auf das e-fache gestiegen ist.

---

[1]) S. Sammlung Göschen, Bd. 1070, F. Sauter, Differentialgleichungen der Physik, 4. Aufl. 1966.

§ 21. Zum Verständnis der Begriffe komplexe Amplitude und negative sowie komplexe Frequenz (zu Bild 87)

Der Meßwert einer Schwingung, z. B. eines Pendels, ist eine reelle Größe. Der jeweilige Abstand von der Nullage sei in cm angebbar. Er ändert sich im Takte einer bestimmten Frequenz und hat einen maximalen Wert (Amplitude). Angesichts dieser physikalischen Realität fällt es schwer, sich unter negativen und komplexen Frequenzen sowie unter komplexen Amplituden etwas vorzustellen. Wir sahen bereits in (18.10) und (18.11), daß man eine harmonische Schwingung, die mit der Phase φ zur Zeit $t = 0$ beginnt, als Summe einer Sinus- und einer Kosinusschwingung auffassen kann, also als Summe zweier harmonischer Schwingungen, die gegeneinander um 90° phasenverschoben sind *(Bild 100)*. Wenn wir für (18.11) die Formeln der komplexen Rechnung:

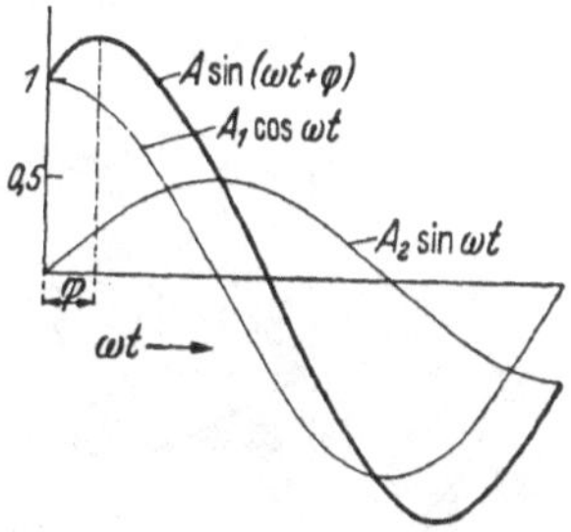

Bild 100. Die harmonische Schwingung als Summe einer Sinus und einer Kosinusschwingung

$$\begin{aligned} \sin\alpha &= \frac{1}{2j}\left(e^{+j\alpha} - e^{-j\alpha}\right) \\ \cos\alpha &= \frac{1}{2}\left(e^{j\alpha} + e^{-j\alpha}\right) \end{aligned} \tag{21.1}$$

berücksichtigen, erhalten wir:

$$\begin{aligned} x &= \frac{1}{2}e^{j\omega t}(A_1 - jA_2) + \frac{1}{2}e^{-j\omega t}(A_1 + jA_2) \\ &= \frac{1}{2}Be^{-j\varphi}e^{j\omega t} + \frac{1}{2}Be^{j\varphi}e^{-j\omega t} \\ &= \frac{1}{2}B_1 e^{j\omega t} + \frac{1}{2}B_2 e^{-j\omega t}. \end{aligned} \tag{21.2}$$

Hiermit wird die Schwingung x durch zwei umlaufende Zeiger dargestellt, von denen der eine entsprechend dem „Dreher“ $e^{j\omega t}$ positiv und der andere entsprechend dem Dreher $e^{-j\omega t}$ negativ herumläuft (*Bild 101*). Bei $t = 0$, der im Bild gezeichneten Lage, hat der positiv umlaufende Zeiger die Phase $-\varphi$ und der negativ umlaufende die Phase $+\varphi$. Die Endpunkte der Zeiger liegen in jedem Augenblick spiegelbildlich zur reellen Achse. Bei Umwandlung der Drehfaktoren $e^{j\omega t}$ und $e^{-j\omega t}$ nach der Eulerschen Formel (18.5a) zeigt sich, daß sich die imaginären Komponenten infolge ihres entgegengesetzten Vorzeichens aufheben, während die reellen sich addieren, also den doppelten Wert einer Komponente bilden.

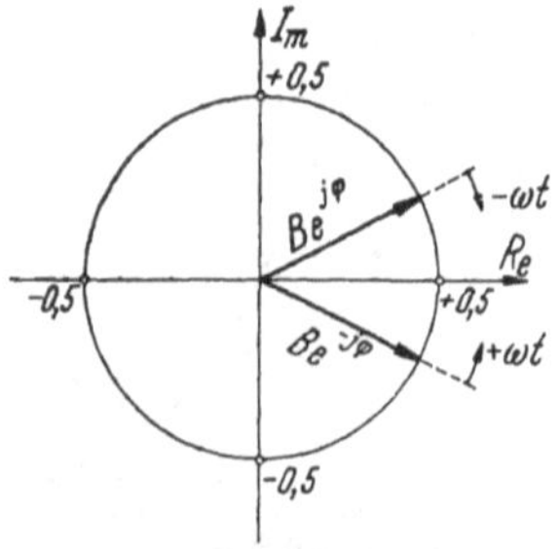

Bild 101.
Darstellung einer Schwingung durch zwei umlaufende Zeiger

Da in (.2) mit $+\omega$ bzw. $-\omega$ positive und negative Kreisfrequenzen auftreten, obwohl die Ausgangsgleichung (18.11) nur eine positive Frequenz enthält, hat der Rechengang eine *Erweiterung in den negativen Bereich* gebracht, die in Formeln, in denen die Kreisfrequenz ω von 0 bis ∞ zu variieren ist, eine Erweiterung des Frequenzbandes von $-\infty$ über 0 bis zu $+\infty$ bedeutet. Die Amplituden der mit (.2) gewonnenen Schreibweise haben die komplexen Werte $A_1 - jA_2 = Be^{-j\varphi}$ und $A_1 + jA_2 = Be^{j\varphi}$. Diese „*komplexen Amplituden*“ sagen mit ihrer komplexen Natur über die Phasenlage der Zeiger zur Zeit $t = 0$ aus. Bei linearen Aufgaben kann man im allgemeinen mit *einem* Zeiger arbeiten und das Doppelte seiner reellen Komponente als Rechenergebnis ansehen.

Während dies die harmonischen Schwingungen betraf, ist für den allgemeinen Fall, der auch abklingende und anschwellende Schwingungen einschließen soll, in (.2) der Faktor $e^{-\delta t}$ den Zeigern $\frac{1}{2} B_1 e^{j\omega t}$ bzw. $\frac{1}{2} B_2 e^{-j\omega t}$ zuzufügen. Wir erhalten somit z. B. den Zeiger:

$$\frac{1}{2} B_1 e^{-\delta t} e^{j\omega t} = \frac{1}{2} B_1 e^{j(\omega + j\delta)t}, \tag{21.3}$$

wobei positives δ Abkling- und negatives δ Aufklingverhältnisse erfaßt. Durch δ wird der Frequenzbegriff erweitert. (.3) enthält anstatt der Frequenz ω die „*komplexe Frequenz*" $(\omega + j\delta)$, wobei $\delta = 0$ den *Spezialfall* harmonischer Schwingungen bedeutet. Oft ist es üblich, auch $j\omega$ als „Frequenz" zu bezeichnen (abgekürzt mit p). Entsprechend wird *dann*

$$p = j\omega - \delta = j(\omega + j\delta) \tag{21.4}$$

als „komplexe Frequenz" bezeichnet. Die Kurven für Abklingverhältnisse würden in *Bild 101* nicht mehr zwei sich völlig deckende Kreise sein, auf denen sich die beiden Zeigerspitzen bewegen, sondern Spiralen, die in der jeweiligen Drehrichtung (also mit zunehmender Zeit) dem Ursprung zustreben. Die Verhältnisse für $\delta \neq 0$ bedeuten Vorgänge, die eintreten, wenn man die Schwingungsamplituden entsprechend der Konstante δ abklingen bzw. anschwellen lassen würde.

§ 22. Frequenzganggleichungen

a) Allgemeines

Zur Berechnung der Frequenzgänge (Definition s. § 2) für die Grundformen von Regelkreisgliedern schreiben wir die erregende harmonische Schwingung x_e am Eingang eines Elementes in der Form von (18.9) an, wobei wir für den die Schwingung symbolisierenden Zeiger dieselbe Bezeichnung x usw. benutzen, wie früher für die Größen bei sprunghaften Änderungen:

$$x_e = A e^{j\omega t}. \tag{22.1}$$

Hieraus: $$\dot{x}_e = A j\omega e^{j\omega t} = j\omega x_e. \tag{22.1a}$$

Die als Wirkung am Ausgang des Elementes auftretende Schwingung x_a hat eine Amplitude B, die gegenüber der Eingangsamplitude um den Winkel β phasenverschoben ist:

$$x_a = B e^{j(\omega t + \beta)}. \tag{22.2}$$

Hieraus: $$\dot{x}_a = B j\omega e^{j(\omega t + \beta)} = j\omega x_a \tag{22.2a}$$

$$\ddot{x}_a = B (j\omega)^2 e^{j(\omega t + \beta)} = -\omega^2 x_a. \tag{22.2b}$$

Das Verhältnis von Ausgangsgröße x_a zu Eingangsgröße x_e ist der Frequenzgang $F(j\omega)$:

$$\frac{x_a(j\omega)}{x_e(j\omega)} = F(j\omega) \tag{22.3}$$

Er ist eine komplexe Funktion von ω.

b) Proportionalglied ohne Verzögerung

Infolge des Wegfalls jeder Verzögerung folgt die Ausgangsschwingung *momentan* der Eingangsschwingung in gleicher Phasenlage ($\beta = 0$) und mit einer Amplitudengröße, die dem Verstärkungsfaktor v (z. B. $= 2$) entspricht. Der Frequenzgang ist:

$$F(j\omega) = x_a/x_e = v. \tag{22.4}$$

Wir wollen fortlaufend auch die inverse Beziehung (18.2) anschreiben:

$$\frac{1}{F(j\omega)} = \frac{x_e}{x_a} = \frac{1}{v}. \tag{22.4a}$$

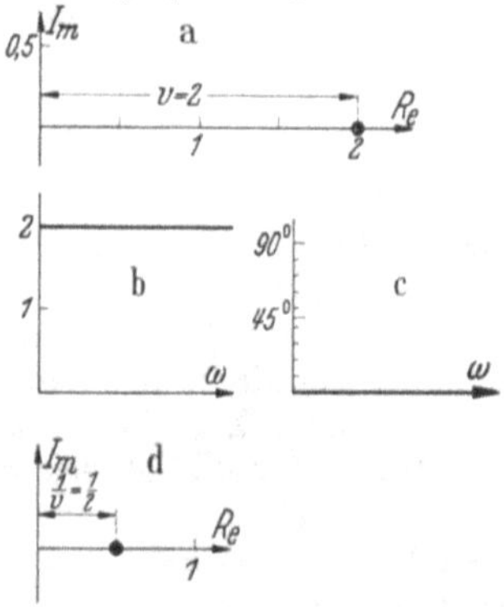

Bild 102. Proportionalglied ohne Verzögerung
a) Ortskurve des Frequenzganges
b) Amplitudengang
c) Phasengang
d) Ortskurve des inversen Frequenzganges

In *Bild 102a* ist der Frequenzgang gemäß (.4) gezeichnet. Er ist ein Punkt (gleicher Wert für alle Frequenzen) und liegt auf der reellen Achse, da eine imaginäre Komponente fehlt. Das Gleiche gilt für die inverse Beziehung, die in Bild d dargestellt ist. Den Amplituden- und den Phasengang zeigen Bild b und c (für a). Er ist für ersteren eine Parallele zur Abszisse durch den Ordinatenpunkt, der dem Wert v entspricht, und für den Phasenwinkel die Abszissenachse selbst, da die Phasendifferenz (-verschiebung) für alle Frequenzen gleich Null ist.

c) Proportionalglied mit Verzögerung 1. Ordnung

Die Differentialgleichung des Proportionalgliedes mit Verzögerung lautet gemäß (19.4a):

$$T\dot{x}_a + x_a = x_e. \qquad (22.5)$$

Wir erhalten mit (.2a): $j\omega T x_a + x_a = x_e$ (22.5a)

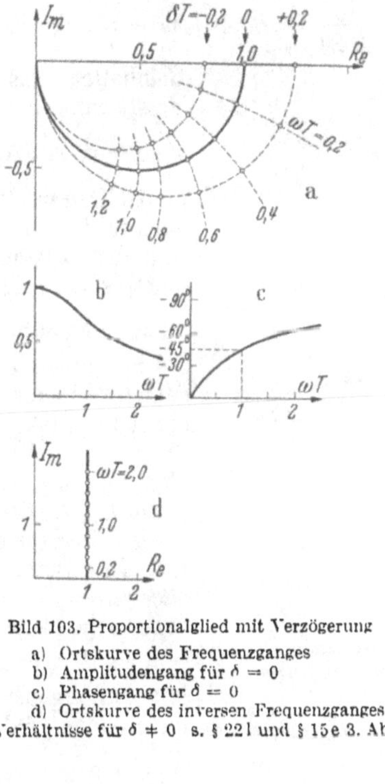

Bild 103. Proportionalglied mit Verzögerung

a) Ortskurve des Frequenzganges
b) Amplitudengang für $\delta = 0$
c) Phasengang für $\delta = 0$
d) Ortskurve des inversen Frequenzganges für $\delta = 0$

Die Verhältnisse für $\delta \neq 0$ s. § 22 l und § 15e 3. Absatz.

und hieraus den Frequenzgang:

$$\left.\begin{aligned} F(j\omega) &= \frac{x_a}{x_e} = \frac{1}{1 + j\omega T} = Re + j\,Im \\ &= \frac{1}{1+\omega^2 T^2}(1 - j\omega T). \end{aligned}\right\} \quad (22.6)$$

Der rechte Ausdruck enthält die Zerlegung in reelle und imaginäre Komponente. *Bild 103* zeigt die Frequenzgänge, wobei in Bild a zunächst nur die Kurve für $\delta T = 0$ zu betrachten ist. Das Amplitudenverhältnis (hier ist der Verstärkungsfaktor $v = 1$ gesetzt) wird mit zunehmender Frequenz kleiner, um für $\omega \to \infty$ Null zu werden. Der inverse Frequenzgang ist:

$$\frac{1}{F(j\omega)} = Re + j\,Im = 1 + j\omega T. \quad (22.7)$$

Beinhaltet das Glied eine Verstärkung $v \neq 1$, ist rechts noch mit v bzw. mit $\frac{1}{v}$ zu multiplizieren. In diesem wie auch in den folgenden Bildern sind den Ortskurven die Frequenzskalen beigeschrieben.

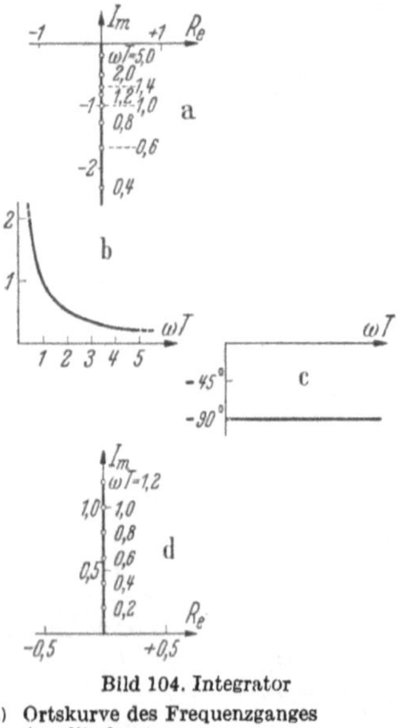

Bild 104. Integrator
a) Ortskurve des Frequenzganges
b) Amplitudengang
c) Phasengang
d) Ortskurve des inversen Frequenzganges

d) Integrales Glied (Integrator)

Ein integrales Glied hat gemäß (6.2) die Differentialgleichung (das negative Vorzeichen in (6.2) bewirkt den *Regelsinn* des dort betrachteten, auf ein Stellglied arbeitenden Reglers und soll hier für die Betrachtung eines *allgemeinen* Bauelementes außer acht bleiben):

$$T\,\dot{x}_a = x_e. \quad (22.8)$$

Mit (.2a) ergeben sich die Frequenzgänge *(Bild 104)*:

$$\left.\begin{aligned} F(j\omega) &= \frac{x_a}{x_e} = \frac{1}{j\omega T} = j\,Im = -j\,\frac{1}{\omega T} \\ \frac{1}{Fj(\omega)} &= j\,Im = j\omega T. \end{aligned}\right\} \quad (22.9)$$

e) Differenzierendes Glied (Differentiator)

Die Differentialgleichung des Gliedes mit differenzierenden Eigenschaften (*Vorhalteglied*) lautet (s. § 8):

$$x_a = T\,\dot{x}_e. \quad (22.10)$$

Mit (.1a) ergibt sich der Frequenzgang *(Bild 105)*:

$$\left.\begin{aligned} F(j\omega) &= \frac{x_a}{x_e} = j\,Im = j\omega T \\ \frac{1}{F(j\omega)} &= \frac{1}{j\omega T} = j\,Im = -j\,\frac{1}{\omega T}, \end{aligned}\right\} \quad (22.11)$$

f) Regelkreisglied mit reiner Totzeit

Ein Regelkreisglied mit reiner Totzeit (s. auch § 10) ist ein Element, in dem sich eine Eingangsgröße infolge einer endlichen Fortpflanzungsgeschwindigkeit erst nach einiger Zeit am Ausgang bemerkbar machen kann. Wir können „Verzerrungen" unbeachtet lassen, die bei längeren Laufzeitstrecken in manchen Gebieten der Technik eine Rolle spielen. Die Ausgangsgröße erscheint dann ungeschwächt nach einer durch Streckenlänge und Fortpflanzungsgeschwindigkeit bestimmten Zeit, unabhängig davon, welche Frequenz die Größe hat. Infolgedessen ist die Phasenverschiebung proportional ω, wenn T_t der konstante Wert der Totzeit ist.

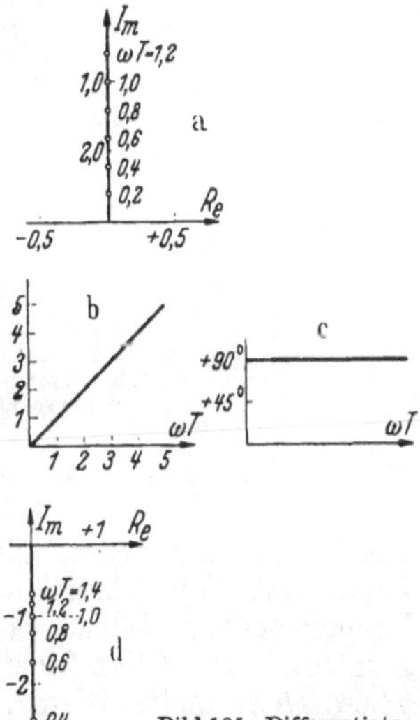

Bild 105. Differentiator
a) Ortskurve des Frequenzganges
b) Amplitudengang
c) Phasengang
d) Ortskurve des inversen Frequenzganges

Die Ausgangsgröße des Totzeitgliedes ist somit:

$$x_a = x_e e^{-j\omega T_t}, \tag{22.12}$$

so daß sich folgende Frequenzgänge ergeben (*Bild 106*):

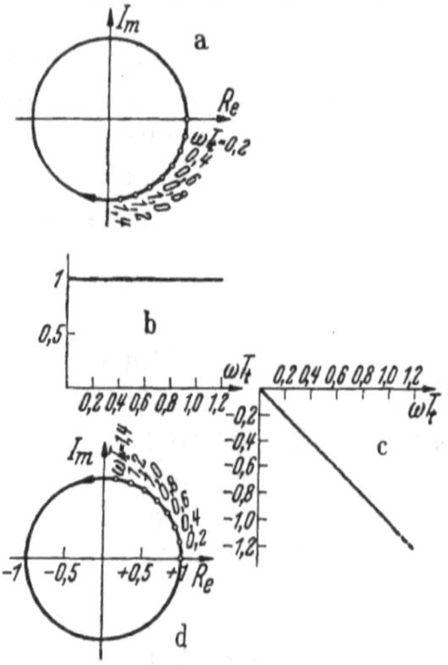

Bild 106. Totzeitglied

a) **Ortskurve des Frequenzganges**
b) **Amplitudengang**
c) **Phasengang (im Bogenmaß)**
d) **Ortskurve des inversen Frequenzganges**

$$F(j\omega) = \frac{x_a}{x_e} = e^{-j\omega T_t}; \quad \frac{1}{F(j\omega)} = e^{j\omega T_t}. \tag{22.13}$$

Die Ortskurve F ist ein Kreis, ebenso die invertierte Ortskurve $1/F$. Beide besitzen die gleiche durch T_t gegebene Frequenzteilung, jedoch je im entgegengesetzten Drehsinn. Beinhaltet das Glied eine Verstärkung $v \neq 1$, so ist mit v bzw. $1/v$ zu multiplizieren.

g) Hintereinanderschaltung von Regelkreisgliedern

Der Frequenzgang zweier in Serie liegender Elemente ist der Quotient aus dem Ausgangswert des zweiten Gliedes x_{a2}

und dem Eingangswert x_{e1} des ersten:

$$F(j\omega) = x_{a2}/x_{e1}. \tag{22.14}$$

Da der Eingangswert x_{e2} des zweiten Gliedes identisch gleich dem Ausgangswert x_{a1} des ersten Gliedes ist, können wir mit $\frac{x_{a1}}{x_{e2}} = 1$ erweitern und passend gruppieren:

$$\left.\begin{aligned} F(j\omega) &= \frac{x_{a1}}{x_{e1}} \cdot \frac{x_{a2}}{x_{e2}} = F_1(j\omega) \cdot F_2(j\omega) \\ \frac{1}{F} &= \frac{1}{F_1 \cdot F_2}. \end{aligned}\right\} \tag{22.15}$$

Der Frequenzgang der Hintereinanderschaltung ist gleich dem Produkt der Frequenzgänge der Einzelglieder. Die Regel läßt sich auf die Hintereinanderschaltung beliebig vieler Glieder erweitern, solange Rückwirkungen zwischen irgendwelchen Gliedern nicht bestehen. Da die Frequenzgänge komplexe Größen sind, muß die Multiplikation nach den Regeln der komplexen Rechnung (18.4) durchgeführt werden. *Bild 107* zeigt die Ortskurven von 2 und 3 hintereinandergeschalteten Proportionalgliedern mit Verzögerung. Man beachte den Einlauf in den Ursprung ($\omega \to \infty$) unter dem Winkel von $-90°$ bei einem Glied, von $-180°$ bei 2 und von $-270°$ bei 3 hintereinandergeschalteten Gliedern, gegeben dadurch, daß sich bei der Multiplikation komplexer Größen gemäß (18.4) die Winkel addieren (die bei jedem Einzelglied für

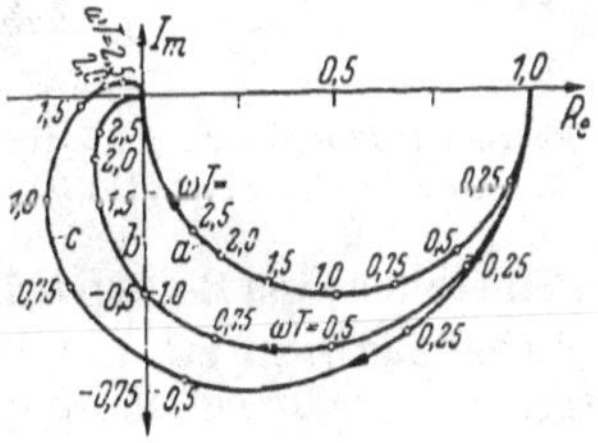

Bild 107. Frequenzgänge von Hintereinanderschaltungen:
b) zwei gleiche Glieder wie a)
c) drei gleiche Glieder wie a)

$\omega \to \infty$ den Wert $-90°$ haben, so daß der resultierende Winkel für n Glieder $-n \cdot 90°$ ist). Die Gesamtschaltungen können auch als *Proportionalglied mit Verzögerung 2. und 3. Ordnung* bezeichnet werden. *Bild 108* zeigt Amplituden- und Phasengang eines Zweispeichersystems für dieselben Dämpfungsgrade D wie in *Bild 99*.

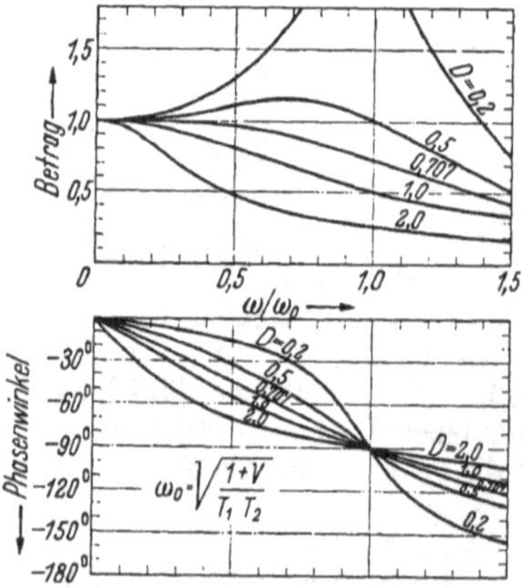

Bild 108. Amplituden- und Phasengang eines Zweispeichersystems
D = Dämpfungsgrad (vgl. Bild 99)

h) Parallelschaltung von Regelkreisgliedern

Bei der Parallelschaltung liegt am Eingang jedes Gliedes dieselbe Eingangsgröße x_e, während die Ausgangsgrößen sich addieren. Man erhält somit:

$$F(j\omega) = \frac{x_{a1} + x_{a2} + \ldots}{x_e} = \frac{x_{a1}}{x_e} + \frac{x_{a2}}{x_e} \ldots = F_1(j\omega) + F_2(j\omega) + \ldots \qquad (22.16)$$

$$\frac{1}{F} = \frac{1}{F_1 + F_2 + \ldots}.$$

Für die Rechnung gelten hier die Formeln (18.3). Als Beispiel ist in *Bild 109* die Ortskurve der Parallelschaltung eines verzögerungsfreien Proportionalgliedes, eines integralen und eines differenzierenden Gliedes – einer Schaltung, die auch beim *PID*-Regler vorliegt – aufgetragen:

$$F = v + \frac{1}{j\omega T_i} + j\omega T_d = v\left[1 - j\,\frac{1}{v}\left(\frac{1}{\omega T} - \omega T\right)\right],$$

wobei $v = 1$ und $T_i = T_d = T$ gewählt ist, also die *Bilder 102, 104 und 105* verwendet wurden.

i) Gegenschaltung

Bei der Gegenschaltung (*Bild 110*), die sowohl bei Rückführungsschaltungen als auch insbesondere bei der Zusammenschaltung von Regelstrecke und Regler vorliegt, ist die Ausgangsgröße x_a der Schaltung identisch gleich der Ausgangsgröße x_{a1} des Vorwärtsgliedes mit dem Frequenzgang F_1 und gleich der Eingangsgröße x_{e2} des Rückwärtsgliedes mit dem Frequenzgang F_2, so daß $x_a = x_{a1} = x_{e2}$ ist. Die Ausgangsgröße x_{a2} des Rückwärtsgliedes wirkt indessen der Schaltungs-Eingangsgröße x_e entgegen. Die Differenz $x_e - x_{a2}$ ist die Eingangsgröße x_{e1} des Vorwärtsgliedes:

$$x_{e1} = x_e - x_{a2}.$$

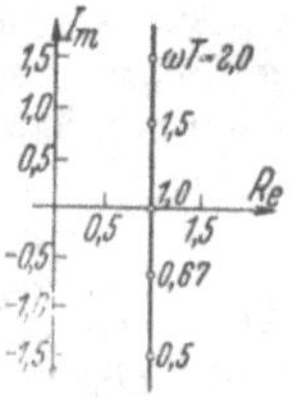

Bild 109. Frequenzgang einer Parallelschaltung

$$F = v + \frac{1}{j\,\omega\,T_i} + j\,\omega\,T_d$$

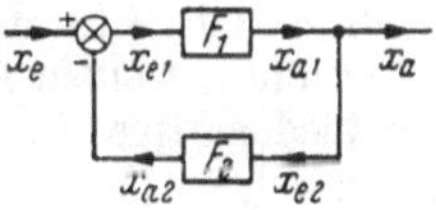

Bild 110. Gegenschaltung

Man erhält somit den Frequenzgang:

$$\left.\begin{aligned} F &= \frac{x_a}{x_e} = \frac{x_a}{x_{e1} + x_{a2}} = \frac{1}{\dfrac{x_{e1}}{x_a} + \dfrac{x_{a2}}{x_a}} = \frac{1}{\dfrac{x_{e1}}{x_{a1}} + \dfrac{x_{a2}}{x_{e2}}} \\ &= \frac{1}{1/F_1 + F_2} = \frac{F_1}{1 + F_1 F_2}. \end{aligned}\right\} \quad (22.17)$$

Man beachte den Unterschied der hier behandelten Schaltung gegenüber der Parallelschaltung gemäß (.16). In letzterer ist in den parallelen Gliedern die Wirkung zum Ausgang x_a hin gerichtet, während hier die Wirkung im Rückwärtsglied entgegengesetzt der im Vorwärtsglied gerichtet ist, also vom Ausgang x_a zum Eingang x_e hin. In der formelmäßigen Entwicklung von (.17) wurde angenommen, daß es sich um eine *Gegenkopplung* handelt (s. § 9b), bei der die in Richtung zum Eingang hin wirkende Rückführgröße im Einführungsort der Eingangsgröße entgegengeschaltet ist, so daß das Vorwärtsglied von der Differenz $x_e - x_{a2}$ gesteuert wird.

Im Gegensatz hierzu wird bei einer *Mitkopplung* (s. auch § 9e) die in Richtung zum Eingang hin wirkende Rückführgröße so eingeführt, daß sie sich der Eingangsgröße x_e addiert und das Vorwärtsglied von der Summe:

$$x_{e1} = x_e + x_{a2}$$

gesteuert wird. Man erhält dann für die Mitkopplung den Frequenzgang:

$$F = \frac{x_a}{x_e} = \frac{x_a}{x_{e1} - x_{a2}} = \frac{1}{1/F_1 - F_2} = \frac{F_1}{1 - F_1 F_2}. \tag{22.17a}$$

k) Beziehungen zwischen Übergangsfunktion und Frequenzgang

Übergangsfunktion und Frequenzgang sind verschiedene Ausdrucksmittel für die Beschreibung der zeitlichen Vorgänge in ein und derselben Anordnung, lediglich entstanden durch verschiedenartiges Vorgehen bei der Untersuchung. Beide sind durch mathematische Gesetze verbunden. Zu einem bestimmten Frequenzgang gehört eine bestimmte Übergangsfunktion (des Ausgangs zum Eingangssprung). Beim Vergleich der Kurven stabiler Systeme (d. h. nicht aufklingend schwingend; Beharrungszustand für $t \to \infty$) ergeben sich folgende Beziehungen:

α) Der Endwert der Ordinate der Übergangsfunktion (für große Werte der Abszisse, d. h. für $t \to \infty$) ist gleich der Amplitude für den Anfang der Frequenzgangkurve, in dem $\omega = 0$ ist (vgl. *Bild 98 und 103*).

β) Der Wert der Ordinate für den Anfang der Übergangsfunktion (d. h. bei $t = 0$) ist gleich der Amplitude für das Ende der Frequenzgangkurve, in dem $\omega \to \infty$ ist (vgl. auch hierzu *Bild 98 und 103*).

γ) Ferner kann man aus dem Verlauf des ersten Teiles der Übergangsfunktion (für kleine Werte von t) auf den Einlaufwinkel der Frequenzgangkurve in ihren Endwert ($\omega \rightarrow \infty$) schließen und umgekehrt. So zeigt der Tangentenwinkel im Anfangspunkt der Übergangsfunktion eines Proportionalgliedes mit Verzögerung 1. Ordnung einen endlichen Wert und der Einlaufwinkel im Endpunkt der dazugehörigen Ortskurve einen rechten Winkel, in dem die hohen Frequenzen von unten nach oben einlaufen. Demgegenüber verläuft für ein Proportionalglied mit Verzögerung 2. Ordnung die Anfangstangente der Übergangsfunktion entsprechend der verschwindenden Anfangsänderungsgeschwindigkeit, der 1. Ableitung, horizontal (jedoch hat die Anfangsbeschleunigung, die 2. Ableitung, einen endlichen Wert), während die dazugehörige Frequenzgangkurve für hohe Frequenzen ($\omega \rightarrow \infty$) horizontal von links nach rechts einläuft. Bei Proportionalgliedern höherer Ordnung sind entsprechend höhere Ableitungen gleich Null, während die Frequenzgangkurven entsprechend mehr Quadranten durchlaufen (s. hierzu auch den Schluß von § 22g).

l) Ortskurven für komplexe Frequenzen

Zur Bestimmung der Abklingverhältnisse bei Stabilitätsuntersuchungen werden Ortskurven für komplexe Frequenzen (s. § 21) verwendet. In *Bild 103a* sind für das Proportionalglied mit Verzögerung auch zwei Ortskurven für komplexe Frequenzen aufgetragen. Die Kurven errechnen sich aus dem Frequenzgang $F = \dfrac{1}{1 + j\nu T}$ mit $\nu = \omega + j\delta$, wobei ω die reelle Frequenz ist und ein positiver Wert für δ Abklingverhältnisse bedeutet. Durch Einsetzen der komplexen Frequenz ν erhält man den Frequenzgang:

$$F = \frac{(1 - \delta T) - j\omega T}{(1 - \delta T)^2 + \omega^2 T^2}. \tag{22.18}$$

Die Kurvenscharen des (ω, δ)-Bildes schneiden sich rechtwinklig. Für gleiche Schritte – hier $\Delta\omega T = \Delta\delta T = 0{,}2$ – sind sie verzerrte Quadrate. Je kleiner die Schritte sind, desto geringer ist die Verzerrung.

m) Frequenzgangdarstellungen im logarithmischen Maßstab (Bode-Diagramme)

Vielfach werden die Frequenzgänge im logarithmischen Maßstab aufgetragen, in Amerika auch als Bode- oder „straight line"-Diagramme bezeichnet. Als Abszisse wird die Frequenz logarithmisch, als Ordinate das Amplitudenverhältnis ebenfalls logarithmisch, jedoch die Phasendifferenz linear aufgetragen (*Bild 111*). Die ausgezogenen dünnen Kurven sind die Frequenzgänge des Proportionalgliedes mit Verzögerung $F_1 = \dfrac{10}{1 + j\omega T_1}$. Es sind normierte Frequenzen mit

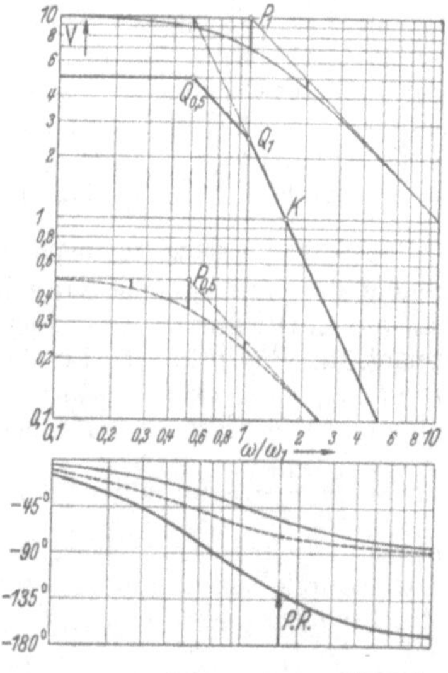

Bild 111. Frequenzgangdarstellungen im logarithmischen Maßstab, mit „normierten" Frequenzen ω/ω_1 (s. § 23)

der Bezugsfrequenz $\omega_1 = 1/T_1$ angeschrieben. Annäherungen für den Amplitudengang erhält man, wenn man für niedrige Frequenzen den zweiten Summanden des Nenners, für hohe Frequenzen den ersten Summanden vernachlässigt. Sie sind zwei asymptotische Gerade (straight lines), die sich im Punkt P_1 schneiden, dessen Abszisse die „Eckfrequenz" ω_1 und dessen Ordinate die statische Verstärkung angibt. Die Abweichungen der wirklichen Kurven von den „straight lines" sind für einige Punkte fett eingezeichnet. Man sieht, daß sie für Punkte, deren Abszissenabstände von der Eckfrequenz symmetrisch gleiche Strecken betragen, gleich groß sind. Die gestrichelten Kurven sind die Frequenzgänge für ein zweites Proportionalglied mit Verzögerung $F_2 = \dfrac{0{,}5}{1 + j\omega T_2}$ (mit $T_2 = 0{,}5\, T_1$). Die „*Normierung*" der Frequenz wurde auch hier in bezug auf die Frequenz ω_1 vorgenommen. Die Eckfrequenz liegt bei $\omega/\omega_1 = 0{,}5$. Die Abweichungen der Verstärkung sind infolge des doppeltlogarithmischen Maßstabes gleich lange Strecken in gleich langen Abständen rechts und links von der Eckfrequenz wie beim ersten Glied. Es ist ein kongruentes Bild, das von P_1 auf $P_{0,5}$ verschoben ist. Ebenso ist der Phasenverlauf lediglich um den Abszissenabstand der Eckfrequenzen nach links verschoben[1]). Daher begnügt man sich vielfach mit den asymptotischen Geraden, ordnet ihnen aber den Phasenverlauf zu, der dem korrekten Amplitudengang zugeordnet ist.

Die Frequenzgänge für die Serienschaltung der beiden Glieder erhält man infolge des logarithmischen Maßstabes durch Addition der Ordinaten. Das Ergebnis sind die fett gezeichneten Kurven. Die Addition wurde nur für die Asymptoten durchgeführt. Es ergibt sich eine zweimal gebrochene Linie mit den Eckpunkten $Q_{0,5}$ und Q_1, die ebenfalls zu obigen Eckfrequenzen gehören. Es ist zu beachten, daß im Gebiet $Q_{0,5}$ bis Q_1 die Ordinate um eine logarithmische Einheit abfällt, wenn man auf der Abszisse um eine logarithmische Einheit fortschreitet (wie dies auch hinsichtlich der rechts

[1]) Man kann sich für den Verlauf der Amplitudenkurve sowie der Phasenkurve Schablonen herstellen, die man je nach der Eckfrequenz auf der Zeichenfläche verschieben kann.

von P_1 und $P_{0,5}$ liegenden Asymptote der Fall ist), während ab Q_1 die Ordinate um zwei Einheiten abfällt. Bei einer Serienschaltung von 3 Verzögerungsgliedern würde noch eine weitere Teilstrecke vorhanden sein, deren Neigung einem Abfall um drei Einheiten entspräche. Durch ein Vorhalteglied kann man die Neigung wieder rückgängig machen (wie *Bild 86* zeigt). Als Abszissenachse des Amplitudenganges wählt man die Horizontale durch die Ordinate 1 (entsprechend $\log 1 = 0$). Aus dem Verlauf der Frequenzgänge in der Umgebung der Abszissenachse (in *Bild 111* schneidet die Amplitudenkurve die Achse in Punkt K) werden Aussagen über die Stabilität einer Anordnung gemacht[1]).

§ 23. Normierte Schreibweise mit bezogenen Größen

Bei vielen rechnerischen Untersuchungen interessieren die Ergebnisse vor allem in ihrem relativen Gewicht: man eliminiert durch Einführung „*bezogener*" oder „*normierter*" Werte die nicht interessierenden Dimensionsbezeichnungen und arbeitet dadurch mit dimensionslosen Werten. Am besten ein Beispiel: Die dimensionsbehaftete Beziehung

$$U[V] = I[A] \cdot R[V/A]$$

kann man auf eine Nennspannung U_n beziehen. Man erhält:

$$U/U_n[V/V] = I[A] \cdot R/U_n[V/A \cdot 1/V]$$

oder $$u[1] = I[A] \cdot r_u[1/A],$$

worin die bezogenen Größen mit kleinen Buchstaben angeschrieben sind und u dimensionslos sowie der auf U_n bezogene

---

[1]) Die zum Punkt K gehörige Winkeldifferenz gegenüber dem Phasenwinkel $-180°$ ist der „*Phasenrand*" *P.R.* Bei konplizierteren Kurven zeigt der Phasenverlauf Winkel, die über $-180°$ hinausgehen. Das Amplitudenverhältnis, das zum Schnittpunkt des Phasenganges mit der $-180°$-Horizontalen gehört, ist der „*Betrags- oder Amplitudenrand*", wobei der reziproke Wert zu nehmen ist, wenn das Amplitudenverhältnis hier < 1. Phasen- und Amplitudenrand sind nichts anderes als die Beurteilung des Verlaufes der Ortskurve in der Gegend des kritischen Punktes $P_k = -1$ in Bild 87. Als Mindestgrößen für bestimmte Anordnungen werden Werte von 30° (Phasenrand) und 2,5 (Amplitudenrand) empfohlen. Bei Vorliegen bestimmter mathematischer Beziehungen kann man auf den Phasengang verzichten und aus der Neigung des Amplitudenganges in der Umgebung des Schnittpunktes mit der Abszissenachse allein Aussagen machen, z. B. Rufus Oldenburger, Frequency-Response Data, Standards and Design Criteria, Trans. ASME 1954, S. 1155ff., und derselbe. Mathematical Engineering Analysis. The Macmillan Company, New York, 1950.

Widerstand r_u von veränderter Dimension geworden ist. Man kann aber auch außerdem auf einen Nennstrom I_n beziehen und erhält:

$$U/U_n[V/V] = I/I_n[A/A]\cdot RI_n/U_n[V/A\cdot A/V]$$

oder $$u[1] = i[1]\cdot r_{iu}[1],$$

worin nunmehr sämtliche Größen dimensionslos sind, auch der auf Strom und Spannung „bezogene" Widerstand

$$r_{iu} = R[\mathrm{V/A}]/R_n[V/\mathrm{A}],$$

letzteres, wenn man $R_n = U_n/I_n$ als „Nennwiderstand" auffassen will. In der Regelungstechnik bieten sich als Bezugswerte einander zugeordnete Festwerte an oder auch Bereiche (Differenzen von Festwerten z. B. die Spanne zwischen den maximal und minimal möglichen Aussteuergrenzen).

In § 4d sprachen wir von einem dimensionsbehafteten Verstärkungsfaktor bei der Verstellung eines Gasventils um Y mm als Folge einer Druckänderung um X atü, z. B. in Hinblick auf (4.2a):

$$V_P[\mathrm{mm/atü}] = Y_h[\mathrm{mm}]/X_P[\mathrm{atü}]. \qquad (23.1)$$

Bezieht man hier z. B. auf den Sollwert X_K und den im „normalen" Betriebsfall sich einstellenden Stellwert Y_0, so erhält man eine „normierte Gleichung":

$$v[1] = y[1]/x[1] \qquad (23.2)$$

$$\text{mit } v[1] = V_P\,[\mathrm{mm/atü}]\,\frac{X_K[\mathrm{atü}]}{Y_0[\mathrm{mm}]} = V_P/V_n$$

$$y[1] = Y_h[\mathrm{mm}]/Y_0[\mathrm{mm}]$$

$$x[1] = X_P[\mathrm{atü}]/X_K[\mathrm{atü}]$$

$$V_n[\mathrm{mm/atü}] = Y_0[\mathrm{mm}]/X_K[\mathrm{atü}].$$

Hinsichtlich der dimensionsbehafteten Stellzeit $T_{\mathfrak{J}}$ eines I-Reglers gemäß (6.3a) bzw. (6.3):

$$T_{\mathfrak{J}} = 1/c_R = T_y X_h/Y_h\left[\mathrm{s}\,\frac{\mathrm{Dim.}\ X}{\mathrm{Dim.}\ Y}\right]$$

kann man z. B. ebenfalls auf den Sollwert X_K und einen normal anzusehenden Stellwert Y_0 beziehen und erhält damit eine Stellzeit

$$T_i[\mathrm{s}] = T_v[\mathrm{s}] \cdot \frac{X_h}{X_K}[1] \cdot \frac{Y_0}{Y_h}[1], \tag{23.3}$$

die eine reine Zeit ist und *Integrierzeit* genannt wird. Aus (6.1) ergibt sich mit (.3):

$$y[1] = -x[1] \cdot t[\mathrm{s}] \,/\, T_i[\mathrm{s}] \tag{23.4}$$

$$\text{mit } y = Y/Y_0$$

$$x = X/X_K,$$

woraus man direkt ablesen kann, daß der Regler bei einer konstanten prozentualen Abweichung der Regelgröße X eine gleich große prozentuale Änderung der Stellgröße Y in einer Zeit $t[\mathrm{s}]$ bewirkt, die gleich der Integrierzeit $T_i[\mathrm{s}]$ ist.

Die Wahl der Bezugsgröße ist eine willkürliche Maßnahme, jedoch einem bestimmten Zweck untergeordnet. – Vielfach werden für graphische Darstellungen „normierte Maßstäbe" verwendet, wodurch auch Vergleiche erleichtert werden können. In anderer Art setzt man bestimmte Konstanten gleich eins und erhält dadurch einfachere Ergebnisse. Diese Ergebnisse sind dann nur für diese speziellen Voraussetzungen gültig. Um zu Ergebnissen zu kommen, die allgemein verwendbar sind, muß man den Rechengang ohne die vorausgesetzten Einschränkungen wiederholen.

Literaturverzeichnis

In Anbetracht des Anwachsens der einschlägigen Literatur konnte nur eine Auswahl gegeben werden, ohne hiermit eine Wertung aussprechen zu wollen.

1. Brown, G. S., and Campbell, D. P., Principles of servomechanisms, New York (Wiley) 1948
2. Efferts/Kolberg, Einführung in die Dynamik selbsttätiger Regelungssysteme. VDI-Verlag, Düsseldorf 1963
3. Tagung der GAMM Oktober 1954, Vorträge: Die Laplace-Transformation und ihre Anwendung in der Regelungstechnik. R. Oldenbourg, München 1955
4. Tagung der GAMM September 1955, Vorträge: Nichtlineare Regelungsvorgänge, R. Oldenbourg, München 1956
5. Tagung der GAMM November 1957, Vorträge: Anwendung von Rechenmaschinen bei der Berechnung von Regelvorgängen, R. Oldenbourg, München 1958
6. Tagung der GAMM Februar 1961. Vorträge: Anwendung statistischer Verfahren in der Regelungstechnik. R. Oldenbourg, München 1962
7. Gille/Pelegrin, Lehrgang der Regelungstechnik (Übersetzung aus dem Französischen), 3 Bände. R. Oldenbourg, München 1963/64
8. Graul, K., Jenseit, W., Dampfturbinen-Regelung, VEB Verlag Technik, Berlin 1960
9. Handbuch der Regelungstechnik, Hrsg. v. G. Bleisteiner und W. v. Mangoldt. Springer-Verlag, Berlin/Göttingen/Heidelberg 1961
10. Hengstenberg, J., Sturm, B., Winkler, O., Messen und Regeln in der chemischen Technik, Springer-Verlag, Berlin/Göttingen/Heidelberg 1957
11. Hutarew, G., Regelungstechnik, Kurze Einführung am Beispiel der Drehzahlregelung von Wasserturbinen, Springer-Verlag, Berlin/Göttingen/Heidelberg 2. Aufl. 1961
12. Janus, H. M., Nichols, N. B., Philips, R. S., Theory of servomechanisms, New York (McGraw Hill) 1947
13. Kaufmann, H., Dynamische Vorgänge in linearen Systemen der Nachrichten- und Regelungstechnik. R. Oldenbourg, München 1959
14. Keßler, C., in Regelungstechnik (s. 24.) 1954 H. 12, 1955 H. 1/2, 1957 H. 10, 1958 H. 11/12, 1960 H. 8
15. Kretzschmer, F., Pneumatische Regler, VDI-Verlag, Düsseldorf 1958
16. Leonhard, A., Die selbsttätige Regelung, Springer-Verlag, Berlin/Göttingen/Heidelberg, 3. Aufl. 1962
17. Lerner, A. J., Schnelligkeitsoptimale Regelungen (Übersetzung aus dem Russischen). R. Oldenbourg, München 1962
18. Merz, L., Grundkurs der Regelungstechnik, 2. Aufl. R. Oldenbourg, München 1964

19. Oldenbourg, R. C., und Sartorius, H., Dynamik selbsttätiger Regelungen, 2. Aufl., R. Oldenbourg, München 1951

20. Oppelt, W., Kleines Handbuch Technischer Regelvorgänge, 4. Aufl., Verlag Chemie, Weinheim 1964

21. Peters, J., Einschwingungsvorgänge, Gegenkopplung, Stabilität, Springer-Verlag, Berlin/Göttingen/Heidelberg 1954

22. Popow, E. P., Dynamik automatischer Regelsysteme (Übersetzung aus dem Russischen), Akademie-Verlag, Berlin 1958

23. Popow, E. P., Einführung in die Regelungs- und Steuerungstechnik. Verlag Technik, Berlin 1964

23a. Preßler, G., Regelungstechnik, BI 63/63 a, Mannheim 1964

24. Regelungstechnik, Zeitschrift für Steuern und Regeln, Verlag R. Oldenbourg, München

25. Samal, E., Grundriß der praktischen Regelungstechnik, 5. Aufl. R. Oldenbourg, München 1964

26. Schäfer, O., Grundlagen der selbsttätigen Regelung, Franzis-Verlag, 3. Aufl., München 1961

27. Schönfeld, H., Regelungstechnik, VEB-Verlag Technik, Berlin 1953

28. Sokolow, T. N., Elektrische Nachlaufregler, Verlag Technik Berlin und Porta-Verlag München, 1957

29. Solodownikow, W. W., Grundlagen der selbsttätigen Regelung (Übersetzung aus dem Russischen), 2 Bände 1959

30. Solodownikow, W., Einführung in die statistische Dynamik linearer Regelungssysteme (deutsche Bearbeitung). R. Oldenbourg, München 1963

31. Strecker, F., Praktische Stabilitätsprüfung. Springer-Verlag, Berlin/Göttingen/Heidelberg 1950

32. Truxal, J. G., Entwurf automatischer Regelsysteme, Verlag R. Oldenbourg, Wien/München 1960

33. Tschauner, J., Einführung in die Theorie der Abtastsysteme. R. Oldenbourg, München 1960

34. Tsien, H. S., Technische Kybernetik (Übersetzung aus dem Englischen), Verlag Berliner Union, Stuttgart 1957

35. Tustin, A., Automatic and manual control, London (Butterworth) 1952

36. VDE-Buchreihe, Bd. 8, Berlin 1962. Digitale Signalverarbeitung in der Regelungstechnik, Hrsg. v. C. Keßler

37. VDI/VDE, Regelungstechnik, VDI-Verlag, Düsseldorf, und VDE-Verlag, Wuppertal und Berlin 1954

38. VDI/VDE, Bericht über die Heidelberger Tagung (1956): Regelungstechnik – Moderne Theorien und ihre Verwendbarkeit, R. Oldenbourg, München 1957

39. VDI/VDE und NTG, Tagung 1957, Vorträge: Regler und Regelungsverfahren der Nachrichtentechnik, R. Oldenbourg, München 1958

40. Young, A. J., An introduction to process control system design, London (Longmans, Green & Co.), 1955

41. Zypkin, J. S., Theorie der Relaissysteme der automatischen Regelung (Übersetzung aus dem Russischen), R. Oldenbourg, München 1958

Fachausdrücke und Definitionen aus dem englischen und amerikanischen Schrifttum

(am. = amerikanisch, v. = heute gemieden)

(1) *actual value* = Istwert
(2) *actuating signal* (am.) = (80) minus Ausgangswert von (70)
(3) *backlash* Lose
(4) *booster response* (v.) = (20)
(5) *closed loop* bzw. *cycle* geschlossener Kreis (= Regelkreis)
(6) *command* (am.) = Eingang des Elementes für (80) = etwa Sollwerteinstellung
(7) *comparison element* Element zur Bildung von (24)
(8) *compound action* stetige Wirkung in irgendeiner Kombination von (72), (44), (20)
(9) *control action* die Wirkung des Reglers auf (81)
(10) *control loop* Regelkreis
(11) *controlled condition* die zu regelnde physikalische Größe, Regelgröße
(12) *controlling unit* die Elemente, die (9) bewirken
(13) *control point* Regelgröße im statischen Zustand
(14) *co-ordinating element* Kombination von (7), (41), (55)
(15) *corrective action* Stellgrößenänderung
(16) *cycling* (v.) = oscillation
(17) *damping* Dämpfung
(18) *dead zone* Bereich, in dem eine Änderung einer Eingangsgröße keine Wirkung auf den Ausgang hat
(19) *dead time* Totzeit, nicht für (26) anzuwenden
(20) *derivative action* stetig differenzierende Wirkung
(21) *derivative action time* Vorhaltzeit
(22) *desired value* Sollwert, auf den eingestellt ist
(23) *detecting element* Fühler
(24) *deviation* Differenz zwischen Augenblickswert von (11) und (22)
(25) *displacement-error system* System, bei dem die Ausgangsgröße proportional der Abweichung ist
(26) *distance velocity lag* Verzögerung infolge Fortpflanzungsgeschwindigkeit, vgl. dagegen (18) und (106)

(27) *disturbance* Störgröße, Störung
(28) *drift* oder *droop* (v.) = (59)
(29) *error* (am.) = (24)
(30) *feedback* Übertragung eines Signals von einer späteren auf eine frühere Stufe, Rückkopplung, Rückführung
(31) *feedback control* (am.) Regelung mit geschlossenem Kreis
(32) *feedforward control* Vorwärtsregelung („Steuerung" im Deutschen)
(33) *floating action* = (44)
(34) *floating rate* (am.) 1/Schließzeit
(35) *harmonic response* Frequenzgang
(36) *hunting* „pendeln"
(37) *ideal value* (am.) Aufgabenwert des idealisierten Systems
(38) *index setting* (v.) = (22)
(39) *industrial automatic regulator* industrieller Regler
(40) *inherent regulation* „Ausgleich" der Regelstrecke
(41) *input element* Wandler für (42)
(42) *input quantity* die Ausgangsgröße der Sollwerteinrichtung als Eingangsgröße für den Regelkreis, insbesondere bei (85)
(43) *input signal* Eingangssignal eines Elementes
(44) *integral action* stetige Wirkung proportional dem Zeitintegral der Abweichung
(45) *integral action time* Nachstellzeit
(46) *interacting* Gegenkopplung
(47) *inverse—derivative action* = nichtideale Integralwirkung gemäß Bild 34 rechts unten
(48) *lag* Verzögerung
(49) *lag element* Verzögerungsglied
(50) *lead network* Vorhaltwerk
(51) *manipulated variable* (am.) Stellgröße
(52) *maximum overshoot* Überschwingweite
(53) *measuring unit* Meßglied einschließlich (23)
(54) *momentary deviation* vorübergehende Abweichung
(55) *monitoring feedback* die Rückführung von (62); hierbei wird der Sollwert als Eingang des ganzen Regelkreises, die Regelgröße als Ausgang angesehen, vgl. (70)
(56) *multi-speed floating control* Regelart wie (94), jedoch mit mehreren diskreten Geschwindigkeiten
(57) *neutral zone* (v.) = (18)
(58) *noise* Störpegel
(59) *offset* bleibende Abweichung
(60) *on-off controller* Zweipunktregler
(61) *open loop* offener Kreis (= Steuerkette)

(62) *output quantity* die physikalische Größe des geregelten Zustandes, die mit (22) zu vergleichen ist, etwa unsere Regelgröße, insbesondere bei (85)
(63) *output signal* Ausgangssignal eines Elementes
(64) *overshoot* Überschwingen
(65) *pilot controller* Regler mit Hilfsenergie
(66) *plant* Regelstrecke
(67) *positioner* Anordnung bei Verwendung von Hilfskraft, die den vom Regler vorgeschriebenen Wert der Stellgröße sicherstellt (Stellwerk, -regler, -relais)
(68) *potential correction* Momentandifferenz zwischen (69) und (13) (als Maß für den korrigierenden Einfluß, den der Regler ausübt)
(69) *potential value* Beharrungswert der Regelgröße bei Verstellung des Stellgliedes ohne äußere Änderungen (bei Strecken mit Ausgleich)
(70) *primary feedback* (am.) entspricht etwa dem Meßwert der Regelgröße, s. (55)
(71) *process controller* Verfahrensregler
(72) *proportional action* stetige Wirkung proportional (24)
(73) *proportional band* P-Bereich
(74) *proportional feedback* starre Rückführung
(75) *proportional plus integral plus derivative controller* PID-Regler
(76) *proportional-speed floating action* (v.) entspricht (94), jedoch Geschwindigkeit proportional Regelabweichung = (44)
(77) *ramp* Anstieg (z. B. -funktion)
(78) *rate action* (am.) = (20)
(79) *rate time* (am.) = (21)
(80) *reference input* (am.) = Vergleichsstandard, mit dem die Regelgröße verglichen wird
(81) *regulating unit* Stellglied
(82) *reset action* (v.) = (44), „fehlerbeseitigend" beim PI-, PID-Regler, I-Wirkung
(83) *reset time* (am.) = (45)
(84) *ripple* rauschen
(85) *r. p. c. = remote-position control* Stellungsregelung
(86) *sampled-data control* Abtastregelung
(87) *sensitiveness* Ansprechempfindlichkeit
(88) *sensitivity* Empfindlichkeit, z. B. Ausschlag eines Instrumentes je Einheit der Meßgröße
(89) *servo-mechanism* Regelsystem für mechanische Stellungsregelungen
(90) *set point* (am.) = (22)

(91) *settling-down time* Ausregelzeit
(92) *signal* die physikalische Größe eines Gliedes, die ein anderes Glied beeinflußt
(93) *simple action* kontinuierliche Wirkung allein durch (24)
(94) *single-speed floating control* Regelart, bei der sich (69) mit konstanter Geschwindigkeit, die Regelgröße korrigierend, ändert; s. dagegen (56) und (76)
(95) *steady-state condition* Beharrungszustand
(96) *step control* Schrittregelung
(97) *step disturbance* Sprungstörung
(98) *step function response* Übergangsfunktion zum Eingangssprung
(99) *system deviation* (am.) das Negative von (100)
(100) *system error* (am.) = (37) minus wirkliche Regelgröße
(101) *three-point control* Dreipunktregelung
(102) *three-term controller* PID-Regler
(103) *throttling band* (v.) = P-Bereich
(104) *time behavior* zeitlicher Verlauf
(105) *time delay* Verzögerung
(106) *transfer lag* Übertragungsverzögerung infolge Speicher, vgl. mit (18), (26)
(107) *transient response* Übergangsfunktion, Einschwingverhalten
(108) *tuning* Abstimmung, Anpassung
(109) *two-step* (bzw. *position*) *action controller* Zweipunktregler
(110) *two-term controller* PI-Regler
(111) *zero-displacement-error system* System, bei dem die Ausgangsgeschwindigkeit proportional der Abweichung ist
(112) *zero-velocity-error system* System, bei dem die Ausgangsbeschleunigung proportional der Abweichung ist.
(113) *zero* Nullpunkt

Sachverzeichnis

Sammlung Göschen

Gesamtverzeichnis

Jeder Band DM 3,60 · Doppelband DM 5,80
Dreifachband DM 7,80

Herbst 1967

Walter de Gruyter & Co · Berlin 30

Die Bände der **Sammlung Göschen** vermitteln in konzentrierter Form den grundlegenden Stoff für das Studium der einzelnen wissenschaftlichen Disziplinen. Sie sind nicht nur Hilfsmittel für die Arbeit an Universitäten und Hochschulen, sondern auch vorzüglich geeignet für Fachschulen, Arbeitskreise und zum Selbststudium. Die Fülle des Materials hat sich besonders für die Vorbereitung zu Examina und Prüfungen bewährt. Auch eine schnelle Orientierung geht hier niemals auf Kosten der Gründlichkeit.

Inhaltsübersicht

Geisteswissenschaften

Philosophie

Einführung in die Philosophie von H. Leisegang †. 6. Aufl. 146 S. 1965. (281)

Hauptprobleme der Philosophie von G. Simmel †. 8., unveränd. Aufl. 177 S. 1964. (500)

Geschichte der Philosophie

I: Die griechische Philosophie von W. Capelle. 1. Tl. Von Thales bis Leukippos. 3., erw. Aufl. Etwa 135 S. In Vorb. (857)

II: Die griechische Philosophie von W. Capelle. 2. Tl. Von der Sophistik bis zum Tode Platons. 3., stark erw. Aufl. Etwa 144 S. In Vorb. (858)

III: Die griechische Philosophie von W. Capelle. 3. Tl. Vom Tode Platons bis zur Alten Stoa. 2., stark erw. Aufl. 132 S. 1954. (859)

IV: Die griechische Philosophie von W. Capelle. 4. Tl. Von der Alten Stoa bis zum Eklektizismus im 1. Jh. v. Chr. 2., stark erw. Aufl. 132 S. 1954. (863)

V: Die Philosophie des Mittelalters von J. Koch. In Vorb. (826)

VI: Von der Renaissance bis Kant von K. Schilling. 234 S. 1954. (394/394a)

VII: Immanuel Kant von F. Kaulbach. In Vorb. (536)

VIII: Die Philosophie des 19. Jahrhunderts von G. Lehmann. 1. Tl. 151 S. 1953. (571)

IX: Die Philosophie des 19. Jahrhunderts von G. Lehmann. 2. Tl. 168 S. 1953. (709)

X: Die Philosophie im ersten Drittel des 20. Jahrhunderts 1. Tl. von G. Lehmann. 128 S. 1957 (845)

XI: Die Philosophie im ersten Drittel des 20. Jahrhunderts 2. Tl. von G. Lehmann. 114 S. 1960. (850)

Die geistige Situation der Zeit (1931) von K. Jaspers. 6. Abdr. der im Sommer 1932 bearb. 5. Aufl. 211 S. 1965. (1000)

Formale Logik von P. Lorenzen. 3., durchges. u. erw. Aufl. 184 S. 1967. (1176/1176a)

Philosophisches Wörterbuch von M. Apel †. 5., völl. neu bearb. Aufl. von P. Ludz. 315 S. 1958. (1031/1031 a)

Philosophische Anthropologie. Menschliche Selbstdeutung in Geschichte und Gegenwart von M. Landmann. 2., durchges. Aufl. 223 S. 1964. (156/156a)

Pädagogik, Psychologie, Soziologie

Geschichte der Pädagogik von Herm. Weimer. 17., neubearb. Aufl. von Heinz Weimer 205 S. 1967. (145/145a)

Therapeutische Psychologie. Ihr Weg durch die Psychoanalyse von W. M. Kranefeldt M. e. Einf. von C. G. Jung. 3. Aufl. 152 S. 1956. (1034)

Allgemeine Psychologie von Th Erismann†. 4 Bde.

I: *Grundprobleme.* 3. Aufl. 146 S. 1965. (831)

II: Grundarten des psychischen Geschehens. 2., neubearb. Aufl. 248 S. 1959. (832/832a)

III: Experimentelle Psychologie und ihre Grundlagen. 1. Tl. 2., neubearb. Aufl. 112 S., 7 Abb. 1962. (833)

IV: Experimentelle Psychologie und ihre Grundlagen. 2. Tl. 2., neubearb. Aufl. 199 S. 20 Abb. 1962. (834/834a)

Soziologie. Geschichte und Hauptprobleme von L. von Wiese. 8. Aufl. 183 S. 1967. (101/101a)

Ideengeschichte der sozialen Bewegung des 19. und 20. Jh. von W. Hofmann. 2. Aufl. In Vorb (1205/1205a)

Sozialpsychologie von P.R. Hofstätter. 3. Aufl. 191 S., 18 Abb. 1967. (104/104a)

Psychologie des Berufs und Wirtschaftslebens von W. Moede†. 190 S. 48 Abb. 1958. (851/851a)

Industrie- und Betriebssoziologie von R. Dahrendorf. 4. Aufl. 142 S., 3 Fig. 1967 (103)

Wirtschaftssoziologie von F. Fürstenberg. 122 S. 1961. (1193)

Einführung in die Sozialethik von H.-D. Wendland. 144 S. 1963. (1203)

Religion

Jesus von M. Dibelius†. 4. Aufl. m. e. Nachtr. von W. G. Kümmel. 140 S. 1966. (1130)

Paulus von M. Dibelius†. Nach dem Tode des Verf. hrsg. u. zu Ende gef. von W. G. Kümmel. 3., durchges. Aufl. 156 S. 1964. (1160)

Luther von F. Lau. 2., verb. Aufl. 153 S. 1966. (1187)

Melanchthon von R. Stupperich. 139 S. 1960. (1190)

Zwingli von F. Schmidt-Clausing. 119 S. 1965. (1219)

Schleiermacher. Leben und Werk von M. Redeker. In Vorb. (1177/1177a)

Sören Kierkegaard. Leben u. Werk von H. Gerdes. 134 S. 1966. (1221)

Einführung in die Konfessionskunde der orthodoxen Kirchen von K. Onasch. 291 S. 1962. (1197/1197a)

Geschichte des christlichen Gottesdienstes von W. Nagel. 215 S. 1962. (1202/1202a)

Geschichte Israels. Von den Anfängen bis zur Zerstörung des Tempels (70 n. Chr.) von E. L. Ehrlich. 2. Aufl. In Vorb. (231/231 a)

Römische Religionsgeschichte von F. Altheim. 2 Bde. 2., umgearb. Aufl.
I: Grundlagen und Grundbegriffe. 116 S. 1956. (1035)
II: Der geschichtliche Ablauf. 164 S. 1956. (1052)

Die Religion des Buddhismus von D. Schlingloff. 2 Bde.
I: Der Heilsweg des Mönchstums. 122 S., 11 Abb., 1 Kte. 1962. (174)
II: Der Heilsweg für die Welt. 129 S., 9 Abb., 1 Kte. 1963. (770)

Musik

Musikästhetik von H. J. Moser. 180 S. M. zahlr. Notenbeisp. 1953. (344)

Systematische Modulation von R. Hernried. 2. Aufl. 136 S. M. zahlr. Notenbeisp. 1950. (1094)

Der polyphone Satz von E. Pepping. 2 Bde.
I: Der cantus-firmus-Satz. 2. Aufl. 233 S. Mit zahlr. Notenbeisp. 1950. (1148)
II: Übungen im doppelten Kontrapunkt und im Kanon. 137 S. M. zahlr. Notenbeisp. 1957. (1164 1164 a)

Allgemeine Musiklehre von H. J. Moser. 2., durchges. Aufl. 155 S. M. zahlr. Notenbeisp. 1955. (220 220 a)

Harmonielehre von H. J. Moser. 2 Bde.
I: 109 S. M. 120 Notenbeisp. 1954. (809)
II: In Vorb. (810)

Die Musik des 19. Jahrhunderts von W. Oehlmann. 180 S. 1953. (170)

Die Musik des 20. Jahrhunderts von W. Oehlmann. 312 S. 1961. (171 171 a)

Technik der deutschen Gesangskunst von H. J. Moser. 3., durchges. u. verb. Aufl. 144 S., 5 Fig., sowie Tab. u. Notenbeisp. 1954. (576 576 a)

Die Kunst des Dirigierens von H. W. von Waltershausen†. 2., verm. Aufl. 138 S. M. 19 Notenbeisp. 1954. (1147)

Die Technik des Klavierspiels aus dem Geiste des musikalischen Kunstwerkes von K. Schubert†. 3. Aufl. 110 S. M. Notenbeisp. 1954. (1045)

Kunst

Stilkunde von H. Weigert. 2 Bde.
I: Vorzeit, Antike, Mittelalter. 4. Aufl. Etwa 136 S., 94 Abb. In Vorb. (80)
II: Spätmittelalter und Neuzeit. 3., durchges. u. erg. Aufl. 150 S., 88 Abb. 1958. (781)

Archäologie von A. Rumpf. 3 Bde.
I: Einleitung, historischer Überblick. 143 S., 6 Abb., 12 Taf. 1953. (538)
II: Die Archäologensprache. Die antiken Reproduktionen. 136 S., 7 Abb., 12 Taf. 1956. (539)
III: In Vorb. (540)

Geschichte

Einführung in die Geschichtswissenschaft von P. Kirn. 5., bearb. u. erg. Aufl. von J. Leuschner. 127 S. 1968. (270/270a)

Einführung in die Zeitgeschichte von B. Scheurig. 101 S. 1962. (1204)

Zeitrechnung der römischen Kaiserzeit, des Mittelalters und der Neuzeit für die Jahre 1—2000 n. Chr. von H. Lietzmann†. 3. Aufl., durchges. von K. Aland. 130 S. 1956. (1085)

Kultur der Urzeit von F. Behn. 3 Bde. 4. Aufl. der Kultur der Urzeit Bd. 1—3 von M. Hoernes.
- I: Die vormetallischen Kulturen. (Die Steinzeiten Europas. Gleichartige Kulturen in anderen Erdteilen.) 172 S., 48 Abb. 1950. (564)
- II: Die älteren Metallkulturen. (Der Beginn der Metallbenutzung, Kupfer- und Bronzezeit in Europa, im Orient und in Amerika.) 160 S., 67 Abb. 1950. (565)
- III: Die jüngeren Metallkulturen. (Das Eisen als Kulturmetall, Hallstatt-Latène-Kultur in Europa. Das erste Auftreten des Eisens in den anderen Weltteilen.) 149 S. 60 Abb. 1950. (566)

Vorgeschichte Europas von F. Behn. Neuaufl. In Vorb. (42)

Der Eintritt der Germanen in die Geschichte von J. Haller†. 3. Aufl., durchges. von H. Dannenbauer. 120 S. 6 Kartensk. 1957. (1117)

Von den Karolingern zu den Staufern. Die altdeutsche Kaiserzeit (900—1250) von I Haller†. 5., durchges. Aufl. von H. Dannenbauer. 142 S., 4 Ktn. 1968. In Vorb. (1065)

Von den Staufern zu den Habsburgern. Auflösung des Reichs und Emporkommen der Landesstaaten (1250—1519) von J. Haller†. 2., durchges. Aufl. von H. Dannenbauer. 118 S., 6 Kartensk. 1960. (1077)

Deutsche Geschichte im Zeitalter der Reformation, der Gegenreformation und des dreißigjährigen Krieges von F. Hartung. 2., durchges. Aufl. 128 S. 1963. (1105)

Deutsche Geschichte von 1648—1740. Politischer und geistiger Wiederaufbau von W. Treue. 120 S. 1956 (35)

Deutsche Geschichte von 1713—1806. Von der Schaffung des europäischen Gleichgewichts bis zu Napoleons Herrschaft von W. Treue. 168 S. 1957. (39)

Deutsche Geschichte von 1806—1890. Vom Ende des alten bis zur Höhe des neuen Reiches von W. Treue. 128 S. 1961 . (893)

Deutsche Geschichte von 1890 bis zur Gegenwart von W. Treue. In Vorb. (894)

Quellenkunde der Deutschen Geschichte im Mittelalter (bis zur Mitte des 15. Jahrhunderts) von K. Jacob† 3 Bde.
- I: Einleitung. Allgemeiner Teil. Die Zeit der Karolinger. 6. Aufl., bearb. von H. Hohenleutner. 127 S. 1959. (279)
- II: Die Kaiserzeit (911—1250). 5. Aufl., neubearb. von H. Hohenleutner. 141 S. 1961. (280)

III: Das Spätmittelalter (vom Interregnum bis 1500). Hrsg. von F. Weden. 152 S. 1952. (284)

Geschichte Englands von H. Preller. 2 Bde.
I: bis 1815. 4., erw. Aufl. Etwa 135 S., 7 Stammtaf., 2 Ktn. 1967. (375/375a)
II: Von 1815 bis 1910. 2., völl. umgearb. Aufl. 118 S., 1 Stammtaf., 7 Ktn. 1954. (1088)

Römische Geschichte von F. Altheim. 4 Bde. 2., verb. Aufl.
I: Bis zur Schlacht bei Pydna (168 v. Chr.). 124 S. 1956. (19)
II: Bis zur Schlacht bei Actium (31 v. Chr.). 129 S. 1956. (677)
III: Bis zur Schlacht an der Milvischen Brücke (312 n. Chr.). 148 S. 1958. (679)
IV: Bis zur Schlacht am Yarmuk (636 n. Chr.). In Vorb. (684)

Geschichte der Vereinigten Staaten von Amerika von O. Graf zu Stolberg-Wernigerode. 192 S., 10 Ktn. 1956. (1051/1051a)

Deutsche Sprache und Literatur

Geschichte der deutschen Sprache von H. Sperber. 5., neubearb. Aufl. von P. von Polenz. 136 S. 1966. (915)

Deutsches Rechtschreibungswörterbuch von M. Gottschaldt†. 2., verb. Aufl. 269 S. 1953. (200/200a)

Deutsche Wortkunde. Kulturgeschichte des deutschen Wortschatzes von A. Schirmer. 5. Aufl. von W. Mitzka. 125 S. 1965. (929)

Deutsche Sprachlehre von W. Hofstaetter. 10. Aufl. Völl. Umarb. der 8. Aufl. 150 S. 1960. (20)

Stimmkunde für Beruf, Kunst und Heilzwecke von H. Biehle. 111 S. 1955. (60)

Redetechnik. Einführung in die Rhetorik von H. Biehle. 2., erw. Aufl. 151 S. 1961. (61)

Grundlagen der Sprecherziehung von J. Jesch. 93 S., 8 Abb. 1967. (1122)

Deutsches Dichten und Denken von der germanischen bis zur staufischen Zeit von H. Naumann†. (Deutsche Literaturgeschichte vom 5.—13. Jahrhundert.) 3., verb. Aufl. In Vorb. (1121)

Deutsches Dichten und Denken vom Mittelalter zur Neuzeit von G. Müller (1270 bis 1700). 3., durchges. Aufl. In Vorb. (1086)

Deutsches Dichten und Denken von der Aufklärung bis zum Realismus (Deutsche Literaturgeschichte von 1700—1890) von K. Viëtor†. 3., durchges. Aufl. 159 S. 1958. (1096)

Deutsche Heldensage von H. Schneider. 2. Aufl., bearb. von R. Wisniewski. 148 S. 1964. (32)

Der Nibelunge Nôt in Auswahl. Mit kurzem Wörterbuch hrsg. von K. Langosch. 11., durchges. Aufl. 166 S. 1966. (1)

Kudrun und Dietrich-Epen in Auswahl mit Wörterbuch von O. L. Jiriczek. 6. Aufl., bearb. von R. Wisniewski. 173 S. 1957. (10)

Wolfram von Eschenbach, Parzifal. Eine Auswahl mit Anmerkungen und Wörterbuch von H. Jantzen. 3. Aufl., bearb. von H. Kolb. 128 S. 1966. (921)

Hartmann von Aue. Der arme Heinrich nebst einer Auswahl aus der „Klage" dem „Gregorius" und den Liedern (mit einem Wörterverzeichnis) hrsg. von F. Maurer. 2. Aufl. 96 S. 1968. Im Druck. (18)

Gottfried von Straßburg. Tristan und Isolde in Auswahl hrsg. von F. Maurer. 2. Aufl. 142 S. 1965. (22)

Die deutschen Personennamen von M. Gottschaldt†. 2., verb. Aufl. 151 S. 1955. (422)

Althochdeutsches Elementarbuch. Grammatik und Texte von H. Naumann† u. W. Betz. 4., verb. u. verm. Aufl. 183 S. 1967. (1111/1111a)

Mittelhochdeutsche Grammatik von H. de Boor u. R. Wisniewski. 5., durchges. Aufl. 150 S. 1967. (1108)

Indogermanisch, Germanisch

Indogermanische Sprachwissenschaft von H. Krahe. 2 Bde.
I: Einleitung und Lautlehre. 5. Aufl. 110 S. 1966. (59)
II: Formenlehre. 4., neubearb. Aufl. 100 S. 1963. (64)

Sanskrit-Grammatik mit sprachvergleichenden Erläuterungen von M. Mayrhofer. 2., völl. neu bearb. Aufl. 110 S. 1965. (1158/1158a)

Altirische Grammatik von J. Pokorny. 2. Aufl. 1968. (896/896a)

Gotisches Elementarbuch. Grammatik, Texte mit Übersetzung und Erläuterungen von H. Hempel. 4., neubearb. Aufl. 169 S. 1966. (79/79a)

Altnordisches Elementarbuch. Einführung, Grammatik, Texte (zum Teil mit Übersetzung) und Wörterbuch von F. Ranke. 3., völl. umgearb. Aufl. von D. Hofmann. 205 S. 1967. (1115/1115a/1115b)

Germanische Sprachwissenschaft von H. Krahe. 3 Bde.
I: Einleitung und Lautlehre. 6. Aufl. 147 S. 1966. (238)
II: Formenlehre. 6. Aufl. 149 S. 1967. (780)
III: Wortbildungslehre von W. Meid. 270 S. 1967. (1218/1218a/1218b)

Englisch, Romanisch

Altenglisches Elementarbuch. Einführung, Grammatik, Texte mit Übersetzung und Wörterbuch von M. Lehnert. 6., verb. Aufl. 178 S. 1965. (1125)

Mittelenglisches Elementarbuch von H. Weinstock. 1967. In Vorb. (1226/1226a/1226b)

Historische neuenglische Laut- und Formenlehre von E. Ekwall. 4., verb. Aufl. 150 S. 1965. (735)

Englische Phonetik von H. Mutschmann†. 2. Aufl., bearb. von G. Scherer. 127 S. 1963. (601)

Englische Literaturgeschichte von F. Schubel. 4 Bde.
I: Die alt- und mittelenglische Periode. 2., neubearb. Aufl. 189 S. 1967. (1114/1114a)
II: Von der Renaissance bis zur Aufklärung. 160 S. 1956. (1116)
III: Romantik und Viktorianismus. 160 S. 1960. (1124)

Beowulf. Eine Auswahl mit Einführung, teilweiser Übersetzung, Anmerkungen und etymologischem Wörterbuch von M. Lehnert. 4., verb. Aufl. 135 S. 1967. (1135)

Shakespeare von P. Meißner†. 2. Aufl., neubearb. von M. Lehnert. 136 S. 1954. (1142)

Romanische Sprachwissenschaft von H. Lausberg. 4 Bde.
I: Einleitung und Vokalismus. 2., durchges. Aufl. 211 S. 1963. (128/128a)
II: Konsonantismus. 2., durchges. Aufl. 95 S. 1967. (250)
III: Formenlehre. 1. Teil. 99 S. 1962. (1199)
III: Formenlehre. 2. Teil. S. 99—260. 1962. (1200/1200a)
IV: Wortlehre. In Vorb. (1208)

Griechisch, Lateinisch

Griechische Sprachwissenschaft von W. Brandenstein. 3 Bde.
I: Einleitung, Lautsystem, Etymologie. 160 S. 1954. (117)
II: Wortbildung und Formenlehre. 192 S. 1959. (118/118a)
III: Syntax I. Einleitung. Die Flexibilien. 145 S. 1966. (924/924a)

Geschichte der griechischen Sprache. 2 Bde.
I: Bis zum Ausgang der klassischen Zeit von O. Hoffmann und A. Debrunner. 4., neubearb. Aufl. von A. Scherer. 1968. (111/111a)
II: Grundfragen und Grundzüge des nachklassischen Griechisch von A. Debrunner. 2. Aufl., bearb. von A. Scherer. 1968. (114/114a)

Geschichte der griechischen Literatur von W. Nestle. 2 Bde. 3. Aufl., bearb. von W. Liebich.
I: 144 S. 1961. (70)
II: 149 S. 1963. (557)

Grammatik der neugriechischen Volkssprache von J. Kalitsunakis. 3., wes. erw. u. verb. Aufl. 196 S. 1963. (756/756a)

Neugriechisch-deutsches Gesprächsbuch von J. Kalitsunakis. 2. Aufl., bearb. von A. Steinmetz. 99 S. 1960. (587)

Geschichte der lateinischen Sprache von F. Stolz u. A. Debrunner†. 4., stark umgearb. Aufl. von W. P. Schmid. 145 S. 1966. (492/492a)

Geschichte der römischen Literatur von L. Bieler. 2., verb. Aufl. 2 Bde.
I: Die Literatur der Republik. 160 S. 1965. (52)
II: Die Literatur der Kaiserzeit. 133 S. 1965. (866)

Orientalistik, Slavistik

Die Keilschrift von B. Meissner. 3. Aufl., neubearb. von K. Oberhuber. Etwa 150 S. 1967. (708/708 a/708 b)

Die Hieroglyphen von A. Erman. 3. Aufl., neu bearb. von O. Krückmann. 1968. In Vorb. (608/608 a/608 b)

Hebräische Grammatik von R. Meyer. 3 Bde.
- I: Einleitung, Schrift- und Lautlehre. 3., neubearb. Aufl. 120 S. 1966. (763/763 a/763 b)
- II: Formenlehre und Flexionstabellen. 3. Aufl. In Vorb. (764/764 a/764 b)
- III: Satzlehre. In Vorb. (765/765 a/765 b)

Hebräisches Textbuch zu G. Beer-R. Meyer, Hebräische Grammatik von R. Meyer. 170 S. 1960. (769/769 a)

Slavische Sprachwissenschaft von H. Bräuer. 2 Bde.
- I: Einleitung, Lautlehre. 221 S. 1961 (1191/1191 a)
- II: Formenlehre. 1. Tl. 1968. (1192/1192 a)

Vergleichende Geschichte der slavischen Literaturen von D. Tschižewskij. 2 Bde. In Vorb.
- I: Einführung. Anfänge des slavischen Schrifttums bis zum Klassizismus. (1222/1222 a)
- II: Romantik bis zur Moderne. (1223/1223 a)

Russische Grammatik von E. Berneker†. 6., verb. Aufl. von M. Vasmer†. 155 S. 1961. (66)

Polnische Grammatik von N. Damerau. 139 S. 1967. (942/942 a)

Erd- und Länderkunde, Kartographie

Afrika von F. Jaeger. Ein geographischer Überblick. 2 Bde. 3. Aufl.
- I: Der Lebensraum. 179 S., 18 Abb. In Vorb. (910)
- II: Mensch und Kultur. 155 S., 6 Abb. In Vorb. (911)

Australien und Ozeanien von H. J. Krug. 176 S., 46 Sk. 1953. (319)

Kartographie von V. Heissler. 2. Aufl. 213 S., 125 Abb., 8 Anl. 1966. (30/30 a)

Wirtschaft, Statistik, Publizistik

Allgemeine Betriebswirtschaftslehre von K. Mellerowicz. 4 Bde. 11. u. 12. durchges. Aufl.
- I: 224 S. 1964. (1008/1008 a)
- II: 188 S. 1966. (1153/1153 a)
- III: 260 S. 1967. (1154/1154 a)
- IV: 209 S. 1963. (1186/1186 a)

Allgemeine Volkswirtschaftslehre von A. Paulsen. 4 Bde.
- I: Grundlegung, Wirtschaftskreislauf. 7. Aufl. 159 S., 11 Abb. 1966. (1169)
- II: Haushalte, Unternehmungen, Marktformen. 7. Aufl. 172 S., 31 Abb. 1966. (1170)

III: Produktionsfaktoren. 5., neubearb. u. erg. Aufl. 228 S., 24 Abb. 1967. (1171/1171 a)
IV: Gesamtbeschäftigung, Konjunkturen, Wachstum. 4., neubearb. u. erg. Aufl. 188 S. 1966. (1172)

Übungsaufgaben mit Lösungen zu A. Paulsen, Allgemeine Volkswirtschaftslehre I/II von W. Wedig. 177 S. 1967. (1227/1227 a)

Geschichte der Volkswirtschaftslehre von S. Wendt. 2., neubearb. Aufl. Etwa 182 S. 1968. (1194/1194 a)

Allgemeine Volkswirtschaftspolitik von H. Ohm. 2 Bde.
I: Systematisch-Theoretische Grundlegung. 2., verb. u. erg. Aufl. 137 S., 6 Abb. 1965. (1195)
II: Der volkswirtschaftliche Gesamtorganismus als Objekt der Wirtschaftspolitik. 180 S. 1967. (1196/1196 a)

Finanzwissenschaft von H. Kolms. 4 Bde.
I: Grundlegung, Öffentliche Ausgaben. 3., verb. Aufl. 165 S. 1966. (148)
II: Erwerbseinkünfte, Gebühren und Beiträge, Allgemeine Steuerlehre. 3., verb. Aufl. 154 S. 1966. (391)
III: Besondere Steuerlehre. 2., verb. u. erg. Aufl. 205 S. 1967. (776/776 a)
IV: Öffentlicher Kredit. Öffentlicher Haushalt. Finanzausgleich. 191 S. 1964. (782/782 a)

Finanzmathematik von M. Nicolas. 2., verb. Aufl. 192 S., 11 Taf., 8 Tab. u. 72 Beisp. 1967. (1183/1183 a)

Programmierung von Datenverarbeitungsanlagen von H. J. Schneider u. D. Jurksch. 111 S., 8 Tab., 11 Abb. 1967. (1225/1225 a)

Lineare Programmierung von H. Langen. Etwa 200 S. (1206/1206 a)

Buchhaltung und Bilanz von E. Kosiol. 2., überarb. u. veränd. Aufl. 186 S. 1967. (1213/1213 a)

Industrie- und Betriebssoziologie von R. Dahrendorf. 4. Aufl. 142 S., 3 Fig. 1967. (103)

Wirtschaftssoziologie von F. Fürstenberg. 122 S. 1961. (1193)

Psychologie des Berufs- und Wirtschaftslebens von W. Moede†. 190 S. 48 Abb. 1958. (851/851 a)

Einführung in die Arbeitswissenschaft von H. H. Hilf. 169 S., 57 Abb. 1964. (1212/1212 a)

Allgemeine Methodenlehre der Statistik von J. Pfanzagl. 2 Bde.
I: Elementare Methoden unter besonderer Berücksichtigung der Anwendungen in den Wirtschafts- und Sozialwissenschaften. 4., verb. Aufl. 266 S., 51 Abb. 1967. (746/746 a)
II: Höhere Methoden unter besonderer Berücksichtigung der Anwendungen in Naturwissenschaften, Medizin und Technik. 3., verb. Aufl. 315 S., 41 Abb. 1968. (747/747 a)

Zeitungslehre von E. Dovifat. 2 Bde. 5., neubearb. Aufl.
I: Theoretische und rechtliche Grundlagen — Nachricht und Meinung —Sprache und Form. 162 S. 1967 (1039/1039 a)
II: Redaktion — Die Sparten: Verlag und Vertrieb, Wirtschaft und Technik — Sicherung der öffentlichen Aufgabe. 179 S. 1967. (1040/1040 a)

Naturwissenschaften

Mathematik

Geschichte der Mathematik von J. E. Hofmann. 4 Bde.
I: Von den Anfängen bis zum Auftreten von Fermat und Descartes. 2., verb. u. verm. Aufl. 251 S. 1963. (226/226a)
II: Von Fermat und Descartes bis zur Erfindung des Calculus und bis zum Ausbau der neuen Methoden. 109 S. 1957. (875)
III: Von den Auseinandersetzungen um den Calculus bis zur französischen Revolution. 107 S. 1957. (882)
IV: Geschichte der Mathematik der neuesten Zeit von N. Stuloff. In Vorb. (883)

Mathematische Formelsammlung von F. O. Ringleb. 8., verb. Aufl. 322 S., 40 Fig. 1967. (51/51a)

Vierstellige Tafeln und Gegentafeln für logarithmisches und trigonometrisches Rechnen in zwei Farben zusammengestellt von H. Schubert und R. Haussner. 3. neubearb. Aufl. von J. Erlebach. 158 S. 1960. (81)

Fünfstellige Logarithmen mit mehreren graphischen Rechentafeln und häufig vorkommenden Zahlenwerten von A. Adler. 4. Aufl., überarb. von J. Erlebach. 127 S., 1 Taf. 1962. (423)

Arithmetik von P. B. Fischer†. 3. Aufl. von H. Rohrbach. 152 S., 19 Abb. 1958. (47)

Höhere Algebra von H. Hasse. 2 Bde. 5., neubearb. Aufl.
I: Lineare Gleichungen. 150 S. 1963. (931)
II: Gleichungen höheren Grades. 158 S., 5 Fig. 1967. (932)

Aufgabensammlung zur höheren Algebra von H. Hasse u. W. Klobe. 3., verb. Aufl. 183 S. 1961. (1082)

Elementare und klassische Algebra vom modernen Standpunkt von W. Krull. 2 Bde.
I: 3., erw. Aufl. 148 S. 1963. (930)
II: 132 S. 1959. (933)

Algebraische Kurven und Flächen von W. Burau. 2 Bde.
I: Algebraische Kurven der Ebene. 153 S., 28 Abb. 1962. (435)
II: Algebraische Flächen 3. Grades und Raumkurven 3. und 4. Grades. 162 S., 17 Abb. 1962. (436/436a)

Einführung in die Zahlentheorie von A. Scholz†. Überarb. u. hrsg. von B. Schoeneberg. 4. Aufl. 128 S. 1966. (1131)

Formale Logik von P. Lorenzen. 3., durchges. u. erw. Aufl. 184 S. 1967. (1176/1176a)

Topologie von W. Franz. 2 Bde.
I: Allgemeine Topologie. 2., verb. Aufl. 144 S., 9 Fig. 1965. (1181)
II: Algebraische Topologie. 153 S. 1965. (1182/1182a)

Elemente der Funktionentheorie von K. Knopp†. 7. Aufl. 144 S., 23 Fig. 1966. (1109)

Funktionentheorie von K. Knopp†. 2 Bde. 11. Aufl.
I: Grundlagen der allgemeinen Theorie der analytischen Funktionen. 144 S., 8 Fig. 1965. (668)
II: Anwendungen und Weiterführung der allgemeinen Theorie. 130 S., 7 Fig. 1965. (703)

Aufgabensammlung zur Funktionentheorie von K. Knopp†. 2 Bde.
I: Aufgaben zur elementaren Funktionentheorie. 7. Aufl. 135 S. 1965. (877)
II: Aufgaben zur höheren Funktionentheorie. 6. Aufl. 151 S. 1964. (878)

Differential- und Integralrechnung von M. Barner. (Früher Witting). 4 Bde.
I: Grenzwertbegriff, Differentialrechnung. 2., durchges. Aufl. 176 S., 39 Fig. 1963. (86)

Gewöhnliche Differentialgleichungen von G. Hoheisel. 7., neubearb. u. erw. Aufl. 142 S. 1965. (920/920a)

Partielle Differentialgleichungen von G. Hoheisel. 5., durchges. Aufl. Etwa 128 S. In Vorb. (1003)

Aufgabensammlung zu den gewöhnlichen und partiellen Differentialgleichungen von G. Hoheisel. 4., neubearb. Aufl. 153 S. 1964. (1059/1059a)

Integralgleichungen von G. Hoheisel. 2., neubearb. u. erw. Aufl. 112 S. 1963. (1099)

Mengenlehre von E. Kamke. 5. Aufl. 194 S., 6 Fig. 1965. (999/999a)

Gruppentheorie von L. Baumgartner. 4., erw. Aufl. 190 S., 3 Taf. 1964. (837/837a)

Ebene und sphärische Trigonometrie von G. Hessenberg†. 5. Aufl. durchges. von H. Kneser. 172 S., 60 Fig. 1957. (99)

Darstellende Geometrie von W. Haack. 3 Bde.
I: Die wichtigsten Darstellungsmethoden. Grund- und Aufriß ebenflächiger Körper 6. Aufl. 113 S., 120 Abb. 1967. (142)
II: Körper mit krummen Begrenzungsflächen. Kotierte Projektionen. 5., durchges. Aufl. 129 S., 86 Abb. 1967. (143)
III: Axonometrie und Perspektive. 3. Aufl. 129 S., 100 Abb. 1965. (144)

Analytische Geometrie von K. P. Grotemeyer. 3., neubearb. Aufl. 218 S., 73 Abb. 1964. (65/65a)

Nichteuklidische Geometrie. Hyperbolische Geometrie der Ebene von R. Baldus†. 4. Aufl., bearb. u. erg. von F. Löbell. 158 S., 75 Fig. 1964. (970/970a)
Differentialgeometrie von K. Strubecker. 3 Bde.
I: Kurventheorie der Ebene und des Raumes. 2., erw. Aufl. 253 S., 45 Fig. 1964. (1113/1113a)
II: Theorie der Flächenmetrik. 195 S., 14 Fig. 1958. (1179/1179a)
III: Theorie der Flächenkrümmung. 254 S., 38 Fig. 1959. (1180/1180a)
Variationsrechnung von L. Koschmieder. 2 Bde. 2., neubearb. Aufl.
I: Das freie und gebundene Extrem einfacher Grundintegrale. 128 S., 23 Fig. 1962. (1074)
II: Anwendung klassischer Verfahren auf allgemeine Fragen des Extrems. — Neuere unmittelbare Verfahren. In Vorb. (1075)
Einführung in die konforme Abbildung von L. Bieberbach. 6., neubearb. Aufl. 184 S., 41 Zeichng. 1967. (768/768a)
Vektoren und Matrizen von S. Valentiner. 4. Aufl. (11., erw. Aufl der „Vektoranalysis"). Mit Anh.: Aufgaben zur Vektorrechnung von H. König. 205 S., 35 Fig. 1967. (354/354a)
Wahrscheinlichkeitstheorie und Grundzüge der Maßtheorie von H. Bauer. 2 Bde.
I: 154 S. 1964. (1216/1216a)
II: In Vorb. (1217)
Kinematik von H. R. Müller. 171 S., 75 Fig. 1963. (584/584a)
Versicherungsmathematik von F. Böhm. 2 Bde.
I: Elemente der Versicherungsrechnung. 4. Aufl. In Vorb. (180)
II: Lebensversicherungsmathematik. Einführung in die technischen Grundlagen der Sozialversicherung. 2., verb. u. verm. Aufl. 205 S. 1953. (917/917a)
Finanzmathematik von M. Nicolas, 2., verb. Aufl. 192 S., 11 Taf., 8 Tab. u. 72 Beisp. 1967. (1183/1183a)
Lineare Programmierung von H. Langen. Etwa 200 S. (1206/1206a)
Progammierung von Datenverarbeitungsanlagen von H. J. Schneider u. D. Jurksch. 111 S., 8 Tab., 11 Abb. 1967. (1225/1225a)

Physik

Einführung in die theoretische Physik von W. Döring. 5 Bde.
I: Mechanik. 3., verb. Aufl. 125 S., 23 Abb. 1965. (76)
II: Das elektromagnetische Feld. 3., umgearb. Aufl. Etwa 135 S., 15 Abb. 1968. (77/77a)
III: Optik. 2., verb. Aufl. 117 S., 32 Abb. 1963. (78)
IV: Thermodynamik. 2., verb. Aufl. 107 S., 9 Abb. 1964. (374)
V: Statistische Mechanik. 2., umgearb. Aufl. 117 S., 10 Abb. 1966. (1017)
Mechanik deformierbarer Körper von M. Päsler. 199 S., 48 Abb. 1960. (1189/1189a)
Atomphysik von K. Bechert, Ch. Gerthsen† u. A. Flammersfeld. 4 Bde. 4., durchges. Aufl.
I: Allgemeine Grundlagen. 1. Teil von A. Flammersfeld. Neuaufl. in Vorb. (1009)

II: Allgemeine Grundlagen. 2. Teil von A. Flammersfeld. Neuaufl. In Vorb. (1033)
III: Theorie des Atombaus. 1. Teil von K. Bechert. 148 S., 16 Abb. 1963. (1123/1123a)
IV: Theorie des Atombaus. 2. Teil von K. Bechert. 170 S., 14 Abb. 1963. (1165/1165a)

Differentialgleichungen der Physik von F. Sauter. 4., durchges. u. erg. Aufl. 147 S., 16 Fig. 1966. (1070)

Physikalische Formelsammlung von G. Mahler†. Fortgef. von K. Mahler. Neubearb. von E. Sohr. 12. Aufl. 167 S., 69 Fig. 1967. (136/136a)

Physikalische Aufgabensammlung mit Ergebnissen von G. Mahler†. Fortgef. von K. Mahler. Neubearb. von H. Graewe. 12. Aufl. 141 S. 1964. (243)

Chemie

Geschichte der Chemie in kurzgefaßter Darstellung von G. Lockemann. 2 Bde. 2. Aufl.
I: Vom Altertum bis zur Entdeckung des Sauerstoffs. 142 S., 4 Bildn. In Vorb. (264)
II: Von der Entdeckung des Sauerstoffs bis zur Gegenwart. 151 S., 16 Bildn. In Vorb. (265/265a)

Anorganische Chemie von W. Klemm. 14. Aufl. 255 S., 34 Abb. 1967. (37/37a)

Organische Chemie von W. Schlenk jun. 10., erw. Aufl. 273 S., 16 Abb. 1965. (38/38a)

Physikalische Methoden in der Organischen Chemie von G. Kresze. 2 Bde.
I: 119 S., 65 Abb. 1962. (44)
II: 164 S. 1962. (45/45a)

Allgemeine und physikalische Chemie von W. Schulze. 2 Bde.
I: 6., verb. Aufl. 139 S., 10 Fig. 1964. (71)
II: 6., erw. Aufl. Etwa 178 S. 49 Fig. 1968. (698/698a)

Molekülbau. Theoretische Grundlagen und Methoden der Strukturermittlung von W. Schulze. 123 S., 43 Fig. 1958. (786)

Einfache Versuche zur allgemeinen und physikalischen Chemie von E. Dehn. 371 Versuche m. 40 Abb. 272 S. 1962. (1201/1201a)

Physikalisch-chemische Rechenaufgaben von E. Asmus. 4., verb. Aufl. 96 S. 1967. (445)

Maßanalyse. Theorie und Praxis der klassischen und der elektrochemischen Titrierverfahren von G. Jander und K. F. Jahr. 11., durchges. Aufl., mitbearb. von H. Knoll. 359 S., 56 Fig. 1966. (221/221a)

Qualitative Analyse von H. Hofmann u. G. Jander. 3., durchges. u. verb. Aufl. 308 S., 5 Abb. 1967. (247/247a)

Stöchiometrische Aufgabensammlung von W. Bahrdt† u. R. Scheer. Mit den Ergebnissen. 9., durchges. Aufl. 119 S. 1967. (452/452a)

Elektrochemie von K. Vetter. 2 Bde.
I: In Vorb. (252)
II: In Vorb. (253)

Geochemie von K. H. Wedepohl. 221 S., 26 Abb., 37 Tab. 1967. (1224/1224a/1224b)

Kristallchemie von J. Zemann. 144 S., 90 Abb. 1966. (1220/1220a)

Technologie

Die Chemie der Kunststoffe von K. Hamann. 2., neu überarb. Aufl. unt. Mitarb. von W. Funke u. K. Nollen. 177 S. 1967. (1173/1173a)

Warenkunde von K. Hassak u. E. Beutel†. 2 Bde.
I: Anorganische Waren sowie Kohle und Erdöl. 8. Aufl. Neubearb. von A. Kutzelnigg. 119 S., 18 Fig. 1958. (222)
II: Organische Waren. 8. Aufl. Vollst. neu bearb. von A. Kutzelnigg. 157 S., 32 Fig. 1959. (223)

Die Fette und Öle von Th. Klug. 6., verb. Aufl. 143 S. 1961. (335)

Die Seifenfabrikation von K. Braun†. 3., neubearb. u. verb. Aufl. von Th. Klug 116 S., 18 Abb. 1953. (336)

Thermische Verfahrenstechnik von H. Bock. 3 Bde.
I: Eigenschaften und Verhalten der realen Stoffe. 184 S., 28 Abb. 1963. (1209/1209a)
II: Funktion und Berechnung der elementaren Geräte. 195 S., 54 Abb. 1964. (1210/1210a)
III: Fließbilder, ihre Funktion und ihr Zusammenbau aus Geräten. 224 S., 67 Abb. 1965. (1211/1211a)

Textilindustrie von A. Blümcke.
I: Spinnerei und Zwirnerei. 111 S., 43 Abb. 1954. (184)

Biologie

Einführung in die allgemeine Biologie und ihre philosophischen Grund- und Grenzfragen von M. Hartmann. 2., unveränd. Aufl. 132 S., 2 Abb. 1965. (96)

Hormone von G. Koller. 2., neubearb. u. erw. Aufl. 187 S., 60 Abb., 19 Tab. 1949. (1141)

Fortpflanzung im Tier- und Pflanzenreich von J. Hämmerling. 2., erg. Aufl. 135 S., 101 Abb. 1951. (1138)

Geschlecht und Geschlechtsbestimmung im Tier- und Pflanzenreich von M. Hartmann. 2., verb. Aufl. 116 S., 61 Abb., 7 Tab. 1951. (1127)

Symbiose der Tiere mit pflanzlichen Mikroorganismen von P. Buchner. 2., verb. u. verm. Aufl. 130 S., 121 Abb. 1949. (1128)

Grundriß der allgemeinen Mikrobiologie von W. u. A. Schwartz. 2 Bde. 2., verb. u. erg. Aufl.
I: 147 S., 25 Abb. 1960. (1155)
II: 142 S., 29 Abb. 1961. (1157)

Botanik

Entwicklungsgeschichte des Pflanzenreiches von H. Heil. 2. Aufl. 138 S., 94 Abb., 1 Tab. 1950. (1137)

Morphologie der Pflanzen von L. Geitler. 3., umgearb. Aufl. 126 S., 114 Abb. 1953. (141)

Pflanzengeographie von L. Diels†. 5., völl. neu bearb. Aufl. von F. Mattick. 195 S., 2 Ktn. 1958. (389/389a)

Die Laubhölzer. Kurzgefaßte Beschreibung der in Mitteleuropa gedeihenden Laubbäume und Sträucher von F. W. Neger† und E. Münch†. 3., durchges. Aufl., hrsg. von B. Huber. 143 S., 63 Fig., 7 Tab. 1950. (718)

Die Nadelhölzer(Koniferen) und übrigen Gymnospermen von F. W. Neger† und E. Münch†. 4. Aufl., durchges. u. erg. von B. Huber. 140 S., 75 Fig., 4 Tab., 3 Ktn. 1952. (355)

Pflanzenzüchtung von H. Kuckuck. 2 Bde.
- I: Grundzüge der Pflanzenzüchtung. 3., völl. umgearb. u. erw. Aufl. 132 S., 22 Abb. 1952. (1134)
- II: Spezielle gartenbauliche Pflanzenzüchtung (Züchtung von Gemüse, Obst und Blumen). 2. Aufl. In Vorb. (1178/1178a)

Zoologie

Entwicklungsphysiologie der Tiere von F. Seidel. 2 Bde. 2. Aufl.
- I: Ei und Furchung. Etwa 160 S., 61 Abb. (1162)
- II: Körpergrundgestalt und Organbildung. In Vorb. (1163)

Vergleichende Physiologie der Tiere von K. Herter. 2 Bde. 4. Aufl. der „Tierphysiologie".
- I: Stoff- und Energiewechsel. Neu bearb. von K. Urich. 158 S., 61 Abb. 1966. (972/972a)
- II: Bewegung und Reizerscheinungen. Neu bearb. von G. Birukow. In Vorb. (973/973a)

Das Tierreich
- I: Einzeller, Protozoen von E. Reichenow. 115 S., 59 Abb. 1956. (444)
- II: Schwämme und Hohltiere von H. J. Hannemann. 95 S., 80 Abb. 1956. (442)
- III: Würmer. Platt-, Hohl-, Schnurwürmer, Kamptozoen, Ringelwürmer, Protracheaten, Bärtierchen, Zungenwürmer von S. Jaeckel. 114 S., 36 Abb. 1955. (439)
- IV, 1: Krebse von H. E. Gruner und K. Deckert. 114 S., 43 Abb. 1956. (443)
- IV, 2: Spinnentiere (Trilobitomorphen, Fühlerlose) und Tausendfüßler von A. Kaestner. 96 S., 55 Abb. 1955. (1161)
- IV, 3: Insekten von H. von Lengerken. 2., neubearb. Aufl. 140 S., 59 Abb. 1966. (594)
- V: Weichtiere. Urmollusken, Schnecken, Muscheln und Kopffüßer von S. Jaeckel. 92 S., 34 Fig. 1954. (440)

VI: Stachelhäuter. Tentakulaten, Binnenatmer und Pfeilwürmer von S. Jaeckel. 100 S., 46 Abb. 1955. (441)
VII, 1: Manteltiere, Schädellose, Rundmäuler von H. Fechter. In Vorb. (448)
VII, 2: Fische von D. Lüdemann. 130 S., 65 Abb. 1955. (356)
VII, 3: Lurche (Chordatiere) von K. Herter. 143 S., 129 Abb. 1955. (847)
VII, 4: Kriechtiere (Chordatiere) von K. Herter. 200 S., 142 Abb. 1960. (447/447a)
VII, 5: Vögel (Chordatiere) von H.-A. Freye. 156 S., 69 Fig. 1960. (869)
VII, 6: Säugetiere (Chordatiere) von Th. Haltenorth. In Vorb. (282/282a)

Land- und Forstwirtschaft

Landwirtschaftliche Tierzucht. Die Züchtung und Haltung der landwirtschaftlichen Nutztiere von H. Vogel. 139 S., 11 Abb. 1952. (228)

Kulturtechnische Bodenverbesserungen von O. Fauser. 2 Bde. 5., verb. u. verm. Aufl.
I: Allgemeines, Entwässerung. 127 S., 49 Abb. 1959. (691)
II: Bewässerung, Ödlandkultur, Flurbereinigung. 159 S., 71 Abb. 1961. (692)

Agrikulturchemie von K. Scharrer. 2 Bde.
I: Pflanzenernährung. 143 S. 1953. (329)
II: Futtermittelkunde. 192 S. 1956. (330/330a)

Geologie, Mineralogie, Kristallographie

Geologie von F. Lotze. 3., verb. Aufl. 179 S., 80 Abb. 1965. (13/13a)

Mineral- und Erzlagerstättenkunde von H. Huttenlocher†. 2 Bde. 2., neubearb. Aufl. von P. Ramdohr.
I: 137 S., 40 Abb., 2 Tab. 1965. (1014/1014a)
II: 135 S., 41 Abb. 1965. (1015/1015a)

Allgemeine Mineralogie. 12., erw. Aufl. der „Mineralogie" von R. Brauns† neubearb. von K. F. Chudoba. 152 S., 143 Textfig., 1 Taf., 3 Tab. 1968. (29/29a)

Spezielle Mineralogie. 11., erw. Aufl. der „Mineralogie" von R. Brauns†, bearb. von K. F. Chudoba. 193 S., 127 Textfig., 6 Tab. 1964. (31/31a)

Petrographie (Gesteinskunde) von W. Bruhns†. Neubearb. von P. Ramdohr. 6., erw. Aufl. 141 S., 21 Fig. 1966. (173)

Geochemie von K. H. Wedepohl. 221 S., 26 Abb., 37 Tab. 1967. (1224/1224a/1224b)

Kristallchemie von J. Zemann. 144 S., 90 Abb. 1966. (1220/1220a)

Kristallographie von W. Bruhns†. 6. Aufl., neubearb. von P. Ramdohr. 115 S., 164 Abb. 1965. (210)

Einführung in die Kristalloptik von E. Buchwald. 5., verb. Aufl. 128 S., 117 Fig. 1963 (619/619a)

Lötrohrprobierkunde. Mineraldiagnose mit Lötrohr und Tüpfelreaktion von M. Henglein. 4., durchges. u. erw. Aufl. 108 S., 12 Fig. 1962. (483)

Technik

Graphische Darstellung in Wissenschaft und Technik von M. Pirani. 3., erw. Aufl. bearb. von J. Fischer unt. Benutzg. der von I. Runge bes. 2. Aufl. 216 S., 104 Abb. 1957. (728/728a)

Technische Tabellen und Formeln von W. Müller. 5., verb. u. erw. Aufl. von E. Schulze. 165 S., 114 Abb., 99 Taf. 1962. (579)

Einführung in die Arbeitswissenschaft von H. H. Hilf. 164 S., 57 Abb. 1964. (1212/1212a)

Grundlagen der Straßenverkehrstechnik. Theorie der Leistungsfähigkeit von E. Engel. 101 S., 55 Abb. 1962. (1198)

Elektrotechnik

Grundlagen der allgemeinen Elektrotechnik von O. Mohr. 3. Aufl. 260 S., 136 Bild., 14 Taf. 1965. (196/196a)

Die Gleichstrommaschine von K. Humburg. 2 Bde. 3. Aufl.
I: Etwa 102 S., 59 Abb. In Vorb. (257)
II: Etwa 101 S., 38 Abb. In Vorb. (881)

Die Synchronmaschine von W. Putz. 92 S., 64 Bild. 1962. (1146)

Induktionsmaschinen von F. Unger. 3. Aufl. In Vorb. (1140)

Die komplexe Berechnung von Wechselstromschaltungen von H. H. Meinke. 3., neubearb. Aufl. 185 S., 126 Abb. 1965. (1156/1156a)

Theoretische Grundlagen zur Berechnung der Schaltgeräte von F. Kesselring. 4. Aufl. 1968. (711/711a/711b)

Einführung in die Technik selbsttätiger Regelungen von W. zur Megede. 3., überarb. u. erw. Aufl. Etwa 180 S., 86 Abb. 1968. In Vorb. (714/714a)

Elektromotorische Antriebe von W. Meyer. 223 S., 113 Abb. 1967. (827/827a/827b)

Überspannungen und Überspannungsschutz von G. Frühauf. Durchges. Neudr. 122 S., 98 Abb. 1950. (1132)

Elektrische Höchstspannungs-Schaltanlagen. Für Freiluft und Innenanordnung von G. Meiners u. K.-H. Wiesenewsky. 138 S., 58 Abb. 1964. (796/796a)

Transformatoren von W. Schäfer. 5., überarb. u. erg. Aufl. 130 S., 73 Abb. 1967. (952/952a)

Maschinenbau

Thermische Verfahrenstechnik von H. Bock. 3 Bde.
- I: Eigenschaften und Verhalten der realen Stoffe. 184 S., 28 Abb. 1963. (1209/1209a)
- II: Funktion und Berechnung der elementaren Geräte. 195 S., 54 Abb. 1964. (1210/1210a)
- III: Fließbilder, ihre Funktion und ihr Zusammenbau aus Geräten. 224 S., 67 Abb. 1965. (1211/1211a)

Technische Thermodynamik von U. Grigull. 171 S., 74 Abb. 1966. (1084/1084a)

Metallkunde von H. Borchers. 3 Bde.
- I: Aufbau der Metalle und Legierungen. 6. Aufl. 120 S., 90 Abb., 2 Tab. 1964. (432)
- II: Eigenschaften, Grundzüge der Form- und Zustandsgebung. 5., erg. u. durchges. Aufl. 182 S., 107 Abb., 10 Tab. 1963. (433/433a)
- III: Die metallkundlichen Untersuchungsmethoden von E. Hanke. In Vorb. (434)

Die Werkstoffe des Maschinenbaues von A. Thum† und C. M. v. Meysenbug. 2 Bde.
- I: Einführung in die Werkstoffprüfung. 3. Aufl. In Vorb. (476)
- II: Die Konstruktionswerkstoffe. 132 S., 40 Abb. 1959. (936)

Dynamik von W. Müller. 2 Bde. 2., verb. Aufl.
- I: Dynamik des Einzelkörpers. 128 S., 48 Fig. 1952. (902)
- II: Systeme von starren Körpern. 102 S., 41 Fig. 1952. (903)

Technische Schwingungslehre von L. Zipperer. 2 Bde. 2., neubearb. Aufl.
- I: Allgemeine Schwingungsgleichungen, einfache Schwinger. 120 S., 101 Abb. 1953. (953)
- II: Torsionsschwingungen in Maschinenanlagen. 102 S., 59 Abb. 1955. (961/961a)

Werkzeugmaschinen für Metallbearbeitung von K. P. Matthes. 2 Bde.
- I: 100 S., 27 Abb., 11 Zahlentaf., 1 Tafelanh. 1954. (561)
- II: Fertigungstechnische Grundlagen der neuzeitlichen Metallbearbeitung. 101 S., 30 Abb., 5 Taf. 1955. (562)

Das Maschinenzeichnen mit Einführung in das Konstruieren von W. Tochtermann. 2 Bde. 4. Aufl.
- I: Das Maschinenzeichnen. 156 S., 75 Taf. 1950 (589)
- II: Ausgeführte Konstruktionsbeispiele. 130 S., 58 Taf. 1950. (590)

Die Maschinenelemente von E. A. vom Ende†. 4., überarb. Aufl. 184 S., 179 Fig., 11 Taf. 1963. (3/3a)

Die Maschinen der Eisenhüttenwerke von L. Engel. 156 S., 95 Abb. 1957. (583/583a)

Walzwerke von H. Sedlaczek†. 3., neubearb. Aufl. In Vorb. (580/580a)

Getriebelehre von P. Grodzinski†. 2 Bde. 3., neubearb. Aufl. von G. Lechner.
- I: Geometrische Grundlagen. 164 S., 131 Fig. 1960. (1061)
- II: Angewandte Getriebelehre. In Vorb. (1062)

Kinematik von H. R. Müller. 171 S., 75 Fig. 1963. (584/584a)

Gießereitechnik von H. Jungbluth. 2 Bde.
I. Eisengießerei. 126 S., 44 Abb. 1951. (1159)

Die Dampfkessel einschließlich Feuerungen und Hilfseinrichtungen. Physikalische und chemische Grundlagen, Berechnung und Konstruktion, Vorschriften und Beispiele von W. Marcard. 3., neubearb. Aufl. von G. Beyer 2 Bde.
I: Physikalische und chemische Grundlagen, Wärmelehre, Wärmeübertragung, Verbrennung. 133 S., 35 Bild., 26 Tab. 1964. (9/9a)
II: Berechnung und Konstruktion. Dampfkessel, Hilfseinrichtungen. Feuerungen, Berechnung. 108 S., 45 Bild. 1966. (521/521 a)

Die Dampfturbinen. Ihre Wirkungsweise, Berechnung und Konstruktion von C. Zietemann. 3 Bde.
I: Theorie der Dampfturbinen. 4. Aufl. 139 S., 48 Abb. In Vorb. (274)
II: Die Berechnung der Dampfturbinen und die Konstruktion der Einzelteile. 4., verb. Aufl. 132 S. 111 Abb. In Vorb. (715)
III: Die Regelung der Dampfturbinen. die Bauarten, Turbinen für Sonderzwecke, Kondensationsanlagen. 3., verb. Aufl. 126 S., 90 Abb. 1956. (716)

Verbrennungsmotoren von W. Endres. 3 Bde.
I: Überblick. Motor-Brennstoffe, Verbrennung im Motor allgemein, im Otto- und Diesel-Motor. 2. Aufl. In Vorb. (1076/1076a)
II: Gaswechselvorgang. Aufladen, Leistung, mittl. Druck. Reibung, Wirkungsgrade und Kraftstoffverbrauch. 152 S., 62 Abb. 1966. (1184/1184a)
III: Die Einzelteile des Verbrennungsmotors. In Vorb. (1185/1185a)

Autogenes Schweißen und Schneiden von H. Niese. 5. Aufl., neubearb. von A. Küchler. 136 S., 71 Fig. 1953. (499)

Die elektrischen Schweißverfahren von H. Niese. 2. Aufl., neubearb. von H. Dienst. 136 S., 58 Abb. 1955. (1020)

Die Hebezeuge. Entwurf von Winden und Kranen von G. Tafel. 2., verb. Aufl. 176 S., 230 Fig. 1954. (414/414a)

Vermessungswesen

Vermessungskunde von W. Großmann. 3 Bde.
I: Stückvermessung und Nivellieren. 12., verb. Aufl. 156 S., 122 Fig. 1955. (468)
II: Horizontalaufnahmen und ebene Rechnungen. 10., verb. Aufl. 149 S., 101 Fig. 1967. (469/469a)
III: Trigonometrische und barometrische Höhenmessung. Tachymetrie und Absteckungen. 8., verb. Aufl. 140 S., 102 Fig. 1965. (862)

Kartographie von V. Heissler. 2. Aufl. 213 S., 125 Abb., 8 Anl. 1966. (30/30a)

Photogrammetrie von G. Lehmann. 2., neubearb. Aufl. 205 S., 135 Abb. 1966. (1188/1188a)

Wasserbau

Wasserkraftanlagen von A. Ludin unt. Mitarb. von W. Borkenstein. 2 Bde.
- I: Planung, Grundlagen und Grundzüge. 124 S., 60 Abb. 1955. (665)
- II: Anordnung und Ausbildung der Hauptbauwerke. 184 S., 91 Abb. 1958. (666/666a)

Verkehrswasserbau von H. Dehnert. 3 Bde.
- I: Entwurfsgrundlagen, Flußregelungen 103 S., 53 Abb. 1950. (585)
- II: Flußkanalisierung und Schiffahrtskanäle. 94 S., 60 Abb. 1950. (597)
- III: Schleusen und Hebewerke. 98 S., 70 Abb. 1950 (1152)

Wehr- und Stauanlagen von H. Dehnert. 134 S., 90 Abb. 1952. (965)

Talsperren von F. Tölke. 122 S., 70 Abb. 1953. (1044)

Hoch- und Tiefbau

Die wichtigsten Baustoffe des Hoch- und Tiefbaus von O. Graf†. 4., verb. Aufl. 131 S., 63 Abb. 1953. (984)

Baustoffverarbeitung und Baustellenprüfung des Betons von A. Kleinlogel. 2., neubearb. u. erw. Aufl. 126 S., 35 Abb. 1951. (978)

Festigkeitslehre. 2 Bde.
- I: Elastizität, Plastizität und Festigkeit der Baustoffe und Bauteile von W. Gehler† u. W. Herberg. Durchges. u. erw. Neudr. 159 S., 118 Abb. 1952. (1144)
- II: Formänderung, Platten, Stabilität und Bruchhypothesen von W. Herberg und N. Dimitrov. 187 S., 94 Abb. 1955. (1145/1145a)

Grundlagen des Stahlbetonbaues von A. Troche. 2., neubearb. u. erw. Aufl. 208 S., 75 Abb., 17 Bemessungstaf., 20 Rechenbeisp. 1953. (1078)

Statik der Baukonstruktionen von A. Teichmann 3 Bde.
- I: Grundlagen. 101 S., 51 Abb., 8 Formeltaf. 1956. (119)
- II: Statisch bestimmte Stabwerke. 107 S., 52 Abb., 7 Taf. 1957 (120)
- III: Statisch unbestimmte Systeme. 112 S., 34 Abb., 7 Formeltaf. 1958. (122)

Fenster, Türen, Tore aus Holz und Metall. Eine Anleitung zu ihrer guten Gestaltung, wirtschaftlichen Bemessung und handwerksgerechten Konstruktion von W. Wickop†. 5. Aufl. In Vorb. (1092)

Heizung und Lüftung von W. Körting. 2 Bde., neubearb. Aufl.
- I: Das Wesen und die Berechnung der Heizungs- und Lüftungsanlagen. 171 S., 29 Abb., 36 Zahlentaf. 1962. (342/342a)
- II: Die Ausführung der Heizungs- und Lüftungsanlagen. In Vorb. (343)

Industrielle Kraft- und Wärmewirtschaft von F. A. F. Schmidt u. A. Beckers. 167 S., 73 Abb. 1957. (318/318a)

Sammlung Göschen / Bandnummernfolge

1 Langosch, Der Nibelunge Nôt
3/3a v. Ende, Maschinenelemente
9/9a Marcard-Beyer, Dampfkessel I
10 Jiriczek-Wisniewski, Kudrun und Dietrich-Epen
13/13a Lotze, Geologie
18 Maurer, Hartmann von Aue, Der arme Heinrich
19 Altheim, Römische Geschichte I
20 Hofstaetter, Dt. Sprachlehre
22 Maurer, Gottfried von Strassburg
29/29a Brauns-Chudoba, Allgemeine Mineralogie
30/30a Heissler, Kartographie
31/31a Brauns-Chudoba, Spezielle Mineralogie
32 Schneider-Wisniewski, Deutsche Heldensage
35 Treue, Dt. Geschichte von 1648 bis 1740
37/37a Klemm, Anorgan. Chemie
38/38a Schlenk, Organische Chemie
39 Treue, Dt. Geschichte von 1713 bis 1806
42 Behn-Hoernes, Vorgeschichte Europas
44 Kresze, Physikal. Meth. in der Organ. Chemie I
45/45a Kresze, Physikal. Meth. in der Organ. Chemie II
47 Fischer-Rohrbach, Arithmetik
51/51a Ringleb, Mathem. Formelsammlung
52 Bieler, Röm. Literaturgesch. I
59 Krahe, Indogerm. Sprachwiss. I
60 Biehle, Stimmkunde
61 Biehle, Redetechnik
64 Krahe, Indogerm. Sprachwiss. II
65/65a Grotemeyer, Analyt. Geometrie
66 Berneker-Vasmer, Russische Grammatik
70 Nestle-Liebich, Gesch. d. griechischen Literatur I
71 Schulze, Allgemeine und physikalische Chemie I
76 Döring, Einf. i. d. th. Physik I
77/77a Döring, Einf. i. d. th. Physik II
78 Döring, Einf. i. d. th. Physik III
79/79a Hempel, Got. Elementarbuch
80 Weigert, Stilkunde I
81 Schubert-Haussner-Erlebach, Vierstell. Logarithmentafeln
86 Barner, Differential- u. Integralrechnung I
96 Hartmann, Einf. in die allgem. Biologie
99 Hessenberg-Kneser, Ebene und sphär. Trigonometrie
101/101a Wiese, Soziologie
103 Dahrendorf, Industrie- und Betriebssoziologie
104/104a Hofstätter, Sozialpsychologie
111/111a Hoffmann-Debrunner-Scherer, Gesch. d. griechischen Sprache I
114/114a Debrunner-Scherer, Gesch. der griechischen Sprache II
117 Brandenstein, Griechische Sprachwissenschaft I
118/118a Brandenstein, Griechische Sprachwissenschaft II
119 Teichmann, Statik der Baukonstruktionen I
120 Teichmann, Statik der Baukonstruktionen II
122 Teichmann, Statik der Baukonstruktionen III

128/128a Lausberg, Romanische Sprachwissenschaft I
136/136a Mahler-Sohr, Physikal. Formelsammlung
141 Geitler, Morphologie der Pflanzen
142 Haack, Darst. Geometrie I
143 Haack, Darst. Geometrie II
144 Haack, Darst. Geometrie III
145/145a Weimer, Gesch. der Pädagogik
148 Kolms, Finanzwissenschaft I
156/156a Landmann, Philosophische Anthropologie
170 Oehlmann, Musik des 19. Jhs.
171/171a Oehlmann, Musik des 20. Jhs.
173 Bruhns-Ramdohr, Petrographie
174 Schlingloff, Religion des Buddhismus I
180 Böhm, Versicherungsmathem. I
184 Blümcke, Textilindustrie I
196/196a Mohr, Grundlagen der allgem. Elektrotechnik
200/200a Gottschald, Dt. Rechtschreibungswörterbuch
210 Bruhns-Ramdohr, Kristallographie
220/220a Moser, Allg. Musiklehre
221/221a Jander-Jahr-Knoll, Maßanalyse
222 Hassak-Beutel-Kutzelnigg, Warenkunde I
223 Hassak-Beutel-Kutzelnigg, Warenkunde II
226/226a Hofmann, Gesch. der Mathematik I
223 Vogel, Landw. Tierzucht
231/231a Ehrlich, Geschichte Israels
233 Krahe, German. Sprachwiss. I
243 Mahler-Graewe, Physikal. Aufgabensammlung
247/247a Hofmann-Jander, Qualitative Analyse
250 Lausberg, Romanische Sprachwissenschaft II
252 Vetter, Elektrochemie I
253 Vetter, Elektrochemie II
257 Humburg, Gleichstrommaschine I
264 Lockemann, Gesch. der Chemie I
265/265a Lockemann, Geschichte der Chemie II
270/270a Kirn-Leuschner, Einführung in die Geschichtswissenschaft
274 Zietemann, Dampfturbinen I
279 Jacob-Hohenleutner, Quellenkunde der deutschen Geschichte I
280 Jacob-Hohenleutner, Quellenkunde der deutschen Geschichte II
281 Leisegang, Einführung in die Philosophie
282/282a Haltenorth, Säugetiere
284 Jacob-Weden, Quellenkunde der deutschen Geschichte III
318/318a Schmidt-Beckers, Industrielle Kraft- u. Wärmewirtschaft
319 Krug, Australien und Ozeanien
329 Scharrer, Agrikulturchemie I
330/330a Scharrer, Agrikulturchemie II
335 Klug, Fette und Öle
336 Braun-Klug, Seifenfabrikation
342/342a Körting, Heizung und Lüftung I
343 Körting, Heizung und Lüftung II
344 Moser, Musikästhetik
354/354a Valentiner-König, Vektoren und Matrizen
355 Neger-Münch-Huber, Nadelhölzer
356 Lüdemann, Fische
374 Döring, Einf. i. d. th. Physik IV
375/375a Preller, Geschichte Englands I
389/389a Diels-Mattick, Pflanzengeographie
391 Kolms, Finanzwissenschaft II
394/394a Schilling, Von der Renaissance bis Kant
414/414a Tafel, Hebezeuge
422 Gottschald, Dt. Personennamen
423 Adler-Erlebach, Fünfstellige Logarithmen
432 Borchers, Metallkunde I
433/433a Borchers, Metallkunde II
434 Borchers-Hanke, Metallkunde III
435 Burau, Algebr. Kurven und Flächen I
436/436a Burau, Algebr. Kurven und Flächen II
439 Jaeckel, Würmer
440 Jaeckel, Weichtiere
441 Jaeckel, Stachelhäuter

442 Hannemann, Schwämme und Hohltiere
443 Gruner-Deckert, Krebse
444 Reichenow, Einzeller
445 Asmus, Physikal.-chem. Rechenaufgaben
447/447 a Herter, Kriechtiere
448 Fechter, Manteltiere
452/452 a Bahrdt-Scheer, Stöchiometr. Aufgabenslg.
468 Großmann, Vermessungskunde I
469/469 a Großmann, Vermessungskunde II
476 Thum-Meysenbug, Werkstoffe des Maschinenbaues I
483 Henglein, Lötrohrprobierkunde
492/492 a Stolz-Debrunner-Schmid, Geschichte der lateinischen Sprache
499 Niese-Küchler, Autogenes Schweißen
500 Simmel, Hauptprobleme der Philosophie
521/521 a Marcard-Beyer, Dampfkessel II
536 Lehmann, Kant
538 Rumpf, Archäologie I
539 Rumpf, Archäologie II
540 Rumpf, Archäologie III
557 Nestle-Liebich, Gesch. der griech. Literatur II
561 Matthes, Werkzeugmaschinen I
562 Matthes, Werkzeugmaschinen II
564 Behn-Hoernes, Kultur der Urzeit I
565 Behn-Hoernes, Kultur d. Urzeit II
566 Behn-Hoernes, Kultur d. Urzeit III
571 Lehmann, Philosophie des 19. Jahrhunderts I
576/576 a Moser, Gesangskunst
579 Müller-Schulze, Techn. Tabellen
580/580 a Sedlaczek, Walzwerke
583/583 a Engel, Maschinen der Eisenhüttenwerke
584/584 a Müller, Kinematik
585 Dehnert, Verkehrswasserbau I
587 Kalitsunakis-Steinmetz, Neugriech.-dt. Gesprächsbuch
589 Tochtermann, Maschinenzeichnen I
590 Tochtermann, Maschinenzeichnen II
594 Lengerken, Insekten
597 Dehnert, Verkehrswasserbau II
601 Mutschmann-Scherer, Engl. Phonetik
608/608 a/608 b Erman-Krückmann, Hieroglyphen
619/619 a Buchwald, Kristalloptik
665 Ludin-Borkenstein, Wasserkraftanlagen I
666/666 a Ludin-Borkenstein, Wasserkraftanlagen II
668 Knopp, Funktionentheorie I
677 Altheim, Röm. Geschichte II
679 Altheim, Röm. Geschichte III
684 Altheim, Röm. Geschichte IV
691 Fauser, Kulturtechn. Bodenverbesserungen I
692 Fauser, Kulturtechn. Bodenverbesserungen II
698/698 a Schulze, Allgemeine u. physikalische Chemie II
703 Knopp, Funktionentheorie II
708/708 a/708 b Meissner-Oberhuber, Keilschrift
709 Lehmann, Philosophie des 19. Jahrhunderts II
711/711 a/711 b Kesselring, Berechnung der Schaltgeräte
714/714 a zur Megede, Technik selbsttätiger Regelungen
715 Zietemann, Dampfturbinen II
716 Zietemann, Dampfturbinen III
718 Neger-Münch-Huber, Laubhölzer
728/728 a Pirani-Fischer-Runge, Graph. Darstellung in Wissenschaft u. Technik
735 Ekwall, Historische neuengl. Laut- und Formenlehre
746/746 a Pfanzagl, Allg. Methodenlehre der Statistik I
747/747 a Pfanzagl, Allg. Methodenlehre der Statistik II
756/756 a Kalitsunakis, Gramm. d. Neugriech. Volksspr.
763/763 a/763 b Meyer, Hebräische Grammatik I
764/764 a/764 b Meyer, Hebräische Grammatik II
765/765 a/765 b Meyer, Hebräische Grammatik III
768/768 a Bieberbach, Einführung in die konforme Abbildung

769/769a Beer-Meyer, Hebräisches Textbuch
770 Schlingloff, Religion des Buddhismus II
776/776a Kolms, Finanzwissenschaft III
780 Krahe, German. Sprachwiss. II
781 Weigert, Stilkunde II
782/782a Kolms, Finanzwissenschaft IV
786 Schulze, Molekülbau
796/796a Meiners-Wiesenewsky, Elektr. Höchstspannungs-Schaltanlagen
809 Moser, Harmonielehre I
810 Moser, Harmonielehre II
826 Koch, Philosophie d. Mittelalters
827/827a/827b Meyer, Elektromotorische Antriebe
831 Erismann, Allg. Psychologie I
832/832a Erismann, Allg. Psychologie II
833 Erismann, Allg. Psychologie III
834/834a Erismann, Allg. Psychologie IV
837/837a Baumgartner, Gruppentheorie
845 Lehmann, Philosophie im ersten Drittel des 20. Jhs. I
847 Herter, Lurche
850 Lehmann, Philosophie im ersten Drittel des 20. Jhs. II
851/851a Moede, Psychologie des Berufs- und Wirtschaftslebens
857 Capelle, Griech. Philosophie I
858 Capelle, Griech. Philos. II
859 Capelle, Griech. Philos. III
862 Großmann, Vermessungskunde III
863 Capelle, Griech. Philos. IV
866 Bieler, Röm. Literaturgeschichte II
869 Freye, Vögel
875 Hofmann, Geschichte der Mathematik II
877 Knopp, Aufgabensammlung zur Funktionentheorie I
878 Knopp, Aufgabensammlung zur Funktionentheorie II
881 Humburg, Gleichstrommaschine II
882 Hofmann, Geschichte der Mathematik III
883 Stuloff, Mathematik der neuesten Zeit
893 Treue, Dt. Geschichte von 1806 bis 1890
894 Treue, Dt. Geschichte von 1890 bis zur Gegenwart
896/896a Pokorny, Altirische Gramm.
902 Müller, Dynamik I
903 Müller, Dynamik II
910 Jaeger, Afrika I
911 Jaeger, Afrika II
915 Sperber-Polenz, Gesch. der Deutschen Sprache
917/917a Böhm, Versicherungsmathematik II
920/920a Hoheisel, Gewöhnliche Differentialgleichungen
921 Jantzen-Kolb, W. v. Eschenbach, Parzival
924/924a Brandenstein, Griechische Sprachwissenschaft III
929 Schirmer-Mitzka, Dt. Wortkunde
930 Krull, Elementare und klassische Algebra I
931 Hasse, Höhere Algebra I
932 Hasse, Höhere Algebra II
933 Krull, Elementare und klassische Algebra II
936 Thum-Meysenbug, Werkstoffe d. Maschinenbaues II
942/942a Damerau, Polnische Grammatik
952/952a Schäfer, Transformatoren
953 Zipperer, Techn. Schwingungslehre I
961/961a Zipperer, Techn. Schwingungslehre II
965 Dehnert, Wehr- und Stauanlagen
970/970a Baldus-Löbell, Nichteuklidische Geometrie
972/972a Herter-Urich, Vergleichende Physiologie der Tiere I
973/973a Herter-Birukow, Vergleichende Physiologie der Tiere II
978 Kleinlogel, Baustoffverarbeitung und Baustellenprüfung d. Betons
984 Graf, Baustoffe des Hoch- und Tiefbaus
999/999a Kamke, Mengenlehre
1000 Jaspers, Geistige Situat. der Zeit

1003 Hoheisel, Partielle Differentialgleichungen
1008/1008a Mellerowicz, Allgem. Betriebswirtschaftslehre I
1009 Bechert-Gerthsen-Flammersfeld, Atomphysik I
1014/1014a Huttenlocher-Ramdohr, Mineral- und Erzlagerstättenkunde I
1015/1015a Huttenlocher-Ramdohr, Mineral- und Erzlagerstättenkunde II
1017 Döring, Einf. i. d. th. Physik V
1020 Niese-Dienst, Elektrische Schweißverfahren
1031/1031a Apel-Ludz, Philosophisches Wörterbuch
1033 Bechert-Gerthsen-Flammersfeld, Atomphysik II
1034 Kranefeldt-Jung, Therapeutische Psychologie
1035 Altheim, Röm. Religionsgeschichte I
1039/1039a Dovifat, Zeitungslehre I
1040/1040a Dovifat, Zeitungslehre II
1044 Tölke, Talsperren
1045 Schubert, Technik des Klavierspiels
1051/1051a Stolberg-Wernigerode, Gesch. d. Vereinigten Staaten
1052 Altheim, Röm. Religionsgeschichte II
1059/1059a Hoheisel, Aufgabenslg. z. d. gew. u. part. Differentialgleichungen
1061 Grodzinski-Lechner, Getriebelehre I
1062 Grodzinski-Lechner, Getriebelehre II
1065 Haller-Dannenbauer, Von d. Karolingern zu den Staufern
1070 Sauter, Differentialgleichungen der Physik
1074 Koschmieder, Variationsrechnung I
1075 Koschmieder, Variationsrechnung II
1076/1076a Endres, Verbrennungsmotoren I
1077 Haller-Dannenbauer, Von den Staufern zu den Habsburgern
1078 Troche, Stahlbetonbau
1082 Hasse-Klobe, Aufgabensammlung zur höheren Algebra
1084/1084a Grigull, Techn. Thermodynamik
1085 Lietzmann-Aland, Zeitrechnung
1086 Müller, Dt. Dichten und Denken
1088 Preller, Gesch. Englands II
1092 Wickop, Fenster, Türen, Tore
1094 Hernried, System, Modulation
1096 Viëtor, Dt. Dichten und Denken
1099 Hoheisel, Integralgleichungen
1105 Hartung, Dt. Geschichte im Zeitalter der Reformation
1108 de Boor-Wisniewski, Mittelhochdeutsche Grammatik
1109 Knopp, Elemente der Funktionentheorie
1111/1111a Naumann-Betz, Althochdt. Elementarbuch
1113/1113a Strubecker, Differentialgeometrie I
1114/1114a Schubel, Engl. Literaturgeschichte I
1115/1115a/1115b Ranke-Hofmann, Altnord Elementarbuch
1116 Schubel, Engl. Literaturgeschichte II
1117 Haller-Dannenbauer, Eintritt der Germanen in die Geschichte
1121 Naumann, Dt. Dichten u. Denken
1122 Jesch, Sprecherziehung
1123/1123a Bechert-Gerthsen-Flammersfeld, Atomphysik III
1124 Schubel, Engl. Literaturgeschichte III
1125 Lehnert, Altengl. Elementarbuch
1127 Hartmann, Geschlecht u. Geschlechtsbestimmung im Tier- und Pflanzenreich
1128 Buchner Symbiose d. Tiere
1130 Dibelius-Kümmel, Jesus
1131 Scholz-Schoeneberg, Einführung in die Zahlentheorie
1132 Frühauf, Überspannungen
1134 Kuckuck, Pflanzenzüchtung I
1135 Lehnert, Beowulf
1137 Heil, Entwicklungsgesch. Pflanzenreiches
1138 Hämmerling, Fortpflanzung im Tier- und Pflanzenreich
1140 Unger, Induktionsmaschinen
1141 Koller, Hormone

1142 Meissner-Lehnert, Shakespeare
1144 Gehler-Herberg, Festigkeitslehre I
1145/1145a Herberg-Dimitrov, Festigkeitslehre II
1146 Putz, Synchronmaschine
1147 Waltershausen, Kunst d. Dirigierens
1148 Pepping, Der polyphone Satz I
1152 Dehnert, Verkehrswasserbau III
1153/1153a Mellerowicz, Allgem. Betriebswirtschaftslehre II
1154/1154a Mellerowicz, Allgem. Betriebswirtschaftslehre III
1155 Schwartz, Mikrobiologie I
1156/1156a Meinke, Komplexe Berechnungen v. Wechselstromschaltungen
1157 Schwartz, Mikrobiologie II
1158/1158a Mayrhofer, Sanskrit-Grammatik
1159 Jungbluth, Gießereitechnik I
1160 Dibelius-Kümmel, Paulus
1161 Kaestner, Spinnentiere
1162 Seidel Entwicklungsphysiologie der Tiere I
1163 Seidel, Entwicklungsphysiologie der Tiere II
1164/1164a Pepping, Der polyphone Satz II
1165/1165a Bechert-Gerthsen-Flammersfeld, Atomphysik IV
Paulsen, Allgemeine Volkswirtschaftslehre I
1170 Paulsen, Allgemeine Volkswirtschaftslehre II
1171/1171a Paulsen, Allgemeine Volkswirtschaftslehre III
1172 Paulsen, Allgemeine Volkswirtschaftslehre IV
1173/1173a Hamann-Funke-Nollen, Chemie der Kunststoffe
1176/1176a Lorenzen, Form. Logik
1177/1177a Redeker, Schleiermacher
1178/1178a Kuckuck, Pflanzenzüchtung II
1179/1179a Strubecker, Differentialgeometrie II
1180/1180a Strubecker, Differentialgeometrie III
1181 Franz, Topologie I
1182/1182a Franz, Topologie II
1183/1183a Nicolas, Finanzmathematik
1184/1184a Endres, Verbrennungsmotoren II
1185/1185a Endres, Verbrennungsmotoren III
1186/1186a Mellerowicz, Allgem. Betriebswirtschaftslehre IV
1187 Lau, Luther
1188/1188a Lehmann, Photogrammetrie
1189/1189a Päsler, Mechanik
1190 Stupperich, Melanchthon
1191/1191a Bräuer, Slav. Sprachwissenschaft I
1192/1192a Bräuer, Slav. Sprachwissenschaft II
1193 Fürstenberg, Wirtschaftssoziologie
1194/1194a Wendt, Gesch. d. Volkswirtschaftslehre
1195 Ohm, Allgem. Volkswirtschaftspolitik I
1196/1196a Ohm, Allgem. Volkswirtschaftspolitik II
1197/1197a Onasch, Konfessionskunde der orthod. Kirchen
1198 Engel, Straßenverkehrstechnik
1199 Lausberg, Romanische Sprachwissenschaft III, 1. Teil
1200/1200a Lausberg, Romanische Sprachwissenschaft III, 2. Teil
1201/1201a Dehn, Versuche zur allgem. u. phys. Chemie
1202/1202a Nagel, Gesch. des christl. Gottesdienstes
1203 Wendland, Sozialethik
1204 Scheurig, Zeitgeschichte
1205/1205a Hofmann, Ideengeschichte d. soz. Bewegung
1206/1206a Langen, Lineare Programmierung
1208 Lausberg, Romanische Sprachwissenschaft IV
1209/1209a Bock, Therm. Verfahrenstechnik I
1210/1210a Bock, Therm. Verfahrenstechnik II
1211/1211a Bock, Therm. Verfahrenstechnik III
1212/1212a Hilf, Arbeitswissenschaft
1213/1213a Kosiol, Buchhaltung und Bilanz

1216/1216a Bauer, Wahrscheinlichkeitstheorie I
1217 Bauer, Wahrscheinlichkeitstheorie II
1218/1218a/1218b Meid, German. Sprachwiss. III
1219 Schmidt-Clausing, Zwingli
1220/1220a Zemann, Kristallchemie
1221 Gerdes, Kierkegaard
1222/1222a Tschižewskij, Slav. Literaturen I
1223/1223a Tschižewskij, Slav. Literaturen II
1224/1224a/1224b Wedepohl, Geochemie
1225/1225a Schneider-Jurksch, Datenverarbeitungsanlagen
1226/1226a/1226b Weinstock, Mittelengl. Elementarbuch
1227/1227a Wedig, Übungsaufgaben zu A. Paulsen, Allgem. Volkswirtschaftslehre I/II

Autorenregister

FSC
www.fsc.org
MIX
Papier | Fördert gute Waldnutzung
FSC® C083411

Kolibri 360 GmbH
Ferdinand-Jühlke-Straße 7
99095 Erfurt, Deutschland
produktsicherheit@kolibri360.de